Heike Bachelier, Peter Wulkau
Ein ganz normaler Feind

Ein ganz normaler Feind

Das Leben des Peter Wulkau in den Akten der Stasi.
Zusammengestellt von Heike Bachelier

Droemer

Die Namen aller Privatpersonen und IM sind geändert. Die Namen der hauptamtlichen Mitarbeiter des MfS, also der Verfasser der hier abgedruckten Texte, sind beibehalten worden.

Besuchen Sie uns im Internet:
www.droemer.de

© 2012 Droemer Verlag
Ein Unternehmen der Droemerschen Verlagsanstalt
Th. Knaur Nachf. GmbH & Co. KG, München
Alle Rechte vorbehalten. Das Werk darf – auch teilweise –
nur mit Genehmigung des Verlags wiedergegeben werden.
Fotos: Ministerium für Staatssicherheit
Umschlaggestaltung: ZERO Werbeagentur, München
Umschlagabbildung: Christian Marquardt
Satz: Adobe InDesign im Verlag
Druck und Bindung: CPI – Ebner & Spiegel, Ulm
Printed in Germany
ISBN 978-3-426-27575-7

2 4 5 3 1

Inhalt

Vorwort

Ein Haufen Papier. Ein riesiger, gigantischer Haufen Papier. Archivare messen so viel Papier in Regal-Kilometern. 111 Kilometer sind es davon, plus 47 Kilometer verfilmtes Schriftgut. Jeder Meter macht circa 10 000 Blatt. Eines der größten Archive Deutschlands, das Archiv der Stasi-Unterlagen-Behörde. Es ist das, was sichtbar von fast 40 Jahren geheimpolizeilicher Tätigkeit in der DDR übrig blieb. In Berlin-Lichtenberg ist auf dem Gelände der ehemaligen Zentrale des Ministeriums für Staatssicherheit ein Monument der Unterdrückung zu besichtigen.

Aber das Papier, so beeindruckend es in seiner unüberschaubaren Menge ist, wird umso bedeutender, wenn man weiß, dass hinter jeder Akte ein menschliches Schicksal steht. Jeder Vorgang im Regal ist ein Leben, in das sich die Staatssicherheit eingemischt hat. Ist ein Eingriff in eine Biografie, mit dem die Selbstbestimmung genommen und Leid zugefügt wurde. Weil ein Mensch sich nicht der Ideologie des Staates unterordnen wollte.

Jeder Vorgang ist ein Dokument über das Wirken der Geheimpolizei, der Staatssicherheit der DDR. So wohlorganisiert der Apparat auch war, es waren Menschen, die in den Strukturen gehandelt haben. Die Akten sind Zeugnisse menschlichen Handelns. Zeugnisse des Verrats, der Bespitzelung, des Opportunismus, der Unterwerfung. Das war die Spezialität der SED-Diktatur, dass sie die Böswilligkeit von Menschen herauslockte, um die Bevölkerung zu kontrollieren.

Die Akten dokumentieren aber auch genau das Gegenteil. Sie zeigen Menschen, die sich ihren Freiheitswillen nicht nehmen lassen wollten, die so leben wollten, wie sie es für richtig fanden. Sie zeigen, dass es Menschen geschafft haben, angesichts der Übermacht der Böswilligkeit Anstand und Gewissen zu bewahren und Zivilcourage zu zeigen.

Oft ist die Diskussion um die Stasi von dem Satz »Der war IM, das

Schwein« geprägt worden. Doch es geht um mehr. Heike Bacheliers Versuch, den Verrat von Menschen an Menschen durch die
minutiöse Zusammenstellung der Stasiakten zu dokumentieren, ist
beispielhaft für die Aufarbeitung der Diktatur in der DDR. Im Detail zu begreifen, wie die Stasi funktionierte, ist die beste Voraussetzung, eine Wiederholung dieser Art der Diktatur zu verhindern.
Zu wissen, wie es war. Zu erfahren, wer gehandelt hat, wie und
warum, ist eine Lehrstunde für die Aufklärung. Das klare Benennen
der Verantwortung und das Abarbeiten von Schuld sind notwendige
Schritte. Nur so können die, die unter der Diktatur am meisten gelitten hatten und im Gefängnis gelandet waren, ihren Frieden mit
der neuen Gesellschaft machen und ihre Wunden heilen. Wichtig ist
das Erkennen und Benennen aber nicht nur für die, die verfolgt
wurden, sondern auch für die, die nach uns kommen. Denn je besser wir Diktatur begreifen, umso besser können wir Demokratie
gestalten. Dieses Buch ist ein Lehrbuch für die Schule der Demokratie.

Roland Jahn
Bundesbeauftragter für die Stasiunterlagen

Einleitung

»Das Einzige, was an der Vergangenheit wirklich wich-
tig für uns ist, bleibt die Erkenntnis, in wie viele
Irrtümer man als Zeitgenosse verstrickt sein kann.«
Klaus von Dohnanyi

Peter Wulkau ist 1968 ein junger, ambitionierter und wissbegieriger
Student, der sich für gesellschaftliche Vorgänge interessiert. Er diskutiert mit anderen Studenten und stellt Fragen in Seminaren und
Lehrveranstaltungen. Ein ganz normaler Student könnte man sagen. Nicht so in der DDR. Dort wurde er als »feindlich gegenüber
dem Sozialismus eingestellt« identifiziert und unter Beobachtung
gestellt. Wie viele andere in der DDR, die sich ebenfalls nicht unterordnen wollten. Ein ganz normaler Feind eben.
1981 erhält Peter Wulkau zusammen mit seiner Frau und der gemeinsamen Tochter die Genehmigung zur Übersiedlung in die
Bundesrepublik. Bis zu diesem Zeitpunkt haben Mitarbeiter des
Ministeriums für Staatssicherheit über Peter Wulkau Unmengen
von Papier beschrieben und viele Ordner angelegt. Insgesamt sind
es 17 914 Seiten, die 59 Ordner füllen.
Bei der Arbeit an meinem Dokumentarfilm »Feindberührung« habe
ich Peter Wulkaus Akten gelesen. Nichts hat mir einen so detaillier-
ten und tiefgehenden Einblick in die Mechanismen der Diktatur
gegeben wie dieses Quellenmaterial. Es ist nur ein konsequenter
Schritt, Peter Wulkaus Geschichte völlig aus der Sicht der Stasi zu
erzählen, eine Textcollage aus Treff-, Sachstands- und Beobach-
tungsberichten, Beurteilungen, abgefangenen Briefen, Notizen und
Observationsfotos. Also das Bild von Peter Wulkau rekonstruieren,
das die Stasimitarbeiter sich über Jahre hinweg langsam geschaffen
haben.
Was hier erzählt wird, ist nicht die vollständige Geschichte Peter

Wulkaus. Man erhält jedoch zusätzlich einen unverstellten Einblick in die Arbeit der Stasi. Die Texte entlarven die Denkweise ihrer Verfasser und geben damit den Blick frei auf die Mechanismen der SED-Diktatur. Die Banalität von Sprache und Inhalt, gepaart mit orthographischen Fehlern, reizt auch zum Lachen. Einem Lachen, das einem im Halse stecken bleibt, wenn man langsam begreift, welche ernsthaften Konsequenzen diese Vorgehensweise für Peter Wulkau und viele andere Menschen in der DDR hatte. Konsequenzen, unter denen viele bis heute leiden. Etwa 250 000 Menschen waren in der DDR aus politischen Gründen inhaftiert. Noch viel mehr Menschen sahen sich mit der Stasi konfrontiert.

Das Ministerium für Staatssicherheit war Inlands- und Auslandsgeheimdienst der DDR. Als »Schild und Schwert der Partei« diente es vor allem als Instrument zur Überwachung und Unterdrückung der eigenen Bevölkerung. Es benutzte Bürger als inoffizielle Mitarbeiter zum Ausspionieren von Bekannten, Freunden, Familienmitgliedern und sogar Ehepartnern. Bei einer Bevölkerung von knapp 17 Millionen zählte das MfS 1989 91 000 hauptamtliche und 189 000 inoffizielle Mitarbeiter. Die deutschen Inlands- und Auslandsnachrichtendienste, das Bundesamt für Verfassungsschutz, der Bundesnachrichtendienst und der Militärische Abschirmdienst haben heute zusammen etwa 9800 Beschäftigte, bei einer Bevölkerung von knapp 82 Millionen.

1989 begannen Stasimitarbeiter mit der Zerstörung ihrer brisanten Akten und damit dem Zeugnis ihres Wirkens. Durch die Besetzung der Stasizentralen stoppten aufgebrachte Bürger diese Zerstörungswut. Insgesamt sind 158 Kilometer Akten erhalten geblieben. Diese geben Betroffenen heute Aufschluss über die Hintergründe ihrer eigenen Verfolgung in der DDR und darüber, wer daran beteiligt war.

Peter Wulkaus »größtes Verbrechen« war, dass er ein Buch schrieb. Als Motto für seinen Roman wählte er ein Zitat Walter Ulbrichts: »Denken ist die erste Bürgerpflicht.« In dem Roman wagte er es, absurde Widersprüche des sozialistischen Alltags aufzuzeigen.

Wäre das einzige mit Schreibmaschine getippte Manuskript nicht bei der Stasi gelandet und Peter Wulkau nicht im Strafvollzug, wer weiß, was aus ihm geworden wäre? Vielleicht ein gefeierter Dissident, mit einem Platz zwischen Václav Havel, Reiner Kunze und Jürgen Fuchs? Unbekannt geblieben, ist Peter Wulkau heute ein Beispiel dafür, wie Menschen mit der falschen Gesinnung in der DDR zum Feind erklärt und an den Rand der Gesellschaft gedrängt wurden.

Peter Wulkau wird am 21. Dezember 1947 geboren. Der Vater, Werner Wulkau, verlässt 1952 die DDR, um in Westberlin zu leben. Die Mutter Gerda Hohndorf bleibt mit dem fünfjährigen Peter in der DDR. Peter Wulkau wächst im Haushalt des Großvaters Wilhelm Felgner in Magdeburg auf. Der selbständige Bäckermeister und »alte Sozialdemokrat« ist der DDR gegenüber von Anfang an kritisch eingestellt.

Peter Wulkau stellt bereits in der Schule kritische Fragen und gerät in Konflikt mit dem Lehrstoff im Staatsbürgerkundeunterricht. Wegen des republikflüchtigen Vaters wird Peter Wulkau die Hochschulreife verwehrt. Seine Mutter nutzt persönliche Beziehungen, so dass er bei »Fahlberg-List« die Ausbildung zum »Chemiefacharbeiter mit Abitur« machen kann. Wegen guter Leistungen wird er von dort zum Studium delegiert.

Im Herbst 1967 nimmt Peter Wulkau das Studium des Marxismus/ Leninismus an der Karl-Marx-Universität in Leipzig auf. Sein Ziel ist es, Diplomlehrer für Marxismus/Leninismus zu werden. Es ist die Zeit des Prager Frühlings. Hoffnungen auf eine gesellschaftliche Veränderung keimen auf. Auch Peter Wulkau hängt der Idee einer möglichen Reform des Sozialismus nach.

Am 2. Dezember 1968 berichtet die frisch geworbene IM »Janette« der Stasi über einen gewissen »Peter Wilkau«, der im Besitz von Westliteratur sei. Sie wird beauftragt, seine Westverbindungen sowie seine politische Einstellung »aufzuklären«. Peter Wulkau wird bald als Teil einer Gruppe von Studenten identifiziert, die es wagt, das verordnete Lehrgebäude des Marxismus öffentlich zu hinterfragen. Mit dem Operativ-Vorgang »Revisionist« wird die Studentengruppe unter umfassende geheimdienstliche Beobachtung gestellt. Unter den acht Personen der Gruppe, die in diesem Vorgang observiert werden, befinden sich auch Christoph Hein und seine Frau. Peter Wulkau wird bald als Anführer der eigenwilligen Philosophengruppe ausgemacht. Die Stasi beschließt, ein Ermittlungsverfahren gegen ihn einzuleiten, das mit Haft abgeschlossen werden soll. Angeregt durch die Nachforschungen der Stasimitarbeiter zu Peter Wulkau bei den Lehrbeauftragten, treten diese ihrerseits in Aktion. Sie befragen Mitarbeiter und Studenten über ihn und erhalten ausführliche Berichte über den »feindlich eingestellten Studenten«. Am 28. Mai 1970 wird Peter Wulkau im Rahmen eines Disziplinarverfahrens exmatrikuliert. Drei weitere Mitglieder der vermeintlich staatsfeindlichen Gruppe werden ebenfalls vom Studium ausgeschlossen. Die geplante Verhaftung Wulkaus erfolgt nicht. Ein Stasimitarbeiter rühmt sich, die »revisionistische Studentengruppe zerschlagen« zu haben.

Peter Wulkau verliert mit der Exmatrikulation auch die Aufenthaltsgenehmigung für das Stadtgebiet Leipzig. Er sucht nach einer neuen Beschäftigung, wechselt häufig Arbeitsstelle und Wohnort, arbeitet etwa als Krankenpfleger an der Charité in Berlin und besucht das Theologische Seminar der Kirchenprovinz Sachsen in Naumburg. 1971 heiratet Wulkau Christine Panitz. 1972 wird die gemeinsame Tochter Antje geboren. Mitarbeiter des MfS beurteilen Peter Wulkau als »äußerst geschickt«: Sie gehen davon aus, dass er absichtlich die Wohnorte wechselt, um sich der weiteren Beobachtung und Kontrolle des Staatssicherheitsdienstes zu entziehen.

1974 kommt Peter Wulkau mit seiner Familie wieder nach Magdeburg zurück. Er nimmt bei seinem Ausbildungsbetrieb FahlbergList eine feste Stelle an. Der jungen Familie wird eine einfache Wohnung in der Hollehochstraße zugeteilt. Da ihn sein Beruf als Chemiefacharbeiter nicht ausfüllt, sucht Peter Wulkau intellektuelle Beschäftigung, die er in der Evangelischen Studentengemeinde in Magdeburg findet. Er nimmt dort regelmäßig an literarischen und philosophischen Abendveranstaltungen teil. Als »Hort feindlich gesinnter Jugendlicher« hat der Staatssicherheitsdienst die Evangelischen Studentengemeinde längst im Visier. Gleich zwei IM, »Hans Kramer« und »Rudi Kelling«, berichten über den neuen, kritisch eingestellten jungen Mann. Der ebenfalls junge und ambitionierte Eberhard Hinze, Mitarbeiter der Bezirksverwaltung des Ministeriums für Staatssicherheit in Magdeburg und zuständig für die Evangelischen Studentengemeinde, fordert die Unterlagen über Wulkau aus Leipzig an. Eberhard Hinze wird gelobt für das IM-Netz, das er im Bereich der Kirche in kurzer Zeit geschaffen hat. Als ihm IM berichten, Peter Wulkau verfasse ein Buch, das sich kritisch mit der DDR auseinandersetze, legt er den Operativ-Vorgang »Kreis« an und setzt mehrere IM direkt auf Wulkau an.

Peter Wulkau versucht mehrmals vergeblich, erneut ein Studium aufzunehmen. Den Ausreiseanträgen für sich und seine Familie nach Westberlin wird nicht statt gegeben. Seine Bewerbung als Regieassistent beim Theater in Meiningen wird ebenfalls abgelehnt. Er verlässt Fahlberg-List und arbeitet als Kellner im Weinstudio Grün-Rot in Magdeburg. Die Arbeit an seinem Buch setzt er auch in dieser Zeit fort. Wulkaus schriftliche Reflexionen sieht er als »letzte Waffe« gegen den Staat, der ihn durch massive Schikanen lahmzulegen sucht. Wulkau versucht jetzt, einen Weg zu finden, sein Manuskript zu seinem Vater nach Westberlin zu verbringen, um die Veröffentlichung in einem bundesrepublikanischen Verlag zu erreichen. Er bittet einen Bekannten um Hilfe. Dieser ist indonesischer Staatsbürger und kann daher in den Westen reisen. Aber auch dieser Bekannte ist ein Stasispitzel. Als Peter Wulkau ihm das Manuskript zum Lesen überlässt, übergibt IM »Anton« es der Stasi. In einem Gutachten wird die hohe Gesellschaftsgefährlichkeit des Manuskriptes bestätigt. Jetzt geht es für die Mitarbeiter der Stasi darum, die Veröffentlichung des Manuskriptes im Westen zu verhindern und den »staatsfeindlichen Hetzer« unschädlich zu machen. Sie sehen eine Gefahr, dass der bisher unbekannte Autor in der bundesdeutschen Presse, ähnlich wie Bahro, Havemann und

Biermann, zum Regimekritiker aufgewertet wird. Die der Stasi vorliegenden, inoffiziell erhaltenen Informationen und Dokumente
können aber nicht für eine Anklage verwendet werden. Das Buch
muss »offizialisiert« werden. Nach langem Hin und Her wird beschlossen, eine Hausdurchsuchung bei Peter Wulkau durchzuführen, bei der das Manuskript »zufällig« gefunden würde.
Am Morgen des 8. März 1978 klopfen zwei Mitarbeiter der Stasi an
der Wohnungstür. Peter Wulkau und seine Frau Christine werden
»zur Klärung eines Sachverhaltes« mitgenommen. Um die fünfjäh-
rige Antje kümmert sich eine Mitarbeiterin. Peter und Christine
Wulkau werden getrennt bis spät in die Nacht hinein verhört. Christine Wulkau wird mit dem Verbleib der Tochter unter Druck gesetzt. Nachdem sie über die kritische Einstellung ihres Ehemannes
und das Buch berichtet hat, setzt man sie auf freien Fuß. Für Peter
Wulkau wird Untersuchungshaft angeordnet. Er wird in die Untersuchungshaftanstalt des MfS am Moritzplatz eingeliefert. Erst wi-
dersetzt er sich seinem Vernehmer, legt kein Geständnis ab und tritt
sogar für zehn Tage in einen Hungerstreik. Er gibt seinen anfängli-
chen Widerstand aber auf und beantwortet schließlich die an ihn
gerichteten Fragen. Während der neunmonatigen Untersuchungshaft befragt der Vernehmer Peter Wulkau nicht nur detailliert über
sein Buch, er rekonstruiert auch die Entstehung seiner kritischen
Meinung und klopft Wulkaus Bekanntenkreis auf weitere, der DDR
gegenüber kritisch eingestellte Personen ab, Wulkau wird in diesen
neun Monaten insgesamt 33 Mal vernommen.
Peter Wulkau ist zeitweise in Einzelzellen untergebracht, zeitweise
in Doppelzellen mit anderen Inhaftierten. Einer dieser Männer, IM
»Escamillo«, berichtet der Stasi über die mit Wulkau geführten Gespräche. Die Stasi interessieren kritisch eingestellte Personen und
deren Fluchtabsichten, von denen Wulkau im vertraulichen Gespräch erzählt. »Escamillo« ist wegen eines missglückten Flucht-
versuches in Untersuchungshaft. Er hatte sich mit seiner schwange-
ren Frau und den beiden zwei und acht Jahre alten Kindern in einem
Mercedes versteckt, um in die Bundesrepublik zu gelangen. Für

seine Spitzeldienste werden »Escamillo« Vergünstigungen für seine ebenfalls verhaftete, schwangere Frau angeboten.

Am 27. und 28. September 1978 findet am Bezirksgericht Magdeburg das Gerichtsverfahren statt. Peter Wulkau wird »wegen mehrfacher teils schwerer staatsfeindlicher Hetze« zu viereinhalb Jahren Freiheitsentzug verurteilt. Das Strafmaß wurde vor Beginn der Verhandlung bereits telefonisch mit dem Generalstaatsanwalt in Berlin abgesprochen.

Am 15. November 1978 wird Wulkau aus der Untersuchungshaft in die Strafvollzugseinrichtung Magdeburg verlegt. Dort verbleibt er für einige Wochen unter Kriminellen und muss körperliche Arbeit leisten. Am 5. Dezember 1978 verlegt man ihn in die Strafvollzugseinrichtung Cottbus. Er kommt in den Erziehungsbereich 8, in dem sich hauptsächlich politische Gefangene befinden. Der Mitgefangene IM »Karen« berichtet über den »äußerst gefährlichen Hetzer«. Kurz bevor eine erneute Operative Personenkontrolle über Wulkau angelegt werden kann, wird er aufgrund des Amnestiebeschlusses zum 30. Jahrestag der DDR am 3. Dezember 1979 vorzeitig entlassen. Wulkaus Hoffnung, durch Häftlingsfreikauf direkt nach Westdeutschland entlassen zu werden, sind damit zerschlagen. Er wird in die DDR entlassen.

Mit der Entlassung bekommt er die Auflage, wieder bei Fahlberg-List als Chemiefacharbeiter zu arbeiten. Im Schichtdienst, mit geringem Kontakt zu den Kollegen. Wulkau stellt einen erneuten Ausreiseantrag für sich und seine Familie. In der Operativen Personenkontrolle »Kreis II« wird er weiterhin mit geheimdienstlichen Mitteln unter Kontrolle gehalten. Ein anonymes Flugblatt lenkt erneut einen Verdacht auf ihn. Um eine Handschriftenprobe von ihm zu erhalten, setzt die Stasi alle Hebel in Bewegung. Aus der Schultasche der Tochter Antje erhalten sie, mit Hilfe der Schulleiterin, den Wohnungsschlüssel. Am 15. Mai erhält die Familie Wulkau endlich die Genehmigung, einen legalen Antrag zur ständigen Übersiedlung in die BRD und zur Entlassung aus der Staatsbürgerschaft der DDR zu stellen. Am 25. Juni holt Familie Wulkau ihre

Papiere für eine legale Übersiedlung in die BRD ab. Die Ausreise soll drei bis vier Tage später erfolgen. Am 26. Juni wird Peter Wulkau entlastet: Seine Handschrift auf Dokumenten aus der konspirativen Wohnungsdurchsuchung ist nicht identisch mit der Schrift auf dem Flugblatt. Der Ausreise steht nichts mehr im Wege.

Die Familie lässt sich nach der Übersiedlung in Westberlin nieder. Peter Wulkau nimmt ein Studium der Soziologie, Politologie und Geschichte auf. Seine Ehe übersteht all die Belastungen letztlich nicht. Christine und Peter Wulkau lassen sich scheiden.

Heute ist Peter Wulkau wieder verheiratet. Er arbeitet als Publizist und Dozent in der politischen Bildungsarbeit an der Gedenkstätte Deutscher Widerstand in Berlin. Außerdem leitet er Führungen durch die ehemalige Untersuchungshaftanstalt des MfS, die heutige Gedenkstätte Berlin-Hohenschönhausen.

Die Akten, die von Stasimitarbeitern über Peter Wulkau geführt wurden, scheinen so erhalten zu sein, wie sie angelegt wurden. Zum Operativ-Vorgang »Revisionist« existieren fünf Ordner. Darin sind die Beobachtung und Zerschlagung der Studentengruppe in Leipzig, zu der auch Peter Wulkau gehörte, dokumentiert. Der Operativ-Vorgang »Kreis« füllt zwei Ordner und enthält die umfassende Beobachtung Peter Wulkaus in Magdeburg. Die Gerichtsakten zu Peter Wulkau umfassen neun Ordner. Darin sind Dokumente zur Untersuchungshaft, Gerichtsverhandlung und zum Teil auch zur Haftzeit enthalten. Die Dokumente über die Operative Personenkontrolle »Kreis II«, die Beobachtung Peter Wulkaus nach seiner Haftentlassung, füllen drei Ordner.

Zusätzlich zu den Akten über Peter Wulkau selbst habe ich auch die Akten einiger inoffizieller Mitarbeiter gelesen, die über Peter Wulkau berichtet haben. In diesen Akten sind weitere Berichte über Peter Wulkau enthalten. Der Teil I dieser Akten gibt außerdem Auskunft über Anwerbung und Persönliches des IM, was mich ebenfalls interessierte. Nicht alle Akten der IM, die über Wulkau berichtet haben, sind erhalten, die wichtigsten aber schon: IM »Janette«

füllt zwei Ordner, IM »Hans Kramer« vier, IM »Marina« zwei. Vier Bände existieren zu IM »Anton«, sieben Bände zu IM »Karen«, vier zu »Max Winter«, sieben zu IM »Klemens«. Die Akten zu dem IM, der unter den Decknamen »Simon Lenz« und »Rudi Kelling« berichtete, umfassen sieben Ordner. Über den Zelleninformanten »Escamillo« existiert ebenfalls ein Ordner. Auch die Personalakten von vier hauptamtlichen Stasimitarbeitern, die maßgeblich an der Überwachung von Peter Wulkau beteiligt waren, habe ich gelesen. Ein Ordner mit braunem Ledereinband existiert zu jedem dieser Mitarbeiter. Mit Unterlagen zur Anstellung, zu Beförderungen und Auszeichnungen und allgemeinen Beurteilungen.

Die insgesamt 17 914 Seiten aus all diesen Ordnern, diese vielen Seiten von vergilbtem Papier, dünnsten Schreibmaschinendurchschlägen, unzähligen handgeschriebenen Berichten, Notizen und Zettelchen mit schwer zu entziffernden Handschriften, aber auch abgefangenen Briefen und ellenlangen Abhörprotokollen, Dienstanweisungen, IM-Berichten etc. habe ich in Auszügen abgeschrieben, chronologisch geordnet und durch Kürzungen verdichtet. Dadurch entsteht ein recht lückenloses Bild der Ereignisse aus Stasisicht.

Einige Fragen werden bei der Lektüre offenbleiben, denn nicht alle Dokumente scheinen ihren Weg in die Ordner gefunden zu haben. Daher sind heute nicht mehr alle Vorgänge genau zu rekonstruieren. Zum Beispiel gibt es eine 1976 angefertigte Schreibmaschinenprobe der Schreibmaschine von Peter Wulkau und ein kurz danach angefertigtes Gutachten über Peter Wulkaus Roman. Hat damals schon eine konspirative Wohnungsdurchsuchung stattgefunden? Wie sonst ist die frühe Schreibmaschinenprobe entstanden? In den Akten finden sich die abfotografierten Seiten des handgeschriebenen Manuskriptes zum Buch, allerdings ohne Datumsangabe. Wurden diese Seiten bei einer Wohnungsdurchsuchung gefunden, fotografiert und zum Gutachter weitergeleitet? Fragen, über die man nur spekulieren kann. Dennoch entsteht mit der chronologischen Zusammenstellung der Akten ein aufschlussreiches Zeugnis über die staatliche Verfolgung Peter Wulkaus und die Funktionsweise der Diktatur.

Erstaunlich ist dabei, wie viele Menschen an der Verfolgung Peter Wulkaus beteiligt waren. Initiatoren für die Beobachtung Peter Wulkaus waren natürlich die hauptamtlichen Stasimitarbeiter. Mit der Schaffung von IM-Netzen erhielten diese eine Fülle von Informationen. Der Führungsoffizier entschied, welchen Informationen nachgegangen wurde. Dem IM erteilte er dann »Aufträge und Verhaltenslinien«, um gezielte Informationen zu erhalten, an Beweise zu kommen oder eine Zersetzungstätigkeit durchzuführen. Zur Werbung von IM wurden intensive Überlegungen angestellt. Später wurde dann darüber nachgedacht, wie das Vertrauen eines IM in das MfS gefestigt werden könne. Die Motive der IM für die Kooperation mit dem MfS sind vielfältig. Die ausgewählten Textstellen aus den IM-Personalakten geben Aufschluss über die Motivlage.

Mit einem engen Spitzelnetz gelang es dem Ministerium für Staatssicherheit, fast jeden Schritt von Peter Wulkau zu überwachen. Die Mitarbeiter der Stasi gingen aber noch weiter. An Wulkaus Wohnort, der Uni oder später der Arbeitsstelle wurden Erkundigungen über ihn eingezogen und Berichte über ihn eingefordert. So zeichnen die vorliegenden Texte auch ein trauriges Bild davon, wie viele Menschen aus Peter Wulkaus Umgebung dazu bereit waren, ihn in seiner politischen Einstellung negativ zu beurteilen. Was für Konsequenzen das für ihn haben konnte, dürfte ihnen klar gewesen sein. Letztendlich haben sie alle zur Verfolgung Peter Wulkaus ihren Teil beigetragen. Über die Beweggründe dieser Menschen kann man nur mutmaßen.

1992 hat Peter Wulkau Einsicht in seine Stasiakte genommen. Daraus entnahm er die Details seiner Verfolgung und wer daran mitgewirkt hatte. Überrascht war er darüber, wie viele »Freunde« über ihn berichtet hatten. Das hat ihn enttäuscht. Er hatte diesen Menschen vertraut. 1993 meldete sich einer dieser »Freunde« bei ihm: Hartmut Rosinger hatte unter dem Decknamen »Hans Kramer« über ihn berichtet und mit zu seiner Verhaftung beigetragen. In einem Berliner Biergarten kam es zur verabredeten Begegnung. Peter Wulkau hatte damals den Eindruck, dass Hartmut Rosinger nicht die Verantwortung für seine Taten übernahm und »politische Überzeugung« als Entschuldigung vorschob. Die weitere Auseinandersetzung von Peter Wulkau und Hartmut Rosinger habe ich mit meinem Dokumentarfilm ein Stück begleitet. Die Konfrontation mit der eigenen Verstrickung und Schuld war dabei für Hartmut Rosinger ein ebenso wichtiger Prozess wie die Aussöhnung mit Peter Wulkau. Leider ist Hartmut Rosinger bis heute der einzige IM geblieben, der sich bei Peter Wulkau gemeldet und um Entschuldigung gebeten hat. Eine derartige Begegnung zwischen Täter und Opfer scheint eine Ausnahme zu sein. Möglich war sie nur dadurch, dass Rosinger den ersten Schritt gewagt und Reue gezeigt hat. Und möglich auch nur durch Wulkaus menschliche Größe, eine Auseinandersetzung überhaupt zuzulassen. Eberhard Hinze, Rosingers Führungsoffizier, hat während der Recherche zu meinem Film eine Auseinandersetzung mit Rosinger abgelehnt. Ebenso wie der IM, der unter den Decknamen »Rudi Kelling« und »Simon Lenz« lange über Wulkau berichtete. Er hat ein Gesprächsangebot abgeblockt. Heute arbeitet er als Pfarrer der evangelischen Kirche in Brandenburg.

Für diejenigen, die zum Funktionieren des Unrechtsstaates beigetragen haben, scheint das Eingeständnis persönlicher Schuld schwierig zu sein. Viele sehen sich heute selbst als Opfer, etwa weil ihre Rente gekürzt wurde oder weil sie sich als »Täter« gesellschaftlich ausgegrenzt und geächtet fühlen. Aber wahrscheinlich ist gerade für die, die im Dickicht der Diktatur verstrickt waren, ein Schuldeingeständnis eine Herausforderung. Individuelles Denken war beim Ministerium für Staatssicherheit als »bürgerlich« verpönt. Wer eigenständiges Denken offenbarte, dem wurde ein »noch nicht gefestigter Klassenstandpunkt« unterstellt. Darauf musste eingewirkt werden. Stehen das abtrainierte Gewissen und das erlernte kollektive Denken einem Schuldeingeständnis noch heute entgegen? Die SED-Diktatur forderte Schwarz-Weiß-Denken:

»Wenn du nicht FÜR uns bist, dann bist du GEGEN uns.« Eine differenzierte Betrachtungsweise blieb unerwünscht. Der feste Klassenstandpunkt war wichtiger als die eigene Meinung. Der Dekan der Universität, der Wulkaus Exmatrikulation vorantrieb, die Kaderleiterin, die seine erneute Studienaufnahme verhinderte, die Richterin, die ihn verurteilt hat, sie alle waren Teil dieses Denksystems. Ein Schuldeingeständnis scheint für diese Menschen heute schwierig zu sein.

Das lässt die vielen Menschen, die sich – wie Peter Wulkau – in der DDR nicht untergeordnet haben, die sich trotz massiver gesellschaftlicher Widerstände nicht gebeugt haben, umso mutiger erscheinen. Aber für ihre Zivilcourage mussten sie teuer bezahlen. Ausbildung und Karriere sind ihnen verwehrt geblieben, oft haben sie, aus politischen Gründen verurteilt, Jahre in Haft verbringen müssen. Diese Menschen werden heute als »Opfer« bezeichnet, und dabei sind viele von ihnen doch Helden. Heute ringen diese Menschen um Anerkennung. Enttäuscht sind sie, dass viele »Täter« eine höhere Rente erhalten, als sie selbst. Enttäuscht sind sie auch darüber, dass diejenigen, die an ihrer Verfolgung beteiligt waren, nicht auf sie zukommen, nicht mit ihnen sprechen, geschweige denn, um Entschuldigung bitten. Dabei ist für eine Versöhnung mit der Vergangenheit gerade das von großer Bedeutung: Die Anerkennung des Unrechts und die ehrliche Reue der Täter. Mehr als zwanzig Jahre nach Ende der SED-Diktatur scheint die Aufarbeitung noch am Anfang zu stehen. So scheint noch vieles im Zusammenhang mit der Aufarbeitung der DDR vor uns zu liegen. Dabei geht es nicht um vordergründige Schuldzuweisungen, sondern darum, aus der Vergangenheit zu lernen. Womit sind wir erpressbar? Wann geben wir unser Gewissen ab? Und worin sind wir heute verstrickt? Deshalb ist diese Schuldbetrachtung so wichtig. Wo sind denn heute die Verstrickungen, von denen in der Zukunft andere Generationen wieder sagen werden: »Na das ging ja gar nicht! Hättet ihr doch merken und euch wehren müssen!«

Abbildungen

OV »Revisionist«, Bd. 3, BStU 000268
Handschriftlich auf Rückseite des Fotos festgehalten:
»Revisionist« am 4.10.69 gegen 16.35 Uhr auf dem Wege zum Hauptpostamt 701,
Grimmaischer Steinweg, Leipzig

OV »Revisionist«, Bd. 3, BStU 000268, ASt Leipzig, AOP 174/74

OV »Revisionist«, Bd. 3, BStU 000268
»Revisionist« am 4.10.69 gegen 16.35 Uhr auf dem Wege zum Hauptpostamt 701,
Grimmaischer Steinweg, Leipzig

OV »Revisionist«, Bd. 3, BStU 000268, ASt Leipzig, AOP 174/74

OV »Revisionist«, Bd. 3, BStU 000317
Handschriftlich auf Rückseite des Fotos:
7.3.64, 16.30 Uhr Rev. und Karo in der Petersstraße nach Verlassen des
Geschäftes 1000 Dinge, Leipzig

OV »Revisionist«, Bd. 3, BStU 000317, ASt Leipzig, AOP 174/74

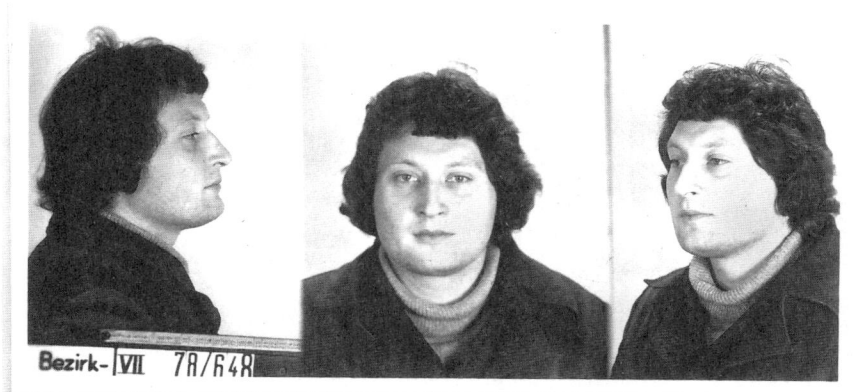

AU, Bd. 1, BStU 000112-000114   08.03.1978 von Peter Wulkau angefertigte
Fotos bei Einlieferung in die Untersuchungshaftanstalt des MfS in Magdeburg

AU, Bd. 1, BStU 000112-000114, 08.03.1978, BStU, ASt Magdeburg, AU
1852/79

OV »Kreis«, Bd. 2, BStU 000128
17.09.1977 15.14 Beobachtung Peter Wulkau, »Kreis« auf dem Weg vom
S-Bahnhof Alexanderplatz zum Treff mit IM »Anton« im Interhotel »Stadt
Berlin« in Ost-Berlin

BStU, ASt Magdeburg, AOP 310/80, Bd. 2, 128

OV »Kreis«, Bd. 2, BStU 000109
Beobachtung Peter Wulkau, Deckname »Kreis«, 07.12.1974, 14:15 Uhr,
Gaststätte »Lindencorso«, Unter den Linden, Berlin (beim Treffen mit Vater und
anderen Familienmitgliedern)

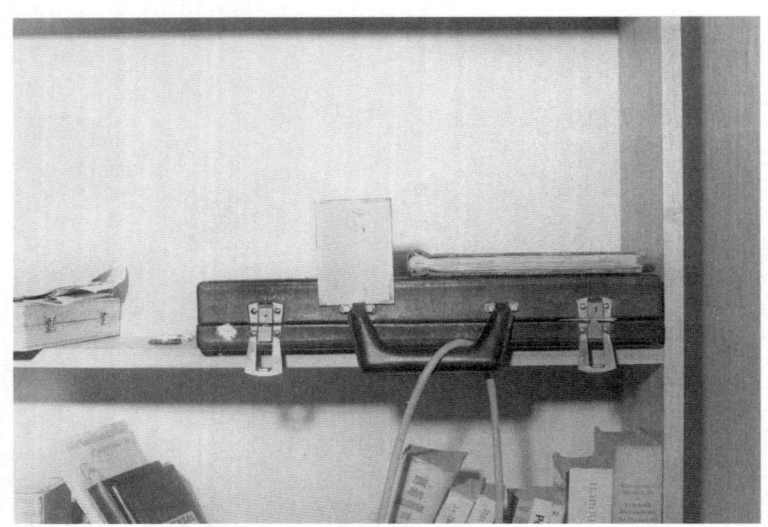

Fundort des Manuskriptes im Aktenkoffer in der Schrankwand bei der Hausdurchsuchung bei Peter Wulkau nach dessen Verhaftung am 08.03.1978

Aufgeschlagenes Manuskript, am Tage der Verhaftung Peter Wulkaus in dessen Wohnung aufgenommen (08.03.1978)

Glossar

Abs.	Absatz
Abt.	Abteilung
ABV	Abschnittsbevollmächtigter
AHB	Außenhandelsbetrieb
AIG	Auswertungs- und Informationsgruppe, ein Vorläufer der Auswertungs- und Kontrollgruppe AKG
AK	Arbeitskreis
angen.	angenommen
APO	Abteilungsparteiorganisation der Sozialistischen Einheitspartei Deutschlands
BKG	Bezirkskoordinierungsgruppe (MfS) – koordinierte das Vorgehen des MfS bei Ausreise und Republikflucht
Bln	Berlin
BRD	Bundesrepublik Deutschland
BV	Bezirksverwaltung
BVfS	Bezirksverwaltung für Staatssicherheit
CD	Corps Diplomatique
CSSR	Tschechoslowakische Sozialistische Republik
DBB	Deutsche Bundesbank
DDR	Deutsche Demokratische Republik
DE	Diensteinheit
DM	Deutsche Mark
DSF	Gesellschaft für Deutsch-Sowjetische Freundschaft
EB	Erziehungsbereich (Strafvollzug)
EOS	Erweiterte Oberschule, die höhere Schule im Schulsystem der DDR
ESG	Evangelische Studentengemeinde
EV	Ermittlungsverfahren

31

FDJ	Freie Deutsche Jugend, sozialistischer Jugend-verband der DDR
FIM	Führungs-IM, inoffizieller Mitarbeiter, der inoffizielle Mitarbeiter führte
F-Strafe	Freiheitsstrafe
Fw.	Feldwebel
Gen.	Genosse, Mitglied der SED
Genn.	Genossin
GI	Geheimer Informator, bis 1968 die höchste Spitzelstufe
GM	Geheimer Mitarbeiter, inoffizieller Mitarbeiter; seit 1968: IMF und IMV
GST	Gesellschaft für Sport und Technik (DDR), Massenorganisation zur vormilitärischen und wehrsportlichen Ausbildung von Jugendlichen
GÜ	Grenzübertritt
GÜSt	Grenzübergangsstelle
HA	Hauptabteilung (MfS), selbständige Dienstein-heit
HO	Handelsorganisation
Hptm.	Hauptmann
HVA	Hauptverwaltung Aufklärung, MfS-Auslands-spionage
IKMR	Inoffizieller Kriminalpolizeilicher Mitarbeiter aus Kreisen der Rechtsbrecher, Asozialen, Rückfälligen und kriminell gefährdeten Personen bzw. mit festen Verbindungen zu diesen Perso-nenkreisen
IM	Inoffizieller Mitarbeiter, konspirativ und in der Regel unbezahlt tätiger Informant des MfS, vor allem zur Überwachung und Beeinflussung seines Umfeldes; flächendeckend und in allen Bereichen der Gesellschaft, auch im Ausland einschließlich der Bundesrepublik Deutschland

	und in Berlin-West; Minister Mielke: »Hauptwaffe im Kampf gegen den Feind«
IMB	Inoffizieller Mitarbeiter der Abwehr mit Feindverbindung bzw. zur unmittelbaren Bearbeitung im Verdacht der Feindtätigkeit stehender Personen
IME	Inoffizieller Mitarbeiter im besonderen Einsatz
IMF	Inoffizieller Mitarbeiter der Abwehr mit Feindverbindungen zum Operationsgebiet – ab 1979: IMB
IMK	Inoffizieller Mitarbeiter zur Sicherung der Konspiration und des Verbindungswesens
IMK/KW	Inoffizieller Mitarbeiter zur Sicherung der Konspiration und des Verbindungswesens/ Konspirative Wohnung – inoffizieller Mitarbeiter, der ein Zimmer oder seine Wohnung zur Durchführung von konspirativen Treffs zur Verfügung stellte
IMS	Inoffizieller Mitarbeiter zur Sicherung und Durchdringung eines Verantwortungsbereichs
IMV	Inoffizieller Mitarbeiter mit vertraulichen Beziehungen zur bearbeiteten Person – 1979 abgelöst durch die Kategorie: IMB
IM/W	Wehrpflichtiger IM
K	Kriminalpolizei
K. u. Sch.	Kader und Schulung
KD	Kreisdienststelle
KMK	Kreismeldedatei – in den Abteilungen Pass- und Meldewesen der Volkspolizeikreisämter
KMU	Karl-Marx-Universität
Kolln.	Kollegin
KP	Kontaktperson
KPdSU	Kommunistischen Partei der Sowjetunion
KSG	Katholische Studentengemeinde
KW	Konspirative Wohnung

KWO	Kabelwerk Oberspree
Liste 6/77	bezieht sich wahrscheinlich auf Befehl 6/77 vom MfS, der sich mit Ausreisen in die westliche Welt beschäftigte
LDP	Liberaldemokratische Partei der DDR
Ltn.	Leutnant
M	Mark
M	Abteilung M
(MfS)	Überwachung von Brief- und Paketverkehr
M-Kontrolle	Post- und Paketkontrolle MfS
MA	hauptamtlicher Mitarbeiter (MfS)
MdI	Ministerium des Inneren
MfS	Ministerium für Staatssicherheit
Mj.	Major
M-L	Marxismus-Leninismus
m.-l.	marxistisch-leninistisch
m.P.	männliche Person
ND	Neues Deutschland, Tageszeitung der DDR
NF	Nationale Front des demokratischen Deutschland, ab 1973: der DDR; Verbund von Parteien und gesellschaftlichen Organisationen unter Führung der SED; 1949 gegründet, 1989 aufgelöst
NSA	Nichtsozialistisches Ausland
NSW	Nichtsozialistisches Wirtschaftsgebiet
NVA	Nationale Volksarmee
OG	Operativgruppe (K1), Struktureinheit, die inoffizielle Mitarbeiter einsetzte
Ofw.	Oberfeldwebel
Oltn.	Oberleutnant
OM	Operativer Mitarbeiter des MfS
Op.	Operativ
OPG	Operativgruppe
Ormig	DDR-Synonym für Hektographie, bezeichnet ein Hektographiergerät, eine ältere Kopiermaschine

OSL	Oberstleutnant
OV	Operativer Vorgang, konspiratives Ermittlungsverfahren gegen Unbekannt oder gegen Personen, die nach der DDR-Gesetzgebung eine Straftat begangen hatten oder dies beabsichtigten (Anlass war oft schon nichtkonformes politisches Verhalten)
P	Personalakte (MfS) – Kennzeichnung auf dem Aktendeckel für: Teil I [lies: eins] einer IM-Akte
PA	Personalakte
PGH	Produktionsgenossenschaft des Handwerks
PH	Pädagogische Hochschule
PKK	Personen-Kerbloch-Kartei, Karteisystem zur Personenerfassung
PKK-West	Personen-Kerbloch-Kartei, Personenerfassung für »BRD-Bürger«
PSM	Pflanzenschutzmittel
PZF	Post- bzw. Paketzollfahndung (MfS), ab 1984 Bereich der Abteilung M
R.-Verrat	Republik-Verrat
RA	Rechtsanwalt
Ref.	Referat
Richtlinie 1/76	Richtlinie des MfS-Ministers Erich Mielkes zur Entwicklung und Bearbeitung Operativer Vorgänge
RKM	Röntgenkontrastmittel
SBA	Sicherheitsbeauftragter des MfS zur Kontrolle in Betrieben
SED	Sozialistische Einheitspartei Deutschlands
SG	Strafgefangener
StGB	Strafgesetzbuch
StPO	Strafprozessordnung
StVE	Strafvollzugseinrichtung (DDR)
SU	Sowjetunion

SV	Strafvollzug
SVE	Strafvollzugseinrichtung (DDR)
SV.-Mstr.	Strafvollzugs-Meister
TBK	Toter Briefkasten
THM	Technische Hochschule Merseburg
U.-Abt.	Untersuchungs-Abteilung
UdSSR	Union der sozialistischen Sowjetrepubliken
Uffz.	Unteroffizier
Ultn.	Unterleutnant
UV	Untersuchungsvorgang
V-IM	Vorlauf-IM, Person, die mit dem Ziel der Gewinnung zur inoffiziellen Zusammenarbeit in einem Vorgang erfasst war
VEB	Volkseigener Betrieb
VP	Vernehmungsprotokoll
VP	Volkspolizei
VPKA	Volkspolizeikreisamt
VzW	Vorschlag zur Werbung
WB	Westberlin
WD	Westdeutschland
WG	Wohngebiet
WFS	Weltfestspiele der Jugend und Studenten
Wiss. Soz.	Wissenschaftlicher Sozialismus
WKK	Wehrkreiskommando (Nationale Volksarmee)
Ziff.	Ziffer
ZIM	Zelleninformator
ZK	Zentralkomitee
ZKG	Zentrale Koordinierungsgruppe (MfS), koordinierte das Vorgehen des MfS bei Ausreise und Republikflucht
ZM	Zellenmeister
ZV	Zeugenvernehmung
ZW	operatives Zusammenwirken

1. Operativ-Vorgang »Revisionist« – ein Student geht eigene Wege

16.05.1968 Bericht Ministerium für Staatssicherheit (MfS) Bezirksverwaltung (BV) Leipzig, Abt. XX/3, Ltn. Hampl

Am 14.5.68 wurde von 13.00–14.45 im Prorektorat für Studienangelegenheiten der KMU mit der Studentin Nölle, Annemarie (1. Stdj. Stabü/Deutsch) ein erstes Kontaktgespräch geführt. Ziel war einzuschätzen ob sich die Nölle für eine eventuelle Werbung eignet. Die Betreffende ist Mitglied unserer Partei. Sie stammt aus sehr fortschrittlichem Elternhaus. Bis vor einigen Wochen war sie FDJ-Sekretär des Seminars. Zu den Vorkommnissen (Kleben von Flugblättern) am 1.4.68 im Petersteinweg konnte sie überhaupt nichts sagen. Ihr sind keine Studenten bekannt, die sich offiziell als auch inoffiziell eine Veränderung der Lage bei uns nach dem Muster der CSSR wünschen o. die zu Demonstrationen aufgefordert hätten. Die Nölle ist aber gern bereit uns zu unterstützen, weil das auch für sie selbst nützlich wäre insofern sie dann besser einschätzen könnte was die Studenten, mit denen es immer Schwierigkeiten gibt, nun wirklich denken. Alles andere, so wurde mit ihr vereinbart, werden wir am 28.5.68 13.30 noch konkreter besprechen. Sie war damit sofort einverstanden. Ihr wurde eine Schweigeverpflichtung über das geführte Gespräch abgenommen. Zur Person ist noch folgendes zu ergänzen: Sie hat ein Verhältnis zu einem verheirateten Lehrer aus Wurzen. Es handelt sich um die Oberschule wo sie das Abitur ablegte. Vom Äußeren her ist sie recht ansprechend. Sie scheint sehr lebenslustig zu sein, ohne dabei in Unmoral auszuarten. Ihr polit. Wissen ist gut. Ihr fehlt es z.T. an Einschätzungsvermögen wobei in einigen Dingen gewisse mädchenhafte Naivität noch vorhanden ist. Die Nölle interessiert sich sehr für Theater, Literatur u. Sport. Bei dem Gespräch kam mehrmals zum Ausdruck, daß sie knapp bei »Kasse« ist u. sich gern mehr leisten würde.

27.05.1968 Vorschlag zur Anwerbung, Ltn.
Hampl, Abt. XX/3, BV Leipzig

Es wird vorgeschlagen, die Nölle, Annemarie, geb. 5.7.48 als GM [geheimen Mitarbeiter] auf der Linie Karl-Marx-Universität (Studenten) anzuwerben. Die Kandidatin wurde im Zusammenhang mit der Bearbeitung des Operativ-Vorganges »Steinweg« bekannt. Zunächst bestand der Verdacht, daß die Betreffende mit in den Täterkreis einzuklassifizieren ist, weil die Tatschrift auf den selbst gefertigten Hetzflugblättern die gleichen Gruppenmerkmale, wie die in ihrem Personalunterlagen vorhandene Schrift, trug. Durch exakten Schriftvergleich, Ermittlungen bzw. einer ausführlichen Aussprache mit ihr konnte dieser anfängliche Verdacht vollkommen entkräftet werden. Im Ergebnis der Aussprachen u. der Ermittlungen ist einzuschätzen, daß sich die Nölle vor allem in Verbindung mit der schnellen u. umfassenden Bearbeitung des Vorganges »Steinweg« als IM eignet. Auf Grund ihrer unkomplizierten Art u. ihrer relativ leichten Lebensauffassung wäre es auch möglich, sie zur inoffiziellen Nutzung in anderen operativen Bereichen einzusetzen. Ihre persönlichen Interessen u. Neigungen haben vieles gemein mit den operat. Erfordernissen der Abwehrarbeit auf der Linie Studenten.

07.06.1968 Anwerbungsbericht, Ltn. Hampl,
Abt. XX/3, BV Leipzig

Am 5.6.68 in der Zeit von 10–12.30 wurde die Werbungskandadatin Nölle im Treffzimmer des Hotels »Stadt Leipzig« angeworben. Der Kandidatin wurde die Notwendigkeit einer systematischen, zielgerichteten Organisierung der Abwehr- und Aufklärungsarbeit des MfS erklärt. Dabei wurde besonders herausgearbeitet, daß es uns vor allem darauf ankommt zu wissen, was die Studenten tatsächlich bewegt, um auf der Grundlage exakter operativer Lageeinschätzungen von vornherein möglichst zu verhindern, daß es zu irgendwelchen Feindtätigkeiten kommt. Ihr wurde erläutert, daß das ein komplizierter Prozeß ist der auch ständige Differenzierung verlangt und wahrheitsgemäße bzw. konkrete Informierung seitens der inoffiziellen Quellen erfordert. Die Kandidatin wurde besonders zu den Grundregeln der Konspiration instruiert. Sie gab eine schriftliche Erklärung ab das MfS zu unterstützen, gegenüber jedermann Stillschweigen zu bewahren und wählte sich den Decknamen »Janette«. Die Nölle ist auch bereit, je nach Erfordernis der Situation, Verbindungen mit männlichen Personen herzustellen bzw. zu festigen. Ihrerseits gibt es einige Probleme betreffs des Verhältnisses zu dem verheirateten Lehrer aus Wurzen. Dabei bleibt jedoch die obengenannte Feststellung unberührt. Sie berichtete, daß sie einfach nicht die Kraft aufbringt, sich konsequent von ihm loszusagen. Er beteuert, daß er sie liebt. Auf der anderen Seite sei es so, daß seine Frau, obwohl das Verhältnis zu ihr bereits ca. 2 Jahre besteht u. sie sich angeblich nicht verstehen, jetzt von ihm das erste Kind erwartet. Nachdem auch an der Fakultät erste Anzeichen laut würden wegen des Verhältnisses, daß sie schon seit dem 12. Schuljahr an der Oberschule hat, will sie nun dennoch diese Sache abbrechen. Ihr wurde erklärt, daß sie mit diesen Dingen selbst fertig werden muß u. wir uns in solchen wie auch in anderen privaten Angelegenheiten nicht das Recht nehmen, einzumischen. Wir werden sie aber gern beraten um richtige Entscheidungen zu finden. Ihr wurde geraten das Verhältnis auch im Interesse der beruflichen Perspektive zu lösen.

22.10.1968 Treffbericht Geheimer Mitarbeiter (GM) »Janette«, 10.30–12.00 Uhr, Treffzimmer Hotel »Stadt Leipzig«, Ltn. Hampl

GM »Janette« berichtete beim Treff im Zusammenhang mit der Lage in der CSSR, daß es in ihrem Seminar (Stabü/Deutsch II/4) eine Studentin Radkowski, Karla gebe, die sehr negativ diskutiert. Das verwunderliche daran ist, daß sie Mitglied unserer Partei ist. GM »Janette« wird bis zum Treff einen ausführlichen Bericht über dieses Problem anfertigen.

22.10.1968 Quittung
Für operativen Auftrag habe ich von einem Vertreter des MfS 30.-
M (dreißig) erhalten. Janette

29.11.1968 Treffbericht IM »Janette«,
05.11.1968, 16.30, KW »Burg«, Mitarbeiter:
Müller
Entsprechend des letzten Auftrages brachte der IM [»Janette«]
einen schriftlichen Bericht über eine negative Studentin Karla, R.
aus der Seminargruppe des IM. Dabei war festzustellen, daß der IM
ein gutes Einschätzungsvermögen hat. Sie wurde unter Legende
beauftragt, (gemeinsames Interesse für Kafka) den Kontakt zur K.
enger zu gestalten und ihr politisches Vertrauen zu gewinnen, vor
allem um die Quellen und Ursachen ihrer revisionistischen Anschauungen zu erfahren.

02.12.1968 Treffbericht IM »Janette«,
26.11.1968, 9.00–10.30 Uhr, KW »Burg«,
Mitarbeiter: Müller
Weiterhin teilte der IM [»Janette«] mit, daß er Verbindung zu dem
Studenten Wilkau unterhält, der sie zu sich eingeladen hat. Dieser
Student ist auch in Besitz von Westliteratur. Der IM erhielt den
Auftrag, den Kontakt zu Wilkau zu festigen und diesen aufzuklä-
ren, insbesondere hinsichtlich seiner konkreten Westverbindungen
sowie seiner politischen Einstellung. Dazu erhielt der IM eine Ver-
haltenslinie.

20.12.1968 [handschriftlicher] Bericht IM
»Janette«
Auftragsgemäß nahm ich Kontakt zu Peter Wulkau (Student
ML/WS [Marxismus Leninismus/Wissenschaftlicher Sozialis-
mus] 2. Stdj.) am 19.12.68 auf. An diesem Tag besuchte er mich
und in einer siebenstündigen Unterhaltung wurde mir folgendes
bekannt: W. unterhält freundschaftliche Verbindungen zu Karla

40

Radkowski und ihrem Mann Gregor Radkowski (geboren Kuhr). Durch W. habe ich erfahren, daß er mit Studenten aus den Fachrichtungen Landwirtschaft, Medizin, Philosophie Verbindung unterhält. Namen und Treffpkt. sind mir noch nicht bekannt; er will mich jedoch in diesen Kreis einführen. Diese Stud. diskutieren über unsere Politik sowie über revisionist. Anschauungen. Dazu benutzen sie Schriften wie: »Prager Volkszeitung«, »2000 Worte«. Nach Angabe des W., sind sie u. a. zu der Schlußfolgerung gekommen, daß die Entwicklung in der CSSR nicht so verlaufen ist, wie sie im ND geschildert worden ist. Zur Einschätzung des W.: Ich bin mit W. befreundet und [habe ein] enges Vertrauensverhältnis zu ihm. W. ist parteilos. Er brachte mir gegenüber zum Ausdruck, daß er für den Soz. ist, ihn als einzige Möglichkeit erkennt, aber mit bestimmten Maßnahmen unseres Staates nicht einverstanden ist. Ich habe die Möglichkeit, durch W. Verbindungen zu diesen Kreisen, sowie zum Kreis um G. Radkowski (Kuhr) herzustellen und in weiteren Gesprächen diese Angaben zu konkretisieren. Das Gespräch mit W. wurde unter vier Augen geführt. Janette

Notiz Oltn. Müller
Peter Wulkau: Die weitere Bearbeitung erfolgt im Vorgang »Revisionist«.

20.01.1969 Treffbericht GI »Janette«, KW »Burg«, 14.01.1969, Ultn. Harnisch
Der GI [»Janette«] wurde nochmals nach den im letzten Bericht gegebenen Fakten befragt u. ergänzte noch folgendes: Der Wölkau habe eine sehr gute Verbindung zur Deutschen Bücherei. Er kenne dort eine Dame über die es dem W. möglich sei Bücher mit nach Hause zu nehmen u. an »Gift«-Literatur heran zu kommen. Näheres ist dem GI noch nicht bekannt.

24.01.1969 Bericht über den Operativ-Vorlauf »Revisionist«, Meiler, Mj. Abteilung XX, BV Leipzig

Diese parteifeindlichen Tendenzen und verleumderischem Äußerungen muß man im Zusammenhang der gesamten politisch-ideologischen Diversion sehen, besonders in den Kreisen der studentischen Jugend von seitens der Feinde Einfluß zu gewinnen, Unzufriedenheiten hervorzurufen, die dann letztlich in Provokation sich umschlagen sollen. Es ist zu überprüfen, wie es überhaupt möglich ist, daß solche feindlichen Tendenzen dort öffentlich diskutiert und ausgesprochen werden, ohne daß von Seiten des Lehrkörpers entgegen getreten wird. »Janette« hat zu versuchen, über den Wulkau die Orte der Zusammenkünfte festzustellen sowie Teilnehmerkreis, um die Möglichkeiten zu schaffen, einen IM der Abtlg. O [Observation] einzuführen.

25.01.1969 Bericht, Oltn. Böttcher, Abt. I / a, MfS Berlin

Von inoffizieller Seite wurde uns folgendes bekannt: An der Karl-Marx-Universität in Leipzig soll die Person Peter Wulkau studieren. Der Wulkau ist ca. 20 Jahre alt, mittelgroß, ledig. Er ist sehr belesen, hat ein hohes Allgemeinwissen, interessiert sich sehr für politisch-philosophische Probleme. Auch soll in Leipzig ein Kreis von ähnlich interessierten Personen bestehen, der sich periodisch trifft und dann dort diskutiert. Der Wulkau soll Mitglied dieses Kreises sein. Freunde dieses Kreises sollen ihm auch eine Winterreise nach Polen vermittelt haben. Er soll intensiv den Marxismus-Leninismus studieren, aber seine eigene Meinung nicht offen vertreten, sondern nur die gewünschte.

04.02.1969 Treffbericht IM »Janette«.
KW »Burg«, 3.2.1969, 12.00–14.00 Uhr,
Müller, Oltn. & Harnisch, Ultn.
Der IM [»Janette«] berichtete, daß die Verbindung zu dem Wulkau
noch nicht hergestellt werden konnte, da dieser mehrmals nicht in
seiner Wohnung anzutreffen war und seine Wirtin erklärte, daß er
sehr oft nicht zu Hause sei. Es wurde festgelegt, daß der IM am
3.2.1968 dem Wulkau eine Karte schreibt, in dem er seinen Besuch für den 5.2.1969 ankündigt. Als Legende soll der IM angeben, daß er persönliches Interesse hat an einem freundschaftlichen
Verhältnis zu W. hat und dieser Besuch jetzt stattfindet, da der IM
bis 17.3. wegen Urlaub und Praktikum nicht in Leipzig ist. Der IM
erklärte sich bereit, ein freundschaftliches Verhältnis zu W. auszubauen und schätzt selbst ein, daß der W. an einem derartigen Verhältnis interessiert ist.

25.01.1969 Bericht, Böttcher, Oltn.,
Abt. I/a, MfS Berlin
Unsere Quelle hatte in letzter Zeit mehrere Gespräche mit dem Studenten Peter Wulkau. Bei diesen Gesprächen ging es in erster Linie
um philosophisch-politische Probleme. Der Wulkau ist im Besitz
vieler bedeutender Werke der Weltliteratur und philosophischer
Werke. So ist er im Besitz von Werken, u. a. von Hermann Hesse;
Ernst Fischer; R. Havemann; Sartré; Ernst Bloch. Diese Bücher
sind fast alle in Westdeutschland verlegt worden. Peter Wulkau
schätzt Havemann sehr hoch ein und identifiziert sich mit dessen
Humanitätsauffassung. Seine Meinung zu Havemann: »Der hat gesagt, wie es ist, aber solche Männer gehen bei uns unter«. Wulkau
ist im Besitz von Gedichten in Psalmenform, mit Maschine geschrieben, die von einem spanischen Dichter in Nicaragua stammen und von Magnus Enzensberger übersetzt sind. Mit dem Inhalt
dieser Psalme stimmt er überein. Der Inhalt ist pazifistisch und an-
tisozialistisch. (Unsere Quelle hat sie gelesen, hatte aber bisher keine Möglichkeit, sie sich auszuborgen.) Peter Wulkau stimmt auch

mit den Utopieauffassungen Blochs überein und erklärte unserer Quelle, daß der Marxismus-Leninismus nicht richtig ist, man muß weitergehen, er doch in diesem Staat keine Möglichkeit sieht, sich in dieser Richtung zu betätigen. Durch die Partei wird so ein Druck ausgeübt, daß die Wissenschaft gehemmt wird. Weiter wurde bekannt, daß Wulkau angab, einen großen Bekanntenkreis an der Universität zu haben, die sich auch in seiner Wohnung treffen. Ein Freund von ihm soll in Haldensleben als Psychater arbeiten, der die gleichen politischen Auffassungen haben soll wie er selbst. Peter Wulkau hat eine Freundin, eine Medizinstudentin, die er durch einen Freund an der Universität kennenlernte. Beide sollen politisch ganz seine Auffassungen teilen. Der Wulkau soll ständig im Buchgeschäft »Gödicke« kaufen. Wulkau ist sehr literatur- und musikliebend. Nach seinen Angaben fühlt er sich als »Faust«-Natur und daß er später mal als freier Künstler arbeiten möchte. Seine Mutter soll in Magdeburg in der PGH »Ihr Friseur« arbeiten.

11.02.1969 [handschriftlicher] Bericht IM »Janette«

Auftragsgemäß besuchte ich am 7.2.69 den Studenten Peter Wulkau in seiner Wohnung, nachdem ich mich schriftlich vorher angekündigt hatte. Bei diesem Besuch konnte ich das freundschaftliche Verhältnis zu W. festigen, da er der Meinung ist, daß ich Interesse an einem intimen Verhältnis zu ihm habe. Ich habe den Eindruck, daß W. als Mann Interesse an mir hat. Im Verlauf der Unterhaltung machte ich folgende Feststellungen: W. ist im Besitz von einer Reihe revisionistischer Literatur. Weiterhin wurde mir bekannt, daß er an mir namentlich unbekannte Studenten revisionist. Literat. ausgeliehen hat bzw. von ihnen auch welche bekommt. So habe er zur Zeit ausgeliehen: »2000 Worte«, Fischer »Was Marx wirklich sagte«, Bloch »Prinzip Hoffnung«.

An Verbindungen stellte ich fest, daß W. mit einem namentlich unbekannten Theologiestudenten, der ein paar Häuser von ihm entfernt wohnt, befreundet ist. Weiterhin ist er mit einer Medizinstudentin bekannt. Nach seinen Äußerungen gehören diese beiden zu dem Kreis, die sich treffen und Literatur austauschen. Auffällig ist, daß W. im Gespräch keinerlei Namen nennt. Im Vertrauen erzählte er mir, daß sein Vater illegal die DDR verlassen hat und persönlicher Referent bei Willy Brandt ist. Er sagte mir, daß diese Tatsache niemand außer mir weiß und er bei der Aufnahme des Studiums dieses verschwiegen hat. In Wirklichkeit steht er mit seinem Vater in postalischer Verbindung und erhält von ihm u. a. Westliteratur. Direkte politische Gespräche wurden nicht geführt. W. versprach mir, während der Semesterferien zu schreiben. Janette

12. 02. 1969 Treffbericht IM »Janette«, 11. 2. 1969, 13.00–16.30 Uhr, Ort: KW »Burg«, Müller, Oltn.

Auftragsgemäß berichtete der IM [»Janette«] über den Besuch beim Verdächtigen W., der im Vorgang »Revisionist« operativ bearbeitet wird. Mit dem IM wurde die weitere Verhaltenslinie abgesprochen, insbesondere ihr politisches Auftreten gegenüber dem W. In der Zeit von 13.00 bis 15.00 Uhr trank der IM 4 Wodka, dadurch wurde er sehr gesprächig und ließ die sonst vorhandene Zurückhaltung fallen. In diesem Gespräch machte der IM einige Angaben, über die er bisher nicht gesprochen hatte. Er erzählte, daß er in der Zeit vor Weihnachten bei sich eine Abtreibungshandlung vornahm. Der IM befand sich im zweiten Schwangerschaftsmonat und erhielt die Medikamente von einem Studenten der Staatsbürgerkunde. Den Namen nannte sie nicht und aus taktischen Gründen wurde darauf nicht eingegangen. Das Kind erwartete sie von dem Lehrer Peter, zu dem sie ein intimes Verhältnis hat. Sie gab an, daß sie praktisch ein intimes [Verhältnis] seit ihrem 11. Schuljahr hat, und daß er verheiratet ist, daß seine Frau ihre ehemalige Lehrerin war, u. dadurch bestimmten Belastungen und Konflikten ausgesetzt ist. Während ihrer Oberschulzeit hatte sie z. B. die Absicht, einen Selbstmordversuch zu unternehmen aus Liebeskummer. Den Selbstmord wollte sie durch Pulsaderdurchschnitt durchführen. Auf die Frage, ob sie jetzt noch an bestimmten Depressionen leidet, sagte sie, daß das nicht mehr der Fall ist, aber daß sie bemüht ist, klare Verhältnisse mit ihrem verheirateten Freund zu schaffen. Weiterhin erzählte sie, daß sie starkes Interesse an einem Studenten der Staatsbürgerkunde, namens Reiner, hat, der jedoch ebenfalls verheiratet ist und 1 Kind besitzt. Unterzeichneter hatte den Eindruck, daß der IM stark an Verbindungen mit Männern interessiert ist und leicht enttäuscht ist, wenn aus Gründen wie verheiratete Partner oder ähnliches keine feste Verbindung möglich ist. Eingehend auf das Verhältnis des IM zu Wulkau erzählte sie, daß sie selbst sich nicht innerlich an W. gebunden fühlt und bereit ist, das MfS bei der Lösung der Aufgaben zu unterstützen.

In der weiteren Zusammenarbeit mit dem IM ist darauf zu achten, daß man ihre jeweiligen emotionalen Bindungen zu dem Verdächtigen genau prüfen und ständig klären muß. Es wird vorgeschlagen, daß in der weiteren Zusammenarbeit 2 Mitarbeiter beim Treff anwesend sind.

Einleitung der M-Kontrolle [Post und Paketkontrolle] u. PZF [Post- bzw. Paketzollfahndung] über Wulkau.

18.02.1969 Abschrift eines Briefes an Uli Kruse, 05 Köln, Mündelstr. 1

Uli! Schreibe bitte sowohl hierher als auch nach Görlitz (an Mathias) nur über folgende Adresse: Peter Wulkau, 70 Leipzig, Theodor-Neubauer-Str. 58 bisher können sie nichts nachweisen, obwohl sie fest von Fluchthilfe überzeugt sind. Hauptsache sie erfahren es nicht durch Zufall von einem Mitwisser. Jedenfalls müssen wir ein paar Jahre vorsichtig sein. Über obige Adresse kann nichts passieren. Tschüß Gregor.

24.02.1969 Ermittlungsbericht Wulkau, Peter.
Hoffmann, Ultn., Abt. VIII, MfS Verwaltung
Leipzig

Es wurde ermittelt: Wulkau, Peter, geboren 21.12.1947, wh. 705 Leipzig, Theodor-Neubauer-Str. 53, bei Vetter. Der Vorgenannte stammt aus kleinbürgerlichen Verhältnissen, sein leiblicher Vater ist Arzt und verließ die DDR. Er wohnt in WD [West-Deutschland] oder WB [West-Berlin]. Der W. Peter besuchte die Mittelschule und erlernte danach den Beruf eines Chemiefacharbeiters. Seit ca. 1 Jahr studiert er an der KMU Leipzig Philosophie, Fachrichtung Marxismus-Leninismus. Seinem Studium geht er geregelt nach. Im Haus und bei seinen Vermietern ist nicht bekannt, ob er einer Partei angehört, man hat bei ihm noch nie ein Abzeichen bemerkt und wußte nur, daß er Mitglied der FDJ ist. Der W. leistete bisher im WG [Wohngebiet] keinerlei gesellschafts-politische Mitarbeit und wurde auch noch nicht in politische Gespräche verwickelt. Da im Haus keinerlei gesellschaftliche Arbeit stattfindet, hatte er auch noch nicht Gelegenheit an Hausversammlungen oder ähnlichem teilzunehmen. Aus diesem Grunde kann weder seine politische Einstellung, noch seine politische Zuverlässigkeit konkret eingeschätzt werden. Sein Auftreten wird als loyal bezeichnet und war bisher nie negativ. Er besitzt ein Radio und geht zum Fernsehen ab und zu zu seinen Wirtsleuten. Ob diese das Westfernsehen empfangen war nicht festzustellen. An Listensammlungen der NF [Nationale Front] und VS [Volkssolidarität] beteiligt er sich nicht und sein Fenster wird zu besonderen Anlässen nicht beflaggt.

Er besitzt einen guten Leumund und führt, soweit bekannt wurde, einen soliden Lebenswandel. Auch sein moralisches Verhalten gab bisher zu keinem Tadel Anlaß. Nach eigenen Angaben verbringt er auch viel Freizeit in der Deutschen Bücherei.

Die fam. Verhältnisse des W. bezeichnet man als geordnet. Er ist ledig und wohnte bis 1967 bei seinen Eltern in Magdeburg. Von seinen Vermietern wird eingeschätzt, daß er zu Hause sehr ver-wöhnt wurde und sich deshalb oft mit den normalen Lebensbedingungen nicht zurecht findet und auch sich schlecht an Ordnung in seinem Zimmer gewöhnen kann. In den Ferien arbeitet er in seinem Beruf in Magdeburg, oder er versucht, wie jetzt zur Frühjahrsmesse eine Arbeit zu bekommen. Mit dem Geld finanziert er seine Bücherkäufe und die Reisen ins soz. Ausland. Innerhalb von Leipzig besteht noch Verbindung zu einigen Studienkollegen, die ihn auch ab und zu besuchen. Es handelt sich dabei um 4 namentlich unbekannte junge Männer. Desweiteren wurde er auch einmal von einem ehemaligen Klassenkameraden aus Magdeburg besucht. Er war schon mehrmals in der VRP [Volksrepublik Polen] und 1968 im Juli-August in der CSSR. Er geriet dort in die Ereignisse des 21. 8. 1968 und wurde über die VRP in die DDR zurückgeführt. Im Monat März 1969 plant er eine Reise vom 11. 3. nach der VRP. Nach WD, WB und dem kap. Ausland wurden noch keine Verbindungen bemerkt. Eine Verbindung zu seinem Vater soll nach eigenen Angaben nicht bestehen.

Bei der Ermittlung waren die Vermieter anfangs etwas zurückhaltend, als der Kontakt hergestellt war, waren beide sehr aufgeschlossen und hilfsbereit.

Bericht unserer Quelle. Böttcher, Oltn.
Unsere Quelle wurde vom Wulkau in seine Wohnung eingeladen. Die Quelle war von 8.30–10.00 Uhr bei Wulkau und fand bei der Ankunft das Zimmer sehr unaufgeräumt vor; überall lagen Bücher und Kleidungsstücke umher. Bemerkenswert war, daß viele Bücher darunter aus Westdeutschland waren. Ein Teil der Bücher war antiquarisch gekauft. Neben der Gesamtausgabe von Goethe standen die Ergänzungsbände zu den Marxismus-Leninismus-Werken. Unsere Quelle fand auch eine Prachtausgabe von Hitlers »Mein Kampf« vor, versehen mit einer Widmung. Wulkau versicherte der Quelle, daß er ihn in einen Gesprächskreis einführen will, der sich in Wohnungen von Leipziger Universitätsdoktoren trifft, wo aktuelle Probleme erläutert werden.

01.03.1969 Sachstandsbericht Vorgang »Revisionist«, Müller, Oltn., Abt. XX, BVfS Leipzig

Im Vorgang »Revisionist« wird eine Konzentration von Studenten der Sektion marx. Philosophie/Wiss. Sozialismus an der Karl-Marx-Universität Leipzig operativ bearbeitet wegen Verdacht der Staatsverleumdung gemäß § 220 Abs. 1 Ziff. 1 StGB. In Diskussionen innerhalb der Seminargruppe, FDJ-Versammlungen und in Pausengesprächen äußerten die Studenten daß die Kulturpolitik der SED destruktiv und verfehlt sei und es unmöglich sei, künstlerische Werke hervorzubringen. Alle im Vorgang erfaßten Studenten vertreten die Auffassung, daß die führende Rolle nicht die Arbeiterklasse, sondern die Intelligenz in den soz. Ländern ausüben muß. Daraus ableitend wird die führende Rolle der Partei angezweifelt. Die operativ angefallenen Studenten sympathisieren mit der Entwicklung in der CSSR, wie sie besonders vor den Hilfmaßnahmen der soz. Länder zu verzeichnen war. Weiterhin wurde inoffiziell bekannt, daß der Wulkau, Peter Michael sich mit namentlich unbekannten Studenten anderer Fachrichtungen trifft und revisionistische Schriften wie »2000 Worte« oder Literatur von Ernst Fischer und Bloch auswertet und diskutiert. Es ist deshalb erforderlich neben der Beschaffung von offiziellen Beweisen über das Auftreten der operativ angefallenen Personen in Seminaren und Versammlungen, weitere IM zu schaffen, um den konkreten Nachweis der Staatsverleumdung bei den einzelnen Personen zu erbringen.

Am 18.2.1968 wurde durch die Abt. M der BV Leipzig der Abt. XX ein Brief an Kruse, Uli, 05 Köln, Mündelstr. 1 mit der Unterschrift Gregor zugestellt. Zur Aufrechterhaltung der Verbindung zwischen Absender und der Person in Westdeutschland wurde die Anschrift von Wulkau, Peter als Deckadresse festgelegt. Die Überprüfung ergab, daß der Kruse, Uli aus Görlitz stammt und im Oktober 1968 illegal die DDR verlassen hat. Aus diesem Sachverhalt geht der Verdacht hervor, daß der Radkowski, Gregor dem Kruse Beihilfe beim ungesetzlichen Grenzübertritt geleistet hat. Nach Angaben der HA XX/5 ist der ungesetzliche Grenzübertritt des K. über die Volksrepublik Polen erfolgt.

03.03.1969 Ermittlungsbericht Wulkau, Peter-Michael. Gabriel, Ltn., Abteilung XX/3, BV Leipzig

Die Überprüfung beim zuständigen Polizeirevier ergab, daß W. in der letzten Zeit keine Auslandsreise beantragt hat. Der W. ist in der Theodor-Neubauer-Str. 53 im Erdgeschoß links bei Vetter wohnhaft. Die Tür ist durch ein Sicherheitsschloß (flacher kurzer Schlüssel) gesichert.

Nach Aussagen der Quelle ist der W. gegenwärtig da. Die Quelle hatte ihn vor wenigen Stunden im Haus gesehen.

04.03.1969 Ermittlung der Einwohner des Hauses. Gabriel, Ltn., Abt. XX/3, BV Leipzig

Das Haus besitzt 3 Stockwerke. In jedem Stockwerk befinden sich 3 Wohnungen, links, Mitte und rechts. Die Mittelwohnung besteht nur aus einem Zimmer und 1 Küche. Durch diese Bauweise ist es bedingt, daß über dem Zimmer des o.G. Wulkau ein Zimmer der Frau Venn, 1. Stock Mitte ist. Im Erdgeschoß grenzt das Zimmer des Fräulein Steinmann an das Zimmer des W.

09.03.1969 Beobachtungsbericht Wulkau, Peter, Gen. Müller, HA XX, BV Leipzig

07.03.1969: 07.30 Uhr wurde mit der Beobachtung des »Revisionist« im Wohngebiet Th.-Neubauer-Straße begonnen. 15.30 verließ »Revisionist« das Wohnhaus. Er ging die Th.-Neubauer-Straße entlang in Richtung Straßenbahnhaltestelle. 15.50 bestieg er eine Straßenbahn der Linie 29, Beiwagen, vorderer Perron, an der vorgenannten Haltestelle. 15.55 Uhr verließ er an der Haltestelle Wintergartenstraße, in Höhe des »Bayerischen Hofes«, diese Straßenbahn. Von dort aus begab er sich auf direktem Weg über den Platz vor dem neuen Opernhaus, zur Ritterstraße.

16.00 Uhr betrat er in der vorgenannten Straße das Gebäude der KMU (Rektorat und Prorektorat). Dort ging er über den Aufgang A zur marxistisch-leninistischen und wissenschaftlichen Sektion in der 1. Etage.

16.08 Uhr verließ er diese Räumlichkeiten wieder. Er trug einige Schriftstücke in der Hand. Auf dem nächsten Treppenabsatz verstaute er diese Schriftstücke in seiner Kollegtasche und verließ anschließend, 16.10 Uhr, die Karl Marx-Universität. »Revisionist« begab sich weiter über die Ritterstraße zur Grimmaischen Straße, wo er an der Ecke Grimmaische Straße, Nikolaistraße um 16.12 Uhr mit einer weiblichen Person (Deckname: »Karo«) zusammentraf. Beide Personen begrüßten sich sehr herzlich mit Händedruck. Im Anschluß daran gingen beide, sich intensiv unterhaltend, zum Gebäude des »Handelshofes«. Aus dem Gespräch, das »Revisionist« und die weibliche Person führten, war zu entnehmen, daß »Revisionist« gegenüber der weiblichen Person äußerte, im »Bayerischen Hof« tätig zu sein. Er würde hier immer bis 01.15 Uhr arbeiten und dann erst morgens gegen 03.30 Uhr in seiner Wohnung eintreffen. Im »Bayerischen Hof« so meinte er, gäb es schöne Trinkgelder. Gesprächsführende Person war »Revisionist«, während die weibliche Person zuhörte und nur hin und wieder einige Worte einfügte.

16.20 Uhr betraten beide Personen in der Petersstraße das Geschäft »1000 kleine Dinge«. Hier begaben sie sich gleich zum Stand für Glas- und Porzellanwaren. Die weibliche Person fragte nach Mehrzweckgläsern. Nachdem sie diese Gläser erhielt und an der Kasse bezahlt hatte, verließen beide um 16.28 Uhr das Geschäft. Vor diesem Geschäft unterhielten sich die beiden Personen sich noch kurz und verabschiedeten sich dann. Während die weibliche Person in Richtung Centrum-Kaufhaus davon ging, begab sich »Revisionist« über den Marktplatz am alten Rathaus, Katharinenstraße, Reichsstraße, Brühl zum Georgiring. 16.34 Uhr traf er am Fußgängerüberweg auf dem Georgiring, gegenüber dem Hotel »Stadt Rom«, mit einer weiteren weiblichen Person zusammen. Die weibliche Person, bei der es sich um die dem Auftraggeber bekannte IM»Janette« handelt, befand sich zu diesem Zeitpunkt auf dem Fußgängerüberweg. »Revisionist« sprach den IM an, sie begrüßten sich mit Händedruck und es entspann sich im folgenden eine rege Unterhaltung zwischen beiden Personen. Nachdem die Beiden den Fußgängerüberweg überquert hatten, begaben sie sich auf direktem Wege zum Hotel »Bayrischer Hof«. Im Gespräch, das beide Personen miteinander führten, äußerte »Revisionist«, daß er sehr erfreut wäre, den IM getroffen zu haben. Er hätte ihr schon viel früher einmal geschrieben, so meinte »Revisionist«, hätte ihre Adresse jedoch nicht gewußt. Gesprächsführende Person war auch wiederum »Revisionist« bei dieser Unterhaltung.

16.37 Uhr betraten beide Personen das Hotel »Bayerischer Hof«. Hier gingen sie in das Restaurant des genannten Hotels. Der IM nahm an einem der Tische Platz, während »Revisionist« vor dem Tisch stehenblieb. Sie unterhielten sich in der Folgezeit noch etwa 3 Minuten. Daran anschließend verabschiedete sich »Revisionist« von der R. und begab sich in die Wirtschaftsräume des Hotels. Dort nahm er seine Arbeit auf. Die R. verblieb am Tisch und trank in der Folgezeit mehrere Tassen Kaffee. Gegen 17.30 Uhr verließ sie das Hotel. Um 18.00 Uhr wurde die Beobachtung von »Revisionist« auf Anweisung beendet.

Abschließende Einschätzung des »Revisionist«: »Revisionist« wirkt in seinem Äußeren nachlässig und schnuddelig. »Revisionist« geht bei Fußwegen relativ schnell und interessiert sich nicht für seine Umgebung und andere Passanten. Sein Verhalten gegenüber den beiden erwähnten weiblichen Personen war zuvorkommend und höflich. Der Gesichtsausdruck von »Revisionist« zeigte stets einen Anflug von Lächeln, was den Eindruck erweckt, daß er Personen, die er ansieht, jeweils anlächelt. In der Gaststätte »Bayerischer Hof« scheint »Revisionist« gut bekannt zu sein.

08.03.1969 Bericht IM »Janette«. Müller, Oltn., Abt. XX/3, BV Leipzig

Entsprechend der Festlegung zur Bearbeitung des Vorgangs »Revisionist« wurde am 6. 3. 1969 der IM »Janett« telefonisch informiert, da er am 7. 3. 1969 nachmittags in Leipzig den Verdächtigen W. aufsuchen soll. Am 7. 3. 69 wurde der IM mit PKW um 15.00 Uhr vom Praktikumsort abgeholt und nach Leipzig gebracht. Dem IM wurde erklärt, daß er den Verdächtigen W. in der Wohnung aufsuchen soll mit dem Ziel zu klären, ob der W. nach der Messe die Absicht hat, nach Polen zu reisen (durch Ermittlung wurde bekannt, daß W. am 11. 3. 69 in die VR Polen reisen will.) Der IM erhielt dazu die Erläuterung, den Verdächtigen W. unter folgender Legende aufzusuchen. W. hatte sich mit dem IM vereinbart nach den Semesterferien zu schreiben. Daran hatte sich W. jedoch nicht gehalten und der IM, der zu einem Messebesuch in Leipzig weilt, nutzt diese Gelegenheit den W. zu besuchen.

Der IM »Janett« suchte den W. in der Wohnung auf und erfuhr von dessen Wirtin, daß dieser nicht anwesend ist sondern ab 17.00 Uhr während der Messe in der Gaststätte »Bayrischer Hof« arbeitet. Daraufhin begab sich der IM zum W. in die Gaststätte. W. war sehr erfreut über den Besuch des IM und hatte keinerlei Mißtrauen. Als Erklärung, warum er nicht geschrieben hat, sagte er, daß er nicht wußte ob sich der IM am Heimatort oder in Berlin befindet, von wo aus der IM geschrieben hatte.

Im Gespräch erzählte der W., ohne das der IM ihn konkret danach fragte, daß er ab 12. 3. 69 bis zum Wochenende nach Weimar fahren will und dort in einem Hotelzimmer übernachten wird. Als Ziel des Besuches in Weimar gab er an, daß er sich mit Goethe beschäftigen will. Dem IM erscheint diese Absicht sehr real, da der IM erklärte, daß W. sehr großes Interesse an Goethe habe und über diesen Dichter ein größeres Wissen besitzt als mancher Deutschlehrer. Diese Kenntnisse konnte der IM bereits in der Vergangenheit in Gesprächen feststellen. Der IM vereinbarte sich mit dem W. zum Studienbeginn am 17. 3. wieder zu treffen.

07.03.1969 Quittung IM »Janette«
Für die Durchführung eines Auftrages vom MfS 30,- M erhalten.
Janette

25.03.1969 Aktennotiz Aussprache Obltn.
Leopold, Ultn. Harnisch, Vorgang
»Revisionist«, Abtlg. XX
Die Orientierung der weiteren Bearbeitung muß darauf gerichtet
sein: In die Konspiration der Gruppe einzudringen, um festzustellen, wo sind die Trefforte und welche Gespräche werden geführt?

03.04.1969 Treffbericht IM »Janette«,
2.4.69, 13.30–16.00 Uhr, KW »Burg«, Müller,
Oltn., Harnisch, Ultn.
Der IM [»Janette«] teilte mit, daß er am 25.3. durch Studium verhindert war und zur Zeit krank geschrieben sei, jedoch trotzdem
zum Treff erschienen ist.
Hinsichtlich Kontakt zu Wulkau gab es keine neuen operativen
Hinweise. Durch ihre Freundin Malitta erfuhr der IM, daß Wulkau
jetzt eine Freundin habe, in die er sehr verliebt sei. Der IM teilte
dann weiter mit, daß er evtl. zukünftig nicht mehr das MfS unterstützen könnte, weil er in Konflikt gerät. Im Ergebnis eines ausführlichen Gespräches über die Gründe hierfür wurde folgendes festgestellt: Der IM hat einen Freund Brode, Hans-Dieter des 1. Studienjahres Staatsbürgerkunde, den er liebt und zu dem er ein festes
Verhältnis gestalten will. Durch den Auftrag Wulkau käme der IM
in Konflikt und hat Angst, daß ihr Freund Brode evtl. das Verhältnis
lösen könnte. Dem IM wurde dargelegt, daß die Verbindung zu
Wulkau im Einverständnis mit dem IM selbst erfolgte und das jederzeit auf ihre persönlichen Belange und ihre Einstellung Rücksicht genommen wird. Der IM erklärte, daß dies der einzige Grund
sei und erklärte sich bereit und schätzte es selbst als normal ein, die
Verbindung mit Wulkau unter der Legende beiderseitigen Interesses an Literatur z.B. Kavka aufrecht zu erhalten. Dem IM wurde

entsprechende Verhaltenslinie gegeben u. mitgeteilt daß W. versucht sich zu kontrollieren u. der IM deshalb besonders konspirativ vorgehen soll.

18.04.1969 Treffbericht IM »Janette«,
17.4.1969, 18.30–20.45 Uhr, KW »Burg«,
Müller, Oltn., Harnisch, Ultn.
Wulkau suchte an Ostern den IM [»Janette«] kurz in seiner Leipziger Wohnung auf und teilte mit, daß er in eine Medizinstudentin Marla, wohnhaft Weißenfelsenstraße verliebt sei. Wulkau erklärte aber gegenüber dem IM, daß er an einer Freundschaft auf kameradschaftlicher Ebene zum IM weiterhin interessiert sei. Wulkau lud den IM zu einer Fahrt nach Weimar über Ostern ein, was der IM jedoch wegen Krankheit ablehnte. Der IM hat das Verhältnis zu dem verheirateten Lehrer Peter gelöst.

22.04.1969 Aktennotiz, Müller, Oltn.,
Abt. XX/3, BV Leipzig
In der weiteren op. Bearbeitung ist vorrangig der Einsatz der Abt. O bei Wulkau, Hild und Radkowski zu organisieren; ein weiteres Ziel ist die konspirative Wohnungsdurchsuchung bei den 3 Personen.

26.04.1969 Nachricht, Böttcher, Oltn.,
Abteilung I/a, MfS Berlin
Von inoffizieller Seite wurde uns folgendes bekannt: Annemarie Nölle [IM »Janette«] soll gut mit Peter Wulkau bekannt sein, soll aber von diesem nicht hoch eingeschätzt werden. Die N. bemüht sich um Peter Wulkau, anscheinend aber ohne Erfolg. Sie hatte sich von ihm Bücher bürgerlicher Schriftsteller ausgeliehen (z. b. Dürrenmatt). Daraus könnte man schlußfolgern, daß sie sich auch für westliche Autoren interessiert, ebenso wie der Wulkau.

05.05.1969 Nachricht, Böttcher, Oltn.,
Abteilung 1/a, MfS Berlin

Am 23.4.1969 fand zwischen unserer Quelle und dem Peter Wulkau ein Gespräch statt, was folgendes zum Inhalt hatte: Der Peter
Wulkau berichtete, daß alle vier Wochen in Magdeburg ein Gesprächskreis zusammen kommt; der letzte soll sich am 26.4.1969
getroffen haben. Teilnehmer sollen sein: Peter Wulkau, ehem. Mit-
schüler seiner Abiturklasse, die jetzt an der TH Magdeburg studieren, sowie Künstler. In diesem Jahr steht das Thema Freiheit und
Persönlichkeit auf dem Programm. Der Wulkau soll Dutschke einen Brief geschrieben haben, Antwort erhalten haben und außerdem die Frau von ihm persönlich kennen. Der Vater von Wulkau
(Ehe ist geschieden), lebt in Westberlin und soll ein bekannter Kybernetiker sein und viele Veröffentlichungen auf seinem Gebiet
herausbringen. Wulkau trifft sich, wie er sagt, mit seinem Vater in
Polen und der CSSR.

Wulkau führt einen regelmäßigen Briefwechsel mit Heinrich Böll
(alle vier bis fünf Wochen), den er in Prag kennengelernt hat. Dazu
berichtete er, daß er gesehen habe, wie sowjetische Panzer auf dem
Wenzelsplatz in die Menge geschossen haben, es habe dabei Tote
und Verletzte gegeben.

Wulkau erzählte dann, daß er seine Gedanken immer aufschreibt;
sein Schreibtisch sei voll von Manuskripten. In diesen Manuskripten würde er das kommunistische Regime anprangern, die Unzulänglichkeiten des Marxismus-Leninismus beweisen und zeigt, wie
durch die SED-Diktatur die Unmenschlichkeit regiere.

Als Wulkau die Siegessäule in Berlin sah beim Besuch am
23.4.1969, meinte er, daß er sofort nach Westberlin gehen würde,
wenn er könnte. Er machte sich dann in zynischer Weise über den
anti-faschistischen Schutzwall lustig und verdammte ihn.

07.05.1969 [handschriftlicher] Bericht IM »Jeanette«

In letzter Zeit führte ich IM [»Janette«] mit P. Wulkau mehrere Gespräche, wobei ich erfuhr, daß er sich in Magdeburg mit Studenten und Dozenten der TH Magd. sowie ehemaligen Klassenkameraden trifft, um über philosophische Probleme zu diskutieren. W. erzählte, daß die Treffen in Magdeburg in Abständen von ca. 4 Wochen stattfinden und in den Wohnungen der Teilnehmer durchgeführt werden. Namen der Teilnehmer nannte er nicht, jedoch äußerte W., daß er mit mir noch über dieses Problem sprechen will. Ich stellte fest, daß er nicht mit einer Medizinstudentin Marla, sondern mit deren Freundin Kirsten, Med.-stud. 3. Stdj. KMU befreundet ist, und aus seinem Verhalten zu schließen ist, daß er mit ihr ein intimes Verhältnis unterhält. Die K. ist ca. 1,62, schlank, trägt blondes, halblanges Haar. Sie wohnt in der Nähe von W. Jeanette

07.05.1969 Treffbericht IM »Janette«, 7.5.1969, 12.00–13.45 Uhr, KW »Burg«, Müller, Oltn. & Harnisch, Ultn.

Im Gespräch über das 10. Plenum der SED zeigte es sich, daß der IM [»Janette«] über Kulturfragen selbst Unklarheiten hat. So erklärte er, es wäre eine Schweinerei, daß der neue Roman von Christa Wolf nur mit 3000 Exemplaren verlegt worden sei o. z. B. der Film »Abschied« vom Programm abgesetzt worden ist. Es ist notwenig, in der weiteren Zusammenarbeit darauf zu achten, mit dem IM verstärkt ideol. Probleme zu klären, damit der IM nicht dem Einfluß des Verdächtigen unterliegt.

19.05.1969 Mj. Meiler, Leiter Abteilung XX, BVfS Leipzig an MfS Berlin, HVA, Abteilung I/a

Wir bitten Sie, nach Möglichkeit zu prüfen, ob Ihr IM [»Funk«] in der Lage ist, konspirativ die hetzerischen Aufzeichnungen des W. zwecks Dokumentierung zu beschaffen. Gleichzeitig bitten wir festzustellen, auf welche Weise die Zimmertür des W. gesichert ist.

28.05.1969 Absprache am 28.5.69 bei Gen. Hptm. Schulze

Wenn Technik bei W. ist, kann konspirative Durchsuchung bei Wulkau vorgenommen werden.

13.06.1969 handschriftliche Notiz, Leopold, Oltn.

Am 13.6.69 wurden in der Wohnung des Wulkau IM des Ref. O eingesetzt.

25.06.1969 Bericht unseres IM »Revisionist W« vom 25.6.69

18.21 Uhr bekam W. Besuch von einem Herrn. Der Besucher sprach W. mit ›Peter‹ an. Anfangs sprachen beide sehr leise, sodaß durch den lauten Straßenlärm fast nichts zu verstehen war. Der Besucher erkundigte sich nach einem Buch, welches er vermutlich von W. geliehen haben wollte. Er meinte noch, daß ihn das nämlich interessieren würde, weil er den Bruck (?) gelesen habe. Aus der weiteren Unterhaltung konnte man verstehen, daß sie über philosophische Probleme diskutierten. W. (?) erklärte dann, daß er nämlich einige Bücher außer Haus schaffen müsse. Es klang dann so, als wenn er noch die Staatssicherheit erwähnte. Näheres darüber konnte man jedoch nicht verstehen, weil sie leise sprachen und der Straßenlärm ihre Worte übertönte.

Von den nachfolgenden Sätzen konnte ich nur die Worte ›Freitag Nacht(?)‹ und ›mein Manuskript‹ verstehen. Anschließend sagte W.

(?) etwas von der Uni und meinte weiter: » ... hinter wollte ich bei Havemann ... abgeholt. Bin ich zu ihm rausgefahren (?) ... 2 erfahrene Genossen ... Und dann haben ›die‹ angeblich herausgefunden, daß mein Vortrag eine gewisse Sympathie für die Prager-Reformer nicht verhehlt hätte. Dort haben sie mich vor (?) die Frage gestellt ... Studium vorfristig beenden, oder aber ich ... der Partei.« Nachdem der Besucher etwas unverständliches eingeworfen hatte sagte W. (?): »Kann es durchaus verstehen, wenn sie mich einmal besuchen kommen würden ...« Nach einigen unverständlichen Sätzen sagte W. (?) etwas von ›nach West-Berlin schreiben‹. Danach war von Bekannten die Rede und in diesem Zusammenhang wurde Magdeburg erwähnt. Man konnte jedoch nichts näheres verstehen. Aber vermutlich ist dieser Bekannte aus Magdeburg und jetzt drüben im Westen. Danach sprach W. (?) von einer Person, die einen Bruder in West-Berlin hat, und die sich jetzt in Bulgarien treffen wollen. Danach las er vor: »Diese Charakteristik muß ... Manipulation breiter Massen der Bevölkerung mit Hilfe moderner Methoden der Agitation, der Informationspsychologie ...« Der Besucher warf etwas unverständliches ein, worüber sie lachten. 19.46 Uhr verließen beide vermutlich das Zimmer. Den Namen des Besuchers konnte ich nicht feststellen.

22.08.1969 Bericht IM »Funk«, Berlin, 11.7.69

Ich sprach mit W. erst wieder, nachdem mit ihm eine Aussprache unter der Leitung von Dr. Dorn stattgefunden hatte. W. berichtete, man hätte ihn vor die Wahl gestellt, entweder die Universität zu verlassen oder sich zur Politik unserer Partei zu bekennen. W. erzählte aber, er hätte die Genossen noch einmal ausgetrickst, man könne ihm nichts nachweisen, war aber im gleichen Augenblick doch sehr besorgt und machte Andeutungen über das MfS.
Einige Tage später lieh er mir das in der DDR verbotene Buch »Ulystes« von Janes Joyce aus. Dabei erzählte er mir in der Leipziger »Bodega« folgendes: er könne damit rechnen, daß das MfS ihn

verhaftet, da ein Dokument verlorengegangen sei, was ihn kompromittiert und evtl. in die Hände des MfS gelangt ist. Er bittet mich deshalb das Buch gut aufzubewahren, kann mir aber nichts ausleihen (Psalmen!) da er alles nach außerhalb gebracht hat. W. war sehr nervös mit einer »Weltuntergangsstimmung«, trotzdem sehr freundlich zu mir (wie immer).

01. 07. 1969 Bericht unseres IM »Revisionist W« vom 19. 6. 69

Gegen 17.57 war W. mit einer Dame im Zimmer zu hören. Sie führten eine schleppende Unterhaltung. Sie kamen auf Ursel zu sprechen und die Besucherin meinte, daß sie gut ausgesehen habe. W. bejahte das und erklärte, daß die Urlaub gemacht habe. W. erkundigte sich dann bei ihr, ob Havemann ihr ein Begriff (?) wäre. Das bejahte sie. Er sagte dann weiter, daß er bei dem gewesen wäre. Von seinen weiteren Ausführungen über Havemann konnte ich nur noch das Wort ›abholen‹ verstehen. Anschließend hantierten sie herum und wechselten nur noch ab und zu ein Wort. Gegen 18.20 Uhr verließen sie dann das Objekt. Den Namen der Dame konnte ich nicht feststellen.

02. 07. 1969 Treffbericht IM »Janette«, 11–13.00 Uhr, KW »Burg«, Müller, Oltn. & Harnisch, Ultn.

Den Treff am 20. 5. sagte der IM [»Janette«] telefonisch ab. Befragt über die Gründe, weshalb sie nicht zum Treff erschienen ist gab »Janett« an, daß sie es selbst nicht wisse. Sie möchte nicht mehr mit dem MfS zusammenarbeiten. Nach den Gründen befragt gab sie an, daß sie es ebenfalls nicht wüßte. Sie sagte selbst, daß ihr oft der Antrieb fehle z. B. habe sie die Staatsexamensprüfung in Russisch nicht abgelegt, sondern im Bett gelegen, sie sei nicht krank gewesen und habe auch keine Prüfungsangst gehabt. Den Grund für das Fernbleiben kann sie nicht angeben u. sie sieht selbst ein, daß das eigentlich zu ihrem Schaden sei. Offensichtlich gibt es beim IM

abnorme Gedankengänge und Tendenzen einer abnormen Persönlichkeitsentwicklung. Ohne dem IM zu sagen, daß er evtl. ein Psy-
chopath ist, wurde ihm angeraten sich in ärztliche Behandlung zu
geben, wegen nervlichen Erschöpfungszuständen. Nach dieser
Aussprache erklärte sich der IM bereit, weiterhin das MfS zu unterstützen und sah selbst keinen Grund die Zusammenarbeit abzuleh-
nen. Der IM will noch den Wulkau aufsuchen, sowie die Familie
Radkowski. Die Zielstellung bleibt bestehen. Der IM teilte mit, daß
Wulkau im August privat nach Budapest fahren will u. sich dort
einmal mit ihm treffen will. Konkretes wurde jedoch noch nicht
abgesprochen.

Auf Grund des abnormen Verhaltens des IM dürfen die Treffs weiterhin nur zu zweit durchgeführt werden und bei der Auftragserteilung vorsichtig vorgegangen werden. Es wird vorgeschlagen, daß
sich der op. Mitarbeiter zum Einrichten seines Verhaltens über die
Symptome mit einem Psychater konsultiert.

**02.07.1969 Bericht unseres GI »Revisionist
W« vom 28.6.69**

Etwa 15.10 Uhr kam eine Dame zu Herrn W., sie unterhielten sich
sehr leise. Herr W. (W.) sagte etwas von einer Empfehlung, dann
sprach er von einem der geschrieben habe. Unvermittelt sagte sie
einmal: »Sag mal, das andere kriegst Du eigentlich von Michael.«
W. erwiderte, er wisse nicht wieviel ... »12%«, erklärte sie. »Dann
rufst Du mich mal an. ...« Erwiderte er. Es war noch ein zweiter
Herr zugegen. Ich hörte: »Ich habe Lette ... einen Brief geschrieben, der ist gut angekommen«. Einiges verstand ich nicht, dann
hörte ich heraus: »Wenn die fragen, dann, dann kriegen die es noch
nicht herein, es ging ja über meine Adresse. Erstens steht meine
Adresse hinten drauf beim Absender und zweitens ... Die D. sprach
von dem, was sie persönlich ... habe. W. (?) führte aus: » ... und
zwar hat Michael einen Brief an seinen Bruder geschrieben. Den
hat er mir gegeben und ich habe ihn (gleich?) versteckt ...«
Es drehte sich weiter um diesen Brief, den W. dann hatte. Den Zu-

sammenhang verstand ich nicht. Wenn ich richtig gehört habe, so sollte er ›rausgeschmuggelt‹ werden. Die beiden Männer sprachen weiterhin über das Verhalten, worauf es ankomme und so, was man hinten draufschreiben würde usw. Die D. sprach davon, was sie für ›die einzige Entwicklung‹ hält. Mir war, wie wenn sie den anderen Herrn mit Ulrich ansprach:»Trotzdem …, aber eines kann ich Dir sagen … (evtl.: Ich stürz mich vom Balkon)«. Einer erwiderte:»Du bist wohl wahnsinnig? Keineswegs, es ist nichts …« Sie sagte in der Folge:»Ich meine, mal angenommen, es kommt jetzt sofort, – morgen, übermorgen dazu, dann ist Geier [Codename für Rechtsanwalt Vogel] (o. ä.) nicht informiert, dann sitzen wir …, weil es eben von uns weitergeleitet worden ist.« Einiges war wieder nicht zu verstehen, dann wurde wohl vorgelesen:»Was würde heute aus Luther geworden sein? – Sicherlich würde er nach Spandau gebracht werden.« Man stimmt ihm wortlos zu. Als er sagte, heutzutage würden 3 Beamte (?) einen Schriftsteller machen, fragte der andere:»Steht das auch drin?« Als das bejaht wurde, meinte er:»Gut!«.

Nach einiger Zeit kündigte der Besucher an, daß er baden gehen wolle.

Gegen 16.00 Uhr ging der Besucher fort. W. und die Dame kehrten nochmal zurück und unterhielten sich weiterhin leise. Etwa 16.10 Uhr ging auch die D. weg.

04.07.1969 Bericht des IM »Revisionist W«
vom 2. Juli 1969

11,35 Uhr ist der W. und seine Wirtin zu hören, es wird eine Unterhaltung über belanglose Dinge geführt,. Sie sprachen dann weiter über Blumen und er sagte, daß er zu ihrem 50. Hochzeitstag mit seinem Studium fertig ist. Gegen 12,00 Uhr war die Unterhaltung dann beendet.

15,10 Uhr kamen zwei Herren zu ihm, sie haben ihm Zigaretten mitgebracht. Der Herr sagte es sind aber nur F6 und der W. sagte ihm es macht doch nichts usw. Einer der Herren sagte dann,

Mensch, du hast doch einen »Spiegel«, kann ich mir den einmal angucken?

W. sagte dazu aber natürlich. (Starker Außenlärm nichts zu verstehen) Die Unterhaltung geht sehr schleppend weiter, sie sehen sich gemeinsam die Hetzzeitung »Der Spiegel« an.

Herr: Brief, o. ä. abgeschrieben?

W.: Nein, habe ich nicht abgeschrieben, weiß du weswegen nicht?

Herr: Nein, warum?

W.: Weil ich mit einer Haussuchung gerechnet habe die letzten Tage.

Herr: Wieso?

W.: Naja, weil bei mir einiges … aufgefallen ist] im Garten o. ä. und da dachte ich eben daß sie es so aufbauschen. Daß ich meine ganzen Sachen irgendwie verschenken kann für die Koffer da ist die letzte Chance. Gestern hab ich aber erfahren, es ist falscher Alarm, ich meine daß nichts passiert. Bloß wie kommen die in meine Garten hab ich mir …

Herr: Unterge …

W.: … mein ganzer Schreibtisch …

Herr: Alles im Papiersack o. ä. … Nichts mehr drin.

W.: Alles in den Koffer und weg damit. … Alles weg, alles weg, muß jetzt hinhauen.

Herr: Von wem hast du denn das?

W.: Verrat ich nicht …

Herr: Und den »Spiegel«?

W.: Den haben die Wirtsleute gekriegt, da war ja schon alles überholt.

Herr: Was hast du dir denn da wieder geleistet du armer …

W.: Ich bin ein ganz lieber Mensch …

Herr: Aber eine Partie Schach spielen wir noch.

W.: Ja.

Danach spielen sie Schach und es ist nur ab und zu ein Wort zu hören. Es handelt sich dabei um Bemerkungen zum Schachspiel. Gleich danach haben sie das Zimmer verlassen, sie sind essen gegangen, gegen 16,20 Uhr.

**05.07.1969 Bericht des IM »Revisionist W«
vom 5. Juli 1969**

17,45 Uhr ist der W. eine Dame und ein Herr im Zimmer des W. anwesend und er liest folgendes vor:

W.: Die Sowjets haben ihren revolutionär-demokratischen Charakter eingebüßt, ein bürokratischer Apparat übernahm die Vormundschaft der jungen Sowjetmacht. Das Prinzip der sozialistischen Demokratie, sie zu entwickeln, hochkand überspielt wurde mit Lenin beigesetzt. Der Komplex der Kleinen, den man vereinfacht Stalinismus nennt, die Partei hat immer Recht, Stalin hat immer Recht.

Zustimmung des anwesenden Herren und der Dame, es sind der Stimme entsprechend Menschen im gleichen Alter des W.

W.: Es sind hier eine Vielzahl solcher Punkte enthalten. Meine ideologische Kozession, kleiner Artikel über den Frieden. Als ich im Herbst 1963 in einer Ansprache an Studenten der Prager Karls-Universität sagte, ich glaube nicht, daß man junge Menschen durch dies ... begeistern kann. Produktionsziffern und ... ziffern, sondern junge Menschen wollen hören, wie wird es mit dem Menschen sein, applaudierten meine Zuhörer demonstrativ. Jetzt kommt der Clou. Es läuft auf blanken Idealismus hinaus, wenn Füssel o. den Prager Studenten beschwörend zuruft ... Sorgt euch weniger um Produktions- und Produktivitätsziffern, sorgt euch lieber um den Menschen. (Häßliches und dreckiges Lachen der Anwesenden)

Es geht ja nicht um ihn, der mir es so schrecklich gegeben hat, nicht um seine Person, sondern um die Verkümmerung des Marxismus in der DDR, die er repräsentiert. (Lachen dreckig)

Hier ist noch so ein ...

H.: Ja

W.: Jedes Herrschaftssystem strebt nach Stabilität und haßt Kritik, ... Der Geist des Kritikers, der den Marxismus innewohnt, fordert kategorisch, daß auch der Marxismus ... Ich bin kein Marxist sagte Marx und sprach damit aus, daß sich der Marxismus selber verneint, wenn der Autor sich selber in Frage zu ...

Es war dann nur noch zu verstehen, daß sie einige Schriften austauschten.

Gegen 18.30 Uhr haben sie dann das Zimmer verlassen und W. war dann allein.

07.07.1969 Ermittlungsbericht Wulkau, Peter.
Heine, Ultn., Abteilung VIII/2, MfS
Verwaltung Magdeburg

Es wurde ermittelt: Wulkau, Peter, Michael, wohnhaft Magdeburg, Hollehochstraße Nr. 39. Genannter stammt aus bürgerlichen Kreisen. Genannter ist sehr gewissenhaft, lernfreudig und ehrgeizig. Nach seinen eigenen Angaben hat er sich beruflich eine hohe Zielstellung vorgenommen und hat schon verschiedene Vorstellungen. Seinen Ehrendienst bei der NVA hat er bisher nicht abgeleistet. In seinem Lehrbetrieb soll er FDJ-Sekretär gewesen sein. Über politische Probleme äußerte sich der W. nicht, so daß man seine politische Einstellung heute nicht einschätzen kann. Seine politische Zuverlässigkeit ist aber fragwürdig. In der Zeit vom 18. – 25.08.1968 beabsichtigte der W. sich mit seinem Vater in der CSSR zu treffen. Ob dieser Treff nun durch die Ereignisse in der CSSR stattgefunden hat, ist nicht bekannt. Er steht rege mit seinem Vater in Verbindung, auch wird er durch diesen mit Bekleidung unterstützt. Außerdem ist Genannter mit einem Pastorensohn eng befreundet. Im Wohngebiet hat er einen guten Ruf. Er ist sehr fleißig, sauber und anständig. Sein moralisches Verhalten ist einwandfrei. Der W. ist sehr musikliebend und besitzt sehr viele Schallplatten, vorwiegend mit klassischer Musik. Auch zeigt er großes Interesse für das Theater, wobei er die Oper bevorzugt. Eine weitere Neigung von ihm ist die Literatur der Klassiker. Von Goethe soll er alle Werke besitzen. Ob der W. auch eine Schreibmaschine besitzt und ob er hierauf schreiben kann, ist bisher nicht bekannt. Hiervon wurde bisher nichts bemerkt.

Die Atmosphäre, in welcher der W. aufwuchs, war nicht sehr gut. Hervorgerufen durch das Verhalten der Mutter, die neben ihren Ehetragödien, die sie versuchte, auch noch sehr herrisch, verwöhnt und egoistisch ist. Trotzdem bemüht sich seine Mutter jetzt sehr um den im Betreff Genannten. Der Vater der Mutter war selbständiger Bäckermeister und hatte in der Hollehochstraße seine Bäckerei. Die Mutter ist von Beruf Kosmetikerin und arbeitet in der PGH »Ihr Friseur«. Die Mutter, Spitzname »Schönheit«, legt übertriebenen Wert auf ihr Äußeres und wirkt daher sehr billig. Ein krasser Gegensatz zu ihrer Person ist der Hauseingang. Alles wirkt sehr unsauber, unordentlich und ungepflegt. Die H. ist sehr selbstbewußt, herrisch und egoistisch, was auch ein Grund mit für die Ehescheidungen war. Der 1. Mann der H. Wulkau, Werner ist der Vater des in Betreff Genannten. Diesem hat sie vermutlich zu viel kommandiert und ihm die finanzielle Unterstützung durch ihre Eltern vorgehalten. Er verzog dann nach Berlin. Im Betreff Genannter ist befreundet mit einem Walz, Michael [und] hat mit diesem Walz im VEB »Fahlberg-List« zusammen gelernt und auch sein Abitur gemacht. Der Vater des Walz ist Pastor der Domgemeinde in Magdeburg. Lt. KMK Magdeburg befand sich der Walz vom 24.09. bis 23.11.1966 wegen versuchten R.-Verrates zu 10 Monaten Gefängnis bedingt verurteilt. Näheres über den Walz ist nicht bekannt. Weiterhin wird angegeben, daß im Betreff Genannter mit sehr vielen Jugendlichen Verbindung hält und von diesen auch in der Wohnung seiner Mutter aufgesucht wird. Nach Meinung der Quelle machen diese Jugendlichen aber einen sehr ordentlichen Eindruck. Namen sind nicht bekannt, weil diese vermutlich nicht aus dem Wohnbezirk stammen.

10.07.1969 Antrag auf Verlängerung des B-Auftrages »Revisionist W«. BV Leipzig, Abteilung XX
Der Verdächtige W. [Wulkau] wird bearbeitet wegen Verdacht der staatsfeindlichen Gruppenbildung. Durch den Einsatz von IM des Referates O wurde festgestellt, daß der W. operativ interessante Verbindungen unterhält u. a. zu Havemann. Der Verdächtige W. soll durch IM sowie andere operative Maßnahmen in nächster Zeit

schwerpunktmäßig bearbeitet werden. Deshalb macht sich der weitere Einsatz von IM des Referates O zur Feststellung der Reaktion des Verdächtigen W. sowie zur weiteren Aufklärung von Verbindungen notwendig. Aus diesen Gründen wird eine Verlängerung des B-Auftrages beantragt.

12. 07. 1969 Umgruppierung des IM-Netzes entsprechend der Richtlinie 1/68. Müller, Oltn. Abteilung XX, BV Leipzig

Der IM [Jeanette] wird entsprechend der Richtlinie 1/68 als IMV [Verbindung zum Feind] eingestuft.

14. 07. 1969 Bericht des IM »Revisionist W« vom 9. Juli 69

Gegen 20,30 Uhr kam eine Dame und ein Herr zum W. und es wurde zunächst eine belanglose Unterhaltung geführt. Danach sprachen sie über Bücher, Titel wurden keine genannt, es wurde nur einmal der Preis von 1,80 und 2,- Mark genannt. W. sagte dazu umgerechnet sind es 4 Mark. Es wurde dann davon gesprochen in ein Weinlokal zu gehen und einer der Herren wurde mit Peter angesprochen. Ohne jeden Zusammenhang wird dann von einer Sache gesprochen, die verboten sei und W. behauptete, es sei nicht verboten, ansonsten könnt ihr »Hitlers Mein Kampf« lesen wenn ihr wollt. Einer der Herren sagte erstaunt, das hast du auch hier! W. erwiederte, sogar eine solite o. ä. Volksausgabe mit einem persönlichen Porträt des »Führers«.

15. 07. 1969 Vorgang »Revisionist«. Betr.: Aktion »Lebensfreude«. Müller, Oltn., Abteilung XX/3

Der Verdächtige W. Peter befindet sich laut Überprüfung an der KMU vom 21. 7.-15. 8. 69 im Zeltlager Großsteinberg zum Autobahnbau. Während dieser Zeit wird der Verdächtige durch den IM »Christine Fischer« unter op. Kontrolle genommen.

16.07.1969 Telegramm. Müller, Oltn.,
Abteilung XX/3, BV Leipzig an BV Magdeburg
Bitten um Überprüfung, ob Wulkau, Peter Antrag auf Auslandsreise
gestellt hat und um Übersendung des Reisetermines, genaue Unterkunft und eventuell mitfahrende Personen.

17.07.1969 Vorgang »Revisionist«. Mj. Simon,
Leiter BVfS Magdeburg, KD Magdeburg, an BVfS
Leipzig, Abteilung XX/3
Unsere Überprüfungen ergaben, daß der Wulkau, Peter keinen Antrag auf eine Auslandsreise gestellt hat. Er war jedoch im Jahre
1968 in der CSSR auf Besuch bei der Person Schukova, Ana, Studentin der Karls-Universität Prag in der Zeit vom 10.8.–25.8.1968.

18.07.1969 Aktennotiz IM »Janette«, Müller,
Oltn.
Zum vereinbarten Treff am 11.7.69 10.00 Uhr erschien der IM
»Janette« nicht. Daraufhin wurde der IM im Wohngebiet aufge-
sucht. Der IM teilte mit, daß er bis zum 16.7. krank war und noch
ausruhen wollte. Verbindung zu den Verdächtigen Wulkau und
Radkowski habe er wegen der Krankheit nicht aufgenommen. Aus
Gründen der Konspiration und der bereits in vorherigen Treffs fest-
gestellten psychischen Verfassung wurde keine Auseinanderset-
zung mit dem IM geführt.

23.07.1969 Aktennotiz Vorgang »Revisionist«,
Müller, Oltn.
Eine nochmalige Überprüfung an der KMU Org.-Stab Autobahnbau ergab, daß sich aufgrund von Arbeitsvereinbarungen die Zu-
sammensetzung der Autobahnlager verändert haben. Der Verdächtige Wulkau, Peter arbeitet nicht jetzt im 1. Durchgang, sondern im
3. Durchgang Autobahnbau vom 1.9.–20.9.69 in Großsteinberg.
Dort wird er durch IM »Arno Friedrich« und IM »Henry Pauls«
unter operativer Kontrolle gehalten.

31.07.1969 Formular, Ref. XII, Abt. XX, Leipzig

Wulkau, Peter beantragt eine Auslandsreise vom 11. bis 30. 8. nach Warschau.

12.08.1969 3. Sachstandsbericht zum Operativ-Vorgang »Revisionist«. Harnisch, Ultn., Abteilung XX/3, BV Leipzig

In der Zeit der operativen Bearbeitung des Vorgangs »Revisionist« seit dem 15. 4. 1969 verstärkte sich der Verdacht der Staatsverleumdung gemäß § 220 StGB besonders beim Verdächtigen Wulkau, Peter. Durch IM Einsatz sowie Einsatz der Abteilung O wurde festgestellt, daß Wulkau, Peter in seiner Leipziger Nebenwohnung namentlich noch unbekannte Personen empfängt und revisionistische Zeitungsartikel aus namentlich unbekannten Zeitschriften vorträgt. So las der Verdächtige W. am 5. Juli 1969 gegenüber einer männlichen und einer weiblichen Person ein Schriftstück (Titel und Verfasser unbekannt) vor. Der Inhalt dieses Vortrages richtete sich gegen die Gesellschaftsordnung der Sowjetunion und die DDR sowie für die Theorie von Prof. Havemann. Dabei verliest der Verdächtige W. auch Auffassungen des Revisionisten Fischer.

Am 4. Juli gab der Verdächtige einer namentlich nicht bekannten männlichen Person auf dessen Bitte eine Zeitschrift »Spiegel« zum lesen. Am 14. 7. 69 bot der Verdächtige W. in seiner Wohnung 2 Besuchern Hitlers Buch »Mein Kampf« an.

Es wurde inoffiziell bekannt, daß der Verdächtige W. von dem MfS unbekannten Personen gewarnt wurde und der Verdächtige W. deshalb revisionistische Literatur aus seiner Wohnung ausgelagert hat. Der Inhalt oder Charakter dieser Warnung ist nicht bekannt, jedoch wurde durch IM der Abteilung O bekannt, daß W. geäußert hat, die Warnung sei falscher Alarm gewesen. Durch einen IM der HVA wurde bekannt, daß der Verdächtige W. dem IM erzählt hat, daß W. in seinem Schreibtisch selbstgeschriebene Aufzeichnungen verwahrt, in denen »das kommunistische Regime angeprangert wird sowie die

Unmenschlichkeit des SED-Diktates und die Unzulänglichkeiten des Marxismus-Leninismus bewiesen werden«. W. unterhält nach inoffiziellen Hinweisen zahlreiche Verbindungen. So erzählte er einem IM, daß er in regelmäßigen Briefverbindungen mit dem westdeutschen Schriftsteller Heinrich Böll steht sowie postalische Verbindungen zu Rudi Dutschke unterhält. Durch die eingeleitete Maßnahmen der Abtl. M über seinen Hauptwohnsitz und seiner Leipziger Nebenwohnung wurden keine Ergebnisse festgestellt. Unabhängig voneinander berichteten 2 IM, daß der verdächtige W. sich ca. alle 4 Wochen in Magdeburg mit Studenten der TH Magdeburg trifft. Das letzte bekanntgewordene Treffen fand am 26. 4. 1969 statt. Bei diesen Zusammenkünften wird über philosophische Probleme wie Freiheit und Persönlichkeit diskutiert, und es besteht der Verdacht, daß hier ebenfalls revisionistisches Gedankengut verbreitet wird. Operativ interessant ist auch die Feststellung eines IM der Abt. O, daß der Verdächtige W. in einem Gespräch am 19. 6. 1969 äußerte, bei Havemann gewesen zu sein. Zur Klärung des Vorgangs ist schwerpunktmäßig der Verdächtige Wulkau zu bearbeiten, um den Tatbestand der Staatsverleumdung nachzuweisen.

02.09.1969 Vorschlag zur Durchführung einer konspirativen Wohnungsdurchsuchung.
Harnisch, Ultn. Abteilung XX/3, bestätigt:
Pommer, OSL Stellvertreter Operativ
Es wird vorgeschlagen, bei dem Wulkau, Peter eine konspirative Wohnungsdurchsuchung durchzuführen. Die konspirative Wohnungsdurchsuchung hat das Ziel der inoffiziellen Beweisführung und Dokumentierung der revisionistischen Literatur, selbstgefertigter feindlicher Schriftstücke, faschistischer Literatur, Hetzschriften westlicher Herkunft, sowie Feststellung von Verbindungen an hand vorhandener Postsendungen oder Notizbücher. Die Durchsuchung soll bis zum 14. 9. 69 durchgeführt werden, da der Verdächtige W. bis zu diesem Zeitpunkt im FDJ-Lager Großsteinberg zum Autobahnbau ist.

12.09.1969 Aktennotiz Leopold, Oltn., Abt. XX/3, BV Leipzig

Folgendes wurde bekannt: Der bereits als Freund des Wulkau bekannte Walz, Michael, wurde vor wenigen Wochen in Jugoslawien beim Versuch des illegalen Verlassens der DDR inhaftiert. Er sitzt gegenwärtig in der Abteilung IX der BV Magdeburg ein. Walz berichtete einem ZIM [Zelleninformator] über feindliche Handlungen des Wulkau, die unsere bisherigen Bearbeitungsergebnisse bestätigen bzw. teilweise konkretisieren. Die Abteilung IX der BV Magdeburg wird beginnen, Walz zielgerichtet zu Wulkau zu vernehmen, um offizielle Beweismittel zu schaffen.

ZIM Bericht über Michael Walz

Er [Michael Walz] berichtete mir weiterhin von dem politischfeindgesinnten Ring und nannte als einen der führenden Personen einen Studenten Wulkau, der in Leipzig auf der Universität gesellschaftlichen Sozialismus studiert. In der Heimatwohnung des Studenten Wulkau sollen sich Manuskripte befinden, die dieser selbst verfasst und in Versammlungen katholischer Glaubensgemeinschaften und anderen Organisationen verbreitet. Sie befinden sich in seiner Heimatwohnung in der Nähe von Magdeburg, da seine Studentenwohnung in Leipzig wegen der Verbindung mit seinem Vater unter ständiger Kontrolle steht. Michael Walz erläuterte mir, daß es sich bei diesen Manuskripten um staatsfeindliche Lektüren handelt, die in den Versammlungen von den Anwesenden aufgenommen würden. Nach weiteren Berichten des Michael Walz besteht eine Verbindung des Studenten Wulkau und einem gewissen Bartelt, der nach Beendigung seiner Studienzeit als Psychiater in Haldensleben bei Magdeburg tätig ist. Bartelt, der laut Bericht des Walz Verbindungen an alle Universitäten der DDR hatte, wollte als Kopf in Zusammenarbeit mit Wulkau über seine Verbindungsmänner in den einzelnen Universitäten, Wulkaus Unterlagen verbreiten. Ob dieses Bündnis zustande kam, wußte Walz nicht. Seine Verbindungen waren nicht so eng zu den beiden. Ich möchte darauf hinweisen, daß ich der einzige Mitwisser des Walz bin. Bei einer plötzlichen Bekanntgabe der von mir gemachten Aussagen über Wulkau würde Walz sofort merken, daß ich im Zusammenhang mit den bekanntgewordenen Berichten stehe.

15.09.1969 Vernehmungsprotokoll des Beschuldigten Walz, Michael

Frage: Ist Ihnen die Person Wulkau, Peter bekannt? Antwort: Mir ist Peter Wulkau seit dem Frühjahr 1966 bekannt. Frage: Wie wurden diese Gespräche zwischen Ihnen geführt und was kam darin zum Ausdruck? Antwort: Er brachte mir gegenüber bei Gesprächen zum Ausdruck, daß der Marxismus von den führenden Repräsentanten der DDR und den anderen sozialistischen Staaten falsch interpretiert wird. Er ist der Meinung, daß die führende Kraft die Intelligenz und nicht die Arbeiterklasse ist. Sein Streben ging dahin, in der DDR gleiche Verhältnisse zu schaffen, wie sie bis zum 21.08.1968 in der CSSR herrschten. Um den Charakter seiner Einstellung noch zu unterstreichen möchte ich erwähnen, daß er mir im Oktober 1968 einen »Dialog über die Mauer« vorgelesen hat, an dessen Einzelheiten ich mich nicht mehr erinnere, in dem jedoch eindeutig seine feindliche Haltung zur Staatsgrenze der DDR zum Ausdruck kommt. In diesem Dialog war auch deutlich eine Aufforderung zu hören, über die angeschnittenen Probleme nachzudenken, um sich einen eigenen Standpunkt zu bilden. Im Zusammenhang mit den Gesprächen über die CSSR, berührte Wulkau das Problem der Presse und Informationsfreiheit in der DDR. Dabei zeigte er mir die Möglichkeit der Durchführung von Rundschreiben an Universitäten und Hochschulen der DDR auf. Frage: Machen Sie nähere Ausführungen zu den von Wulkau angeführten Rundschreiben! Antwort: Mir ist darüber nur soviel bekannt, daß Wulkau die Absicht hatte, mit anderen Universitäten und Hochschulen der DDR in Verbindung zu treten, um dorthin bestimmte Themen wie z.B. »Kampf um Informationsfreiheit in der DDR« u.a. zu verschicken. An den jeweiligen Instituten sollte dann eine Meinungsforschung über das jeweils gestellte Thema betrieben werden und die Ergebnisse zurück zu Wulkau geschickt werden, wo dann eine Auswertung der eingegangenen Meinungen vorgenommen und an interessierte Personen, wobei er nicht konkreter wurde, weitergeleitet werden sollte. Obwohl ich mit den Ansichten des Wulkau einverstanden war, scheute ich jedoch vor einer praktischen Teilnahme zurück, da ich mir über das Ungesetzliche einer solchen Handlungsweise im Klaren war.

29.09.1969 Aufgabenstellung zum Op. Vorgang »Revisionist«, Leopold, Oltn. Referatsleiter XX/7, BV Leipzig
Im Ergebnis der Überprüfung des Vorganges müssen die weiteren Untersuchungen vor allem auf den Hauptverdächtigen W. konzentriert werden. Es kommt darauf an, die vorliegenden Verdachtsmomente zu begründen bzw. Beweise zu dokumentieren. In Vorbereitung der konspirativen Durchsuchung der Wohnung des Verdächtigen W. in Leipzig wird er in Verbindung mit der KD Leipzig-Stadt am 4. bzw. 5.10.1969 zur Nachmusterung zum WKK bestellt. Im Zusammenhang mit der Nachmusterung sind Voraussetzungen zu schaffen, daß die Abteilung VIII die Möglichkeit hat, während dieser Zeit einen Abdruck der Wohnungsschlüssel des Verdächtigen anzufertigen. Inoffiziell wurde bekannt, daß es mit dem Verdächtigen im Juli 1969 in der Sektion Wissenschaftlicher Sozialismus heftige Auseinandersetzungen gegeben hat. Der mit diesen Auseinandersetzungen beauftragte Genosse Dorn ist konkret zu befragen, in welcher Form der Verdächtige in der Sektion negativ aufgetreten ist. Der Vorfall ist offiziell zu dokumentieren.

02.10.1969 Harnisch, Ultn., Abt. XX/3
Durch die Abt. XX/3 der BV Leipzig wird in der Zeit vom 18. – 29.9.69 bei dem W. in Zusammenarbeit mit der Abt. VIII eine konspirative Durchsuchung durchführen. In Vorbereitung der konspirativen Durchsuchung wird im GST-Lager der KMU Tambach-Dietharz,

der Schlüssel zur Wohnung des W. beschafft. Alle diese Maßnahmen haben das Ziel den Verdächtigen W., nach Abstimmung mit der BV Magdeburg, vor dem 20. Jahrestag der DDR zu inhaftieren.

14. 10. 1969 Aussprache mit dem Sekretär der APO [Abteilungsparteiorganisation] Genossen Dorn, Sektion Marxistische Philosophie / Wissenschaftlicher Sozialismus, Keller, Ofw., Abt. XX/7, BV Leipzig

Gen. Dorn hat am 16. 05. 1969 die Seminargruppe von dem Gen. Dr. Kramer übernommen. In diesem Zusammenhang wurde vom Gen. Dr. Kramer eingeschätzt, daß der Wulkau

– die führende Rolle der Arbeiterklasse verneint bzw. in Frage stellt und dies auch auf die führende Rolle der SED mit anwendet.

– anhand der von ihm verwendeten Argumente und Diskussionen, bürgerliche Literatur, die im Studium nicht verlangt wird, liest.

– in der bisherigen Studiumzeit keine gesellschaftliche Arbeit zeigte und auch nicht bereit war, welche zu leisten.

– in Diskussionen die objektive Berichterstattung und Informationstätigkeit der Presse der DDR in Frage stellt.

Auf Grund dieser getroffenen Einschätzung des Gen. Dr. Kramer über Wulkau, die sich im wesentlichen aus den Diskusionen aus den Seminaren gebildet hat, erfolgte die erwähnte Aussprache [mit Peter Wulkau] am 16. 06. 69 durch den Gen. Dorn. Im Ergebnis gelangte Gen. Dorn zu folgender Einschätzung über den Wulkau:

- Der Wulkau ist ein sehr intelligenter und belesener Student, der intellektmäßig verschiedenen anderen Studenten der Seminargruppe überlegen ist. Das geht so weit, daß der Gen. Nemitz, der in der gleichen Seminargruppe ist, sich an den Wulkau ideologisch anlehnt und seinen Aufgaben als stellvertretender FDJ-Sekretär, durch ungenügende Eigeninitiative, nicht gerecht wird.

– Der Wulkau betrachtet sein Studium nur unter dem Aspekt, daß er später als Schriftsteller tätig sein möchte und dann durch dieses Studium als »Gesellschaftlich Ausgewiesen« erscheinen will.

Diese Einschätzung wurde durch das Seminaraktiv unterstützt. Da
der Wulkau in dieser Aussprache auch die Exmatrikulation angedeutet bekam, war dieser nach der äußeren Erscheinung beeindruckt und erklärte, daß er diese ungenügende gesellschaftliche
Mitarbeit nicht so betrachtet habe und gab seine Bereitschaft in der
Sommerinitiative der Studenten beim Autobahnbau und im GST-
Lager gesellschaftlich sich zu betätigen. Anhand des Verhaltens
und Auftretens des Wulkau schätzt der Gen. Dorn ein, daß diese
Aussprache den Wulkau sehr beeindruckt hat.
Zum Abschluß des Gespräches wurde dem Gen. Dorn dargelegt,
daß das MfS nicht interessiert ist, wenn zur Zeit durch das Auftreten des Mitarbeiters kurzfristig Maßnahmen zu Wulkau eingeleitet werden. Er sicherte dies sowie auch die Einhaltung der Ver-
schwiegenheit zu.

**16.10.1969 Beobachtungsbericht Wulkau,
Peter-Michael, 04.10.-07.10.69, Referat I,
Abt. VIII, BV Leipzig**
Für den 04.10.1969 von 08.00 Uhr bis 01.15 Uhr: 08.00 Uhr
wurde die Beobachtung begonnen. 13.12 Uhr konnte »Revisionist« beim betreten seiner Wohnung aufgenommen werden. Er kam
aus Richtung S-Bahnhof und trug eine braune Colleg-Tasche bei
sich. Die Tasche war voll gefüllt. 16.07 Uhr verließ er wieder das
Grundstück und lief zu Fuß zum Karl-Marx-Platz, wo er 16.39 Uhr
das Hauptpostamt betrat. Am Schalter für Ferngespräche in der hin-
teren Abfertigungshalle meldete er ein Ferngespräch nach Dahlen
Nr. 400 an. Unter dieser Nummer ist erreichbar Baumann, Volkmar,
Tierarzt. Bis 16.55 Uhr bekam er keine Verbindung und verließ daraufhin das Postamt wieder. »Revisionist« lief nun zum Hauptbahnhof – Querbahnsteig, wo er gegen 17.00 Uhr den Post-Telex
betrat. Er wechselte mit der Postangestellten einige Worte und begab sich danach in die Fernsprechzelle Nr. 9. Hier führte er ein
Ferngespräch. Es konnte gehört werden, wie er mehrmals den Namen Kirsten aussprach. Das Gespräch konnte nur undeutlich und

lückenhaft mitgehört werden. Unter anderem fiel auch der Satz: »Sei mir bitte nicht böse«. 17.07 Uhr verließ »Revisionist« die Telefonzelle, bezahlte das Gespräch und lief durch die Innenstadt zur Gottschedstraße, wo er 17.34 Uhr das Volkspolizeirevier Mitte betrat. Auf dem Wege dorthin sprach er in Höhe des Postamtes Gottschedstraße eine unbekannte männliche Person an. Mit dieser Person unterhielt er sich ca. 1- 2 Minuten. Dann trennten sich beide und liefen, jeder auf einem Gehweg für sich, durch die Gottschedstraße in Richtung Waldplatz, ohne noch einmal miteinander in Berührung zu kommen. Die unbekannte männliche Person wurde weiter beobachtet. Zum Zeitpunkt des Betretens des VP-Revier Mitte durch »Revisionist« betraten noch mehrere Personen in Zivil diese Dienststelle. In der Folgezeit wurde festgestellt, daß hier eine Einweisung für Angehörige der FDJ-Ordnungsgruppen der Karl-Marx-Universität und freiwillige Helfer der VP durch die Volkspolizei stattfand. 18.54 Uhr verließ »Revisionist« mit zwei unbekannten jüngeren Personen und einer jüngeren weiblichen Person das Revier. Auf dem Revier wurde in Erfahrung gebracht, daß »Revisionist« mit zwei weiteren männlichen Personen in den Abschnitt Zeppelin-Brücke – Erich-Weinert-Straße bis 24.00 Uhr zur Streife eingesetzt wurde. Ihm wurde eine Helferarmbinde ausgehändigt, die er jedoch noch nicht trug. 23.45 Uhr betraten beide wieder das VP-Mitte. Nach ca. einer Minute verließen sie es wieder und liefen nun sehr langsam durch die Innenstadt zum Karl-Marx-Platz. »Revisionist« begab sich zur Straßenbahnhaltestelle Karl-Marx-Platz, Richtung Ost, schaute sich hier die Fahrpläne an und lief danach langsam zum Bahnhof. Hier bestieg er eine Straßenbahn der Linie 29 in Richtung Anger-Crottendorf und fuhr 00.40 Uhr in Richtung Wohngebiet davon. An der Haltestelle Zweinauendorfer Str. / Wichernstraße verließ er die Straßenbahn und begab sich auf kürzestem Wege zu seinem Wohngrundstück, welches er 00.53 betrat. In der Folgezeit konnte gesehen werden, wie er sich in seinem Zimmer auszog und Nachtkleidung anlegte. 00.59 Uhr verlosch das Licht im Zimmer. 01.15 Uhr wurde die Beobachtung unterbrochen.

Weiterbeobachtungsbericht der männlichen Person aus der Gott-schedstraße:
Nach dem Zusammentreffen mit »Revisionist« lief diese Person auf kürzestem Wege in die Thomasiusstraße, wo sie 17.37 das Grundstück Nummer 2 c betrat. Er begab sich in die III. Etage und betrat hier die Wohnung rechts mit den Namensschildern Sommer und Richter. 17.57 wurde die Beobachtung hier abgebrochen. Ein-schätzung des Treffs: Nach unserer Meinung hat »Revisionist« die-se Person vermutlich nach dem Weg zum VP-Revier gefragt. Zu dieser Einschätzung kommen wir auf Grund des Gesamtverhaltens beider Personen.

17.10.1969 Bericht des IM »Revisionist W«
vom 16. Oktober 1969
Ab 10,36 Uhr ist der W. und noch ein Herr zu hören, W. liest etwas vor:
W.: Zitat: Das Volk ist in seiner überwiegenden Mehrheit so pri-mitiv veranlagt eingestellt, daß weniger ..... Überlegung als die des .....
Es hört sich so an, als ob zwei Herren beim W. sind, er hat seine Vorlesung unterbrochen und es hat den Anschein, daß es sich um ein Konzept handelt welches korrigiert wird. Es wird ab und zu ein Wort gemurmelt und es ist längere Zeit nichts zu verstehen.
W.: Der gleiche Vortrag, der gleiche Redner, das gleiche Thema würden ganz bestimmt um 10 Uhr vormittags, um 3 Uhr nachmit-tags und dann abends, ich selbst hatte als an .... De versammlung fünf Punkte ....gesetzt, ich erinnere besonders an eine Richt-linie .... Dies war damals Dresdens o.ä. größter Saal und es ...... Herr: Das ist einwandfrei!
W.: Es ist nicht ganz so verboten .... Verliesen, während der große englische Demagoge sich einst darauf eingestellt hatte, auf die Massen seiner Zuhörer und im weitesten Sinne auf das gesamte untere englische Volk eine möglichst große Wirkung auszuüben. Von diesem Standpunkt aus betrachtet –

Herr: Demagoge, der große englische Demagoge!

W.: Es müßte mal eine Massenversammlung sein, da würde ich es mal vorlesen ......

(Spricht leise weiter)

Herr.: Und hier, das ist gut!

W:: Nationalsozialistische Bewegung, das ist hochinteressant, darf das nie vergessen, daß besonders ..... beeinflussen lassen, die alles besser wissen

W. unterbricht die Vorlesung und es werden nur noch wenige Worte gesprochen, davon ist jedoch nur ab und zu ein Brocken, nichts zusammenhängendes zu verstehen.

Einer der anwesenden Herren sagte etwas zum W. daß er begreift, daß das was er mitgebracht habe den geistigen Anforderungen des W. genügt. Um was es dabei geht war nicht zu verstehen.

W.: Hier, sozialistischer Biedermeier: Aus ....gründen machen sie es sich bequem, es gibt einen .... Und ein Emblem. Auf der Lippe ein paar Thesen .... Früher wollt ich Marx gelese aber jetzt auch schon.... Das Kapital, eigenes Auto, dann rot. Früher hing die rote Fahne bei uns zur Küche raus, außen Sonne innen Sahne und dem Marx....

Einer der Herren fragte etwas und W. sagte, das ist ein ganz junger Lyriker ..... verboten wurde. Der Herr sagte dann, Aufbau Verlag. Gleich danach haben sie, es war 11,50 Uhr das Zimmer verlassen.

20.10.1969 [Brief von Werner Wulkau an Peter Wulkau]

Lieber Peter! Nachdem wir von unserem Urlaub von Rhodos zurückgekehrt sind, wird es Zeit, deine beiden Briefe vom 23. 8. und 21. 9. zu beantworten. Meinen Urlaubsgruß von Rhodos wirst du ja inzwischen hoffentlich erhalten haben. Nun zu Deinen Zeilen vom 23. 8.: Deiner Schilderung habe ich entnommen, dass du deine Semesterferien zum Teil zur Erholung und zum anderen Teil zum Wohle Eurer DDR verwendet hast. So kommt ihr also nie auf dumme Gedanken; auch wenn dabei noch genügend Zeit übrig bleibt, um mit Freundin kreuz und quer durch die DDR zu trampen. Hinsichtlich des Urlaubstreffs erhältst Du noch gesondert Nachricht, denn ich muss hier erst die Einzelheiten wegen des Visums der Reisezeit regeln. Grundsätzlich habe ich für ein Treffen die Tage zwischen Weihnachten und Sylvester vorgesehen. Wir freuen uns schon darauf.

Deine Schilderung hinsichtlich des Autobahnbaues (Brief 21. 9.) finde ich einfach umwerfend. Vielleicht gibt es dafür dann einen väterlichen Verdienstorden. Dass dein weiterer Einsatz nicht geklappt hat, stimmt dich hoffentlich nicht all zu traurig. Für mich ist es tröstlich, dass du wegen mangelnder Ausbildung nun nicht mit dem Gewehr umgehen kannst. Ich kann mir daher also einige Überlebenschancen ausrechnen. – Im übrigen werden wir ja wohl eine neue Regierung jetzt bei uns bekommen, so dass dann eitel Sonnenschein in West und Ost herrschen wird und unser Zusammenleben ganz einfach sein wird! –- Deine Wünsche hinsichtlich der Literatur habe ich notiert, die Rosa Luxemburg ist bestellt. Greifbar.

Vielleicht läßt Du in einem Deiner nächsten Briefe einmal hören, wie Dein späteres Studium verläuft, bzw. welche Berufspläne Du endgültig hast. Sollte Euerseits wieder der Wunsch nach einem Weihnachtsgeschenk auftauchen, so hätte ich einen, und das wäre, falls dein Buch oder Büchlein tatsächlich erschienen sein sollte, mir eine Ausfertigung zu übersenden, denn Eure Lektüre steht hier bei uns nicht auf dem Index. Sollte jedoch Dein Erstlingswerk nicht herausgekommen sein, wäre es mir lieb, wenn Du mir das mitteilst, damit ich mir nicht allzu grosse Hoffnungen auf Erfüllung meines Wunsches mache. Dein Vater

04.11.1969 Sachstandsbericht zum OV »Revisionist«, Mainka, Ltn., Abt. XX/3, BV Leipzig

Zum Verdächtigen Wulkau liegen im einzelnen folgende strafrechtlich bedeutsame Hinweise vor.

Durch die Abtl. O konnte erarbeitet werden:

Am 16. 10. 1969 trug Wulkau etwa fünf Seiten wortwörtlich aus Hitlers »Mein Kampf« zwei männlichen Personen vor. Es handelt sich dabei um Hitlers Auffassungen von der Propaganda und der Massenwirksamkeit der Rede. Außerdem trug Wulkau vor diesen beiden Personen ein verleumderisches Gedicht unter dem Titel »Sozialistischer Biedermeier« vor. Während der Zitate aus Hitlers »Mein Kampf« bekundeten sowohl Wulkau als auch die beiden anwesenden Personen ihre Begeisterung für bestimmte Argumente Hitlers, der Verdächtige brachte zum Ausdruck, daß man das (gemeint waren Hitlers Auslassungen) einmal auf einer Massenveranstaltung vortragen müßte.

Außerdem würde Wulkau persönlich Aufzeichnungen handschriftlich anfertigen, in denen er die »Diktatur in der DDR« anprangere. Durch den von der BV Magdeburg inhaftierten Walz, Michael wurde offiziell bekannt, daß

- Der Verdächtige 1968 gegenüber dem Walz einen »Dialog über die Mauer« vorgetragen hat;

- Der Verdächtige nach der Möglichkeit gesucht habe, ein Rundschreiben über Presse- und Informationsfreiheit an alle Hochschulen und Universitäten in der DDR abzufassen, um darin z. B. solche Themen zur Diskussion zu stellen, wie »Kampf um Informationsfreiheit in der DDR«. Dazu wollte der Wulkau den Walz gewinnen.

Durch einen ZIM aus Magdeburg wurde ergänzend zu den Angaben des Walz folgendes in Erfahrung gebracht: Der Verdächtige gehört einem politisch feindlich gesinnten Ring an. Er habe selbstverfaßte Manuskripte zu Hause, die er in Versammlungen von Glaubensgemeinschaften vorträgt. Diese Manuskripte haben staatsfeindlichen Charakter. Der Wulkau hat Verbindung zu dem Psychiater Bartelt aus Haldensleben bei Magdeburg. Dieser Psychiater will die Schriften des Verdächtigen an alle Hochschulen und Universitäten der DDR verbreiten, da er (Psychiater) über die entsprechenden Verbindungen verfügt. Aufgrund der bisher erarbeiteten Hinweise besteht seitens des Verdächtigen Wulkau der Verdacht, strafbare Handlungen nach § 106 Abs. 1 Zi. 1 und 4, 107 StGB begangen zu haben. Zum § 106 StGB sind vor allem folgende Handlungen zu beachten: Die Verbreitung des faschistischen Gedankengutes aus Hitlers Werk »Mein Kampf«, das Verfassen und Verbreiten eigener Schriften, in denen Angriffe gegen die DDR geführt werden, die mündlichen Stellungnahmen und die Verbreitung von Schriften gegen die Staatsgrenze in Berlin sowie die ideologische Einflußnahme auf einen bestimmten Personenkreis, der namentlich noch nicht festgestellt werden konnte.

Zum § 107 StGB sind solche Handlungen zu beachten, wie die Versuche Personen zu gewinnen bzw. sich Personen anzuschließen und auf diese Weise organisatorisch die Möglichkeit zu schaffen, mittels Rundschreiben staatsfeindliche Handlungen zu begehen. Weiterhin sind die Verbindungen des Verdächtigen in Leipzig unter dem Aspekt des § 107 StGB zu prüfen.

In der weiteren Bearbeitung des OV »Revisionist« besteht die Hauptaufgabe darin, die von verschiedenen inoffiziellen und offiziellen Quellen erarbeiteten Hinweise offiziell zu bestätigen, vor allem Beweise für die staatsfeindlichen Handlungen des Wulkau zu erarbeiten und eine sichere Haftgrundlage zu schaffen.

10.11.1969 Operativer Hinweis, Leiter der Paßkontrolleinheit Görlitz, Oltn. Ruske an BVfS Dresden

Am 8. 11. 1969 / 9.00 Uhr kam mit dem D 206 an der GÜSt [Grenzübergangsstelle] Görlitz / Eisenbahn der DDR-Bürger Wulkau, Peter zur Einreise. Während der Zollkontrolle wurden bei dem W. westdeutsche Zeitschriften festgestellt (1 »Constanze«, 1 »Frankfurter Allgemeine«, 1 »Neue Züricher Zeitung«). Diese befanden sich am Taschenboden unter seinen persönlichen Sachen. Die Zeitschriften kaufte er nach seinen Angaben in der VR Polen und wollte sie mit nach Hause nehmen. Die gesetzlichen Bestimmungen über das Einfuhrverbot waren ihm bekannt, deshalb führte er die Zeitschriften bei der Kontrolle auch nicht vor. Die Zeitschriften wurden eingezogen.

12.11.1969 Aktennotiz, Ltn. Behrends, Abt. XX/6

Der Student Wulkau, Peter ist einer Aufforderung des WKK [Wehr-kreiskommando] Leipzig-Stadt zur Nachmusterung nicht nachge-kommen. Zur Klärung des Sachverhaltes wurde am 6.11.1969 mit der Frau Vetter in der Wohnung der V. eine Befragung durchgeführt. Der Mitarbeiter trat als Beauftragter des WKK Leipzig-Stadt auf. Der W. hat sich am 30.10.1969 bei Frau Vetter mit der Begründung abgemeldet, daß er wegen seines Fußes sich wieder in ärztliche Be-handlung begeben muß. Er soll eine Knochenwucherung haben. Diese Behandlung kann 4–5 Tage dauern. Weiter berichtete die Frau V., daß die Musterungsaufforderung für den W. einging, als er schon das Haus verlassen hatte. In diesem Zusammenhang führte die Frau V. an, daß vor einem Jahr das gleiche passiert ist. Frau V. bemerkte, der W. muß das doch »riechen«, wenn Musterungsauf-forderungen für ihn eingehen.

11.11.1969 Notiz, IM »Uta«

Nach Aufforderung erschien heute W. in der Sprechstunde, ausser-dem war ein dringendes Telegramm an seine Leipziger Wohnan-schrift abgesandt worden. Er wurde befragt, wo er sich aufgehalten habe, da er nicht zur Nachuntersuchung erschienen war. Er gab an, dass er sich bereits seit 14 Tagen bei seiner Freundin in der Woh-nung aufhalten würde, da diese schwer krank sei. Auf die Frage, wo die Wohnung der Freundin ist, gab er ebenfalls die Theodor-Neu-bauer-Str. an. Er wurde darauf hingewiesen, dass es doch verwun-derlich ist, dass er sich in 14 Tagen nicht einmal in seinem Mietbe-reich wegen eingehender Post sehn lässt, erklärte er, dass er nichts dringendes erwarten würde. Seine Wirtin habe ihm jetzt gesagt, dass sie eine Karte des WKK nach Magdeburg nachgeschickt habe, er würde nunmehr dort anrufen und nachfragen, was darauf gestan-den hätte. Ich wies ihm darauf hin, dass dies nicht nötig sei, er wür-de von mir den neuen Termin erhalten und er habe dieser Aufforde-rung am Freitag, dem 14.11.69 – 10 Uhr – unbedingt nachzukommen. Ferner wurde er um Stellungnahme gebeten, warum er nicht an den Vorlesungen teilgenommen habe. Er gab an, dass er selbst krank gewesen sei. Befragt nach dem Krankenschein erwiderte er, dass er diesen noch nicht abgegeben habe, er würde heute erst wieder an den Vorlesungen teilnehmen und ginge nochmals zum Arzt. Als Krankheit gab er an, dass er etwas mit dem Bein habe.

25.11.1969 Vernehmungsprotokoll des Beschuldigten Walz, Michael

Frage: In welcher Form nahmen Sie zu Ihrem Bruder Jörgfried Verbindung auf? Antwort: Mitte April 1969 schrieb ich meinem Bruder einen Brief, der beinhaltete, daß ich zum Verlassen der DDR bereit war. An dem Tag, als ich den Brief an meinen Bruder schrieb, war gerade mein Freund Peter Wulkau in unserer Wohnung anwesend und er bot mir an, ihm den Brief zu übergeben, da er einen ausländischen Studenten kennt, der in Abständen von 14 Tagen nach Westberlin fährt, wobei er diesen Brief mitgeben könnte. Frage: Was wurde Peter Wulkau über den Inhalt dieses Briefes bekannt? Antwort: Peter Wulkau wurde der Inhalt des Briefes an meinen Bruder Jörgfried Walz in vollem Umfang bekannt, da ich mich mit ihm vorher über das ganze Problem meiner Entschlußfassung zum verlassen der DDR unterhalten habe, woraus erst das Schreiben des Briefes resultierte. Frage: Welche Gespräche wurden am genannten Tag zwischen Ihnen und Peter Wulkau geführt? Antwort: Da ich überzeugt davon war, daß Wulkau auf Grund seiner zum Teil ablehnenden Einstellung gegenüber den Verhältnissen in der DDR nicht darüber sprechen würde, teilte ich ihm mit, daß ich beabsichtige, mit Hilfe meines Bruders die DDR ungesetzlich zu verlassen bzw. in diese nicht zurückzukehren. Anschließend gab ich Wulkau zu verstehen, daß ich meinen Bruder über mein Vorhaben informieren möchte, mir jedoch über den Weg einer solchen Information nicht im Klaren bin. Daraufhin nannte mir Wulkau die Möglichkeit der Umgehung des Postweges innerhalb der DDR durch einen ihm bekannten ausländischen Studenten, der in Leipzig studiert. Da ich

Vertrauen zu Wulkau hatte, ging ich sofort auf seinen Vorschlag zur Umgehung des Postweges in der DDR ein, und wir kamen überein, daß ich sofort einen kurzen Brief an meinen Bruder schreibe, den er gleich mit nach Leipzig nehmen würde, und dem mir unbekannten Studenten übergibt, der ihn beim nächsten Aufenthalt in Westberlin frankieren und in einen Briefkasten stecken sollte. Frage: Aus welchen Gründen empfahl Wulkau die Umgehung des Postweges innerhalb der DDR? Antwort: Aus dem Charakter meiner Mitteilungen an meinen Bruder war zu ersehen, daß dies eine Vorbereitung zu einer strafbaren Handlung war. Da sowohl Wulkau als auch ich der Meinung sind, daß die Post, die aus der DDR nach Westdeutschland oder Westberlin geht, von DDR-Organen kontrolliert bzw. zensiert wird, wollten wir den Postweg innerhalb der DDR umgehen, um somit eine vorzeitige Entdeckung meines Vorhabens auszuschließen.

11.12.1969 Vorschlag über Abschluß des OV »Revisionist«. Mainka, Ltn. Abt. XX/3, BV Leipzig

Mit dem Abschluß des OV »Revisionist« sollen in erster Linie die strafbaren Handlungen des Hauptverdächtigen Wulkau umfassend aufgeklärt und dokumentiert werden. Darüberhinaus ergibt sich die Notwendigkeit, den politisch-ideologischen Schwerpunkt an der Sektion Philosophie/Wissenschaftlicher Sozialismus zu klären. An dieser Sektion existiert eine Konzentration von Studenten – und zum Teil auch Wissenschaftlern – die mehr oder weniger offen mit revisionistischem Gedankengut auftreten. Es muß erreicht werden, daß unser Organ in Zusammenarbeit mit den progressiven Kräften an der Sektion – vor allem mit der Parteiorganisation – den Vorgang offensiv auswerten und die revisionistische Konzentration zerschlagen kann.

15.12.1969 Vernehmungsprotokoll des Beschuldigten Walz, Michael

Frage: Machen Sie Angaben über Hobbys und Freizeitbeschäftigung der von Ihnen im Vernehmungsprotokoll vom 15.09.1969 genannten Person Peter Wulkau! Antwort: Bereits vor 2 1/2 Jahren wurde mir bekannt, daß sich Peter Wulkau mit eigenen literarischen Versuchen beschäftigte, die mir zum Teil auch zur Kenntnis gelangten. Bemerken möchte ich noch, daß er seine ersten literarischen Versuche in verschiedener Weise überprüfte, um somit die Gewißheit zu haben, daß diese auch bei anderen Personen ankommen und verständlich werden. Frage: Woran überprüfte Wulkau seine ersten literarischen Versuche? Antwort: Soweit mir bekannt ist, waren in der Abiturzeitung 1967 im VEB »Fahlberg List« in Magdeburg, wo Wulkau seine Ausbildung beendete, auch einige Versuche von ihm enthalten, die auch Anklang gefunden haben sollen. 1966 wurden auch zwei oder drei Gedichte von ihm in der Zeitung »Neuer Weg« veröffentlicht. Außer diesen offiziellen Überprüfungen, wenn ich das mal so bezeichnen kann, gab es auch noch eine Art Überprüfung durch individuelle Lesungen mit Freunden des Wulkau.

13.01.1970 Absprachprotokoll, Leopold, Hptm., Abt. XX/3

In Absprache mit der Abteilung IX der BV Magdeburg ist nochmals eine ausführliche Vernehmung des Beschuldigten Walz durchzuführen. In dieser Vernehmung ist insbesondere zu klären, welchen konkreten Inhalt hatte der vom Verdächtigen vorgetragene »Dialog über die Mauer« und von wem verfaßt.

19.01.1970 Bericht unseres GI Revisionist vom 16.1.70

Gegen 16.35 Uhr ist Herr W. mit einem Herrn anwesend. Der W. meinte zu dem Herrn, er wollte heute abend bei ihm vorbeikommen. Sie wollten doch einen netten Abend verbringen. Er war doch für heute eingeladen. Der W. sagte dann, daß er seine Dissertation gemacht hat. Der Herr sprach von einer Diplomarbeit und einem Jungen der gleich nach dem Diplom weggeholt (weggekascht) worden ist. Das Ulbricht ein Mensch ist da besteht gar kein Zweifel wenn es nicht darum ging das Ulbricht verbietet zu reisen. So z. B. hat eine Tochter drüben (?) oder in Naumburg und kann sie nicht besuchen. Weil andere Menschen in anderen Ländern das können. Da stellt man sich eben die Frage, warum kann man nicht und andere können. Das ist einfach eine ideologische Überlegung.

Der W. sagte dazu, … es sind die Feinde und das geht nicht. Der Herr meinte noch, wie soll ein Staatsmann… Ein Staatsmann der seine Feinde liebt… ein Staatsmann kann auch ein Christ sein. Der W. äußerte dazu ein paar unverständliche Worte. … Der Herr Christian ist gegen 21.50 Uhr gegangen.

05.02.1970 Einschätzung des OV »Revisionist«, Fessel, Ltn., Abt. IX

Aufgrund des bisher über den Verdächtigen Wulkau erarbeiteten op. Materials muß eingeschätzt werden, daß sich der OV noch nicht im Abschlußstadium befindet, sondern es notwendig ist, noch weiteres Beweismaterial zu erarbeiten, wie dies bereits mit dem Referatsleiter XX/3 Gen. Hptm. Leopold abgesprochen worden ist. Aus den dargelegten Gründen macht sich eine weitere zielstrebige Bearbeitung des OV »Revisionist« notwendig, um entsprechende Beweismittel zu erarbeiten.

04.03.1970 Oberstleutnant Bilke, Stellvertreter Operativ, Abt. XV, BVfS Leipzig, an AIG im Hause

Der IM »Ring« berichtete über die Entwicklung der Auseinandersetzung mit parteifeindlichen Kräften unter den Studenten der Sektion Philosophie der KMU: Die Studenten des 3. Studienjahres Philosophie, Radkowski und Lüdecke, und der Student des 3. Studienjahres Wiss. Soz., Wulkau, vertreten seit längerer Zeit Thesen vom sog. menschlichen Sozialismus ähnlich den Theorien, die im bekannten

Manifest »2000 Worte« 1968 in der CSSR vertreten wurden. Die positiven Kräfte in diesen Studentengruppen konnten sich bisher nicht durchsetzen. Deshalb hat die Parteileitung der Sektion Phil. beschlossen, eine FDJ-Versammlung durchzuführen, in der die Ansichten der parteifeindlichen Studenten zerschlagen und Antrag auf Exmatrikulation gestellt werden soll. Die Leitung ist fest entschlossen, die Studenten zu exmatrikulieren.

18.03.1970 Hinweis von Dr. Dieter Uhlig

Bei einer Aussprache mit dem sowjetischen Professor Frolow im Haus der Wissenschaftler, warf der Student Wulkau die Frage auf, ob der Marxismus-Leninismus in der Entwicklung der UdSSR eine positive oder eine negative Rolle gespielt habe. Fällt die Antwort positiv aus, dann bitte er um Beispiele. Wulkau hat später in der Aussprache mit uns die Frage auf die Entwicklung der Naturwissenschaften eingeschränkt.

19.03.1970 Vernehmungsprotokoll des Zeugen Walz, Michael. Fessel, Ltn., Abt. IX

Frage: Wie äußerte sich Wulkau zur gesellschaftlichen Entwicklung in der DDR? Antwort: Während seines Krankenhausaufenthaltes im April, Mai oder Juni 1968, der genaue Termin ist mir nicht mehr erinnerlich, beschäftigte sich Wulkau mit den Frühschichten von Karl-Marx. Als ich ihn im Krankenhaus besuchte, erklärte er mir, daß der Marxismus-Leninismus falsch interpretiert würde. Aus Gesprächen mit Wulkau ist mir bekannt, daß er gegen die Grenzsicherungsmaßnahmen der Regierung der DDR vom 13.8.1961 eingestellt war und seine Ablehnung darüber in einem »Dialog über die Mauer«, welchen er mir im Herbst 1967, das genaue Datum ist mir nicht mehr erinnerlich, in seiner Wohnung vortrug. Den Rahmen des gesamten »Dialogs« bildet ein Spaziergang zweier Personen in der Straße »Unter den Linden« in der Hauptstadt der DDR, die sich über die Grenzsicherungsmaßnahmen vom 13.8.1961 unterhalten. Mir ist dieser »Dialog« heute weder wörtlich noch voll inhaltlich in Erinnerung. Ich erinnere mich nur noch an die Formulierung »Blumenkästen am Brandenburger Tor«, wobei er mit Blumenkästen die »Mauer« meinte und am Schluß dieses »Dialogs« stellte er die Frage, »ist das noch Humanismus oder Menschlichkeit?« An weitere Einzelheiten kann ich mich wirklich nicht mehr erinnern.

02.04.1970 Einschätzung des Studenten Peter Wulkau von Dr. Keller

Aus 2-jähriger Lehr- und Erziehungsarbeit im Fach »M-L Philosophie« in den Jahren 1967/1968 und 1968/1969 kenne ich [Dr. Keller] den Studenten Wulkau. Er zeigte sich als wißbegieriger Student, der sich bemühte, den Anforderungen gerecht zu werden. Allerdings spürte man bei ihm in erster Linie ein Aneignen von Wissen, ohne sich mit demselben in jedem Falle zu identifizieren und Konsequenzen für sein gesamtes Verhalten daraus abzuleiten. Besondere Schwierigkeiten und in gewisser Weise sogar Abneigung, die er nicht in jedem Falle offen ausdrückte, offenbarte er bei solchen Fragen und Problemen, wo es gilt, klar und eindeutig seine Position zu bekennen. Das drückte sich verstärkt in seiner Haltung zur Partei und in der Anerkennung der führenden Rolle der Arbeiterklasse und ihrer m-l. Partei aus. Jugendfreund Wulkau ist viel zu vorsichtig, seinen Standpunkt voll ausformuliert kund zu tun. Vielmehr kleidete er sein Nichteinverständnis mit Hauptpunkten der Politik der m-l. Parteien der sozialistischen Länder in Fragestellungen, aus denen herauszuhören war, wo er steht.

Beurteilung des Jugendfreundes Peter Wulkau, Gruppe III/3 von Christine Ruschdorff

Der Jugendfreund Peter Wulkau ist uns seit 1967 bekannt. Da er durch Intelligenz und große Belesenheit, die allerdings relativ einseitig ist, in den Seminarräumen größtenteils den fachlichen Anforderungen genügt, ist es schwer, seine Haltung zu wirtschaftlichen und politisch-ideologischen Problemen unserer Zeit zu kennen, resp. zu erkennen. Seine Haltung in den ersten beiden Studienjahren, besonders zum Kollektiv und zur Parteigruppe machte jedoch deutlich, daß er keinen festen Klassenstandpunkt hat.

Zu sehr guten Studienleistungen konnte der Jugendfreund niemals kommen, da es ihm offensichtlich widerstrebte, die Wissenschaftlichkeit mit der Parteilichkeit zu verbinden. Er nennt jeden, einen praktizistischen Kleinkrämer, der parteilich auftritt.

Die Studiendisziplin des Jugendfreundes Wulkau ist unzureichend. Er besucht die Vorlesungen unregelmäßig. Trotzdem besucht er oft Vorlesungen und Veranstaltungen außerhalb unserer Sektion. Peter ist mit keinem Genossen unserer Seminargruppe näher befreundet. Seinen Freundeskreis kennen wir nicht. Es läßt sich aber erkennen, daß er sich zu Jugendfreunden hingezogen fühlt, die ebenfalls ideologische Schwierigkeiten besitzen. Auf Jugendfreunde unserer Gruppe, die noch keinen festen Klassenstandpunkt haben, wirkt er in ihrer Bewußseinsentwicklung hemmend.

Bisher stattgefundene Aussprachen erzielten keine Veränderung. Seine Freizeitbeschäftigung und sein Selbststudium ist durch die Gruppe nicht kontrollierbar. Es besteht die Gefahr, daß er Zugang zu revisionistischer Literatur hat, sich u. a. ausdrückend im Gebrauch bürgerlicher Terminologie, als auch in seinen Fragestellungen überhaupt. Seit ihm unsere Wachsamkeit aufgefallen ist, müht er sich, in öffentlichen Veranstaltungen eine »dienstliche« Meinung zu vertreten, eine »politische«. Wir sind jedoch überzeugt, daß seine wirkliche Weltanschauung anders ist.

27.04.1970 Einschätzung Peter Wulkau von Clara Schlingmann

Mir sind vor allem 2 Probleme bekannt, zu denen Peter in der letzten Zeit diskutierte: In einer Diskussionsgruppe diskutierte er zur Frage des Verh. von Diktatur des Proletariats und Demokratie. Er war der Meinung, daß es in der Diktatur des Proletariats nicht möglich wäre, die Demokratie voll durchzusetzen. Man sollte die Diktatur demokratischer gestalten. Bei einer Diskussion in der Bücherei der Wifa führte er u. a. an, daß Stalin Fehler gemacht hat. Er sagte weiter, daß Stalin Vertreter der Parteiführung der KPdSU war und demzufolge die Partei als ganzes Fehler gemacht hat. Diese Diskussion fand statt im Zusammenhang mit seiner Äußerung auf dem Kolloquium des sowj. Prof. Zu positiven Seiten von Peter kann ich keine fundierten Ausführungen machen, da er zu Mädchen immer nett ist, und ich nicht beurteilen kann, inwiefern das Berechnungen sind der versuchten Einflußnahme oder nicht. Peter hat einen großen Bekanntenkreis, der sich auf verschiedene Fachrichtungen der Uni ausdehnt. Das ist meines Erachtens ein wichtiger Faktor der Begünstigung seines Wirkens.

20.05.1970 Zum Auftreten und Argumentationen des Studenten Peter Wulkau, Dr. Dorn, Dr. Keller, Dr. Reiger

Gegenüber dem Studenten Lutz Batzler führte Wulkau sinngemäß folgende Diskussion: Die DDR sei doch ein sozialistischer Staat. Es wäre an der Zeit, die Demokratie zu erweitern, die Diktatur des Proletariats und die führende Rolle der Arbeiterklasse abzubauen. Als Batzler gegen diese Auffassungen Stellung bezog, meinte Wulkau: »Das hast du im Philosophie-Seminar gelernt, das ist nicht deine Meinung.« Es muß eingeschätzt werden, daß Peter Wulkau stets sehr geschickt polemisiert. Er kleidet seine Angriffe politisch-ideologischer Art in Fragestellungen, wie: »es wäre wert, mal über … zu sprechen.« In den Diskussionen ist er nur sehr schwer festzulegen, ihm gelingt es fast stets, seine Argumente abzuschwächen bzw. sich in die Rolle des Unverstandenen hineinzuspielen. Wenn ihm in direkter Weise erwidert wird, was von seinen Argumenten zu halten ist, wird er ausfällig, zeigt Arroganz und stempelt seine Diskussionspartner als Dogmatiker ab. Alle, die ihn näher kennen, sind der Überzeugung, daß er nur Bruchteile seiner wahren Einstellung erkennen läßt. Genn. Carsten schätzte ihn beispielsweise als ideologisch auf der anderen Seite stehend ein.

10.04.1970 Antrag auf Unterbrechung des Studiums, Leiter des Lehrkollektivs Fachrichtung Wiss. Soz., Panitzsch

Das Lehrkollektiv ist in seiner Beratung am 7.4. 1970 nach abermaliger längerer Aussprache mit Peter Wulkau zu der einhelligen Meinung gekommen, daß der gegenwärtige Entwicklungsstand des Studenten Wulkau nicht die Gewähr bietet, bis zum Sommer 1971 das Studienziel zu erreichen und den Anforderungen eines Diplomlehrers für Marxismus-Leninismus (Fachrichtung Wiss. Sozialismus) gerecht zu werden. Das Lehrkollektiv empfiehlt der Sektionsleitung, gegen den Studenten Wulkau ein Disziplinarverfahren zu beantragen, mit dem Ziel einer ein- bis zweijährigen Studienunterbrechung. Nach Abschluß dieser Zeit müßte geprüft werden, ob Peter Wulkau das Studium fortsetzen kann. Begründung: Die von ihm gezeigte und vom Gruppenkollektiv und Lehrkörper ständig kritisierte politisch-ideologische Grundhaltung steht im Gegensatz zu den politischen Eigenschaften und Verhaltensweisen, die an einen Studenten dieser Fachrichtung und künftigen Absolventen zu stellen sind. Seine politisch-ideologische Position äußert sich in einem konstruierten Gegensatz von Wissenschaftlichkeit und Parteilichkeit, in provozierenden politischen Fragestellungen (siehe u. a. Forum mit Prof. Frolow) in abfälligen Äußerungen gegenüber Parteibeschlüssen, in nicht klassenmäßigen, sondern kleinbürgerlichen Einschätzungen der Politik des westdeutschen Imperialismus. Während seines bisherigen Studiums fand Peter Wulkau nie eine richtige Einstellung zum Gruppenkollektiv. Innerhalb des Gruppenkollektivs ließ er jegliche Aktivität vermissen, lehnte jede Kritik an seiner Person ab und verhält sich überheblich, insbesondere gegenüber jenen Studenten, die bemüht sind, das Gruppenkollektiv zu festigen und eine kritische parteigemäße Atmosphäre zu entwickeln. In den Aussprachen vor dem Lehrkollektiv war Wulkau nicht gewillt, sachlich und parteilich auf die vorgetragene Kritik zu reagieren und trat auch dem Lehrkörper gegenüber arrogant auf. In den Aussprachen wurde offensichtlich, daß gegenwärtig keine Gewähr gegeben ist, daß der Student Wulkau die an ihm kritisierte politische Grundhaltung verändert und seine charakterlichen Schwächen zielstrebig überwindet.

20.04.1970 Antrag auf Disziplinarverfahren der Karl-Marx-Universität

Hiermit stelle ich auf Grund der beigefügten Anträge und Einschätzungen von Dr. Dieter Ulrich, dem Lehrkollektivleiter Dr. Panitzsch, dem FDJ-Sekretär Christine Ruschdorff und der Einschätzung des Betreuers Dr. Keller den Antrag, gegen den Studenten Peter Wulkau ein Disziplinarverfahren mit dem Ziel einer strengen Verwarnung und Unterbrechung des Studiums zwecks Ableistung des Wehrdienstes zu eröffnen. Die Sektionsleitung hat sich diesbezüglich bereits mit dem Wehrkreiskommando in Verbindung gesetzt. Das bisherige Auftreten des Studenten Peter Wulkau vermißt parteiliche Haltung und weicht einer konsequenten Anerkennung der führenden Rolle der Arbeiterklasse und ihrer marxistisch-leninistischen Partei aus. Seine politisch-ideologische Grundhaltung steht im Widerspruch zu den politischen Eigenschaften und Verhaltensweisen, die an unsere Absolventen − künftige Propagandisten der Partei − gestellt werden.

28.05.1970 IM »Uta«. Betr.: Peter Wulkau

Am 26.5.70 sprach der Obengenannte am Direktorat Erziehung und Ausbildung vor und wünschte Einsicht in die Disziplinarordnung. Er wurde an die Rechtsabteilung, Herrn Träger, verwiesen. Herr Wulkau befürchtete, da es bereits gegen 15 Uhr war, dass er diesen nicht antreffen würde. Ihm wurde sehr deutlich gesagt, dass man da nicht die letzte Minute und einen Tag vor der Verhandlung kommt. Darauf stellte er eine weitere Frage, was denn bei dem Verfahren herauskommen würde an Strafe. Die Frage wurde dahingehend beantwortet, dass einem Disziplinarverfahren nicht vorgegriffen würde und dies auch vorher nicht bekannt sei. Er war sehr hartnäckig und meinte, ich müsste doch da Erfahrungswerte haben.

Worauf ich erwiderte, dass ich ihm lediglich sagen könnte, was die Disziplinarordnung für erzieherische Massnahmen vorsieht. Abschliessend bemerkte er, er wisse überhaupt nicht, warum gegen ihn ein Disziplinarverfahren durchgeführt wird. Dazu wurde ihm erklärt, dass ihm das durch seine Sektionsleitung hinreichend bekannt sein dürfte.

28.05.1970 Disziplinarverfahren gegen den Studenten Peter Wulkau, Dr. Wolfgang John

Die Vertreter der Sektion Marxistisch-Leninistische Philosophie/Wissenschaftlicher Sozialismus sprachen sich bereits vor Eröffnung der Verhandlung entgegen ihrem früheren Antrag für die Exmatrikulation aus, weil W. in verstärktem Masse die Studiendisziplin verletzt hatte und gegenüber anderen Studenten mit unmarxistischen Thesen auftrat und die marxistischen Auffassungen der anderen diffamierte. In der Verhandlung trat W. von Anfang an in äusserst überheblicher Weise auf (er sprach davon wie man die Studiendisziplin aufzufassen habe, dass er nicht in Vorlesungen, die ihn langweilen, die Zeit verträdeln könne usw.). Seine ganze Argumentation lief darauf hinaus, dass alle anderen (Mitstudenten, Arbeiter) für die marxistische Grundauffassungen klar und verständlich sind, nur glauben, während er wirklich wissen will, wie es ist. Und dieser edle Wissensdrang wird ihm übel ausgelegt. Mit seinem extrem individualistischen Standpunkt stellt sich W. ausserhalb des Kollektives, dass er missachtet, und über die Gesellschaft. Seine Grundhaltung ist nicht nur zu tiefst unmarxistisch, sondern sogar antimarxistisch. Ihm fehlen die Voraussetzungen, die von einem Studenten unserer sozialistischen Universität erwartet werden müssen, und es ist ausgeschlossen, dass er mit einer solchen Position einmal Propagandist des Marxismus-Leninismus und Erzieher junger Menschen zu sozialistischen Persönlichkeiten, die das Kollektiv achten, werden könnte. Beschluss: E x m a t r i k u l a t i o n

24.07.1970 Antrag und Bestätigung einer Reisesperre, Mainka, Oltn., Abt. XX/3

Gegen die Person Wulkau Peter Michael, wird die Einleitung einer Reisesperre beantragt. Exmatrikulierter Student, Arbeitsstelle zur Zeit Antiquariat Goedecke, Leipzig. Gesperrt wird Ausreise nach dem Ausland, einschl. dem sozialist. Ausland. Dauer drei Jahre. Der W. steht im dringenden Verdacht, die DDR über das sozialistische Ausland illegal zu verlassen. Er unterhält zu diesem Zwecke konspirativ betriebene Verbindungen.

26.07.1970 Bericht des IM »Revisionist W« vom 26. Juli 1970

17,40 Uhr kam der Zimmervermieter des W. in das Zimmer und es hatte den Eindruck, daß er dem W. ein Buch brachte. W. sagte, daß er sich sehr darüber freut und bedankte sich, es kam dann weiter zu folgendem Gespräch: W. erzählte, daß er im September in Berlin Arbeit aufnehmen wird, wo und als was sagte er nicht. Im August habe er noch Urlaub und er wird nach Prag fahren zu seinem alten Professor, er wohnt dort. Weiter sagte er, daß er in einem Jahr weiter studieren kann, er werde wieder zugelassen. Wenn er auch auf diesem Gebiet nicht arbeiten kann, weil er weltanschaulich woanders steht, so sei es doch gut einen Abschluß zu haben. Sein Zimmerwirt war auch dieser Meinung und sagte, daß es doch gut sei, wenn er den Abschluß macht. Er will sich am Dienstag Mietbehälter holen und seine Akten und Bücher einpacken, es sei ja immerhin allerhand da was eingepackt werden muß. 17,45 Uhr hat der Zimmerwirt den W. wieder verlassen.

27.07.1970 Aktennotiz zum OV »Revisionist«, Mainka, Oltn., Abt. XX/3

Laut Information durch die Abtl. O will Wulkau am Dienstag, d. 28.7.70 Postmietbehälter packen, um seine Literatur wegzuschicken. Außerdem wolle er in seinem Urlaub im August nach Prag fahren. Maßnahmen: Mit Abt. O wird vereinbart, daß unsere DE sofort informiert wird, wenn W. packt, um ihn durch Beobachtung unter Kontrolle zu bekommen. Durch Beobachtung des W. wird das Postamt festgestellt, an dem W. die Pakete aufgibt. Beim zuständigen Hauptpostamt wird über die betreffende DE eingeleitet, daß die Paketsendung konspirativ kontrolliert und dokumentiert werden kann.

01.08.1970 Bericht unseres IM »Revisionist W« vom 31.07.70

Ab 14.29 Uhr war Herr W. mit der Wirtin und einer Dame (vermutlich Freundin) im Zimmer zu hören. Da das Radio ging, konnte man die wenigen Worte, die gewechselt wurden, schlecht verstehen. Es ist inzwischen 17.50 Uhr geworden und es hat den Anschein, als wenn außer den Wirtsleuten noch ein Herr mit anwesend ist. Es wird etwas von den Paketen erwähnt und das diese schwer sind. Es wären inzwischen sechs (??) Stück geworden und fast 24 Kilo und 17 Mark Porto. Der Herr sagte dann was von ›gehen morgen weg‹ und … Gegen 18.05 verließen alle Personen das Zimmer.

03.08.1970 Bericht unseres IM »Revisionist W« vom 03.08.1970

Um 8.00 Uhr ist Herr W. und die Wirtin im Zimmer zu hören. Im Verlauf des morgens sind sie öfters im Zimmer zu hören und wechseln hin und wieder einmal ein Wort. Auch sprachen sie von Haustürschlüsseln und es kann sein, daß Herr W. diese der Wirtin gegeben hat. Um 10.20 Uhr verabschiedete sich Herr W. und die Wirtin wünschte ihm alles Gute auch von ihrem Mann und eine gute Fahrt.

06.08.1970 Aktennotiz zum OV »Revisionist«, Mainka, Oltn., Abt. XX/3

In Koordinierung mit der Abtlg. O wurde das Wohngrundstück des »Revisionist« in der Zeit vom 28.7. bis einschließlich 31.7.1970 ganztägig von jeweils zwei Genossen des Ref. XX/3 beobachtet.

Die Beobachtungen gingen von 7.30 Uhr bis 18.00 Uhr. Ziel war, den evtl. Aufgabeort der Postmietbehälter bzw. Pakete in Erfahrung zu bringen und daraufhin in Zusammenarbeit mit Ref. XX/6 eine konspirative Kontrolle dieser Paketsendungen durchzuführen. Die Beobachtungen verliefen aber erfolglos. »Revisionist« wurde zwar einige Male aufgenommen, aber stets ohne Pakete. Aus dem Inhalt der O-Berichte kann geschlußfolgert werden, daß »Revisionist« ausziehen will, um ab Sept. 70 in Berlin zu arbeiten.

18.12.1973 Abschlußbericht OV »Revisionist«. Mainka, Oltn., Abt. XX/3
Im OV »Revisionist« wurde eine Konzentration von Studenten der Karl-Marx-Universität Leipzig, Sektion Philosophie/Wissenschaftlicher Kommunismus bearbeitet. Diese Studenten standen im Verdacht, systematische Theorien zu verbreiten und dabei aktiv andere Studenten im negativen Sinne zu beeinflussen. Durch zielgerichtete operative Maßnahmen über die zuständigen staatlichen Leiter der KMU und gesellschaftliche Organisationen wurde erreicht, daß gegen die Studenten Lübbert, Wilhelm; Wulkau, Peter-Michael und Radkowski, Gregor Disziplinarverfahren durchgeführt wurden und daß sie im Ergebnis dieser Verfahren exmatrikuliert wurden. Damit konnte die bearbeitete Konzentration von Studenten aufgelöst und ihren feindlichen Aktivitäten der Boden entzogen werden. Es wird vorgeschlagen, den OV »Revisionist« im Archiv der Abt. XII nicht gesperrt ständig zur Ablage zu bringen.

18.02.1974 Abschlußbericht zum IMV-Vorgang »Janette«. Harnisch, Oltn. Abt. XX/3
Der IM [»Janette«] hat sein Studium beendet u. ist mit einem Mitarbeiter des MfS, BV Suhl verheiratet. Nach Absprache mit der BV Suhl, Abtlg. K u. Sch. soll der IM Vorgang im Ref. XII zur Ablage gebracht werden.

2. Eine neue Perspektive in der Heimatstadt Magdeburg

19.11.1971 Beurteilung über den op. MA [Mitarbeiter] Gen. Hinze, Reif, Hptm.

Seine politisch-operative Tätigkeit führt der Gen. H. [Hinze] entsprechend seiner Entwicklung z. Zt. gut und zielstrebig durch. Am Anfang seiner operativen Tätigkeit traten bei ihm besonders in Fragen der politisch-operativen Bearbeitung der Kirche, wegen seines noch nicht umfangreichen politischen Wissens, erhebliche Schwierigkeiten auf. Durch eine ständige politisch-operative Beeinflussung und Erziehungsarbeit sah der Genosse H. die Notwendigkeit der operativen Arbeit der kirchlichen Kreise im Sinne der Staatspolitik ein und hat sich in seinem operativen Aufgabengebiet sehr gut eingearbeitet.

30.07.1971 IM »Pepik«, Abschrift vom Tonband, angen. Reif, Hptm.

Zufällig wurde mir bekannt, daß zur Zeit mind. 3 Vertrauensstudenten existieren. Durch meinen Freund Hartmut Rosinger, der häufig in der [evangelischen] Studengemeinde [ESG] verkehrt, ist es jederzeit möglich, weitere Einzelheiten zu erfahren.

08.08.1972 Ermittlungsbericht Rosinger, Hartmut, Heldt, Ofw., Abt. VIII / 2 an Ultn. Hinze, Abt. XX / 4, BV Magdeburg

Es sollte ermittelt werden Rosinger, Hartmut. Es wurde ermittelt Rosinger, Hartmut, geb. 18.05.1948. Zur Zeit studiert er an der technischen Hochschule »Otto von Guericke« Magdeburg. Die Befragten vermuten, daß R. von seiten seiner Mutter und deren jetzigen Ehemann in politisch-ideologischer Hinsicht positiv beeinflusst wird. R. hat einen guten Leumund. Sein moralisches Verhalten scheint einwandfrei zu sein. In bezug auf den Genuß von Alkohol und auf Frauenbekanntschaften wurde nichts Nachteiliges bekannt.

17.01.1973 IMS »Simon Lenz«, Abt. XX/3

Da der IMS [»Simon Lenz«] noch etwas Zeit hatte, forderte ich ihn auf, das ESG-Mitglied Hartmut Rosinger einzuschätzen. Hierzu war der IMS jedoch nicht in der Lage, da er mit dem R. keinen direkten Kontakt hatte. Er berichtete aber, daß R. die Absicht hatte, den in der ESG gebildeten Arbeitskreis – Marxismus – zu leiten. Ferner erinnerte sich der IMS daran, daß R. gemeinsam mit Uhle-Wettler [Studentenpfarrer der ESG], vor einiger Zeit die ESG-Veranstaltung mit dem Thema »Was kann man von Marx lernen« durchführte. In diesem Zusammenhang schätze der IMS auch ein, daß sich der R. in den Werken der Klassiker auskennt, so hat er auch die Biographien von Karl Marx u.a. studiert. Negative Diskussionen sind dem IMS durch den R. nicht bekanntgeworden.

02.02.1973 Studienbewerbung Karl-Marx-Universität von Peter Wulkau

Ich habe mich für das Studienjahr 73/74 zum Direktstudium WK beworben. Bis jetzt hielten Sie es nicht für nötig, mir den Bescheid der Zulassungskommission zu senden. Ich bitte, daß Sie Ihrer Pflicht nachkommen und mir den Grund Ihrer Ablehnung mitteilen. Mit sozialistischem Gruß, Peter Wulkau.

02.08.1973 Schreiben KMU, Abteilungsleiterin Dipl. Lehrer Janick

Werter Herr Wulkau! Ihr ehemaliger Betrieb, der VEB Hydrierwerk Zeitz, erhielt von uns mit Schreiben vom 15.1.1973 mit der Bitte um Weiterleitung für Sie die Mitteilung, daß Ihr Studienantrag nicht berücksichtigt werden konnte. Mit diesem Schreiben wurden Sie auf die Möglichkeit einer persönlichen Vorsprache in unserer Dienststelle am 24.1.1973 hingewiesen. Mit Posteingangsstempel

24. 1. 1973 teilte uns der VEB Hydrierwerk Zeitz mit, daß die Einladung an Sie nicht weiter geleitet werden konnte, da Sie das Arbeitsrechtsverhältnis auf eigenen Wunsch zum 10. 1. 1973 lösten. Gleichzeitig wurde uns vom Betrieb mitgeteilt, daß Sie zur Zeit nicht für würdig gehalten werden, ein Studium an einer unserer Universitäten aufzunehmen. Hochachtungsvoll, Dipl. Lehrer Janick.

01. 10. 1973 Offener Brief an Erich Honecker von Peter Wulkau, Abschrift des handschriftlichen Briefes von Berg, Fw.

Sehr geehrter Herr Honecker! Ich beantrage hiermit zum dritten Male die Aberkennung der Staatsbürgerschaft für mich, meine Frau und meine Tochter und die Ausreise in die BRD zwecks Auswanderung. Die Entscheidung der Auswanderung ist mir nicht leicht gefallen. Ich sehe durchaus gute Erfolge der Bodenreform, der Bildungsreform, des Gesundheitswesens, des beachtlich gestiegenen Lebensstandards, der Garantien der Arbeitsplätze.

Aber ich sehe auch, daß die offiziellen Schönredner ausschließlich Lobhudelei betreiben und viel Geld dafür bekommen. Das Polit-Büro hat sich zum Gralshüter der Wahrheit des Marxismus-Leninismus gemacht. Private Wahrheitsforschungen führen zu nichts Gutem. Formal äußerlich liegen Analogien zur hierarchischen Struktur der Römisch-Katholischen Kirche des ausgehenden Mittelalters auf der Hand: Ideologische Randgruppen, Andersdenkende, Anders-Leben-Wollende, einstmals Hexen + Hexer, werden jetzt zu »Kreaturen«, zu »Rowdys«, zu »Elementen« umfunktioniert, aus dem Bereich des Humanen ausgestoßen und dem allgemeinen politischen Fememord (Kirchenbann) preisgegeben. Kritische Intelligenz, ehrliches Engagement aus Sorge um die Zukunft, Personen, die an geistiger Klarheit interessiert sind, werden ausgebootet. So, um nur meinen Fall zu nennen, bin ich nicht nur von der Universität exmatrikuliert worden; sondern bekomme nur unqualifizierte Handarbeiten ohne Aussicht auf Änderung. Das wird auf die Dauer nur zu neuen Konflikten führen.

24.01.1974 Bericht über das 1.
Kontaktgespräch mit Hartmut Rosinger, Hinze,
Ltn., Abt. XX/4

Am 24.1.74 fand in der Zeit von 10–11.30 Uhr das 1. Kontaktgespräch mit dem Hartmut R. [Rosinger] im Rehabilitationszentrum der Fröbel-Sonderschule in Magdeburg statt. R. wurde durch den IMV »Pepik« der Abt. XX bekannt. Als Legende diente die Kontaktaufnahme des R. während der X. WFS [Weltfestspiele der Jugend + Studenten] 1973 in Berlin zur Delegation der »Jungen Union« und daraus resultierende Verbindungen. Die »Junge Union«, so die Legende, ist bestrebt, die aufgenommenen Verbindungen aus der Zeit der X. WFS zu Jugendlichen in der DDR auszubauen und zu aktivieren um ihre politischen Tendenzen in die DDR zu tragen. R. erzählte offen und freimütig, daß er während der X. WFS 2–3 mal täglich im Quartier der »Jungen Union« gewesen war und sich dort mit Mitgliedern der JU unterhalten hat, wobei diese den Freiheitsbegriff, die Reisetätigkeit usw. in den persönlichen Gesprächen immer sehr stark beanspruchten. Im weiteren Gespräch erzählte R., daß er die Fachschule für Maschinenbau in Magdeburg besuchte und sie mit dem Abschluß eines Ingenieurs abschloß. Danach ging er für 1 Jahr nach Fürstenwalde in ein kirchliches Rehabilitationszentrum. Er war dort als stellv. Wirtschaftsleiter angestellt. Diese Beschäftigung mit hirngeschädigten Kindern liegt ihm mehr als die Arbeit in seinem Beruf. 1973 verstarb sein Stiefvater und zwecks Unterstützung seiner Mutter und Betreuung des Hauses in Magdeburg kehrte er zurück. Er begann dann hier ein Rehabilitationszentrum, welches der Fröbel-Hilfsschule angegliedert ist, aufzubauen. Aus zeitlichen Gründen des op. MA mußte das Gespräch unterbrochen werden.

05.02.1974 Bericht über das 2. Kontaktgespräch mit Hartmut Rosinger, Hinze, Ltn., Abt. XX / 4

Das zweite Kontaktgespräch hatte die Verbindungen des R. [Rosinger] zur Magdeburger ESG zum Inhalt. R. erzählte daß er und ein Freund während der Zeit seines Studiums Verbindungen zur ESG bekamen. Alsbald merkte der R. daß die ESG nicht Hort von konfessionell gebundenen Studenten war, sondern ein Ort, wo negativ gegenüber unserem Staat eingestellte Studenten offen ihre Stimmungen loslassen. R. sowie sein Freund hatten die gute Absicht und das Vorhaben, mit ihren positiven Diskussionen eine Wendung in diese Diskussionen zu bringen. Sie wollten auf ihre Art, der positiven Diskussionen, die negativ eingestellten ESG-Mitglieder zum positiven erziehen.

Bald darauf merkte der R., daß dies nicht möglich ist, daß ein großer Teil der ESG-Mitglieder aus Prinzip und negativer Überzeugung heraus gegen unseren Staat auftreten und der Studentenpfarrer dies zwar offiziell, doch durchschaubar, abbiegen will, durch gezielte provokatorische Fragestellungen aber doch provoziert. Aus dem Gespräch des R. war ersichtlich, daß R. hinter die Kulissen der ESG geschaut hat und die richtigen Erkenntnisse und Schlußfolgerungen gezogen hat. Es wurde ihm im Gespräch zu verstehen gegeben, daß dem MfS es interessiere, mit welchen politischen Problemen sich z. Zt. die ESG beschäftigt. Der R. wollte versuchen, die nächste ESG-Veranstaltung zu besuchen.

26.02.1974 Vorschlag zur Verpflichtung, Hinze, Ltn., Abt. XX / 4

Es ist vorgesehen, den Kandidaten Rosinger, Hartmut als IMS auf der Linie evangelische Jugend – ESG – zu werben. Die ESG entwickelte sich in den letzten Jahren, besonders seit die Uhle-Wettler Studentenpfarrer ist, zu einem Ort der negativen bis feindlichen politischen Diskussionen gegenüber unserem Staat. Diese Zweckdiskussionen gegen unsere Politik in der ESG zogen und ziehen noch politisch indifferente, gleich ob konfessionell gebunden oder nicht, Studenten an, die die ESG als ihren Ort »freier Meinungsäußerungen« betrachten und unter dem Deckmantel der Kirche ihre negativen politischen Auffassungen verbreiten. Aus diesen Gründen besteht die politisch-operative Notwendigkeit, mit inoffiziellen Kräften die Aufklärung der Veranstaltungen, ESG-Mitglieder und des Studentenpfarrers durchzuführen um unter Einbeziehung der staatlichen Organe und der Bezirksleitung der SED Maßnahmen zur Einschränkung der ESG einleiten zu können. Der Kandidat ist politisch und phylosophisch interessiert und erkennt auch die negativen Diskussionen innerhalb der ESG als Zweckdiskussionen und politisieren und polemisieren gegen unseren Staat. Durch das bereits erworbene Vertrauen des Studentenpfarrers zum Kandidaten ist es möglich, tiefer in die ESG-Beziehungen einzudringen und schneller Abwehrmaßnahmen einleiten zu können.

28.02.1974 Bericht über das 3. Kontaktgespräch mit Hartmut Rosinger, Hinze, Ltn., Abt. XX/4

Eingehend auf das zweite Kontaktgespräch wurde während dieses Gespräches nur über die ESG gesprochen. Der R. [Rosinger] erzählte, daß er am 20. 2. 1974 die Veranstaltung der ESG Magdeburg mit dem Thema: »Was ist ESG, was soll sie sein?« wieder besuchte. Er wurde zuvor herzlich vom Studentenpfarrer Uhle-Wettler begrüßt. An dieser Veranstaltung nahmen ca. 25 ESG-Mitglieder teil. Der Studentenpfarrer hielt die Einführung in einer Art Rechenschaftsbericht. Negative Äußerungen wurden durch den U.-W. nicht getätigt. Als nächster sprach der Student Jürgen Schlich. Sein Vortrag enthielt, wie man die ESG attraktiver machen kann. Er führte dazu Beispiele an, wie die Renovierung der Räume. Insgesamt schätzte der R. ein, daß keine wesentlich neue Momente in dieser Veranstaltung besprochen wurden. Anschließend am Gespräch übergab der R. das Programm der ESG-KSG [Katholische Studentengemeinde] für das kommende Semester.

19.03.1974 Bericht über die Verpflichtung des IMS »Hans Kramer«, Reg. Nr. VII/141/74, Hinze, Ltn.

Am 19.3.1974 fand in der Zeit von 10–12 Uhr die Verpflichtung des IMS »Hans Kramer« im Arbeitsbereich des IMS statt. Der IMS verpflichtete sich mit Handschlag zur inoffiziellen Zusammenarbeit mit dem MfS. Während des Verpflichtungsgespräches wählte sich der IMS den Decknamen »Hans Kramer«.

19.03.1974 Treffbericht, Hinze, Ltn., Abt. XX/4

Der IM [»Hans Kramer«] berichtete in mündlicher Form über folgende Probleme: Am 18.3.74 fand in der ESG im Rahmen der ökumenischen Vortragsreihe der Vortrag »Marxismus als Frage an uns« statt. Der IM schätze die Zuhörerzahl auf dreihundert ein aus allen sozialen Schichten. Im Vortrag von Uhle-Wettler gab es keine Provokationen. Der IMS lernte in Magdeburg einen Bürger kennen, welcher vor 1–2 Jahren in Leipzig M/L studiert hat. Dieser Bürger arbeitet seit Abschluß seines Studiums im »Feinschmecker« als Lagerarbeiter, um einmal die Praxis kennen zu lernen. Ab September 1974 beabsichtigt er, in Berlin ein erneutes Studium, diesmal der Theologie, aufzunehmen. Er erzählte dem IM, daß er in Leipzig öfters Ärger mit den staatlichen Organen hatte, welches richtungsweisend für seine jetzige Entwicklung, siehe Theologiestudium, war.

25.03.1974 Treffbericht IMS »Simon Lenz«, 22.3.1974, 9–10.45 Uhr, IMK »Meier«, IME Werner Fuhrmann

20.3.1974, ESG, Thema: Hegelabend und Vortrag Uhle-Wettler über Marxismus, anwesend: ca. 25 Personen. Es hatten sich 2 Diskussionsgruppen gebildet. (IMS [»Simon Lenz«] in der 2. Gruppe). Zur 1. Gruppe gehörte ein gewisser Peter (Vorname), der zum 2. Male bei der ESG war. Zur Zeit soll er Lagerarbeiter sein. Der Peter soll in der Diskussionsgruppe negativ diskutiert haben, u. a. soll er auch über Solzhenyzin gesprochen haben.

11. 04. 1974 Treffbericht IM »Hans Kramer« am 10. 4. 1974 im Hotel »International«, Magdeburg, Hinze, Ltn., Abt. XX / 4

Wie im Bericht vom 19. 3. 74 schon über die Person Wolkow, berichtet wurde, konnten folgende Angaben nachträglich vom IM [»Hans Kramer«] erbracht werden. Der W. ist ca. 26–27 Jahre alt, verheiratet und wohnt z. Zt. bei Verwandten in Magdeburg, bis er eine Wohnung bekommt, welches ihm zugesagt worden ist. Seine Frau ist Dolmetscherin Deutsch-Englisch und wohnt noch zur Zeit in Berlin. W. ist der Sohn des ehem. stellv. Wirtschaftsministers der DDR Wulkau, welcher am 17. 6. 1953 die DDR verraten hat und in der BRD lebt. W. lernte im VEB Fahlberg-List den Beruf eines Facharbeiters mit Abitur, studierte dann in Leipzig an der Uni M / L. Auf Grund seiner praktischen Tätigkeit dort bekam er ein Verbot seinen Beruf auszuüben. Er arbeitete dann eine Zeit lang als Chemiefacharbeiter. Auf Grund von Berlin-Verbindungen arbeitete W. auch 1 / 2 Jahr lang in der Berliner Charité unter dem damaligen Prof. Karl Leonhard in der psychiatrischen Abteilung als Krankenpfleger. Der IM wurde beauftragt, weitere Hinweise zu erarbeiten.

14. 05. 1974 Treffbericht IMS »Simon Lenz«, IMK »Meier«, 13. 5. 1974, 9–11 Uhr, IME Werner Fuhrmann

Zusammenkunft von ESG-Angehörigen bei dem Mitglied der ESG mit Vornamen Peter, zur Bildung eines Arbeitskreises Marxismus. Die Zusammenkunft hat am Freitag, den 3. 5. 1974, um 20 Uhr, im Haus Kreuzhorststr. 12, stattgefunden. Das Zimmer, in dem der Peter wohnt, liegt am Ende des Hausflurs, rechts und hat eine schräge Tür. Anwesend waren neben dem Peter, der seinen Familiennamen noch nicht gesagt hat, und dem IMS [»Simon Lenz«] noch folgende ESG-Angehörige:

- Jürgen Schlich, THM, Fachrichtung Mathematik, MfS XX/2/A,
- Hartmut Rosinger, war einige Zeit nicht in Magdeburg, sondern in
Heilstätten in Fürstenberge tätig. Altes ESG-Mitglied. Jetzt wieder
in Magdeburg, wo tätig, noch nicht bekannt. Kommt zur Zeit wenig
zur ESG, aber wo philosophische Themen behandelt werden, erscheint er nach Meinung des IMS,
- Vibian (Vorname), Studentin der Ing. Schule für Wasserwirtschaft
Magdeburg.
Im Zimmer des Peter ist dem IMS aufgefallen, daß viele beschrie-
bene Blätter auf dem Bett lagen und da der Peter gegenüber der
Dora Gerloff geäußert hat, daß er ein Buch schreiben will, was
nicht in der DDR verlegt werden kann, nimmt der IMS an, daß
diese Blätter Arbeiten hierzu sind. Einsicht in die Blätter konnte der
IMS nicht nehmen. Während der Zusammenkunft, die bis gegen
22 Uhr dauerte, haben die o. G. Gedanken ausgetauscht, wie der
Arbeitskreis ablaufen soll. Hauptgedanke: – chronologisches Studium der Werke von Karl Marx und auf der Grundlage der gewonne-
nen Erkenntnisse dann Vergleiche zu der Entwicklung von heute
anstellen, d. h. ob Theorie und Praxis übereinstimmt. Dabei soll
auch herausgearbeitet werden, ob der Leninismus eine Weiterent-
wicklung des Marxismus ist. Das Studium soll in der Freizeit
durchgeführt werden. Für die Zusammenkünfte werden zu den jeweiligen Themen Aufgaben an die Mitglieder des Arbeitskreises
erteilt, die sie zu erarbeiten haben und die bei den Zusammenkünften dann als Diskussionsgrundlage dienen sollen. Rosinger hat z. B.
gleichzeitig für die nächste Zusammenkunft sich auf die Frage
»Probleme der Entfremdung« vorzubereiten.
Nach Beendigung der 1. Zusammenkunft ist die ESG-Angehörige
mit Vornamen Vivian noch bei dem Peter geblieben. In diesem Zusammenhang berichtete der IMS noch, daß der Studentenpfarrer
Uhle-Wettler erfahren hat, daß die Vivian bei dem Peter geblieben
ist, und er hat den IMS gebeten, die Vivian aufzuklären, daß der
Peter in der zurückliegenden Zeit in Frauengeschichten verwickelt
war.

[Handschriftliche Notiz am Blattrand:] Ermittlungen ergaben, daß es sich um einen Peter Wulkau handelt. Polizeilich nicht Kreuzhorststr. gemeldet. Wohnend Mgb. Hollehochstr. 39.

15.05.1974 Treffbericht IM »Hans Kramer«, Hinze, Ltn., Abt. XX/4

Am 15.5.74 fand der Treff mit dem IMS »Hans Kramer« in der Zeit von 16.30 bis 19 Uhr in der IMK-KW »Burg« statt. Der IM erschien pünktlich zum Treff und berichtete über folgende Probleme: Der W. besucht immer noch rege die Veranstaltungen der ESG. Er hat seine Stellung als Lagerarbeiter gekündigt und arbeitet jetzt im VEB Fahlberg-List in Magdeburg in seinem Beruf als Chemiefacharbeiter. Er hat einen Zirkel für Marxismus aufgebaut, welcher sich auch außerhalb der Räumlichkeiten der ESG trifft. Der IM zweifelt an der Aussagefähigkeit des W. Der W. erzählte ihm schon vor ca. 2 Wochen, als beide sich kaum kannten, über die Tatsache seines Berufsverbotes in der DDR über die Berufe, »die sich mit geistigen Dingen beschäftigen«. Er spricht offen gegenüber jedermann, auch in der ESG, über seine Vergangenheit und sagte auch dem IM, daß er ein Buch schreiben will, welches aber in der DDR nicht verlegt werden kann. Am 27.5.74 ist die nächste Zusammenkunft bei W. Richtung des Kreises Marxismus ist es, sich mit Marx im Original zu beschäftigen und nicht nur mit den Brocken, die während des Studiums gebraucht werden. Jeder der Anwesenden soll sich unter einem bestimmten Aspekt mit dieser Literatur beschäftigen und am 27.5. darüber im Kreis austauschen. Bis zu den Semesterferien im Sommer 1974 soll die »Deutsche Ideologie«, ca. 500 Seiten, durchstudiert werden.

10.06.1974 Auskunftsbericht IMS »Hans Kramer«, Hinze, Ltn., Abt.XX/7 an Mj. Reif

Der IMS [»Hans Kramer«] ist in seinem Wesen zurückhaltend und führt seine Handlungen überlegt und durchdacht durch. Die inoffizielle Zusammenarbeit mit dem MfS resultiert aus der Überzeugung des IM, daß der Sozialismus die einzig richtige Gesellschaftsordnung ist und vor negativen aktiven sowie passiven Handlungen geschützt werden muß. Die Stärke des IM liegt auf dem politischen, philosophischen sowie literarischem Gebiet.

26.06.1974 Treffbericht IM »Hans Kramer«, 16.30–18 Uhr, IMK-KW »Burg«, Abt. XX/4, Hinze, Ltn.

Der IMS [»Hans Kramer«] wird im August 1974 heiraten. Diese Eheschließung wird die weitere inoffizielle Arbeit des IM nicht im wesentlichen beeinflussen.

08.07.1974 Vorschlag zur Umregistrierung des IMS »Simon Lenz« zum IMV, Guhl, Oltn., Abt. XX/3

Der IMS »Simon Lenz« wurde am 15.7.1970 von der KD Grevesmühlen als IMS angeworben. Die Eltern des IMS haben eine positive Einstellung zur Politik unserer Partei und Regierung. Sie übten einen positiven Einfluß auf die Erziehung des IMS aus. Der IMS ist nicht Mitglied der SED. Er gehört jedoch der FDJ, DSF und GST an. Die Werbung erfolgte auf der Grundlage der Überzeugung. Der IMS vertritt die Auffassung, daß es die Pflicht eines jeden Bürgers ist, unseren Staat zu schützen. Die Werbung des IMS erfolgte an der EOS. Hier wurde der IMS zur Aufklärung der politisch-operativen Lage an der EOS und im Internat eingesetzt. Bereits hier brachte er wertvolle Hinweise zur Aufklärung negativer Schüler sowie Hinweise über Vorkommnisse. Nach dem Abitur nahm der IMS an der THM 1971 ein Studium in der Fachrichtung Mathe/Physik auf. Er wechselte 1973 zur Fachrichtung Schwermaschinenbau über. 1971 wurde der IMS an die BV Magdeburg, Abteilung XX/3 übergeben. Da er sehr intelligent und anpassungsfähig ist, wurde er für seinen Einsatz in der ESG geschult und wurde dann in die ESG eingeschleust. Durch eine systematische und zielgerichtete Arbeit gelang es ihm in der ESG Vertrauen zu gewinnen. »Simon Lenz« gab operative Hinweise, die zu 46 KK-Erfassungen führten. 31 Hinweise über aktive Mitglieder der ESG und KSG wurden anderen DE zur Verfügung gestellt. Zur Zeit arbeitet er wiederum an dem op. wertvollen Material »Wulkau«. Diese Person soll in einer OPK gem. § 106 StGB bearbeitet werden. Auf Grund seiner bisherigen Entwicklung sowie seiner perspektivvollen op. Arbeit an der Person Wulkau wird vorgeschlagen den IMS »Simon Lenz« zum IMV [IM mit Verbindung zum Feind] umzuregistrieren.

29.07.1974 Zimmrod an Peter Wulkau

Sehr geehrter Herr Wukau! Sie haben sich unter dem Datum des 19.6.1974 bei uns beworben. Leider haben Sie Ihre Unterlage keineswegs so vervollständigt, daß wir sie bearbeiten konnten. Ich habe sie dennoch in der Sitzung der Zulassungskommission der Karl-Marx-Universität am 27.7.74 vorgelegt. Nach Herzuziehung [!] Ihrer an der KMU vorhandenen Unterlagen mußte die Zulassungskommission Ihre Bewerbung abweisen. Wir sehen uns nicht in der Lage Ihrer Bewerbung zu entsprechen, da wir der Meinung sind, daß die Voraussetzungen für eine Studienaufnahme nicht gegeben sind. Mit besten Grüßen Zimm.

02.08.1974 Treffbericht IM »Hans Kramer«, 31.7.1974, 16.30–19 Uhr, IMK-KW »Burg«, Hinze, Ltn., Abt. XX/4

Der IM [»Hans Kramer«] erschien pünktlich zum Treff und berichtete über folgende Probleme: Wulkau hat im Juli eine eigene Wohnung in Magdeburg bekommen und wird Anfang August umziehen nach Magdeburg, Die Fahrt 6, Diesdorf. Er besitzt dort zwei Zimmer mit Küche. Seine Frau kommt dann auch nach Magdeburg. Wulkau besitzt auch den persönlichen Kontakt zu dem ev. Pfarrer Walz aus Magdeburg. Dieser hat mehrere Söhne, die bis auf den jüngsten alle die DDR verlassen haben und in WB wohnhaft sind. Mit dem jüngsten Sohn, welcher im gleichen Alter wie der W. ist, besuchte der W. gemeinsam die Schule und legte das Abitur ab. Der

IM schätzt die Freundschaft als sehr intim ein. Der W. erzählte, daß er von dem jüngsten Sohn die Kenntnis habe, wie die halbe Familie die DDR verlassen habe. Der IM schätze dazu ein, daß der Wulkau noch nicht diesen Weg gewählt habe aus Verantwortung gegenüber seinem Kind. Desweiteren erzählte der Wulkau dem IM gegenüber, daß er weder in das kapit. noch das soz. Ausland reisen darf. Schon vor ein paar Jahren habe er versucht, nach Polen zu fahren. Sein Antrag wurde mit der Begründung »Aus Sicherheitsgründen« abgelehnt. W. meint, daß die staatlichen Behörden der DDR über ihn eine Kontrolle ausüben. Auch als er geheiratet habe und mit seiner Frau eine Hochzeitsreise in ein soz. Land machen wollte, wurde sein Antrag abgelehnt, seine Frau hätte aber reisen dürfen.

Wulkau hat noch sehr engen Kontakt mit seinem Vater, welcher in Westberlin wohnhaft und tätig ist und ein angesehener Wirtschaftswissenschaftler sein soll. Offiziell ist der Vater an der »Freien Universität Berlin« als Dozent angestellt. Selbst Franz-Josef Strauß, so Wulkau, soll sich öfters auf seinen Vater beziehen. Der Vater bringt dem W. immer sehr viele Bücher u. a. aus der BRD mit. Die Bücher sind versteckt in die DDR eingeschleust.

12.09.1974 Treffbericht IMS »Simon Lenz«, 10.09.1974, 14–15.45 Uhr, IMK »Meier«, IME Werner Fuhrmann

Vom 26.8. – 1.9.1974 war der IMS [»Simon Lenz«] mit weiteren ESG-Angehörigen im ESG-Heim auf Hiddensee. Uhle-Wettler sowie Wulkau waren mit Ehefrau anwesend. Wulkau war meist nur mit seiner Frau allein zusammen. In einem kurzen Gespräch hat er aber dem IMS zu verstehen gegeben, daß der bestehende interne Zirkel weitergehen soll. Es gab jedoch eine Situation, in der Wulkau wiederum angedeutet hat, daß er an einem Buch (o. ä.) arbeitet.

**24.09.1974 Treffbericht, IM »Hans Kramer«,
18.9.1974, 16.30–18.30 Uhr, IMK-KW »Burg«,
Hinze, Ltn., Abt. XX/4**

Der IM [»Hans Kramer«] erschien pünktlich zum Treff und berichtete über folgende Probleme: Über die Person Wulkau wurde bekannt, daß seine Ehefrau sowie sein Kind nun auch in Magdeburg Die Fahrt 6, Diesdorf wohnen. Die Ehefrau ist studierte Bibliothekarin und kann sofort am PH Magdeburg anfangen zu arbeiten, sobald es mit einem Krippenplatz klappt.

**17.10.1974 Treffbericht IM »Hans Kramer«,
16.10.1974, 16.30–18.30 Uhr, IMK-KW »Burg«,
Hinze, Ltn., Abt. XX/4**

Der IM [»Hans Kramer«] erschien pünktlich zum Treff,. Die Tagungen des Arbeitskreises finden regelmäßig statt. Um die Konspiration zu wahren, wird jede Tagung bei einem anderen Mitglied durchgeführt. Von der Person Wulkau wurde selbst dazu angeregt, um bei den Nachbarn nicht unnötiges Aufsehen zu erregen, daß zu bestimmten Zeiten bestimmte Leute kommen. Die derzeitige Mitgliedsstärke beträgt 8 Personen. Am 14.10. wurde darüber diskutiert, wie Marx es gesehen hat, wie der Kommunismus aussehen wird, wie hat Marx unsere Zeit perspektivisch gesehen, was ist davon in der DDR realisiert worden. Bei den Diskussionen bei dem IM trat der Schlich, Jürgen relativ progressiv auf. Er vertrat die Meinung, daß Lenin die Weiterführung der Marxschen Theorie in die Praxis realisiert habe. Wolkau konterte sofort und behauptete, daß Lenin von Marx abgegangen ist und sich dieses in der heutigen Politik widerspiegelt. Wulkau führt eine überhebliche und arrogante Art und Weise an den Tag. Wichtige Grundgedanken, die zur Zeit von Marx nötig waren, werden verhöhnt, die Grundgedanken verleumdet, so die These »Das Sein bestimmt das Bewußtsein« usw. bewußt lächerlich gemacht.

23.10.1974 Treffbericht IMS »Simon Lenz«, 21.10.1974, 14–15.30 Uhr, IMK »Meier«, IME Werner Fuhrmann

Der IMS [»Simon Lenz«] konnte diesmal über op. Interessierendes wenig berichten. Er teilte mit, daß am Montag, 14.10.1974, ab 20 Uhr, in der Wohnung des ESG-Angehörigen Hartmut Rosinger, Magdeburg, Ampfurter Weg 13, eine weitere Zusammenkunft des »illegalen Arbeitskreises« von ESG-Angehörigen mit dem Thema Deutsche Ideologie von Karl Marx« stattgefunden hat. Wulkau selbst war nicht anwesend, der Grund war dem IMS nicht bekannt.

31.10.1974 Treffbericht, IM »Hans Kramer«, 30.10.1974, 16.30–19 Uhr, IMK-KW »Burg«, Hinze, Ltn., Abt. XX/4

Der IMS [»Hans Kramer«] berichtete über folgende Probleme: Das Buch, das der W. beabsichtigt zu schreiben soll einen satirischen Charakter tragen. Der Inhalt ist dem IM nicht bekannt.

31.10.1974 Rat des Bezirkes Magdeburg, Haberstock an Leiter der Abteilung Innere Angelegenheiten, Strasser

Werter Genosse Strasser, in der Anlage übersende ich Ihnen die o. a. Eingabe [offener Brief an Erich Honecker] zur Kenntnis und abschließender Bearbeitung. Ich bitte Sie, mit dem Einsender [Peter Wulkau], ein persönliches Gespräch zu führen. Im Ergebnis des Gespräches ist dem Bürger zu erläutern, daß sein Anliegen geprüft wird, die Prüfung einen längeren Zeitraum in Anspruch nimmt und er zum gegebenen Zeitraum durch Sie Bescheid erhält. Mit sozialistischem Gruß, Haberstock

14.11.1974 Strasser, Leiter »Innere Angelegenheiten«, an Leiter »Innere Angelegenheiten des Rat des Bezirkes Magdeburg«

Werter Genosse Haberstock! Am 8.11.1974 wurde mit Herrn Wulkau eine Aussprache geführt und ihm mitgeteilt, daß sein Antrag geprüft wird und er zu einem späteren Zeitpunkt von uns einen Bescheid erhält. Mit dieser Auskunft war Herr Wulkau einverstanden. Mit sozialistischem Gruß, Strasser

03.12.1974 Treffbericht IMS »Simon Lenz«, 02.12.1974, 14–16 Uhr, IMK »Meier«, IME Werner Fuhrmann

Der Treff wurde nur genutzt, um mit dem IMS [»Simon Lenz«] nochmals sein bisheriges Zusammensein mit Wulkau zusammenzutragen. Der IMS wurde mit dem Antrag des Wulkau, in die BRD überzuwechseln, vertraut gemacht. Hierüber war der IMS sehr erstaunt, widerspricht dies doch den Plänen des Wulkau, ein Theologiestudium aufzunehmen. Der IMS durchdachte nochmals seinen Besuch bei Wulkau im vergangenen Monat und erinnerte sich jetzt noch, daß Wulkau ihm auch s. Zt. eine Beurteilung vom VEB Fahlberg-List Magdeburg gezeigt hatte, mit der Bemerkung, die benötige ich für die Bewerbung meines Theologiestudiums. Wulkau hatte dabei noch zum Ausdruck gebracht, daß er erstaunt sei, daß die Beurteilung so gut ausgefallen sei.

In diesem Zusammenhang verwies der IMS nochmals auf eine ESG-Veranstaltung am 02.10.1974 mit dem Thema »Vernunft und Glaube bei Kant«. Referent war hier Prof. Dr. Fritzer aus Berlin. Der IMS kann sich noch erinnern, daß Wulkau mit Prof. Fritzer wegen der Aufnahme eines Theologiestudiums an diesem Abend gesprochen hat. Prof. Fritzer hatte s. Zt. sinngemäß über Wulkau geäußert »habe mit dem Direktor für Erziehung und Ausbildung gesprochen, es sind Chancen für die Aufnahme eines Studiums drin, er solle sich mit einer guten Beurteilung bewerben«.

Diskrepanzen zwischen Wulkau und seiner Ehefrau sind dem IMS bisher nicht bekannt geworden. Den internen Arbeitskreis, der in der letzten Woche stattfand, hat Wulkau wiederum nicht besucht. Der IMS vertrat die Meinung, daß Wulkau neben der ESG noch andere Bekanntenkreise haben muß, mit denen er evt. seine Erarbeitung für das Buch durchspricht.

05.12.1974 Treffbericht IM »Hans Kramer«, 4.12.1974, 16.30–18.30 Uhr, IMK-KW »Burg«, Hinze, Ltn., Abt. XX/4

Der IMS [»Hans Kramer«] berichtete über folgende Probleme: ESG – Arbeitskreis Marxismus: Die Person W. hat schon das 4 mal zu den Diskussionen gefehlt. Immer kam er mit Ausreden, wie unangemeldeter Besuch, usw. In einem persönlichen Gespräch mit dem W. durch den IM konnte über das Verhältnis des W. zu seinem Vater, welcher illegal die DDR verlassen hat und in WB wohnhaft ist, folgendes in Erfahrung gebracht werden. Wenn der Vater zu Besuch bei seinem Sohn in der DDR weilt, werden viele Gespräche, besonders mit politischem Charakter, geführt. Diese Gespräche, so sagte der W., haben besonders konkretes Niveau. Die Gespräche werden aber so geführt, das sie nur für wenige verständlich sind. Selbst seine Ehefrau, so W., sitzt nur dabei und wohnt dem Gespräch verständlichlos bei. Der IM zieht daraus die Schlußfolgerung, daß das Verhältnis des W. zu seiner Ehefrau zumindest während des Gesprächszeitraumes irgendwie gespannt war.

12.12.1974 Beobachtungsbericht Wulkau, Peter, Deckname: »Kreis«, 07.12.1974, 5.00–21.30 Uhr, Forner, Oltn., Abt. VIII

7.20 Uhr verließ »Kreis«, bekleidet mit einer grünen Studentenkutte, einer schwarzen Cordhose und braunen Wildlederschuhen, einen schwarzen Reiselord tragend, sein Wohnhaus Nr. 6. In der Seitentasche des Reiselords steckte ein Pappkarton, welcher ca. 35 x 25 cm groß und 2 cm hoch war. Auf direktem Wege gehend, erreichte »Kreis« 07.25 Uhr die Haltestelle der Straßenbahn der Linie 3, stieg in den letzten Wagen ein und nahm Platz. An der Haltestelle Hauptbahnhof verließ »Kreis« die Straßenbahn, betrat die Bahnhofsvorhalle und begab sich zum Fahrkartenschalter. Nachdem er eine Sonntagsrückfahrkarte nach Berlin-Schöneweide gelöst hatte, ging er auf den Bahnsteig 6 und stieg 07.45 Uhr in den bereits eingefahrenen Zug nach Berlin-Schöneweide ein. Nachdem der Zug den Zielbahnhof Berlin-Schöneweide erreicht hatte, stieg »Kreis« aus und ging zum S-Bahn Bahnsteig, wo er die S-Bahn in Richtung Bernau benutzte. Am Haltepunkt der S-Bahnstation Prenzlauer Allee verließ »Kreis« die S-Bahn und stieg nachdem er sich umschaute in den nächstgekoppelten Wagen ein. 11.15 Uhr verließ »Kreis« die S-Bahn auf der Station Schönhauser Allee und ging die Treppe zur Schönhauser Allee hinauf. Nachdem er sich hier umgeschaut hatte, kehrte »Kreis« um, ging die Treppe wieder hinunter zum Bahnsteig der U-Bahn. Von hier aus fuhr »Kreis« mit der U-Bahn bis Alexanderplatz, stieg in die S-Bahn um und fuhr mit dieser in Richtung Friedrichstraße. 13.42 Uhr verließ er die S-Bahn Bahnhof Friedrichstraße und ging zur Toilette in der Bahnhofsvorhalle, die er betrat. Nach Verlassen dieser begrüßte »Kreis« am Eingang der Toilette zwei männliche Personen. Die eine männliche Person ca. 75 Jahre begrüßte er durch Handschlag, die zweite männliche Person ca. 55 Jahre mit braunem Hut, beigefarbenem Mantel, grauer Hose, schwarzen Halbschuhen bekleidet, einen hellbraunen Reiselord und einen Gehstock mit sich führend umarmte »Kreis«. Die zweite männliche Person erhält im weiteren Berichtsverlauf die Deckbezeichnung »Hut«. Nach kurzer Unterhaltung betraten alle drei Personen die Nichtrauchergaststätte der Mitropa. Hier begrüßte »Kreis« eine ca. 55-jährige weibliche Person und eine ca. 50-jährige weibliche Person durch Handschlag. Die ca. 50-jährige weibliche Person erhält im weiteren Berichtsverlauf die Deckbezeichnung »Locke«. Nach der Begrüßung verließen alle genannten Personen die Mitropa Gaststätte und gingen in Richtung Unter den Linden, wobei »Kreis« mit »Locke« vorneweg ging.

14.05 Uhr erreichten sie das Lindencorso und gaben ihre Garderobe ab. Nachdem alle Personen an zwei Tischen im Lindencorso Platz genommen und ihr gesamtes Gepäck hinter dem Tisch an der Fensterfront abgestellt hatten, unterhielten sie sich miteinander. Nachdem der Ober am Tisch erschienen war, bestellte »Hut« für alle. Nach etwa 10 Minuten Aufenthalt in der Gaststätte nahm »Kreis« seine Tasche auf den Schoß und entnahm dieser mehrere in Packpapier eingewickelte Gegenstände, ca. 5 Stück. Bei den Gegenständen handelte es sich um weiche Materialien, wie Stoff, Papier oder ähnliches. Keinesfalls jedoch um Kartons oder anderer fester Materialien. Desweiteren entnahm er aus der Seitentasche seines Reiselords einen Karton Größe ca. 35 cm lang, 25 cm breit und von 2–3 cm Höhe. Um das Aussehen des Kartons zu verdeutlichen könnte man anführen, daß er aussah wie ein Karton in dem Schreibmaschinenpapier oder Durchschlagpapier aufbewahrt wird. Diese Gegenstände wurden von »Kreis« auf dem dort befindlichen Fensterbrett gelegt. Zur gleichen Zeit packte »Locke« die braune Reisetasche aus und tat die dort enthaltenen Gegenstände, wie Kaffee, Schokoladentafeln und andere eingewickelte Gegenstände in die Tasche von »Kreis«. Nach dem Einpacken der Gegenstände erhoben sich »Kreis« und »Hut« und setzten sich an den Tisch, an der sich die 55-jährige weibliche Person aufhielt. Daraufhin erhob sich diese weibliche Person und wechselte an den anderen Tisch über, so daß »Kreis« und »Hut« alleine am Tisch saßen. Von diesem Zeitpunkt an unterhielten sich »Kreis« und »Hut« nur noch alleine. Das Gespräch erweckte den Eindruck eines vertraulichen Gespräches, von dessen Inhalt die anderen Personen keinen Einblick erhalten sollten. Hierbei sah es so aus, als ob »Hut« gezielte Fragen an »Kreis« richtete und dieser dann sehr eindringlich und umfangreich antwortete. Es hatte weiterhin den Anschein, als ob »Kreis« während dem gesamten Gespräch sehr aufgeregt war, dieses läßt sich aus seinem Gesichtsausdruck und seinem Gebaren schließen. »Hut« dagegen war sehr ruhig, fast gelassen. Die Unterhaltung, die »Kreis« mit »Hut« führte, dauerte ca. 1 Stunde, sie wurde nur unterbrochen als eine ca. 70-jährige weibliche Person im Eingang der Gaststätte erschien. Diese weibliche Person, die zwei volle Plastebeutel (Intershopbeutel) sowie eine Handtasche bei sich trug und einen Pelzmantel anhatte, wurde von »Hut« in Empfang genommen und an die Tische begleitet. »Kreis« und »Hut« nahmen nach der Begrüßung der weiblichen Person wieder alleine an ihrem Tisch platz und unterhielten sich weiterhin in der oben geschilderten Art. Alle Versuche fremder Personen an dem Tisch Platz zu nehmen wiesen sie ab. Kurz vor Schluß des Gespräches entnahm »Hut« seiner Brieftasche mehrere Geldscheine und übergab sie »Kreis«. Dieser steckte diese in sein Portemonnaie. Um 15.50 Uhr beendeten sie ihr Gespräch und »Hut« bezahlte beim Ober die gesamte Zeche in Mark der deutschen Notenbank der DDR. Sie erhoben sich und forderten auch die anderen Personen auf sich zu erheben. Daraufhin standen alle Personen auf, nahmen ihr Gepäck auf, holten ihre Garderobe und verließen um 15.55 Uhr die Gaststätte Lindencorso. Nach Verlassen der Gaststätte gingen alle genannten Personen zur Friedrichstraße, Ecke Georgenstraße. Die Verabschiedung wurde mit Handschlag und Umarmungen durchgeführt. Danach gingen »Hut«, »Locke« und die 70-jährige weibliche Person zum Grenzübergang in der Georgenstraße und betraten den Kontrollbereich. »Kreis«, die 55-jährige weibliche Person und die 75-jährige männliche Person betraten den Bahnhof Friedrichstraße und fuhren 16.11 Uhr mit der S-Bahn in Richtung Berlin-Schöneweide. In Berlin-Schöneweide verließen alle drei zuletzt genannten Personen die S-Bahn und gingen zum Fernbahnsteig, wo sie in den schon bereitgestellten Zug nach Halberstadt über Magdeburg einstiegen und Platz nahmen. Bis zur Abfahrt des Zuges um 17.06 Uhr verließ keine der Personen diesen Zug wieder.

09.12.1974 Verbindungsbericht zur weiblichen und männlichen Person vom 07.12.74 um 19.55 Uhr, Forner, Oltn., Adler, Mj.

Nachdem der D-Zug aus Richtung Berlin kommend um 19.45 Uhr in Magdeburg hielt, verabschiedete sich »Kreis« von der 55-jährigen weiblichen Person und der ca. 75-jährigen männlichen Person sehr herzlich und stieg anschließend aus.

21.01.1975 Treffbericht IMS »Simon Lenz«, 20.1.1975, 9–10.30 Uhr, IMK »Meier«

Der IMS [»Simon Lenz«] berichtete, daß am Montag, den 13.1.75 der interne Arbeitskreis »Marxismus« von ESG-Mitgliedern stattgefunden hat. Peter Wulkau war wiederum nicht erschienen. Anwesend waren nur: Der IMS, Jürgen Schlich, Hartmut Rosinger und zeitweise Dietmar Haller. Der IMS [»Simon Lenz«] hat am Freitag, den 17.1.75 Wulkau in seiner Wohnung einen Besuch abgestattet und zwar unter dem Vorwand, daß er sich mit ihm mal wieder über Dinge unterhalten wolle, die so in der letzten Zeit passiert sind. Wulkaus Ehefrau war ebenfalls mit anwesend. Wulkaus waren gerade beim Kaffeetrinken, sie hatten den IMS eingeladen, daran teilzunehmen. Wulkau war über den Besuch des IMS nicht erstaunt, er verhielt sich auch nicht reserviert. Während der fast 3-stündigen Unterhaltung (21–23 Uhr), die mit Abspielen von Schallplatten unterbrochen wurde, hat der IMS über seine Reise in die VR Polen (zum Jahreswechsel) gesprochen, das neue ESG-Programm erläutert. Weiterhin wurden Diskussionen über neue Bücher sowie über die Reise von Strauß in die VR China geführt. Auch Frau Wulkau hat sich rege an der Diskussion beteiligt. Der IMS berichtete, daß Wulkau aber über den allgemeinen Rahmen der Diskussion nicht hinausging. Er hat zwar desöfteren Fragen an den IMS gerichtet, die aber nicht vom op. Wert bzw. op. Beachtung waren. Der IMS brachte zum Ausdruck, daß es außerordentlich schwer ist, mit Wulkau etwas politisch intimer ins Gespräch zu kommen. Der IMS erläuterte nochmals seine Vorstellungen, wie evt. der Kontakt zu Wulkau ausgebaut werden kann und zwar, daß er vom Organ [MfS] solche Informationen erhält, die bei Wulkau Interesse und Aufmerksamkeit hervorrufen könnten. Der IMS würde diese Informationen als von Drittpersonen erfahren, gegenüber Wulkau ins Gespräch bringen. Der IMS vertrat die Meinung, daß er evt. nur so für Wulkau interessant werden könnte. Wulkau hat bei der Verabschiedung den IMS aber wieder zu einem Besuch eingeladen, sinngemäß so »wenn du Zeit hast, kannst du wieder vorbei kommen.«

08.02.1975 Treffbericht IM »Hans Kramer«, 6.2.1975, Zeit 16.30–20 Uhr, IMK-KW Burg, Hinze, Oltn., Abt. XX/4

Der Arbeitskreis [Marxismus] selbst führt weiter regelmäßig seine Treffen durch. Die Person Wulkau nahm seit November 1974 nicht mehr an dem Treffen teil. Der IM [»Hans Kramer«] befragte daraufhin den Siegmund Löhr [IM »Simon Lenz«] welcher sich diese Reaktion des W. nur erklären konnte, daß der W. diesen Kreis aufgebaut hätte, jetzt aber gemerkt habe, daß er auch ohne ihn weiterarbeiten kann und der Kreis ihm nichts mehr geben kann. Am 30.1.1975, diesmal in dem neuen ev. Gemeindezentrum der Ev. Kirche in Magdeburg, Neustädterstr. 6 wurde über die weitere Perspektive und die Planung der neuen Themen des Arbeitskreises gesprochen. Der IM [»Hans Kramer«], welcher in diesem Kreis die positive Entwicklung im Interesse des MfS durchsetzen soll, äußerte daraufhin seine Vorschläge. Er machte auch seinen Einfluß geltend, sich nicht mit den Revisionisten und den Marx-Kritikern zu beschäftigen, weil dies doch keinen unmittelbaren Nutzen für den Arbeitskreis habe. Die Perspektive wäre, sich Engels zuzuwenden und anschließend zu Lenin zu kommen.

08.03.1975 Treffbericht IM »Hans Kramer«, Hinze, Ltn., Abt. XX/4

Mit dem Markus Deter suchte der IM [»Hans Kramer«] am 5.3.75 den W. zu Hause auf. Grund des Aufsuchens war zu erforschen, weshalb der W. nicht mehr zu dem Arbeitskreis Marxismus kommt. W. begründete dies aus Zeitgründen, da seine Frau in Schönebeck arbeitet und er das Kind versorgen muß. Im Verlauf des Gesprächs erfuhr der IM vom W., daß dessen Buch, daß der W. beabsichtigt zu schreiben, sich mit der Problematik der Jugend in der DDR beschäftigt. Ausschnitte dieses Buches, so Wulkau, habe er auch schon vor einigen Arbeitern seines Arbeitskollektives im VEB Fahlberg-List verlesen um deren Meinung darüber zu hören. Über die Resonanz sprach er gegenüber dem IM nicht. Auch Ausschnitte aus diesem Buch bekamen beide Personen nicht zu sehen.

11.04.1975 Übersichtsbogen zur operativen Personenkontrolle, Wesseler

Operative Personenkontrolle: Supriyatman, Samad Maktal, Chemiefacharbeiter im VEB Fahlberg-List Magdeburg. Gründe für das Einleiten: Obengenannte Person ist indonesischer Staatsbürger, der mit einer DDR-Bürgerin zusammen lebt. Zur Aufklärung von Kontakten zu bevorrechteten Personen außereuropäischer Staaten macht es sich erforderlich, den Genannten zielgerichtet in einer OPK zu bearbeiten. Auf Grund von Hinweisen der HA II/3 ist es zweckmäßig, die in der DDR lebenden indonesischen Staatsbürger unter operativer Kontrolle zu halten.

17.04.1975 Aktenvermerk, Rat der Stadt Magdeburg, Wiesner, Abt. Inneres

Am 17.4.1975 wurde mit Herrn Peter Wulkau eine Aussprache geführt in dem sein Antrag zur ständigen Übersiedlung abgelehnt wurde. Er nahm die Ablehnung zur Kenntnis und antwortete, wir werden uns wohl bald wiedersehen.

**14.05.1975 Treffbericht IMS »Simon Lenz«,
8.5.75, 14.30–18.00, KW »Regina«, Groch,
Oltn., Abt. XX**

Der IM [»Simon Lenz«] suchte den W. auftragsgemäß auf und stellte fest, daß W. nicht anzumerken war, daß er die Benachrichtigung über das Nichtgestatten seiner Übersiedlung in die BRD erhalten hat. Auch sein Verhältnis zur Ehefrau ist normal.

**23.05.1975 Treffbericht IMS »Hans Kramer«,
22.5.1975, 16.30–18 Uhr, IMK-KW »Burg«,
Hinze, Oltn., Abt. XX/4**

Der IM [»Hans Kramer«] berichtete über folgende Probleme: Im Februar weilte der Löhr [IM »Simon Lenz«] in Prag, CSSR. Dort beschaffte er sich die Verfassung von der VR. China, welche 1974 neu beschlossen wurde. Diese Verfassung übergab er, wahrscheinlich leihweise, dem Peter Wulkau. Im April 1975 traf der IM den Wulkau auf der Straße und erfuhr von ihm dies. Auf die Frage, weshalb er, Wulkau, nicht mehr am ML-Arbeitskreis der ESG teilnimmt, wurde dem IM geantwortet, daß er keine Zeit habe und sein Buch fertigmachen will. Besonderheiten: Am Treff am 26.6.1975 wird der FIM »Manfred« teilnehmen, welcher im Frühjahr 1976 den IM übernehmen soll. Die Einweisung des FIM findet während des Treffs des op. MA mit dem FIM statt. Der IMS ist einverstanden, daß zum 26.6.1975 ein weiterer Mitarbeiter (so der FIM deklariert) des MfS am Treff teilnimmt.

**04.06.1975 Magdeburg, Ermittlungsbericht,
Postertz, Ltn., Teubner, Hptm.**

Es sollte ermittelt werden Supriyatman, Samad Maktal. Es wurde ermittelt Supriyatman, Samad Maktal. Die Befragten berichteten, daß der Genannte mit einem Studium begonnen hat, dieses aber nicht abschloß. Er selbst äußerte sich dazu, daß es ihm schwer gefallen ist. Derzeitig arbeitet er im VEB Fahlberg-List Magdeburg als Laborant. Hierzu schloß er auch die Ausbildung ab. Seine Arbeitshaltung wurde als positiv eingeschätzt. Genannter nimmt gegenüber unserer DDR eine sehr positive Haltung ein. So konnte man ihn auch beobachten, wie fleißig er ist, wenn Arbeitseinsätze zur Verschönerung des Geländes angesetzt sind. Es wurde gesagt, daß es bei ihm den Anschein erwecke, daß er sich in der DDR wohl fühlt und kein Interesse daran zeigt, in seine Heimat zurückzukehren. Genannter lebt seit vielen Jahren mit Jehne, Beate zusammen. Genannter hat mit J. zwei Kinder, die im Haushalt mitleben. Besonders wurde hervorgehoben, daß sich Genannter sehr um die Kinder bemüht und sich mit diesen sehr viel beschäftigt. Oft sieht man ihn mit den Kindern schon am frühen Vormittag spazieren gehen. Die Kinder haben zu ihm ein überaus herzliches Verhältnis.

27.06.1975 Treffbericht IM »Hans Kramer«, 26.6.1975, 16.30–19.30 Uhr, IMK-KW »Burg«, Hinze, Oltn., Abt. XX/4

An dem Treff nahm der FIM »Manfred« teil, welcher den IM [»Hans Kramer«] ab I/76 übernehmen wird. Der IM berichtete in mündlicher Form über folgende Probleme: Am 11.6.75 besuchte der IM [»Hans Kramer«] auftragsgemäß den W. zu Hause. Innerhalb des Besuches lieh der W. dem IM die Bücher: »Marx auf dem Prüfstand« Eine soziologische Analyse der marxistischen Auffassung von Industriestrukturen. Verfasser ist der englische Soziologe J. A. Banks. Weiterhin die Broschüre »Peking Rundschau« v. 28.2.1975, Nr 4. Die Peking Rundschau wird in der VR China gedruckt. Angeblich hat der W. die Broschüre der Peking Rundschau von dem Studenten der TH Magdeburg Löhr, Siegmund, welcher im Februar 1975 in Prag war und von dort diese Broschüre mitbrachte. W. erzählte, daß er sich in absehbarer Zeit beruflich verändern will, er wird bei VEB Fahlberg-List aufhören und beim Weinstudio »Grün-Rot« in Magdeburg, Hasselbachplatz als Kellner anfangen. Mit der Chefin des Weinstudios sei alles klar, die Bewerbungsunterlagen seien eingereicht, es wird nur noch der Bescheid der Kaderabteilung abgewartet.

**08.07.1975 Treffbericht IMV »Simon Lenz«,
4.7.75, 14.00–17.30, KW »Regina«**

IM [»Simon Lenz«] erfuhr, daß Wulkau im Weinstudio eine Arbeit aufnehmen will. Er kennt den Wirt gut, da er dort oft verkehrt. Wulkau hat nach Meinung des IM losen Kontakt zu Markus Deter und Hartmut Rosinger, beide Mitglieder des AK »Marx./Leninismus«, die ihn ab und zu in der Wohnung besuchen. Seine Kontakte zur ESG hat er stark reduziert, war schon seit einigen Monaten nicht mehr auf ESG-Veranstaltungen anwesend. Weitere IFO-en konnte der IM nicht geben, da er den W. zwischenzeitlich nicht besucht hatte. Mit dem IM wurde abgesprochen, zur weiteren Realisierung der Konspiration, Arbeit und Abdeckung einen neuen Decknamen zu wählen. IM wählte den Decknamen »Rudi Kelling«.

**23.07.1975 [handschriftlicher] Aktenvermerk,
Hinze, Oltn.**

Am heutigen Tage wurde der IMS »Hans Kramer« dem FIM-System Manfred in der IMK »Burg« angegliedert. Die Übergabe des IM an den FIM wurde mit beiden IM bei den vorherigen Treffs mit Einverständnis beider IM durchgesprochen. Es bestehen keine Bedenken für die weitere inoffizielle Zusammenarbeit der IM.

**11.08.1975 Treffbericht IMV »Simon Lenz«,
5.8.75, KW »Regina«, 14.00–15.15, Groch,
Oltn., Abt. XX/4**

IM [»Simon Lenz«] suchte den W. auftragsgemäß am 29.7.75 zu Hause auf, wozu er seine Ehefrau mitnahm. Neben privaten Dingen wurden mit W. polit. Probleme diskutiert. Zur Konferenz in Helsinki vertrat W. die Meinung, daß diese positiv zu bewerten sei, besonders wenn im Ergebnis eine weitere Öffnung der Länder untereinander eintreten würde. Im Gespräch erwähnte der W. nicht seinen gestellten Ausreiseantrag, obwohl zu dieser Problematik (Konferenz in Helsinki) diskutiert wurde seitens des IM. Der W. gab dem IM ein Buch von Ernst Fischer »Was Marx wirklich sagte« Züricher Ausgabe. In der Beurteilung von Fischer legte sich W. nicht fest, er äußerte, daß es auf den Betrachtungsstandpunkt ankommt. Nach wie vor interessiert er sich für die Arbeit des AK [Arbeitskreis] und verfolgt mit Interesse die Ausführungen des IM über die Inhalte der AK-Tagungen, stellt Fragen dazu bzw. sagt teilweise ergänzende Worte, was seiner Meinung nach im AK nicht behandelt (vergessen) wurde.

21.10.1975 Zur Person Wulkau, IMV »Rudi Kelling«, Groch, Oltn.

W. [Wulkau] will ab 1.1.1976 im Weinstudio anfangen. Er hat sich im September um ein Theologiestudium in Berlin beworben, wurde aber vom Betrieb (Delegierung) abgelehnt, obwohl er von der Abteilung eine gute Beurteilung erhalten hatte. Die Ehefrau des W. macht einen sehr intelligenten Eindruck, die Ehe scheint gut zu sein. Politisch hat sie die selben Auffassungen wie er. [Rudi Kelling]

30.10.1975 Vorschlag zur Verpflichtung, Wesseler, Abt. II/3, Hippler, Oberstleutnant, Leiter Abt. II

Es wird beabsichtigt nachstehend aufgeführten Kandidaten als IM, Kategorie IMV, für die Abteilung II/3 zu verpflichten. Name: Supriyatman, Samad-Maktal. Da es sich bei dem Kandidaten um einen Indonesischen Staatsbürger handelt, der in der DDR bleiben will und demzufolge auch die Interessen unseres Staates akzeptiert und vertritt, kann eingeschätzt werden, daß er für die zu lösenden spezifischen Aufgaben unseres Referates geeignet erscheint. Es ist vorgesehen, den Kandidaten nach Herstellung eines Vertrauensverhältnisses sowie der Teststellung seiner Zuverlässigkeit und Ehrlichkeit zielgerichtet zur Aufklärung von Botschaftsangehörigen der Indonesischen Botschaft in der DDR einzusetzen. Der Kandidat wird auf der Grundlage der politischen Überzeugung zur inoffiziellen Zusammenarbeit mit dem MfS geworben. Beim Werbungsgespräch wird dem Kandidaten auf der Grundlage einer Legende zu verstehen gegeben, daß sich ausländische Geheimdienste für bestimmte

Ausländer aus den kap. Staaten, die in der DDR leben in letzter Zeit sehr stark interessieren, um solche Ausländer für eine nachrichtendienstliche Tätigkeit zu gewinnen. Um somit vorbeugend unter den in der DDR lebenden in Frage kommenden Ausländern von Seiten des MfS tätig zu werden, bedarf es zur Absicherung unseres Staates die Gewinnung von Ausländern zur Erkennung von Verbindungen zu den Geheimdiensten.

19. 11. 1975 Bericht über das erste Kontaktgespräch mit dem indonesichen Staatsbürger Supriyatman, Maktal, Schwarzfeld, Hptm.

Zur Gewährleistung einer konspirativen Verbindungsaufnahme erfolgte in Koordinierung mit der KD Magdeburg eine Absprache. Über den SBA wurde der Kandidat [Samad Maktal Supriyatman] in das Zimmer des MfS im Betrieb bestellt. Die Lage des Zimmers gibt die Gewähr für das konspirative Aufsuchen. Nach der Vorstellung als Mitarbeiter des MfS wurde der Kontaktperson mitgeteilt, daß wir als Vertreter des MfS einige Probleme mit ihm zu besprechen hätten. Auf die Frage, ob die KP erstaunt ist so plötzlich Kontakt zum MfS zu bekommen, sagte er, daß er schon längere Zeit damit gerechnet hat. Festzustellen ist, daß die KP bereits vor unserer Vorstellung als MA des MfS schon [erkannte], daß wir bestimmt vom Sicherheitsdienst sind. Es wurde gefragt, was wir als MfS von ihm erwarten und wie er helfen kann (was er tun soll). Hierzu wurde erklärt, daß es uns als MA des MfS darauf ankommt ihn persönlich kennen zu lernen und zu prüfen, ob er bereit ist, erforderlichenfalls uns in ganz bestimmten Fragen zu helfen. Es wurde erläutert, daß die Möglichkeit nicht auszuschließen ist, daß er durch bestimmte Personen in das Blickfeld imp. GD gekommen sein kann. Dieses wurde von der KP akzeptiert. Vereinbart wurde, daß bei der Zusammenkunft am 20. 11. 75 um 17:30 Uhr zu dieser Problematik detaillierter gesprochen wird. Hiermit war die KP einverstanden. Ausführlich wurde die KP instruiert, über den Inhalt und das Ge-

spräch mit MA des MfS gegenüber jeder Person (auch Lebensge-
fährtin) unbedingt zu schweigen. Die KP gab hierzu ihre Zusicherung. Eine Schweigeerklärung wurde ohne Vorbehalte sofort
schriftlich niedergelegt. Zur Einschätzung der Kontaktperson: Es
war von vorneherein eine bestimmte Bereitwilligkeit erkennbar,
daß MfS zu unterstützen. Hervorzuheben ist, daß die KP innerlich
(geistig) auf dieses Gespräch mit den MA des MfS vorbereitet
schien. Der Grund hierfür kann noch nicht geklärt werden.

21.11.1975 Bericht zur Verpflichtung des Supriyatman, Maktal, Schwarzfeld, Hptm.

Auf der Grundlage des bestätigten Vorschlages zur Verpflichtung
als IMV fand am 20.11.75 in der IMK/KW »Kybart« das Werbungsgespräch mit dem Kandidaten [Samad Maktal Supriyatman]
statt. Der Kandidat zeigte deutliches Interesse an einer inoffiziellen
Zusammenarbeit mit dem MfS. Die schriftliche Verpflichtung
schrieb er ohne zu zögern – und ohne irgendwelche Einwände. Er
wählte sich selbst den Decknamen »Anton«. Der Kandidat akzeptierte die Notwendigkeit einer ständigen inoffiziellen Verbindung.
Im Verlauf des gesamten Gespräches wurde dem IM deutlich zu
verstehen gegeben, daß wir als MfS seine indonesische Staatsbürgerschaft achten und im Interesse der Erhaltung des Friedens und
damit seiner eigenen Sicherheit mit ihm zusammenarbeiten. Diese
Bemerkungen wurden von dem IM positiv aufgefaßt. In der ersten
Phase der Zusammenarbeit kommt es darauf an, den IM an das MfS
zu binden und ihm in Hinblick der weiteren Aufklärung seines Per-
sönlichkeitsbildes gründlich zu studieren und zu überprüfen. Daher
ist es wichtig, ein gutes Vertrauensverhältnis zu entwickeln und
durch das äußere Verhalten nicht erkennbar werden zu lassen, daß
wir als MfS ihm mißtrauen.

**03.12.1975 Treffbericht IMV »Anton«,
02.12.75, IMK/KW »Kybarth«, Wesseler, Oltn.**
Zu Beginn des Treffs wurde dem IM [»Anton«] das Anlaufen und
die Benutzung der KW erläutert. Zum Abdecken seines späteren
Nach Hause kommens teilte der IM mit, daß er seiner Lebensge-
fährtin erzählt hat, daß er etwas länger arbeiten muß. Er sagte wörtlich: »Meine Lebenskameradin würde mich niemals kontrollieren,
was ich mache.« Zum Problem seiner Eheschließung teilte er mit,
daß von Seiten der DDR-Behörden nichts im Wege steht und daß er
nun schon seit 3 Jahren auf die Zustimmung bzw. Genehmigung
von Seiten der Indonesischen Regierung über seine Botschaft wartet. Er erhält von Seiten der Indonesischen Botschaft nur immer den
Bescheid, daß sein Antrag noch bearbeitet wird. Im weiteren Verlauf des Treffs stellte der IM die Frage, ob er immer in der DDR
bleiben kann, denn es kann ja mal sein, daß alle Indonesier, die in
der DDR leben wieder zurück müssen. Dem IM wurde dazu mitgeteilt, daß er dann in der DDR als Indonesier ohne gültigen Heimatpaß leben kann, was er auch akzeptierte.

**03.12.1975 Beurteilung über den Genossen
Oberleutnant Hinze, Eberhard**
Die am Anfang seiner operativen Tätigkeit bestandenen Schwierigkeiten, die sich in mangelndem Verständnis der politisch-operativen
Aufklärung und Bearbeitung auf der Linie XX/4 zeigten, wurden von
ihm mit Hilfe des Kollektivs überwunden. Dies zeigt sich besonders in
der Bearbeitung seiner operativen Vorgänge und in zielgerichteter
qualitativer Werbung von IM. Es ist ihm gelungen, auf dem operativ-
schwierigen Gebiet der Kirche ein FIM-System aufzubauen.

**24.01.1976 Treffbericht »Hans Kramer«, FIM
»Manfred«, Hinze, Oltn., Abt. XX/4**
Nach Mitteilung von »Kramer« waren zum Marxkreis nur drei Personen anwesend. Es war kein Thema festgelegt. Man will jetzt ein
halbes Jahr Pause machen. »Kramer« ist aber der Meinung, daß der

Marx-Kreis aufgehört hat zu existieren. Am 8. 12. 75 erhielt »Kramer« von P. Wulkau folgende Broschüren zum lesen ausgeliehen: 1. von Alexander Solschenizyn »Offener Brief an die sowjetische Führung«, 2. von Gerhard Möbus »Klassenkampf im Kindergarten«. Beide Broschüren haben Tendenzen des Antikommunismus zum Inhalt. Wulkau wollte ein Buch schreiben, ist aber bis zum heutigen Tage noch nichts geworden.

04. 03. 1976 Vorschlag zur Umregistrierung des IMV »Anton« zum IMF, Wesseler, Oltn., Hippler, OSL, Leiter Abteilung II

Die bisherige inoffizielle Zusammenarbeit zeigt, daß die Zielstellung der Werbung real war und der IMV [»Anton«] sich persönlich für die Interessen des MfS engagiert. Zur Zeit wird der IMV auf der Grundlage des vorliegenden Informationsbedarfes der HA II/3 zielgerichtet zur Aufklärung von 8 Mitarbeitern der indonesischen Botschaft eingesetzt. Auf Grund der dargelegten Fakten ist es entsprechend der Richtlinie 1/68 gerechtfertigt, den IMV zum IMF umzugruppieren.

10. 03. 1976 Treffbericht IM »Hans Kramer«, 05. 03. 1976, 17. 30–19. 00 Uhr, KW »Berg«, Abt. XX/4, FIM »Manfred«, Teilnahme: Hinze, Oltn.

»Kramer« teilte mit, daß er vom 09. 03. – 30. 05. 76 zum Reservistenlehrgang nach Brandenburg eingezogen wird. Über folgende Probleme wurde berichtet: Er [Peter Wulkau] ist zur Zeit Kellner in »Grün-Rot« Hasselbachplatz. Dieser wird so eingeschätzt, daß er moralisch große Schwächen hat und es ist ihm zuzutrauen, daß er an Gruppensex teilnehmen würde. Auf Grund seiner guten ständigen Einsatzbereitschaft des »Kramers« und seiner Beteiligung zum Reservistenlehrgang wurde er mit einer Prämie von 200.- M gewürdigt. Er bedankte sich und versprach weiterhin mit uns eng zusammenzuarbeiten und gute Informationen zu bringen.

29.03.1976 Sachstandsbericht zur OPK »Kreis«, Groch, Oltn.

In der OPK »Kreis« wird der Wulkau, Peter operativ bearbeitet. Der Wulkau steht im Verdacht Straftaten gemäß §§ 106 (1) Ziffer 1 und 3 und 107 (2 und 3) StGB begangen zu haben. Durch den IM »Hans Kramer« wurde bekannt, daß der W. an einem Buch über die »Problematik der Jugend in der DDR« arbeitet. Dieses Buch soll dem W. einen guten Start in der BRD ermöglichen. Wulkau erzählte dem IM, daß er schon Teile des Buches vor Arbeitskollegen im Fahlberg-List vorgetragen haben will (Ifo. ist bisher nicht überprüft). Die IM haben bisher selbst noch keine Manuskripte des Buches gesehen. Der Vater des Wulkau: Nach 1945 war er Mitglied der LDP und trat mit einem provokatorischen Artikel in Erscheinung. 1952 verließ er ungesetzlich die DDR und soll in Westberlin in staatlichen Diensten stehen. Die Angaben der IM zu der jetzigen Tätigkeit sind widersprüchlich. IM »Janette« der BV Leipzig gibt an, daß der W. persönlicher Referent bei Willi Brandt in West-Berlin gewesen sein soll. Wulkau selbst gibt offiziell nur an, daß sein Vater ein bekannter Kybernetiker sein soll. Der IM »Hans Kramer« berichtete, daß der W. an der FU Berlin-West tätig sein soll. Wulkau hat zu seinem Vater aktive postalische und persönliche Verbindungen, u. a. Treffen in der Hauptstadt der DDR. Bei der Aufnahme seines Studiums machte Wulkau bewußt falsche Angaben zu seinen Beziehungen zum Vater, um die Zulassung zum Studium zu erhalten. Der Wulkau, Werner hat nach bisherigen Kenntnissen eine Reihe von Verbindungen zu Personen in der DDR, die noch nicht näher aufgeklärt sind. Bei Besuchen des Wulkau bei seinem Sohn soll er nach Aussagen des IM »Hans Kramer« antisozialistische Literatur aus der BRD mitbringen. Solche Literatur verborgt Wulkau nachweislich an ihm vertraute Personen, u. a. an die IM »Hans Kramer« und »Rudi Kelling«.

Die erfolgte Beobachtungs-Maßnahme beim Treffen des Wulkau mit seinem Vater in der Hauptstadt der DDR im Dezember 1974 erbrachte ebenfalls Aufschlüsse zum Charakter des Verhältnisses beider zueinander und erbrachte Anzeichen für konspirative Verhaltensweisen des Wulkau. Das Treffen wurde vorwiegend genutzt, um ein internes Gespräch zwischen Wulkau und dessen Vater zu realisieren, woran alle Verwandten, an einem Nachbartisch sitzend, bewußt nicht beteiligt wurden.

Wulkau schlußfolgert aus der Tatsache, daß er zu seiner Hochzeitsreise nicht ins sozialistische Ausland fahren durfte, daß das MfS eine Kontrolle über ihn ausübt. Aus diesen Fakten und der Einschätzung seitens des IM »Rudi Kelling« ergibt sich, daß der W. gewisse Kenntnisse über Mittel und Methoden des MfS hat und sein Verhalten darauf einstellt.

Gegenwärtig hat sich Wulkau aus den Gruppierungen und Kreisen zurückgezogen, die unsererseits durch IM unter Kontrolle gehalten werden. Inwieweit er Kontakt zu anderen Gruppen unterhält, ist unbekannt. Wulkau führt z. Z. ein relativ isoliertes Leben. D. h. von ihm gehen in dem unter unserer op. Kontrolle stehendem Bereich keine Initiativen zur Aktivierung der bestehenden privaten Kontakte aus. Wulkau, so kann eingeschätzt werden, begnügt sich damit, daß ihn einige gute bekannte Leute, darunter die IM »Hans Kramer« und »Rudi Kelling« in unregelmäßigen Abständen besuchen und einen Gedankenaustausch zu politischen Fragen und zur Arbeit der ESG und auch des Arbeitskreises »Marxismus« führen. Nach wie vor verborgt Wulkau an diese IM antisozialistische Literatur.

An der OPK sind eingesetzt: IMV »Rudi Kelling« Abt. XX/4, IMS »Hans Kramer« Abt. XX/4. Der IMV »Rudi Kelling« hat zur bearbeiteten Person einen guten persönlichen Kontakt und konnte bisher zur Persönlichkeit, zum Umgangskreis und zu politisch-ideologischen Anschauungen des W. Informationen erarbeiten. Beweise zu den bearbeiteten Straftaten konnten vom IM bisher nicht erbracht werden. Der IM selbst schätzt ein, daß, bedingt durch die relative Isolation und das Bestreben des W., in seinen Beziehungen zum IM nicht weiter zu gehen, vertrauter zu werden, zur Zeit objektiv keine Möglichkeit besteht, tiefer in die operative Problematik einzudringen. Vom W. gehen seit etwa 1 1/2 Jahren keine Initiativen aus, seine Beziehungen zum IM weiterzuentwickeln. Der IM wertet dies als Ausdruck eines Wesenszuges des W., der in einer besonderen Vorsicht, Abgeschlossenheit und Reserviertheit besteht. Dem Verdacht eines eventuellen Mißtrauens dem IM gegenüber steht die gegenteilige Meinung des IM und die Tatsache, daß der IM durch die jahrelange intensive ESG-Arbeit und eigenes abgewogenes Sozialismuskritisches Auftreten gut abgedeckt ist. Trotz Beauftragung des IM und Bemühungen des IM ist z.Z. die operative Wirksamkeit des IM zur Erarbeitung operativ relevanter Hinweise nicht gegeben. Der IM hält auftragsgemäß regelmäßigen Kontakt zur Person W. und soll über seine Ehefrau den Versuch der Vertiefung der persönlichen Beziehungen zu W. und dessen Ehefrau weiterführen.

Der IMS »Hans Kramer« erarbeitete bisher ebenfalls Ifo. zur Persönlichkeit des W. und zu dessen Umgang. Ebenfalls konnte durch ihn aufgeklärt werden, daß der W. sozialismusfeindliche Literatur besitzt und diese auch an den IM verborgte. Bedingt durch das teilweise prosozialistische Auftreten des IM ist der IM nur bedingt geeignet, tiefer in die operative Bearbeitung des W. einzudringen, bedingt durch dessen Reserviertheit und Vorsicht.

31.03.1976 IMV »Rudi Kelling«, Groch, Oltn.
Wulkau hat in Hollehochstr. 39 nach rechts hin (innen Durchgang) ehem. Bäckerladen, ein kl. Zimmer für sich allein. [»Rudi Kelling«]

09.04.1976 Information über den Kellner Peter aus dem Weinstudio Magdeburg, Quelle: IMS »K.Bundschuh«, angen.: Mj. Grässner, Abteilung VIII
Soweit ich [IM »Bundschuh«] weiß, hat der Kellner Peter einen durchschnittlichen Intelligenzgrad, ist ca. 28 Jahre alt, verheiratet, 1 Kind und wohnhaft möglicherweise in der Nähe des Hasselbachplatzes. Er ist ca. seit einem 1/2 Jahr in dieser Gaststätte tätig. Aus Gesprächen weiß ich, daß er in jedem Fall das Westfernsehen ver-

folgt. Ich konnte feststellen, daß Peter während seiner Arbeitszeit dem Alkohol zuspricht. K. Bundschuh.

30.04.1976 IMV Rudi Kelling, Groch, Oltn.

Wulkau erzählte dem IM [»Rudi Kelling«], daß er am Wochende (4.4.76) Besuch von seinem Vater hatte, der wieder einige herrliche Sachen mitgebracht haben soll (Lebens- und Genußmittel, Elektro-Küchen-Gerät). Weiter ging Wulkau auf den Besuch nicht ein. Wulkau erzählte dann, daß ihm seine jetzige Arbeitsstelle (Weinstudio) besser gefalle, da diese nicht so anstrengend ist, kein so weiter Arbeitsweg vorhanden ist und er mehr Freizeit hat. Insgesamt liege ihm diese Arbeit besser. Während des Besuchs konnte der IM keine Schreibmaschine in der Wohnung feststellen, auch keine neue Literatur aus der BRD. Wulkau gab dem IM auch keine Literatur mit, was er mit Sicherheit bei Vorhandensein neuer Lit. (ev. durch Besuch des Vaters) getan hätte.

11.05.1976 Bericht über das Bekanntwerden der Kandidatin und die Zielstellung der Kontaktierung, Hinze, Oltn.

Die pol.-op. Aufklärung der Aufenthaltsorte im Freizeitbereich der interessierenden Personen aus der ESG/KSG sowie der jungen Intelligenz, eingeschlossen der in der OPK »Kreis«, XX/4, bearbeiteten Person Peter W. ergab als Schwerpunkt die Gaststätte »Weinstudio Grün-Rot« Magdeburg, Hasselbachplatz, wo auch die in der OPK »Kreis« bearbeitete Person als Kellner tätig ist. Die erfolgte Überprüfung durch das Referat XX/4 zu Hinweisen über geeignete Personen aus den studentischen Kreisen, die in dieser Gaststätte verkehren, ergab, das die Person Wandernoth, Dorothee, Studentin der PH [Pädagogische Hochschule] Magdeburg, 2. Studienjahr zu dieser Gaststätte Kontakt unterhält und diesen besonders seit 1976 ausbaute. Die Beweggründe der W. sind zur Zeit noch unbekannt, sie können aber mit dem Aufenthalt junger künstlerischer Intelligenz und Intellektueller mit schwankender politischer Einstellung zu unserem Staat im Zusammenhang stehen. Aus dem vorhandenen Material und der IM-Einschätzungen über die Person Dorothee W. ist bekannt, daß sie Männern sehr interessiert gegenüber steht, sie in dem Verdacht steht, einen leichten Lebenswandel zu besitzen, keinen festen Freund bzw. Freundin an der PH besitzt, regelmäßig ausgeht, wobei die Gaststätten »Impro« und »Weinstudio Grün-Rot« bevorzugt werden, sie dabei ihre studentischen Pflichten vernachlässigt, sie im Januar 1975 in Halle ein Treffen mit tunesischen Staatsbürgern, welche in der BRD arbeiten, hatte, diese ihr ein Zimmer im Hotel reservierten und die W. mit den Bürgern die Zeit gemeinsam verbrachte. Auf Grund ihres leichten Lebenswandels besteht der Verdacht, daß sie mit diesen Bürgern intime Beziehungen hatte. Ihre Eltern dürfen von ihrem Lebenswandel nichts erfahren, da diese sie im fortschrittlichen Sinne erzogen haben und über ihre Entwicklung sehr beunruhigt wären. Ihre starken Neigungen zum männlichen Geschlecht sowie ihre Verbindungen zu den o. g. Gaststätten als Sammelpunkt polit.-op. interessanter Personen, besonders unter dem Aspekt der Tätigkeit als Kellner der in der OPK »Kreis« bearbeiteten Person W. soll polit.-op. ausgenutzt werden, um die W. für eine inoffizielle Zusammenarbeit mit dem MfS zu gewinnen und sie an die in der OPK »Kreis« bearbeitete Person anzuschleusen. Für das Kontaktgespräch mit der W. dient die Legende des Treffs der W. mit den tunesischen Staatsbürgern im Januar 1975 in Halle und das Bekanntwerden ihrer Person durch Aufklärung des MfS bei den imperialistischen Geheimdiensten der BRD.

13.05.1976 IMS »Bundschuh«, Abt. VIII
Bericht über das Absingen von unerwünschten Liedern in der HO [Handelsorganisation] Gaststätte »Weinstudio Grün-Rot« Magdeburg: Mir [IM »Bundschuh«] ist mehrfach aufgefallen, sowohl im vergangenen Jahr, als auch bei meinen Besuchen in diesem Jahr, vor allen Dingen gegen Ende der Öffnungszeit, wenn die Gäste mehr oder minder unter Alkoholeinfluß stehen, [daß] folgende Lie-

der in gedämpfter Weise gesungen, manchmal auch nur gesummt werden. Es handelt sich dabei um das »Deutschlandlied« (Westdeutsche Nationalhymne) sowie auch das Lied »Wir wollen unsern Kaiser Wilhelm wieder haben« (die Melodie entspricht so weit ich weiß, dem früheren Horst-Wessel-Lied). Bundschuh.

14.05.1976 IMV »Doc«, angenommen: Wendorf, Hptm.

Information zu einem Kellner namens »Peter« des Weinstudio »Grün-Rot«: Der IMV »Doc« kennt den Peter seit etwa drei Jahren aufgrund der gemeinsamen Bekanntschaft durch Guder, Margit. Die G. Margit ist alleinstehend und hat ein Kind von einem gewissen »Volker« (Nachname nicht bekannt). Vom Äußeren ist die G. sehr attraktiv und auch kontaktfreudig. Die Beziehungen zu dem »Peter« waren intimer Art.

18.05.1976 Bericht über das 1. Kontaktgespräch mit der Dorothee W., Hinze, Oltn.

Am heutigen Tage wurde das erste Kontaktgespräch mit der Dorothee W. nach den eingeleiteten Überprüfungen in den Speichern des MfS in der Zeit von 12–13 Uhr in der PH Magdeburg durchgeführt. Die angewendete Legende beinhaltet das Treffen der Person im Jahre 1975 mit 3 tunesischen Staatsbürgern, welche in der BRD, Wolfsburg arbeiten, in Halle. Die Legende beinhaltet die Krisensituation auf dem Arbeitsmarkt der BRD, die Herabwürdigung der Gastarbeiter in der BRD als Menschen 2. Klasse und die daraus resultierende Frage, welche Zielstellung die Kontaktaufnahme seitens der Tunesier mit der Person W. hatte,. Die W. erzählte, daß sie gern und viel tanzen geht, viele entsprechende Gaststätten in Magdeburg kennt (Impro, Grün-Rot, Studentenkeller usw.) und sie den Tunesier im Januar 1975 im Impro kennenlernte. Der Tunesier wies sich durch Spendierfreudigkeit aus. Der Kontakt beinhaltete das Tanzen, Gespräch, Adressenaustausch und das nach Hause bringen der W. Am nächsten Tag gingen beide in Anwesenheit 2 weiterer Tunesier sowie der ehemaligen Freundin Zapf in Magdeburg aus. Dann fand das erste Treffen in Halle statt und zwei Wochen später ein weiteres in Leipzig. Nach dem Erzählen war zu vermuten, daß es auch zu intimen Beziehungen kam.

Das Gespräch beinhaltete die Hilfe der W. gegenüber dem MfS, alle Kontakte der Tunesier zu ihrer Person zu analysieren, da dem MfS bekannt ist, daß diese zielgerichtete Kontakte zu der jungen Intelligenz suchen. Die W. erklärte sich bereit, dem MfS dahingehen zu helfen und sich am 21. 5. 76 um 12:10 im Hotel International mit dem Unterzeichnenden zu treffen. Sie will dann alle ihr noch einfallenden Gegebenheiten dem MfS mitteilen. Persönlich wurde betont, daß sie kein Stipendium bekommt und mit monatlich 200.- M von den Eltern unterstützt wird. Ihr Bruder studiert in Hennigsdorf und wird auch mit 200.- M unterstützt. Ihre Eltern dürften von den Kontakten zu den Ausländern nichts wissen.

18. 05. 1976 Beschluß über das Anlegen einer IM Vorlaufakte [Dorothee Wandernath], Hinze, Oltn.

Vorläufiger Deckname: »Marina« Ziel der op. Aufklärung soll die inoffizielle Nutzung der Kandidatin zur Bearbeitung der OPK »Kreis« sein, in dem ein Anschleusen an die Person W. der OPK »Kreis« erreicht werden soll.

18. 05. 1976 Treffbericht FIM »Manfred« mit IMS »Hans Kramer«, KW »Berg«, 17.30-20.00 Uhr, Hinze, Oltn., Abt. XX / 4

Am 10. 5. 76 besuchte der IM [»Hans Kramer«] den Wulkau, Peter zu Hause. Dort erzählte der W. dem IM über seinen Arbeitsbereich als Kellner im »Grün-Rot«. Er sagte, daß sich Mittwochs und Freitags ein Stammtisch im »Grün-Rot« trifft, welcher aus Angehörigen des MfS besteht. Die MfS-Zugehörigkeit stellte der Wulkau fest, da er doch Personen kannte, wo er wußte, daß es Angehörige des MfS sind. Durch diesen Stammtisch erkannte er plötzlich auch andere Leute, von denen er nicht wußte, daß sie Verbindungen zum MfS besitzen, bzw. dort tätig sind. Er hat bisher sicher einige Mitarbeiter des MfS identifiziert. Der Wulkau erzählte dem IM auch, daß er den Verdacht hegt, daß der Angehörige des Arbeitskreis Marxismus der ESG Richardt, Siegmar, VEB Fahlberg-List, Verbindungen zum MfS besitzt.

22.05.1976 Bericht über das zweite Kontaktgespräch mit der Dorothee W., Oltn. Hinze

Am heutigen Tag fand in der Zeit von 12–14:30 Uhr das 2. Kontaktgespräch mit der Dorothee W. im Hotel International statt. Das Gespräch wurde erweitert auf die bestehenden Kontakte zu Jugendclubs in Magdeburg. Die KP schätze sich selbst als kontaktfreudig ein, das Interesse am Diskutieren und interessante Personen kennen lernen ist groß. Das 3. Kontaktgespräch muß auf die Problematik »Exlibris« geführt werden und die Zielstellung eines Besuches des Weinstudios »Grün-Rot« angeregt werden.

12.06.1976 Treffbericht VzW[Vorschlag zur Werbung]-IM »Marina«, Interhotel Magdeburg 14–16.00 Uhr, Hinze, Oltn.

Der IM [»Marina«] berichtete, daß sie am 3.6.76 gegen 19 Uhr die Gaststätte Rot-Grün wieder besuchte mit der Zielstellung einen Tisch für 18.6.1976 zu bestellen. An diesem Tag beabsichtigt der IM mit der Zimmernachbarin die ersten Prüfungsabschlüsse zu feiern. An der Bar, beim Zigarettenkauf, wurde sie von dem Kellner Peter angesprochen, der sie aufforderte, doch in der Gaststätte zu bleiben und ihr einen Platz in seinem Revier besorgte. Der Peter fragte sie, wie sie heißt und was sie macht. Sie nannte ihm ihren Vornamen und daß sie Studentin der PH wäre. Auch Peter stellte sich mit dem Vornamen vor, erzählte ihr, daß auch er studiert habe, aber in Leipzig Philosophie. Auf die Frage, ob er das Studium beendete, sagte er, »ja, so ähnlich.« Gegen 21.00 Uhr verließ der IM

die Gaststätte. Zuvor bestellte sie einen Tisch für den 18. 6. 76. Der
Peter, der die Tischbestellung entgegen nahm, wollte es so einrichten, daß der IM mit der Studienfreundin in sein Revier kommt. Bevor der IM die Gaststätte verließ, bot sich der Peter an, sie nach
Beendigung des Dienstes nach Hause zu bringen. Dieses lehnte der
IM ab. Der IM schätzt ein, daß sie Eindruck auf den Peter gemacht
hat. Mit dem VzW-IM wurde abgesprochen, doch den Kontakt zu
dem Peter auszubauen, um eine persönliche Verbindung beider Personen herzustellen. Der VzW-IM erklärte sich bereit, dies zu tun.

**22.06.1976 Bericht über den Kellner Wulkau,
IMS »Bundschuh«, angen.: Grässner, Mj.
Abt. VIII**

In der letzten Woche sprach ich [IM »Bundschuh«] mit dem Genannten [Peter Wulkau], und er erklärte mir, daß seine Ehefrau und
seine Tochter ab 28. Juni allein in Urlaub geht. Peter Wulkau sagte
mir, daß er während dieser Zeit allein zu Hause bleibt. Die Gelegenheit ergab sich in diesem Zusammenhang, daß er mich für Mittwoch, den 30. Juni 1976 in das Interhotel Magdeburg einlud. Ich
nahm diese Einladung an. Entsprechend meiner Auftragserteilung
werde ich dazu später berichten.

**08.07.1976 Bericht über Peter Wulkau,
Kellner, IMS »Bundschuh«, Abt. VIII**

Da Peter Wulkau am 30. 6. 1976 kein frei hatte, verabredete er sich
mit mir [IM »Bundschuh«] bereits zum 29. 6. 1976. Er führte mich
ins Café Wien im Hause des Hotel International. Es ist zu bemerken, daß Peter Wulkau an diesem Abend dem Alkohol sehr zu-
sprach und sich dadurch nach relativ kurzer Zeit schon nicht mehr
unter Kontrolle hatte. Ich selbst trank an jenem Abend kein Alkohol, dadurch fiel mir sein Verhalten wahrscheinlich besonders auf.
Das Gespräch zwischen uns war anfangs sehr stockend, da er selbst
nicht den richtigen Gesprächsstoff fand. In politischer Hinsicht äußerte er sich in der Weise, daß er sowohl die Politik der DDR als

auch die der Bundesregierung nicht billigt. Was ihn an der Politik der DDR vor allen Dingen stört ist die nach seiner Meinung vorherrschende Unfreiheit in der DDR, die sich darin ausdrückt, daß er nicht so reisen kann, wie das in kapitalistischen Staaten üblich ist,. Eine besondere Antipathie hat er gegen Mitarbeiter der Staatssicherheit. Wie er sich ausdrückte, würde er am liebsten diese, wenn sie in der Gaststätte erscheinen, wieder hinaus befördern. Aus den Gesprächen ist zu entnehmen, daß er eine Durchschnittsehe führt, wobei unverkennbar war, daß er sehr an seinem Kind hängt. Ich schätze jedoch ein, daß er den außerehelichen Verkehr zwar nicht sucht, aber bei einer sich bietenden Gelegenheit nicht ablehnt. Ich hatte den Eindruck, daß er eine Reihe von Bekannten hat, die ihm hierfür Unterkunft gewähren würden. Nähere Angaben dazu sind nicht bekannt. Ich hatte aber nicht den Eindruck, daß er die DDR ungesetzlich verlassen will.

16.07.1976 Schriftprobe der Schreibmaschine
Typ Erika Nr. 5 442 231. Die Maschine hinterläßt den Eindruck, als wäre sie bisher sehr wenig genutzt bzw. ganz neu.

24.07.1976 Treffbericht FIM »Manfred« mit IMS »Hans Kramer«, KW »Berg«, 18–20.00 Uhr
Wulkau fährt Ende Juli 1976 bis Mitte August 1976 zu einem Meininger Schauspieler eine Woche nach Meiningen (Name nicht bekannt). »Kramer« traf den Wulkau am 13.7.76 auf der Straße und da wurde ihm beim Gespräch das mitgeteilt.

06.08.1976 IMV »Rudi Kelling«, angenommen: Groch, Oltn.
Zu Wulkau berichtete der IM [»Rudi Kelling«]: Im Gespräch äußerte dieser seine Absicht, nach Meiningen ans Theater zu gehen.

19.08.1976 Objektsicherung Beimssiedlung, Abt. XX an Abt. II

Die in der OPK »Kreis« von unserer DE bearbeitete Person wird nach bisherigem Ermittlungsstand 1977 mit einer neuen Wohnung versorgt, wobei vom Wohnungsamt Süd der Komplex Beimssiedlung vorgesehen ist. Um die bearbeitete Person im neuen Wohngebiet operativ unter Kontrolle zu halten, ist bereits eine zielgerichtete Einflußnahme auf die Wohnungszuweisung eingeleitet. Dazu ist es erforderlich, aus dem Komplex Beimssiedlung mit Hilfe Ihrer Diensteinheit konkrete Vorschläge zu erarbeiten, wo die bearbeitete Person einziehen kann. Deshalb bitten wir um Absprache zur Gewährleistung, daß die zuzuweisende Wohnung für die Bearbeitung der o. g. Person günstige Voraussetzungen bietet.

20.09.1976 [handschriftlicher] Bericht IM »Hans Kramer«

Besuch bei Peter Wulkau: Peter sprach über die Einzelheiten seines Versuches beim Meininger Theater als Regieassistent zu arbeiten. Nach seiner Aussage unterstützen ihn dort alle, außer dem Intendanten. Er nimmt an, daß in seiner Kaderakte ein Hinweis enthalten ist, auf Grund dessen wahrscheinlich jeder Kaderfunktionär Rückfragen bei den zuständigen Organen der Staatssicherheit stellt. Hans Kramer

22.09.1976 Treffbericht VzW-IM »Marina«, Hotel International, 16.15–18.00, Hinze, Oltn., Abt. XX / 4

Trotz der vollständigen Bestellung der Gaststätte bekam der VzW-IM [»Marina«] mit ihrer Begleitung, einer Kommilitonin, einen Platz im Revier von Wulkau durch ihn selbst zugewiesen. Er konnte sich an den Namen des IM sowie die Studienrichtung erinnern. Auf das Ansprechen des IM, daß sie interessante Leute kennen lernen möchte, sagte W., daß die Leute telefonisch die Plätze bestellen und er keinen Einfluss hat. Er führte sie aber an einen

Tisch, wo der Schauspieldirektor von Meiningen mit einer Frau saß. W. erzählte dem VzW-IM, daß er mit dem Schauspieldirektor ein Stück in Meiningen inszeniert. Das Stück war dem IM nicht mehr erinnerlich. W. selbst will auch nach Meiningen gehen. Der IM fragte, wann W. arbeitsschluß hat. W. erzählte, daß es 1 Uhr wäre. Er fragte den IM, ob sie auf ihn vielleicht warten wolle. Der IM erwiderte, vielleicht, aber heute nicht. Der VZW-IM bestellte zum 25. 9. 76 wieder einen Tisch. Der IM deutete an, auf den W. am 25. 9. 76 gegen 0. 30 Uhr auf ihn vor der Gaststätte zu warten. Der IM schätzt ein, daß sie auf den W. großen Eindruck gemacht hat. Der IM wurde angewiesen, die das MfS interessierenden Fragen betreffs des Wechsels nach Meiningen, das Verhältnis zu seiner Frau, die Verbindung zu anderen Personen sowie seine polit. Einstellung am 25. 9. beim Nachhausegehen mit dem W. zu klären. Es kann eingeschätzt werden, daß der VzW-IM auf Grund seines Äußeren sowie der Mentalität, er erreicht die interessierenden Probleme zu lösen.

05. 10. 1976 [handschriftlicher] Bericht IM »Hans Kramer«

Besuch von P. Wulkau: Peter hatte gerade am gleichen Tag den schriftlichen Bescheid der Ablehnung vom Meininger Theater erhalten. Er sprach sich noch einmal sehr verärgert über diesen mißglückten Versuch aus. Als Konsequenz will er eine Eingabe an E. Honecker schreiben mit der Anfrage, ob ihm auch weiterhin die Realisierung seiner Perspektive entsprechend seinen geistigen Fähigkeiten verhindert wird. Wenn ja, dann besteht doch genug Grund zur Aushändigung einer Ausreisegenehmigung. Desweiteren las er mir noch eine Reihe Passagen aus seiner Arbeit vor. Mit Vermittlung durch seinen Vater will er diese Arbeit bei einem westdeutschen Verlag herausbringen lassen. Hans Kramer

07.10.1976 Schreiben Peter Wulkaus an Erich Honecker, Generalsekretär des ZK der SED, Berlin

Hochverehrter Herr Honecker! Ich wende mich an Sie, weil Ihr konsequenter Widerstand gegen den Hitlerismus die Gewähr bieten dürfte, daß Sie menschliche Aufrichtigkeit richtig einordnen. Nach der letzten Plenartagung des ZK der SED und der Propagandakampagne zur Vorbereitung der DDR-Wahlen wird sehr viel von menschlicher Würde und vom Glück des Volkes, für welches alles getan werden soll, geredet. Meine kaderpolitischen Erfahrungen der letzten fünf Jahre lassen mich an diesem großen humanistischen Anspruch irre werden und bestimmte programmatische Erklärungen als zweck-politische Phrase empfinden. Im August '76 bewarb ich mich am Meininger Theater um die planoffene Stelle eines Regieassistenten mit Spielverpflichtung. Mein Antrag wurde von der Schauspielleitung (Schauspieldirektor, Chefregisseur und Chefdramaturg) sowie vom stellvertretenden Intendanten unterstützt. Der Intendant Tenhagen weigerte sich ohne Angabe von Gründen, mich einzustellen. Durch das Agieren des Intendanten fühle ich mich veralbert und in meiner Menschenwürde verletzt. Es handelt sich um eine Perspektive der Perspektivlosigkeit, die mir ohne ersichtlichen Grund geboten wird.

Ich bitte Sie, meinen Fall zu prüfen, speziell den Fall der unbegründeten Nichteinstellung am Meininger Theater. Ferner bitte ich, da ich mich immer mehr als ein an den Rand der Gesellschaft gedrängtes Individuum begreifen muß, um Auskunft, woran es liegt, daß mein nachweislich fester Wille, mich mit meinen Fähigkeiten im Aufgabenbereich der sozialistischen Gesellschaft zu engagieren, durch schroffe Zurückweisung beantwortet wird. Ich fühle mich zu schade, mein Dasein in der DDR mit Tätigkeiten auszufüllen, die weit unter meinem intellektuellen Niveau liegen und mich in keiner Weise befriedigen. Ich bitte Sie, mir nüchtern aufzuzeigen, wie es in der DDR, die keinen Bürger zurücklassen will, mit mir zukunftsmäßig aussehen könnte. Ich bitte Sie auch, falls irgendwelche Gremien des MfS die Meinung vertreten, ich sei ein suspektes oder staatsschädigendes Element, um ein ehrliches Eingeständnis desselben und dann um die Legalisierung der logischen Konsequenz: die Aberkennung der Staatsbürgerschaft und die Ausreise aus der DDR.

Ich hoffe aber nach wie vor, daß dieser Schritt nicht notwendig ist, weil ich mich als Bürger der DDR begreife, der in der DDR nach wie vor den besseren Staat sieht.

Mit achtungsvollen Grüßen, Peter Wulkau

18.10.1976 Schreiben SED Zentralkomitee Berlin, H. Redwitz an Peter Wulkau

Werter Herr Wulkau! Wir bestätigen den Eingang Ihres Schreibens und teilen Ihnen mit, daß durch den Genossen Honecker die zuständigen Organe des Bezirkes mit der Prüfung beauftragt wurden.

Mit sozialistischem Gruß, H. Redwitz

25.10.1976 Treffbericht VzW-IM »Marina«, 21.10.76, KW »Burg«, 16.30–18.30 Uhr, Hinze, Oltn., Abt. XX/4

Am 5.10.76 traf der VzW-IM [»Marina«] die Person Wulkau, Peter im Centrum-Warenhaus. W. erzählte dem VzW-IM, daß er gerade aus Leipzig gekommen ist. Auf die Frage, was er denn in Leipzig gemacht habe, entgegnete W., daß er dort studiert habe und noch Verbindungen besitzt. Die Ehefrau des P.W. gesellte sich zu den Personen, so daß der VzW-IM sich verabschiedete. Der VzW wird am 30.10.76 den W. in der Gaststätte »Grün-Rot« aufsuchen.

03.11.1976 Treffbericht VzW-IM »Marina«, KW »Burg«, 16.15–19.00 Uhr, Hinze, Oltn., Abt. XX/4

Entsprechend des Auftrages, das Verhältnis zu der Person Peter W. zu festigen, suchte der VzW-IM [»Marina«] am Sonnabend, den 29.10.76, die Gaststätte »Grün-Rot« auf, wo der W. als Kellner beschäftigt ist. Der IM war gegen 19.20 und 20.00 Uhr in der Gaststätte, welche aber überfüllt war. Der W. sagte zum IM, daß sie gegen 23.00 noch einmal vorbeikommen soll. Der IM erschien gegen 23.00 Uhr wieder und der W. beschaffte für den IM einen Platz. Die Gesprächsmöglichkeit war sehr gering, da der W. noch arbeiten mußte. Der W. bot dem IM an, nach Arbeitsschluß den W. zu Hause zu besuchen (gegen 24 Uhr), was der IM bejahte. Der W. beeilte sich sehr mit der Abrechnung und beide Personen fuhren zu dem W. mit der Straßenbahn nach Hause. Der IM sagte schon auf der Straße zu dem W. daß sie nicht mit ihm ins Bett gehen würde. Die Frau des W. war nicht anwesend. W. erzählte, daß er am Sonntag, den 30.10.76, sich mit seinem Vater in Berlin trifft. Der Vater hat den 60. Geburtstag. W. erzählte, daß die Ehe seiner Eltern seit 20 Jahren geschieden ist, der Vater in der BRD lebt und ein hohes Tier im Bundestag ist. W. ist sehr stolz auf seinen Vater. Zu Hause spielte der W. dem IM Flötenmusik vor auf Schallplatte. W. liebt diese Musik. Die Zukunft für W. liegt im Umzug nach Berlin, weil dort alles freier ist, und die Arbeit als Freischaffender. Über seine bisherige Tätigkeit erzählte W., daß er M/L studiert habe in Leipzig und seine Diplomarbeit den Titel »Ideologie und Schizophrenie« hatte. In dieser Arbeit stellte W. eine These auf hinsichtlich der Wissenschaft und Ideologie. Diese These wurde abgelehnt und er sollte sie fallenlassen, was er ablehnte. Daraufhin bekam er keine Anstellung. Während seines Studiums arbeitete er in einem Krankenhaus als Nachtwache, um Geld zu verdienen.

Dann erzählte W. stolz, daß er ein Buch schreibt. 200 Seiten des Buches »Noch nicht und doch schon« sind schon fertig auf Schreibmaschine. Der Titel soll aussagen, daß »Gesetze, die noch nicht da sein sollen, aber schon wirken.« Er will das Buch in der BRD verlegen lassen. Dieses zu realisieren, gäbe es verschiedene Wege. Ein Weg sei die Leipziger Messe, die Bücherstände der BRD. Der W. las dem IM mehrere Stellen aus dem Fragment vor. Das Buch ist in der Ich-Form geschrieben, behandelt den Rückblick der Lehrerin Jeane aus der DDR, ca. 30 Jahre alt, zu einem Verhältnis zu einem früheren Freund von ihr, Hubert. Das MfS befragte die Jeane nach Hubert und J. erinnert sich in Form des Rückblicks. Die Mitarbeiter des MfS werden ohne Manieren, überheblich dargestellt, das MfS wird in den Dreck gezogen. Auch die Person Ulbricht und Kennedy werden in dem Buch erwähnt. Desweiteren ist ein Gedicht enthalten mit dem Inhalt der Verleumdung des Parteiabzeichens der SED. Der Inhalt ist sinngemäß: Ein Mann liebt Süßigkeiten, hat aber kein Geld um diese zu kaufen. Der Ausweg ist, daß er ein Bonbon (Parteiabzeichen) mit sich rumträgt. Das Buch selbst soll die Grenzen der Freiheit und der Moral in der DDR zeigen. W. sagte zu dem IM offen, daß der Sozialismus untergehen wird. Der IM selbst war überrascht, daß der W. ihr gegenüber so offen war. Der IM erklärte sich bereit, sich weitere Stellen aus dem Buch vorlesen zu lassen, aber nicht zu Hause bei W. (Der W. versuchte ständig den IM ins Bett zu bekommen) W. erklärte dazu, das ließe sich einrichten, die Vorlesung wäre dann auch in einer anderen Form. Näher ließ sich der IM nicht aus. W. erklärte, daß er auch schon Ausschnitte aus dem Buch vor Arbeitern gehalten hätte, und es war gut angekommen. (Siehe Information IMS »Hans Kramer« vom 8. 3. 75, Vorlesung vor Arbeitern VEB Fahlberg-List) Der W. hofft, im nächsten 1/2 Jahr in Mgdb.-Stadtfeld eine Neubauwohnung zu bekommen.

30.11.1976 Quittung VzW-IM »Marina«, Hinze, Oltn.

Am heutigen Tag habe ich von einem Mitarbeiter des MfS 100M erhalten. Marina

25.11.1976 Treffbericht IMS »Hans Kramer«, Hinze, Oltn., Abt. XX/4

Entsprechend der Beauftragung zur Problematik Biermann nahm der IM [»Hans Kramer«] am Dienstag, den 23. 11. 76 Kontakt zum Wulkau, Peter zu Hause auf. Aus dem Gespräch des IM mit Wulkau erkannte der IM, dass W. voll hinter Biermann steht, er hätte es kommen sehen nach dem Auftritt des B. am 19. 11. 76 im Fernsehen der BRD. W. versteht den Biermann nicht, daß er zurück in die DDR will. Er, Wulkau, würde bei einer Behandlung seiner Person gegenüber (Aberkennung der Staatsbürgerschaft der DDR) bösartiger reagieren. Weiterhin lud der W. den IM ein, mit ihm, am 6. und 7.12.76 nach Berlin zu fahren. Unterkunft ist das Hotel »Adler«. Er will dort Bekannte, interessante Leute besuchen, deren Kennenlernen sich auch für den IM lohnt. Die Fahrt soll mit dem PKW des IM stattfinden.

Der IM ist bereit, im Auftrag des MfS mit dem W. nach Berlin zu fahren. Konkrete Absprachen zwischen dem W. und dem IM finden noch statt.

Das Buch des W. ist fast fertig, es fehlen noch ca. 30 Seiten. Wahrscheinlich wird der Vater des W. das Buch mit in die BRD zum drucken nehmen.

02.12.1976 Treffbericht IMS »Hans Kramer«, Hinze, Oltn., Abt. XX/4

Am 1.12.1976 sprach der IM [»Hans Kramer«] mit dem Wulkau im Arbeitsbereich des W., Weinstudio Grün-Rot, über die gemeinsame Fahrt am 6./7.12.76 nach Berlin. W. sagte, daß die Fahrt ausfallen muß. Jetzt ist es nicht möglich an die bewußten Leute ranzukommen. Der W. sagte, daß er u.a. auch zu Prof. Havemann wollte, jetzt aber ein schweres rankommen wäre. W. bezweckte mit der Fahrt, daß auffrischen der Verbindungen und das erhören der Meinungen anderer Leute über die neue Situation bezüglich Biermann. W. bezeichnete die Fahrt als aufgeschoben. W. erzählte dem IM, daß er öfters nach Berlin fährt und stets im Hotel »Adler« übernachtet. Dort kennt er den Portier sehr gut, er hat ihm auch in der Vergangenheit Geschenke gemacht und bekommt stets ein Zimmer, wo ein Klappbett drin ist, so daß auch die Gäste des W. mit übernachten können. Das Hotel soll an der Grenze liegen und Fenster des Hotels sollen nach WB zeigen.

03.12.1976 [handschriftliche] Notiz vom Vorgesetzten

Die Hinweise des IM [»Hans Kramer«] bezüglich Berlin sind zu überprüfen und ggf. op Relevanz einzuschätzen (Lage des Hotel, inoff. Möglichkeiten, Verbindung zu Havemann berücksichtigen).

08.12.1976 Sachstandbericht und politisch-operative und strafrechtliche Einschätzung zur OPK »Kreis«, Groch, Oltn., Ref.leiter XX/4

In dem Buch »Noch nicht und doch schon« (Anlage I) sowie in handgeschriebenen Gedichten des W. (Anlage IV) diskriminiert der W. die staatlichen, politischen, ökonomischen und gesellschaftlichen Verhältnisse der DDR, Repräsentanten unseres Staates sowie die Tätigkeit staatlicher und gesellschaftlicher Organe. Inoffiziell wurde bekannt, daß der W. diese literarischen Schriften mit der Absicht verfaßt, diese in der BRD zu veröffentlichen. Inoffizielle indirekte Beweise zu dieser Absicht des W. konnten ebenfalls erarbeitet werden. Durch diese Handlungen des W. werden die Straftatbestände des § 106, Abs. 1, Ziff. 1 und 3 StGB erfüllt, da seine Handlungen objektiv dazu geeignet sind, die Staats- und Gesellschaftsordnung zu schädigen, auf die Bewußtseinsentwicklung von Bürgern einzuwirken und diese aufzuwiegeln. Beim W. scheiden nach bisheriger Einschätzung Strafaufhebungs- bzw. Strafausschließungsgründe aus, da er geistig und körperlich gesund ist und es sich um eine volljährige Person handelt. Der vorliegende Sachverhalt umfaßt im Sinne der Richtlinie 1/76 des Genossen Minister die Voraussetzungen für das Anlegen eines OV.

12.01.1977 Verpflichtung des IMS »Marina«, Hinze, Oltn. Bestätigt: Abt.leiter XX Reif Mj.

Am 11.1.1977 fand in der Zeit von 16:15–18:00 Uhr die Verpflichtung des IMS »Marina« für die inoffizielle Zusammenarbeit mit dem MfS in schriftlicher Form in der IMK-KW »Burg« statt. Der IMS war sofort bereit, die Verpflichtung zur inoffiziellen Zusammenarbeit mit dem MfS in schriftlicher Form zu leisten. Die weitere Perspektive des IM sieht vor, das feste Eindringen in die ESG und die Herstellung zu Kontakten zum Literaturkreis der ESG sowie des weiteren Ausbaus des Kontaktes zu der in der OPK »Kreis« bearbeiteten Person W.

11.01.1977 Quittung, Hinze, Oltn.

Am heutigen Tag habe ich einen Betrag von 50M erhalten. Marina

20.01.1977 Peter Wulkau an Zentralkomitee der SED, Büro Honecker, Berlin

Werter Herr Redwitz! Sie teilten mir am 18.10.76 mit, daß meine obige Eingabe auf Anweisung des Genossen Honecker durch die zuständigen Organe des Bezirkes, wie Sie sich ausdrückten, geprüft werden solle. Die zuständigen Organe haben mir bis jetzt noch keinerlei Nachricht zukommen lassen. Ich möchte darauf hinweisen, daß diese Praxis des Übergehens, nicht nur das brauchbare Eingabengesetz aushöhlt, sondern auch das Vertrauensverhältnis zwischen den Bürgern und den arbeitsfähigen Organen Ihres Staates erschüttert. Ich bitte um Nachricht, in welcher Form meine Eingabe bisher bearbeitet worden ist und warum die zuständigen Organe mir keine Information über den Grund der Verzögerung zukommen ließen. Mit sozialistischen Grüßen, Peter Wulkau

30.01.1977 Treffbericht, IMS »Hans Kramer«, FIM »Manfred«

Am 28.01.77 fand in der Zeit von 17.30–19 Uhr der vereinbarte Treff mit »Hans Kramer« bei »Berg« statt. Der IM erschien pünktlich zum Treff. Am Anfang brachte ich das Gespräch auf Biermann und fragte, welche Aktivitäten es dazu gibt. Er sagte, daß die Sache Biermann am Abflauen ist und es zur Zeit keine wesentliche Mitteilungen darüber gibt. Der IM sagte, daß es im allgemeinen bekannt war, daß in Magdeburg Unterschriften gegen die Ausweisung gesammelt wurden, aber näheres wurde darüber nicht bekannt.

Auf meine Argumente gegen Biermann, Klassengegner usw. reagierte »Kramer« so gut wie gar nicht und verhüllte sich vollkommen in Schweigen. Er ließ mich viel reden, gab aber selbst seine Meinung nicht kund, so daß es den Anschein hat, daß er eine andere Meinung dazu hat, aber nicht den Mut findet, diese zu äußern.

03.02.1977 Mj. Reif, Abteilung XX an Mj. Hellberg, Abt. XX/1

Einsatz als Lehrerin nach dem Studium in Magdeburg-Stadt 1978: Wir bitten Sie unter Einbeziehung Ihrer operativen Möglichkeiten die Person Wandernoth, Dorothee, [IM »Marina«] Studentin seit 1974 Fachrichtung Russisch/Geschichte als Lehrerin ab 1.8.1978 in der Stadt Magdeburg aus politisch-operativem Interesse einsetzen zu lassen.

Handschriftl. Notiz: Am 4.5.77 mit dem Bezirksschulrat abgesprochen. Der Einsatz ist möglich und wird vorbereitet.

03.02.1977 Treffbericht, Kurztreff, IMS »Hans Kramer«, KW »Berg«, 15.30–16.30 Uhr, Hinze, Oltn., Abt. XX/4

Der IM [»Hans Kramer«], welcher den persönlichen Kontakt zu dem W. gefestigt hat, berichtet, daß der W. mit seinem Buch noch nicht fertig ist. Er hat ein paar Seiten geändert.

04.02.1977 Bericht IMF »Anton«, Wessler, Oltn.

Am 30.12.1976 habe ich Herrn Kloss zu mir [IM »Anton«] eingeladen. Er blieb ca. 3 Stunden bei mir und wir unterhielten uns während dieser Zeit über die Weltlage, Literatur und einige persönliche Dinge, die Herrn Kloss und mich betreffen. Herr K. sprach auch über Herrn Wulkau. Mit diesem sei er desöfteren zusammengetroffen, entweder bei ihm zu Hause oder im Weinstudio. Herr Wulkau hat ja auch mal 1 1/2 Jahre bei uns im Betrieb gearbeitet. Über Herrn Wulkau kenne ich einige Daten. Beispielsweise ist sein Vater in Westberlin Dozent an der »Freien Universität«. Vor den Sicherungsmaßnahmen am 13. August 1961 [Bau der Mauer] soll er ein hoher Beamter im Wirtschaftsministerium der DDR gewesen sein. Sowie mir bekannt ist ist er dann damals mit einigen Unterlagen nach Westberlin gegangen. Der Vater soll auch angeblich desöfteren mal in Magdeburg zu Besuch sein und bei diesem Besuchen hat er auch immer »unerwünschte« Literatur mitgebracht. Meine Aufgabe in nächster Zeit ist es, die genaue Adresse des Vaters von Herrn Wulkau zu erfahren. Ich werde dann auch versuchen, ihn mal in Westberlin zu besuchen. Vor kurzem wollte ich mit dem Herrn Kloss den Wulkau besuchen, aber an diesem Tage war er nicht zu Hause. Ich werde in nächster Zeit mit dem Herrn Kloss noch mal vorbei gehen.

10.02.1977 Leiter der Abteilung II, Oberstleutnant Hippler an Mj. Richter, Abteilung VII

Für unsere Abteilung ist der Indonesische Staatsbürger Supriyatman, Maktal, [IM »Anton«] Magdeburg, Pablo-Neruda-Str. 9 erfaßt. Dieser beabsichtigt die DDR-Bürgerin Jehne, Beate, Magdeburg, Pablo-Neruda-Str. 9 zu heiraten. Es wird gebeten, uns den Verfahrensweg zur Eheschließung mitzuteilen. Der Antrag zur Eheschließung wurde schon gestellt. Mit der Eheschließung ist keine Übersiedlung vorgesehen. Der S. möchte in der DDR verbleiben. Eine Zustimmung zur Genehmigung der Eheschließung wird befürwortet.

10.02.1977 Bericht IMV »Rudi Kelling«, angen.: Groch, Oltn.

Der IM [»Rudi Kelling«] traf mit Wulkau, Peter zusammen. Wulkau schätzte ein, daß z.B. drüben (BRD) die Situation so sei, daß alles veröffentlicht wird, was kritisch gegen den Sozialismus ist, ohne das literarische Niveau zu beachten. Der IM hat den Wulkau zu sich eingeladen, ebenfalls bot der Wulkau dem IM an, mal wieder bei ihm vorbeizuschauen.

11.02.1977 Schreiben H.Redwitz, SED Zentralkomitee Berlin an Peter Wulkau

Werter Herr Wulkau! Ihre Zuschrift vom 20.1.1977 ist hier eingegangen. Die zuständigen Organe des Bezirkes Suhl wurden von uns inzwischen aufgefordert, Ihnen unverzüglich das Ergebnis der durchgeführten Prüfung Ihres Anliegens in Form eines Bescheides mitzuteilen. Mit sozialistischem Gruß, H. Redwitz

01.03.1977 Treffbericht IMS »Hans Kramer«, Hinze, Oltn., Abt.XX/4, Teilnahme: Groch, Oltn.

Der IM [»Hans Kramer«] wurde aus dem FIM-System herausgelöst und wird vom op. MA [Hinze] gesteuert. Ein weiteres Interesse des W. ist Tischtennis. Er nutzt die Gelegenheit dieses Hobby in den Räumen der ESG durchzuführen. Das beabsichtigte Buch ist zu ca. 80 Seiten fertig. In diesem Buch wird das MfS auf »satirisch-humoristische« Art angegriffen. Mitte Januar 1977 holte der Wulkau zusammen mit dem IM aus Magdeburg, Bürgerstr. 8 – Diesdorf, bei einem dort wohnhaften Iraker 5 BRD Zeitschriften »Spiegel«, 2 aus 1975, 3 aus 1976 ab. Der IM betrat das Haus nicht. Der W. holte, so der IM, die Zeitschriften aus persönlichem Interesse zum lesen ab.

**24.06.1977 Einschätzung IMS »Hans Kramer«
durch FIM »Manfred«, Abt. XX/4**

Der IM »Hans Kramer« wurde von mir [FIM »Manfred«] 1976 bis Anfang 1977 gesteuert. Auf Grund von speziellen operativen Schwerpunktaufgaben wurde seine Mitarbeit mit mir Anfang 1977 beendet und für andere Aufgaben verpflichtet. Während der Zusammenarbeit mit mir kann eingeschätzt werden, daß der »Hans Kramer« stets pünktlich zu den vereinbarten Treffs erschien. Überprüfungen von mir ergaben, daß er seine Konspiration einhielt und unmittelbar vor und nach dem Treff mit keiner anderen Person in Kontakt kam. Seine Berichterstattung wurde überwiegend in mündlicher Form dargelegt. Zu schriftlichen Berichten war er nicht gerne zu bewegen, was aber mehr auf Bequemlichkeit (des IM) zurückzuführen ist. Bei den durchgeführten politisch-aktuellen Gesprächen, die während der Treffs durchgeführt wurden, zeigte er eine gewisse Zurückhaltung und sprach sich wenig aus. Man hat den Eindruck, das er mit verschiedenen politischen Problemen nicht ganz einverstanden ist. In den Gesprächen zur operativen Arbeit ist er gleichfalls etwas zurückhaltend und man muß ihn über bestimmte Probleme direkt abfragen, bevor er sich dazu äußert. Obwohl der IM mir gegenüber einen ruhigen und sachlichen Eindruck machte, auch bescheiden auftrat, konnte ich aus obengenannten Gründen nicht so richtig zufrieden sein. Im allgemeinen schätze ich ihn jedoch als einen ehrlichen Mitarbeiter ein, welcher eben verschiedene Schwächen hat.

**07.03.1977 Treffbericht IMS »Hans Kramer«,
Kurztreff 4.3.77, 14.00–15.00 KW »Burg«,
Hinze, Oltn., Abt. XX/4**

Die Person W. fuhr nicht am 28.2.–1.3.77 nach Berlin. Grund war, daß den Wulkau nicht der IM [»Hans Kramer«] begleiten konnte. Beabsichtigt ist, daß W. und der IM am 14.–15.3.1977 nach Berlin fahren wollen.

08.03.1977 Bericht IMF »Anton«, angen.: Wessler, Oltn.

Vor ca. 1 Woche suchte der IM [»Anton«] den Wulkau in seiner Wohnung auf. In der Unterhaltung mit dem W. konnte er erfahren, daß er seit 1971 sich damit beschäftigt, ein Buch zu schreiben. Dieses Buch trägt den Titel »Es ist noch nicht, aber doch schon«. Dieses Buch umfaßt ca. 250 A4 Seiten. Das Buch soll im Sommer 1977 zur Fertigstellung gelangen. Der IM konnte mehrere Seiten von diesem Schriftstück sehen. Der W. will mit diesem Buch aufzeigen, welche Schwierigkeiten man allen jungen Bürgern der DDR von Seiten der Regierung macht, wenn man studieren möchte und Verbindungen zur BRD unterhält. Mehr oder weniger ist dieses Buch eine Antwort darauf, daß man ihn exmatrikulierte als er in Leipzig studierte.

Der W. wandte sich an den IM mit der Bitte, bei Fertigstellung seines Buches dieses nach Westberlin über seine Botschaft zu schaffen, um es dann dort zu veröffentlichen. W. möchte es keiner anderen Person anvertrauen, denn er weiß, daß Diplomatenfahrzeuge nicht kontrolliert werden dürfen, um somit eine 100% Gewähr zu haben, dieses Buch nach WB ungehindert auszuschleusen. Der W. teilte dem IM auch mit, daß er bei Fertigstellung seines Buches dieses vorher durchlesen kann bzw. auch seiner Botschaft zeigen könnte. Sollte jedoch vorher das MfS in Erfahrung bringen, welches Vorhaben W. hat, so sollte der IM dann über seine Botschaft seinen in WB wohnhaften Vater informieren. Der Vater des W. würde dann dementsprechende Maßnahmen einleiten, um mit Hilfe der BRD-Regierung bzw. des Westberliner Senats eine Kampagne zu starten. Die Information soll deshalb über die Botschaft des IM laufen, da er bei seiner Inhaftierung keine Möglichkeit sieht, eine Information an seinen Vater zu geben. Dem IM [»Anton«] wurde bekannt, daß der W. schon mehrfach den Antrag gestellt hat auf legale Übersiedlung in die BRD. Diese Anträge wurden aber stets ohne Begründung abgelehnt. Von seinem Vorhaben will er jedoch nicht abstand nehmen. Er möchte, wie er wörtlich anführte, auf legalem

Wege nach WB oder in die BRD. Da der IM während der Leipziger Frühjahrsmesse in Leipzig tätig ist, verabredeten sich beide für Dienstag den 15.03.1977, von 19:00 bis 19:30 im Weinstudio »Badega« (neben Kino »Capitol«). Der W. will in Leipzig zur Buchmesse und mit einigen Verlegern aus der BRD Kontakt aufnehmen. Die Unterlagen bzw. Schriftstücke zu seinem Buch hat der W. meistens in einer Aktentasche bei sich, denn er möchte sie nicht längere Zeit unbeaufsichtigt in seiner Wohnung liegen lassen.

07.03.1977 Quittung IM »Anton«
Am heutigen Tage erhielt ich von einem Mitarbeiter des MfS für Ausgaben bei einem Gespräch mit Herrn Wulkau, Peter im Weinstudio Grün-Rot Magdeburg einen Geldbetrag von 100 M (einhundert Mark). Anton

12.03.1977 Mj. Reif, Leiter Abteilung XX an Simon, OSL Leiter Abt.VIII
Inoffiziell wurde bekannt, daß der o.G. [Peter Wulkau] am 15.3.1977 beabsichtigt, zur Leipziger Messe zu fahren. Sein Ziel besteht in der Kontaktherstellung zu BRD-Verlagen, um sein gefertigtes Manuskript einer Hetzschrift einem Verlag anzubieten und eine Möglichkeit zu schaffen, dieses in die BRD zu bringen. Das Manuskript wird voraussichtlich im Juni fertiggestellt sein. Wir bitten um Einleitung einer operativen Personenbeobachtung der Person, zur Feststellung seiner Aktivitäten. Wulkau rechnet mit seiner Kontrolle des MfS über seine Person.
[Handschriftliche Notiz] Gen. Groch lt. Rücksprache mit Gen. Dallmann kein Kräfteeinsatz der VIII + XIX möglich. 12.3. Reif

12.03.1977 Strafrechtliche Einschätzung der OPK »Kreis«, Falke, Oltn., Abt. XX
Seit 1968 ist in einem Fall offiziell und seit 1968 mehrfach inoffiziell bekannt geworden, daß Wulkau beabsichtigt, ein Buch zu schreiben, das er nicht in der DDR veröffentlichen könne. Dieses

Buch trägt den Titel »Noch nicht und doch schon«. Der op. und strafrechtlich relevante Sachverhalt umfaßt im Wesentlichen das Herstellen einer Schrift durch Wulkau, in der die politischen Verhältnisse und die Tätigkeit staatlicher und gesellschaftlicher Organe und Einrichtungen (MfS, SED, sozialistisches Hochschulwesen) diskriminiert werden. Aus der Entwicklung des Wulkau, Berufsausbildung mit Abitur, 3-jähriges nichtbeendetes Hochschulstudium der Philosophie und wissenschaftl. Sozialismus, seinem Intellekt usw., ist zu schlußfolgern, daß er über die für die staatsfeindliche Hetze erforderlichen subjektiven Voraussetzungen verfügt. Durch andere inoffizielle Informationen und Beweise sind die tatbestandsmäßigen Anforderungen, der Schädigung bzw. der Aufwiegelung gegen die sozialistische Staats- und Gesellschaftsordnung, nicht begründet. Diese sagen lediglich aus, daß Wulkau sein »Buch« in der BRD veröffentlichen lassen will. Zur Begehungsweise der Verbreitung dieser Schrift (Veröffentlichung in der BRD) liegen gleichfalls keine Beweise vor. Die Beweislage dazu ist ausschließlich inoffiziell. (§ 106 Abs. 1 Ziff. 1 u. 3 StGB)

Wie die konspirative Hausdurchsuchung ergab, ist Wulkau im Besitz antisozialistischer Gegenwartsliteratur verschiedenster bürgerlich-revisionistischer Schriftsteller und Philosophen sowie sogenannter Dissidenten. Diese Bücher und Schriften soll Wulkau von seinem Vater in Westberlin beziehen. Diesbezüglich wird darauf verwiesen, daß nicht der Besitz, sondern die Einfuhr bzw. die Verbreitung diskriminierender Schriften strafrechtliche Verantwortlichkeit gemäß § 106 Abs. 1 Ziff. 1 StGB begründet und somit zu beweisen ist, daß diese Schriften mit staatsfeindlicher Zielstellung durch Wulkau bzw. auf dessen konkrete Aufforderung hin in die DDR eingeführt wurden. Andernfalls liegen lediglich Zollverstöße in Form der Zollhehlerei durch Wulkau vor. Auch diese Beweislage ist ausschließlich inoffiziell.

Zur staatsfeindlichen Gruppenbildung gemäß § 107 StGB und zu staatsfeindlichen Verbindungen gemäß § 100 StGB ist der Verdacht nicht begründet. Bisher ist dazu nur bekannt geworden, daß Wulkau mit anderen ESG-Anhängern einem Arbeitskreis »Marxismus« angehört hat. Es ist nicht bewiesen, daß sich diese Gruppierung eine staatsfeindliche Tätigkeit zum Ziel gesetzt hat. Die Rolle des Wulkau in diesem Arbeitskreis ist nicht herausgearbeitet.

Aus der Verbindung des Wulkau zu seinem Vater nach Westberlin, selbst wenn es sich dabei um einen ehemaligen Agenten des FDP-Ostbüros handelt, kann nicht auf staatsfeindliche Verbindungen geschlossen werden, da hier sicher familiäre Beziehungen im Vordergrund stehen und es keine Hinweise gibt, daß Wulkau von der ehemaligen staatsfeindlichen Tätigkeit seines Vaters Kenntnis hat und deswegen die Verbindung unterhält.

Entsprechend der operativen, ausschließlich auf inoffiziellen Beweisen, beruhenden Sachverhaltes sind gemäß RL 1/76 die Voraussetzungen der op. Vorgangsbearbeitung im Rahmen einer OV gegeben. In der weiteren Vorgangsbearbeitung muß sich auf die Schaffung offizieller und auf die Legalisierung inoffizieller Beweise der staatsfeindlichen Hetze durch Wulkau konzentriert werden. Zur Beweisführung in objektiver Hinsicht kommt es darauf an, das »Buch« des Wulkau zu legalisieren. Gleiches gilt für die Einfuhr in der DDR nicht verlegter Literatur, da die zollrechtlichen Bestimmungen grundsätzlich die Einfuhr von Literatur aus dem NSA verbieten und derartige Literatur der Einziehung unterliegt.

Zu den subjektiven tatbestandsmäßigen Anforderungen kommt es darauf an, verstärkt offizielle und inoffizielle Beweise und Informationen für die konkreten Schädigungs- bzw. Aufwiegelungsabsichten des Wulkau zu erarbeiten, wozu der kurzfristige Einsatz eines geeigneten IM als erforderlich erachtet wird. Dabei ist auch der Hinweis, daß Wulkau Ausschnitte aus seinem »Buch« bereits vor Arbeitern im VEB Fahlberg-List vorgetragen haben soll, zu berücksichtigen und hinsichtlich der Erarbeitung von Zeugen zu präzisieren.

Gemäß dem Ergebnis der Personenaufklärung wurde von Wulkau bisher kein Wehrdienst abgeleistet. Dazu sollten die konkreten Umstände geprüft und eine evtl. Einberufung zum Reservistendienst erwogen werden, um evtl. Reaktionen des Wulkau festzustellen und für die op. Bearbeitung nutzen zu können.

Wichtig erscheint auch die Aufklärung, inwieweit sich die Ehefrau des W. im Arbeits- u. Freizeitbereich über die familiäre Situation und die polit. Einstellung ihres Ehemannes äußert (1973 Beantragung der Übersiedlung für sich allein) und die Aufklärung, inwieweit Wulkau einen ungsesetzlichen GÜ beabsichtigt, wofür jedoch noch keine Hinweise vorliegen.

Nach Vorliegen weiterer wesentlicher Aufklärungsergebnisse u. Legalisierung der wichtigsten Beweismittel wird eine Konsultation mit der Abt. IX empfohlen.

28.03.1977 Treffbericht IMF »Anton«, 25.03.77, 18:00–20:00 Uhr IMK »Leineweber«, Wessler, Oltn.

Während der Messe traf sich der IM [»Anton«] mit Wulkau am 15.3. um 20:00 Uhr. Da die Gaststätten alle überfüllt waren, aßen sie im »Auerbachskeller«. Wie der IM in Erfahrung bringen konnte, besuchte Wulkau einige Bücheraussteller aus der BRD. Da zu wenig Zeit war sich über diese Problematik zu unterhalten, verabredete sich der IM mit dem Wulkau für den 26.3.77 um 20:00 Uhr im Weinstudio »Grün-Rot« in Magdeburg. Nächster Auftrag: Angaben zu Wulkau, was mit dem Buch werden soll.

16.03.1977 Bericht IMV »Rudi Kelling«

IM [»Rudi Kelling«] besuchte den W. in dessen Wohnung. Wulkau erzählte dem IM, daß er jetzt Antwort auf seinen Brief an E. Honecker erhalten habe, in dem er sich wegen der Ablehnung der Anstellung am Theater in Weimar beschwerte. In der Antwort wurde ihm mitgeteilt, daß er für eine solche Tätigkeit keine Eignung habe. Wulkau wertete dies als einen fehlgeschlagenen Versuch für ihn, seine berufliche Situation zu verändern. Wulkau soll demnächst eine neue Wohnung erhalten.

**11.04.1977 Treffbericht IMS »Hans Kramer«,
KW »Burg« 16.30–19.00 Uhr**

Die Fahrt der Person Peter W. und dem IM [»Hans Kramer«] nach
Berlin am 4.-5.4.77 fand nicht statt. Der W. zog auf Grund von
Zahnschmerzen die Fahrt zurück. Die Fahrt ist zu einem späteren
Zeitpunkt verschoben.

Am 5.4 77 weilte der IM [»Hans Kramer«] mit der Person P. W.
zum Tischtennis im Objekt der ESG. Die Ehefrau des W. holte beide Personen ab. Studentenpfarrer U-Wettler sprach sofort die Christine W. an und fragte sie, ob sie an der PH Magd. an die Dissertation älteren Datums »Einfluss der ESG auf die studentische Jugend
der DDR« heran kommt. Dies verneinte die Chr. W. U.-W. äußerte
sich sinngemäß, daß sich verschiedene Leute dafür interessieren.
Ch. W. kann aber nicht an diese Dissertation heran, da sie nicht in
das Archiv kommt.

**14.04.1977 Bericht zu Dorothee Wandernoth,
Leutnant Richter, Ltn.**

Als Nachfolgeinformation ist zur Person [Dorothee Wandernoth]
folgendes bekannt: Sie hat jetzt einen festen Freund und dadurch ist
wohl ihre »Ausgehsucht« eingegrenzt. Als ihren zukünftigen Ein-
satzort hat sie nach dem Studium den Bezirk Halle gewählt. Ihr
Freund soll auch im Bezirk Halle eingesetzt werden.

**20.04.1977 Bericht über Herrn Wulkau, IMF
»Anton«, angen.: Wessler, Oltn.**

Am Sonntag, 17. April 1977, sprach ich [IM »Anton«] mit Herrn
Wulkau. Wir unterhielten uns über verschiedene Dinge, u. a. auch
über sein Manuskript. Dieses Manuskript sollte ich ja bekanntlich
mit zu seinem Vater nach WB nehmen. Ich hab ihn dann gebeten,
daß ich erst das Manuskript lese, bevor ich nach Berlin fahre und
mit Mitarbeitern der indonesischen Botschaft darüber spreche. Er
hat mir gesagt, daß ich, bevor ich nach Berlin fahre, das Material
selbst durchlesen kann, um mir ein Bild zu machen, welches politi-

sche Ziel damit verfolgt werden soll. In der Unterhaltung über dieses Manuskript las er ein paar Passagen zum Mauerbau zum 13. August 1961 vor. Die bisher 150 Seiten von seinem Buch bekomme ich in der nächsten Woche, bevor ich nach Berlin fahre. Diese 150 Seiten sind mit Schreibmaschine auf Papier A4 geschrieben. Diese 150 Seiten sind von dem Buch etwa die Hälfte, die anderen 150 Seiten werden etwa Ende Mai, Anfang Juni fertig sein. Wenn diese 150 Seiten fertig sind, werde ich sie auch zu sehen bekommen.

Wie bekannt, war ja Herr Wulkau einen Tag zur Leipziger Frühjahrsmesse. Dort wollte er mit einigen Verlegern aus der BRD und WB Kontakt aufnehmen. Zur Kontaktaufnahme ist es jedoch nicht gekommen, da die Leute wenig Zeit hatten für ihn und er sein Anliegen nicht vorbringen konnte. Ich habe ihn auch gefragt, ob er sein Manuskript selbst geschrieben hat, was er mir auch bestätigte und es sind nur seine eigenen Gedanken, die er mit seinem Buch ausdrücken will. Die 150 Seiten hat er selbst mit der Schreibmaschine, Typ Erika, geschrieben. Zu seiner schriftstellerischen Betätigung teilte er mir mit, daß ihm schon viele Personen bestätigt hätten, daß er schriftstellerisch veranlagt ist. Da man aber in der DDR nur vorgeschrieben bekommt, was man zu schreiben hat und nicht seine eigenen Vorstellungen zum Ausdruck bringen darf, will er mit diesem Buch protestieren.

Die Übergabe der 150 Seiten an mich soll folgendermaßen durchgeführt werden. Am Mittwoch, 27. April 1977, hole ich mir diese 150 Seiten von seiner Frau in Magdeburg, Diesdorf, ab. Nach Erhalt dieser 150 Seiten werde ich den Genossen Kreuzer telefonisch davon in Kenntnis setzen. Am Donnerstag, 28. April 1977, übergebe ich diese 150 Seiten morgens um 06:00 Uhr, wenn ich zur Arbeit gehe, dem Genossen Kreuzer. Anton

29.04.1977 Treffbericht IMF »Anton«,
28.04.77 17:30–19:30, IMK »Leineweber«,
Wessler, Oltn.

Wie beim letzten Treff mit dem IM [»Anton«] vereinbart, übergab er am 28.4.77 um 9:00 Uhr das Manuskript 125 Seiten von Wulkau, Peter. Dieses Manuskript wurde dem IM beim Treff um 17:30 Uhr wieder zurück gegeben, da er es dem Wulkau am 29.4.77 zurück gibt. Es wurde vereinbart, daß der IM nach Rückgabe der 125 Seiten sich positiv darüber äußert und mit dem W. vereinbart, daß er auch die anderen 125 Seiten von seinem Buch zum Durchlesen bekommt. Der IM teilte mit, daß er mit W. schon vereinbart habe auch die letzten Seiten zu bekommen.

Für die Beschaffung der 125 Seiten von Wulkau, Peter wurden dem IM 200.- Mark gegeben. Die Quittung für das erhaltene Geld wurde für die Beschaffung auch mit Unterzeichnung des Klarnamens vom IM geschrieben. Dabei konnte festgestellt werden, daß der IM die Quittung der 200.- M ohne zu zögern mit Klarnamen unterschrieb und erst im nachhinein fragte, warum er mit Klarnamen unterzeichnen mußte. Ihm wurde dazu mitgeteilt, daß Quittungen auch hin und wieder mal mit Klarnamen unterschrieben werden müssen. Die Übernahme des Geldes sah der IM als ganz normal und selbstverständlich an. Ihm wurde dazu mitgeteilt, daß er den Empfang des Geldes nicht als normale Sache zu betrachten habe und er für uns dafür auch qualitativ gute Informationen zu erarbeiten habe. Man konnte dem IM anmerken, daß er dafür Verständnis aufbrachte.

Maßnahmen: Die 125 Seiten Manuskript von Wulkau, Peter in der Bildstelle abfotografieren lassen.

13.05.1977 Tonbandabschrift, Bericht IMF
»Anton«, angen.: Wessler, Oltn.

Am Abend des 04. Mai 1977 habe ich [IM »Anton«] das Manuskript Herrn Wulkau wieder zurück gegeben. Ich war an seiner Arbeitsstelle im Weinstudio und hielt mich dort nur einige Minuten auf. Er wollte mich am kommenden Sonnabend wegen des Manuskriptes sprechen und bat mich deshalb an dem Sonnabend um 15:00 Uhr im Magdeburger »Interhotel« im Foyer zu erscheinen. Wenn ich zuerst dort sein sollte, sollte ich dem Kellner Bescheid sagen, daß ich ihn erwarte, und der Kellner wird mir dann schon irgendwie einen Platz besorgen. Als ich am 07. Mai um 15:00 Uhr im »Interhotel« eintraf, war Herr Wulkau noch nicht dort. Ich nahm dann einen Platz im Foyer ein. Etwa 10 Minuten später (15:10 Uhr) kam Herr Wulkau. Er sah mich gleich und ging zu einem jungen Kellner. Zu diesem sagte er dann, er brauche einen Platz für zwei Personen, an einem ruhigen Ort, denn er wollte etwas mit mir besprechen. Der Kellner hatte auch einen solchen Platz in einer Ecke, im Foyer, und dort haben wir uns dann beide hingesetzt. Wir nahmen beide Platz und fingen mit der Unterhaltung an. Er fragte mich, was mein Kumpel in Berlin macht, und ich sagte, es geht alles seinen Gang. Wenn es soweit ist, sagte ich, werden wir das schon machen. Während des Gesprächs habe ich auch von Herrn W. erfahren, daß er dieses Manuskript nicht zu Hause geschrieben hat, sondern in einer Wohnung von einer Grafikerin hier in Magdeburg. Sie ist etwa 30 Jahre alt sagte er. Er arbeitet dort meistens vormittags, insbesondere an seinem Manuskript. Von der Arbeit bei der Grafikerin weiß seine Frau nichts.

Herr Wulkau fragte mich auch an diesem Nachmittag, ob er die »Spiegel«-Zeitschriften, die er von mir bekommen hat und auch noch einige bei sich zu Hause hat, seinen Bekannten zum Lesen weitergeben darf. Ich sagte ja und fragte ihn, wem er denn diese Zeitschriften geben will. Er sagte, daß es ein gewisser Herr Wolfram, Psychater in Brandenburg, ist (Nachname ist mir nicht bekannt). Er müßte ein Chefarzt oder Stationsarzt in einer Psychatrieklinik in Brandenburg sein. Ich fragte ihn auch noch, ob er Freunde oder Bekannte hat, mit denen er in enger Verbindung steht. Er sagte ja, ich habe einige in Leipzig und in Berlin. Ebenfalls sagte er, wenn ich diese Leute einmal kennenlernen möchte, könnte er einen Treffpunkt oder eine Zusammenkunft organisieren. Ich sollte seine engsten Freunde einmal kennenlernen, ob sie tatsächlich zuverlässig sind, denn es geht ja um sein Manuskript. Ich habe ihn auch noch gefragt, wie er sich die Übergabe seines Manuskriptes in Westberlin zu seinem Vater vorstellt, ob ich dieses per Post in Westberlin verschicken soll, oder dieses in einem Postschließfach oder Automaten hinterlegen soll. Er sagte, es wäre besser, wenn ich am nächsten Tag (Sonntag) mal bei ihm vorbeikomme, da sein Vater an diesem Tag sowieso in Magdeburg zur Jugendweihe weilt (Jugendweihe seiner Schwester). Ich sagte diesem Vorschlag zu, und am nächsten Tag, 08. Mai, ging ich dann in die Wohnung. Sein Vater und seine Mutter waren schon da. Seine Frau war auch anwesend sowohl auch die Mutter seiner Mutter. Ich wurde von Herrn Wulkau vorgestellt. Herr Wulkau sagte mir dann, daß er schon vorher über die Übergabe des Manuskriptes mit seinem Vater und seiner Mutter gesprochen hat. Der Vater des Herrn W. sagte dann, ja, wir haben schon darüber gesprochen. Das beste wäre es, wenn ich das Manuskript im Büro der Mutter des W. abgebe. Sie arbeitet bei der Fa. Siemens in der Hauptverwaltung in WB, Nonnendammstraße 100. Dieses Manuskript sollte ich dann beim Pförtner abgeben. Diesem soll ich dann sagen, dieses ist für Frau Wulkau. Danach fragte ich, von welchem Verlag dieses Manuskript gedruckt wird. Er sagte dann, er werde erst mit einer Referentin von der »Freie Universität WB« sprechen, denn diese sei eine Parteifreundin von ihm sagte er. Herr Wulkau sen. ist bekanntlich Mitglied der CDU in WB. Den Namen dieser Referentin nannte er nicht. Er sagte dann weiterhin, falls es in WB nicht klappen sollte, wird er es beim Verlag »Rowolt« mal versuchen, da er die Leute dieses Verlages auch gut kennt. Es sind auch seine Parteifreunde sagte er. Ich habe dann weiterhin den Herrn Wulkau sen. um eine Zusicherung gebeten, daß, wenn dieses Manuskript in WB angekommen ist, der Transport und der Überbringer nicht genannt wird. Er gab auch sein Ehrenwort. Es scheint mir auch 100%-ig zu sein. Herr Wulkau sen. wollte auch meine Person etwas näher kennen lernen, wo ich arbeite, wo ich wohne usw. Darauf habe ich auch entsprechend geantwortet.

Herr Wulkau sen. ist ein netter Mann, etwas zurückhaltend, ein Beamtentyp, raucht viel Zigaretten und ab und zu auch mal eine Zigarre, ist ein Weintrinker. Ich sagte, daß ich auch selbst Wein trinke. Er sagte dann, wenn ich einmal in WB bin, sollte ich mal bei ihm vorbeikommen. Ich kann dort auch übernachten. Herr Wulkau sen. wohnt in Westberlin, Lauterstraße 07 – Friedenau. Ohne weitere Vereinbarungen gingen wir dann auseinander. Anton

11.05.1977 Treffbericht IMS »Hans Kramer«, KW »Burg« 14.00–17.00 Uhr, Hinze, Oltn., Abt. XX/4

Am 2.5.77 spielte der IM [»Hans Kramer«] wieder mit dem Peter W. Tischtennis im Objekt der ESG. Wulkau erzählte dem IM, daß seine Frau von ihrem betrieblichen Vorgesetzten bei der PH Magd. die Anordnung bekam, daß für sie und für andere Personen die Dissertation über den »Einfluss der ESG auf die studentische Jugend der DDR« nicht zu haben sei. Dieses kam für Frau W. völlig unvermutet, da sie mit keiner Person über diese Dissertation gesprochen hat. Wulkau analysiert jetzt, wer wußte von dem Gespräch Uhle-Wettler-Christine Wulkau über die Dissertation Bescheid? Er kam zu dem Schluß, daß direkt nur der IM [»Hans Kramer«] und Siegmund Löhr [IM »Rudi Kelling«] informiert war. Diesen Schluß, so hörte der IM aus Wulkaus Andeutungen heraus, teilte W. auch dem Uhle-Wettler mit. Der IM [»Hans Kramer«] bemerkte aber, daß sich am Verhalten Wulkaus und Uhle-Wettler ihm gegenüber nichts geändert hat. Der IM schätzt ein, daß Wulkau sehr mißtrauisch ist, hat seine Verbindungen, seitdem er in Magdeburg (Weinstudio) arbeitet, bewußt reduziert und seine ESG Verbindungen (Teilnahme an offiziellen ESG-Veranstaltungen) aus selben Beweggründen gelöst. Der IM schlägt vor, sich aus der offensiven Bearbeitung des W. zurückziehen zu dürfen um die Sicherheit seiner Person zu gewährleisten und die Kontakte zu W. auf gelegentliche Besuche und gemeinsames Tischtennisspielen in den Räumen der ESG zu reduzieren. Die offensive Kontaktierung des IM zu W. ist entsprechend der gegebenen Legende einzuschränken.

25.05.1977 [Handschriftliche] Notiz, Hinze, Oltn.

Auf Grund einer neu eingetretenen Situation, die Person [Dora Wandernoth] wird im Juli 77 heiraten und dann zu ihren Schwiegereltern in den Bezirk Halle umziehen, bitten wir Sie, den im Mai/Juni 77 gestellten Antrag zum schulischen Einsatz der Person im Kreis Bitterfeld zu realisieren.

10.06.1977 Tonbandabschrift, Bericht IMF »Anton«, angen.: Wessler, Oltn.

Am 29. Mai 1977 traf ich [IM »Anton«] im Interhotel mit Herrn Wulkau für ca. 1 Stunde zusammen. Während dieser kurzen Zeit unterhielten wir uns noch einmal über den Transport nach Westberlin seines Manuskriptes. Er machte mir den Vorschlag, daß wir uns am 13. August 1977 zu der selben Zeit (15:00 Uhr) im Interhotel treffen könnten. Dort will er mir dann offiziell das Manuskript übergeben. Er hat auch extra den 13. August gewählt, weil für ihn dieser Tag ein historischer Tag sei. Ich bat ihn aber, daß ich vor diesem Termin das gesamte Manuskript noch einmal lesen möchte. Diesem stimmte er dann auch zu. Ich glaube, daß ich dieses Manuskript Mitte Juli zum Lesen bekomme, bevor ich es dann übergeben kann. Herr Wulkau fragte mich dann auch noch, wann ich wieder nach Berlin fahre. Ich sagte ihm, einen genauen Termin weiß ich noch nicht. Aber oft muß ich plötzlich nach Berlin fahren, weil ich dann meistens eine Einladung von meiner Botschaft bekomme. Er bat mich dann, wenn ich zufällig nach Berlin fahre, möchte ich doch bitte seinen Vater in West-Berlin anrufen. Ich fragte Herrn Wulkau auch während des Gespräches wie der Psychater in Brandenburg heißt, den er gut kennt, weil ich auch einige Psychater kenne. Dieser Herr heißt Dr. Wolfram Bartelt, arbeitet als Psychologe in der Nervenklinik in Brandenburg. Herr Wulkau bat mir dann eine bestimmte Summe Geld an. Ich brauchte nur etwas zu sagen und würde dann sofort etwas bekommen. Ich fragte dann Herrn Wulkau auch, ob ich seine Bekannten mal kennenlernen könnte, denn ich habe im Moment niemanden und würde mich gern mal unterhalten, einige Diskussionen führen. Er sagte, ja, das läßt sich organisieren. Er erzählte mir, daß er seit einiger Zeit schon von mir erzählte, daß wir uns hier im Interhotel monatlich treffen und über die politische bzw. internationale Lage, die zur Zeit ist, diskutieren. Die Gruppe besteht aus ca. 9 Personen, und er würde sich sehr freuen, wenn ich an diesem Zirkel teilnehmen würde. Als Termin dafür hat er mir den September vorgeschlagen, weil es in der Urlaubszeit schwierig ist, alle Personen zusammenzubekommen. Er fügte hinzu, daß die Personen aus allen Schichten kommen, Ärzte, Lehrer, Arbeiter usw.

Während der Aufenthalte im Interhotel stellte ich fest, daß Herr Wulkau den Ober Schade sehr gut kennt. Dieser hat für Herrn Wulkau auch immer einen Platz reserviert. Anton

13.06.1977 Treffbericht IMF »Anton«, 9.6.77 12:30–14:00 Uhr IMK/KW »Leineweber«, Wessler, Oltn.

Dem IM [»Anton«] wurden beim Treff Verhaltensregeln gegenüber Wulkau, Peter gegeben, um sich nicht zu sehr an diesen zu binden. Denn der W. bot dem IM Geld an, welches er aber ablehnte. Der IM verhielt sich ruhig und sachlich beim Treff und man konnte ihm anmerken, daß er für seine Informationen Geld haben wollte. Da aber der Wulkau die Auslagen im Hotel bezahlte, ging der op. MA nicht weiter darauf ein. Der IM fragte auch nicht direkt nach Geld.

08.07.1977 Georg, Oltn., Abt. XX/4

Beschluß über das Anlegen eines Operativ-Vorganges, Deckname »Kreis«, Tatbestand § 106 Abs. 1 Ziff. 1 u. 3 und Abs. 2 StGB. Durch die Herstellung von Schriften durch den W., Peter, deren Inhalt objektiv geeignet ist, die politischen Verhältnisse der DDR und die Tätigkeit staatlicher und gesellschaftlicher Organe der DDR zu diskriminieren, und durch die beabsichtigte Veröffentlichung derselben mit Hilfe des Vaters, W., Werner, in der BRD ist der o.a.

Tatbestand erfüllt. Das Ziel der pol.-op. Bearbeitung besteht im Rahmen der Legalisierung des Materials und den Nachweis der zielgerichteten Schädigung und Aufwiegelung zu erbringen.

08.07.1977 Treffbericht IMS »Hans Kramer«, KW »Burg«, 16.30-20.30 Uhr, Hinze, Oltn.

Der IM [»Hans Kramer«] besitzt zu der Person W. ein gutes persönliches Verhältnis. Am 1.7.77 fragte die Person W. ob der IM mit ihm und dessen Ehefrau, dem Kind, am 5.7.77 nach Brandenburg und zum Plauer See für einen Tag fährt. Der IM sagte zu. W. erzählte dem IM, daß W. wahrscheinlich am 8.8.77 in Magdeburg umziehen wird. W. warnte den IM die Kontakte zur ESG einzuschränken, der IM soll sich dort zurückhaltend verhalten. Er äußerte einen Verdacht, den er nicht genau konkretisierte, daß in der ESG Leute sind, die nicht echt sind. Deshalb zog sich auch W. von der ESG zurück. Er geht zwar weiter in das ESG Objekt um Tischtennis zu spielen, aber nicht zu ESG-Veranstaltungen.

11.07.1977 Treffbericht IMF »Anton«, 8.7.77 16:30-18:00 Uhr IMK/KW »Leineweber«, Wessler, Oltn.

Beim Treff wurde mit dem IM [»Anton«] über die Beschaffung und Übergabe des Manuskriptes von Wulkau gesprochen. Der IM will versuchen, daß er das Manuskript Ende Juli bekommt zum Lesen.

3. Operativ-Vorgang »Kreis« – ein gefährliches Buch

13.07.1977 Eröffnungsbericht zum Anlegen des OV »Kreis«, Reif, Mj., Leiter Abt. XX

Bei W. handelt es sich um einen sehr intelligenten Menschen, der ein hohes Allgemeinwissen und ein Spezialwissen auf dem Gebiet des Marxismus-Leninismus, der Literatur, der Philosophie und der Geschichte hat. W. ist ein kontaktfreudiger, aber vorsichtiger und seine Umwelt prüfender Mensch. Seine politisch-ideologische Grundeinstellung ist durch ein Gemisch linksradikaler und sozialdemokratischer Anschauungen geprägt, die sich auf die gegenwärtigen Revisionisten wie Garaudy, Fischer, Marcuse stützen. Für W. ist die Beschäftigung mit antisozialistischer Literatur von Solschenizyn, Biermann, Fischer, Bloch, Grass, Böll und mit revisionistischer bzw. sozialismuskritischer Literatur typisch. Gegenwärtig arbeitet Wulkau in seiner Freizeit intensiv an der Fertigstellung des maschinenschriftlichen Manuskriptes seines Buches. Dazu nutzt er die Wohnung einer z. Zt. noch nicht ermittelten Grafikerin in Magdeburg. Wulkau, Peter verfolgt das Ziel, sein Buch mit Hilfe seines Vaters in der BRD veröffentlichen zu lassen. Zur Übermittlung seines Manuskriptes war Wulkau, P. bestrebt, einen sicheren und konspirativen Weg zu finden. Dafür will Wulkau, P. den IMF »Anton« der BV Magdeburg, Abteilung II, mit dessen Verbindungen zu einer Botschaft nutzen. Die Verbindungen des W., Peter zu seinem Vater W., Werner haben sich derart gefestigt, und entwickelt, daß dieser seinem Sohn Unterstützung und Hilfe bei der Veröffentlichung des Machwerkes in der BRD leisten will. Bei der einkalkulierten Inhaftierung seines Sohnes hat er ihm die Entfachung einer großangelegten Kampagne gegen die DDR zugesagt.

Folgende inoffizielle Kräfte kommen zum Einsatz: IMF »Anton« Abt. II, IMV »Rudi Kelling« Abt. XX/4, IMS »Hans Kramer«

Abt. XX/4, IMS »Marina« Abt. XX/4. Die entscheidende Haupt-
kraft ist der IMF »Anton«. Durch die Erarbeitung und Realisierung
einer operativen Kombination soll die Legalisierung des Machwerkes von Wulkau als offizielles Beweismaterial und die Herauslö-
sung des IMF »Anton« erreicht werden. Durch die Erarbeitung
weiterer inoffizieller und offizieller Beweise ist neben der Herstellung diskriminierender Schriften seitens Wulkau, Peter die Zielstellung des Verbreitens bzw. der Veröffentlichung seines Buches unter
Einbeziehung von Einrichtungen, Organisationen und Personen im
Sinne des Tatbestandes zu belegen.

**21.07.1977 [handschriftlicher Bericht] IM
»Anton«**
Am Dienstag, 19.7.77 war ich [IM »Anton«] bei Herr Wulkau. Während dieses Besuchs habe einiges von Herr Wulkau erfahren, u.a.: Er
sagte mir, daß er am 29.7.77 mit seine Familie nach Berlin fahren
will, um Herr Klein (Mitarbeiter bei Stimme der DDR) einen Ab-
schiedsbesuch abzustatten. Er kennt Herr Klein schon während seines
Studiums in Leipzig. Herr Klein wird in Kürze mit seine Familie nach
Indien für 4 Jahre deligiert. Er sagte mir, daß Herr Klein von Indien
aus nicht wieder in die DDR zurückkehren wird. Herr Klein hat in
Leipzig Journalistik studiert. Die Ehefrau von Wulkau hat auch diese
Ansicht. Familie Klein wohnt in Königswusterhausen bei Berlin.
Während meines Besuches am 19.7.77 habe ich auch von Herr
Schmelzer (wohnhaft in Zechlinerhütte, Rheinsbergstr.) erfahren.
Herr Wulkau erzählte mir, daß er ihn gut kennt. Er sagte mir, daß
Fam. Schmelzer (Lehrerehepaar mit 2 Kinder) hat die Absicht in die
BRD zu kommen. Die Fam. Schmelzer kennt ein Diplomatensohn
(Italiener in Westberlin) und durch diesen Diplomatensohn wird Fa-
milie Schmelzer irgendwie die DDR verlassen in die BRD. Fam.
Schmelzer hat noch keinen Antrag auf Übersiedlung gestellt, da sie
beide Lehrer sind. Anton

22.07.1977 Information IMF »Anton«, angen.: Wessler, Oltn.

Beim Treff am 21.7.1977 wurde mit dem IM [»Anton«] über das Problem Wulkau, Peter und über die Beschaffung des Konspektes gesprochen. (Beweismaterial § 106 StGB). Von seiten des operativen Mitarbeiters wurde dem IM mitgeteilt, daß die Übergabe des fertigen Konspektes zur Weiterleitung nach WB erst Anfang September 1977 durchgeführt werden soll. Als Begründung wurde dem IM mitgeteilt, daß der operative Mitarbeiter bis Mitte August im Urlaub ist und demzufolge die geplante Aktion nicht durchgeführt werden kann. Es wurde mit dem IM vereinbart, daß er Wulkau zu verstehen gibt, daß der Mitarbeiter seiner Botschaft kurzfristig abberufen wurde und die Aktion erst Anfang September realisiert werden kann. Der IM läßt sich dann den Rest des Konspektes Ende August zum durchlesen geben.

02.08.1977 Einsatz des Klein, Robert als Auslandskorrespondent in Indien, Holz, Hptm., Abt. XV

Klein wurde, wie auch seine Ehefrau, am 8. Juni 1976 als IM für die BV Potsdam, Abteilung XV, verpflichtet. Klein wurde zur op. Aufklärung eines op. wertvollen Personenhinweises aus Luxemburg eingesetzt. In diesem Zusammenhang erfolgten mehrere Tageseinsätze nach Westberlin und ein mehrtägiger Einsatz nach Frankreich. Die ihm übertragenen op. Aufträge erfüllte er zielstrebig und mit einem hohen Niveau und Einsatzbereitschaft. Ansatzpunkte für ein Mißtrauen konnten während der gesamten bisherigen op. Zusammenarbeit nicht festgestellt werden. Am 29. Juli 1977 wurde der Leiter der Abt. XV der BV Potsdam, Gen. Oberstlt. Göttlich, vom Leiter der HA XX/7, Gen. Oberstlt. Brosche, telefonisch davon informiert, daß eine Information vorliegt, nach welcher der Klein von dem geplanten Auslandseinsatz mit seiner Familie beabsichtigt, nicht wieder in die DDR zurückzukehren. Beide Genossen sahen kein Motiv für eine solche evtl. beabsichtigte Tat des Klein. Zur Wertung der Information zu Klein führte der Leiter der Abt. XX der BV Magdeburg, Gen. Major Reif, aus: aus op. Sicht sind alle am Vorgang beteiligten Genossen der festen Meinung, daß der IMF »Anton« durch den Wulkau als möglicher Kurier nach Westberlin überprüft wird. Wulkau verfügt zweifelsfrei über die Intelligenz anzunehmen, daß ein Auslandskorrespondent wie Klein durch das MfS bestätigt wird. Erhält jetzt das MfS eine Information über die beabsichtigte R.-Flucht des Klein mit seiner Familie, so müßte das MfS reagieren. Gleichfalls wäre aber auch der mögliche Beweis erbracht, daß der IMF »Anton« Kontakt zum MfS haben könnte. Diesen Überlegungen konnten durch unterz. Mitarbeiter nicht widersprochen werden. Dem Gen. Reif wurde von unterz. Mitarbeiter erklärt, daß für den beabsichtigten Auslandseinsatz eine eindeutige Klärung notwendig ist. Durch den Leiter der Abt. XX der BV Magdeburg, Gen. Major Reif, wurde empfohlen, den Klein vorerst ohne Familie ausreisen zu lassen. Zwischenzeitlich besteht die reale Chance einer weitmöglichen Klärung des Sachverhaltes durch die Realisierung der 2. Etappe des OV »Kreis« bis Ende Okt. 1977.

16.08.1977 Ergänzung zum Eröffnungsbericht zum Anlegen des OV »Kreis« der Abt. XX/4, Wendorf, Mj., Abt. XX

[Es] sei hier nochmals hervorgehoben, daß eine geheimdienstliche Tätigkeit des W., Peter möglich ist, jedoch bisher weder inoffiziell noch offiziell bewiesen werden konnte, zumal zielstrebige operative Maßnahmen zum Nachweis einer Spionagetätigkeit kaum erfolgten. Auf der Grundlage dieser Darlegungen wurde in Abstimmung mit der Abteilung II folgende Festlegungen für die weitere Bearbeitung getroffen. Der IMF »Anton« erhält den Auftrag, das Manuskript auf einen sicheren Weg zu W., Werner nach WB zu bringen, mit dem Ziel, die Kontakte zum Vater auszubauen, um in eine mögliche feindliche Tätigkeit »einbezogen« zu werden und personelle feindliche Stützpunkte in der DDR aufzuspüren.

02.09.1977 Treffbericht IM »Hans Kramer«, KW »Burg« 16.30–19.30 Uhr, Hinze, Oltn., Abt. XX/4

Der IM [»Hans Kramer«] hat die Verbindung zur Person W. entsprechend der Auftragserteilung weiter aufrecht gehalten. W. ist in der Woche vom 15.-19. 8. 77 nach Magd. Pestalozzistr. 8 umgezogen. Hinsichtlich des Buches des W. ist bekannt geworden, daß W. seit ca. Mai 1977 in der Keplerstr. 13 bei der Familie Panning ein Zimmer besitzt und dort Montags und Dienstags, bei Ruhetagen der Gaststätte, an dem Buch weiter arbeitet. Dieses Zimmer ist nur mit einem Tisch, einem Bett sowie einer Lampe eingerichtet. Der W. ist, so der IM, dort nicht polizeilich gemeldet. Beim Besuch des IM in der Keplerstr. 13 stellte der IM auf dem Flur eine Staffelei fest. Die Person, welche das Zimmer zur Verfügung stellte, ist laut Aussagen des W. Künstler. Der Name des W. ist nicht an der Wohnungstür angebracht. W. erzählte dem IM, daß die Verhandlungen mit dem Rowolt-Verlag in der BRD zwecks Druck des Buches laufen.

06.09.1977 Treffbericht IM »Anton«, 15.08.1977, IMK/KW »Leineweber« 16:30–18:00 Uhr, Wessler, Oltn.

Wie mit dem IM [»Anton«] vereinbart beim letzten Treff, berichtete er, daß er dem W. im Gespräch mitteilte, daß die Übergabe des Manuskriptes erst im Monat September erfolgen kann, daß der Transport verschoben werden muß, da sein Mann (Mitarbeiter der Botschaft) zur Zeit verhindert ist und er den konkreten Termin später erfahren wird. Der IM sagte zu W., daß dies im September geschehen wird. W. war damit einverstanden und stellte dazu keine weiteren Fragen.

08.09.1977 Oberstleutnant Göttlich, Leiter Abt. XV, BVfS Potsdam an Mj. Wendorf, Abt. XX, BVfS Magdeburg

Entsprechend der Festlegung laut Protokoll vom 29. 8. 77 wurde mit dem IM »Fürst« [Robert Klein] am 5. 9. 77 ein entsprechender Treff durchgeführt. Im Rahmen der Behandlung der gemeinsam festgelegten Themen kam der IM »Fürst« von sich aus auf die Person Wulkau, in deren Ergebnis der IM den beiliegenden Bericht auf Band sprach. Hervorzuheben ist dabei, daß der IM die Person des W. in dem Zusammenhang nannte als über Personen gesprochen wurde, welche nähere Erkenntnisse zu seiner Person haben, die aber aufgrund ihrer politischen Einstellung durchaus diese Erkenntnisse an den Gegner weitergeben könnten. Der IM führte, ohne darauf konkret angesprochen worden zu sein, aus, daß der Wulkau durch seine Mutter Kenntnis von seiner Ausreise nach Indien erhalten hat und daß es zu einem zufälligen Zusammentreffen im Juli 1977 in Magdeburg kam. Der IM »Fürst« ist am 7. 9. 77 mit seiner Familie nach Indien ausgereist. Die Zusage zur Ausreise wurde dem IM bereits vor dem 29. 8. 77 durch die Kaderleitung seiner delegierenden Institution gegeben.

08.09.1977 Tonbandabschrift Bericht IM »Fürst«, Abt. XV

Ich kenne Peter seit 1954, seit unserem gemeinsamen Schulbesuch in Magdeburg-Diesdorf. Wir haben die ersten 10 Schuljahre zusammen verbracht und hatten einen losen Freundschaftskontakt, so wie es zwischen Schulkameraden üblich ist. Ich habe Peter W. nach meiner Armeezeit 1975 wieder getroffen und stellte fest, daß sein Verhalten zum realen Sozialismus sich stark verändert hatte. Er hat im Gegensatz zum letzten Gespräch ca. 1973 eine eindeutig negative Haltung sowohl zur DDR als auch zum realen Soz. in den anderen soz. Ländern eingenommen. In dem Gespräch 1975 kam es zwischen uns zu einem Bruch, da wir aufgrund seiner extrem gewandelten pol. Position keinen gemeinsamen Nenner mehr fanden.

Ich habe ihn nach ungefähr 2–3stündigen Gesprächen verlassen, wobei eigentlich von beiden Seiten wenig Bedürfnis bestand, sich erneut zu treffen. Zu seiner schriftstellerischen Tätigkeit kann ich keine Angaben machen,. Ich weiß nur, daß er 1972/73 an einem Roman arbeitete, der sich im wesentlichen mit dem Schicksal junger Leute beschäftigt hat, die in die Kadermühle der DDR geraten sind. Er hat mir bei einem Gespräch 1971 gesagt, daß er wenig Hoffnung hat, seinen Roman in der DDR veröffentlichen zu können. Peter W. sagte mir damals, daß er dbzgl. auf der Leipziger Buchmesse mit jemandem aus der BRD gesprochen habe, der ihm Hoffnung auf Veröffentlichung gemacht habe, vorausgesetzt Inhalt und Form des Romans entsprechen den Vorstellungen des Verlages. Als ich vor 6 Wochen (Juni 1977) mit meiner Mutter unseren alten Wohnort Magdeburg-Diesdorf besucht habe, traf ich Peter W. wieder. Ich wurde bei ihm zu Hause eingeladen und habe ungefähr 1 1/2 Stunden im Beisein meiner Mutter und seiner Ehefrau Gespräche geführt. Dabei habe ich Informationen über den derzeitigen Stand seiner politischen und persönlichen Situation erhalten. Politisch hat er sich aufgrund m. E. vorwiegend persönlicher Erlebnisse der letzten 2 Jahre noch weiter nach rechts bewegt. Er tritt allerdings im Gegensatz zu 1975 weniger aktiv, sondern mehr passiv, resignierend auf. Er ist nicht mehr der alte Diskutierer. Er ist eigentlich mehr der nihilistisch-passive Zyniker, der alles renetiviert, was man ihm sagt, aber sich im Prinzip nicht auf längere Diskussionen einläßt. Es ist eindeutig festzustellen, daß er unter den Ereignissen der letzten Jahre, die mir nur durch seine eigene Darstellung bekannt sind, auch persönlich abgebaut hat.

Mir gegenüber machte er beim letztenmal die Bemerkung, es seien 2 Genossen des MfS zu ihm gekommen und hätten ihm gesagt, er könne studieren, wenn er für das MfS arbeitet. Wenn er nicht für das MfS arbeitet könne er weder studieren noch werde sein Antrag auf Ausreise genehmigt. Er hat mir gegenüber geäußert, er habe diesen Vorschlag abgelehnt und ziehe es vor, zu warten, bis er auf legalem Weg eine Genehmigung zur Ausreise erhält. Aus der

Kenntnis seines Charakters würde ich es für wahrscheinlich halten, daß diese Geschichte seinem Geltungsbedürfnis entsprungen ist und er aus dem Drang heraus, seiner derzeitigen beruflichen Mittelmäßigkeit etwas Besseres abzugewinnen und Eindruck zu machen, diese Geschichte erfunden und, so schätze ich das ein, viele in seinem Leben bereits erfunden hat. Das hat m. E. nicht nur mit seiner jetzigen pol. Situation zu tun, sondern auch schon mit Erlebnissen aus der Schulzeit. Damals war er der Dickste unter uns und war dadurch ständig den Verfolgungen seiner Umwelt ausgesetzt. Darunter hat er sehr gelitten und konnte erst nach einer Radikalkur sein Selbstvertrauen etwas stärken. Inzwischen hat er sich allerdings wieder völlig gehen lassen und sieht aus wie vor 10 – 15 Jahren. Nach unseren letzten Gesprächen, besonders nach dem Gespräch 1975, hält er mich für einen blinden Dogmatiker, der ohne weiteres aus karrieristischen Gründen die Linie unserer Partei vertritt wo immer es ihm nützt und der andererseits aufgrund persönlicher und beruflicher Erfolge die Fähigkeit verloren hat, gewisse Dinge in der DDR kritisch zu sehen. Er hält mich für einen erfolgreichen bewußten Mitläufer unserer Partei- und Staatsführung. Bei unserem Gespräch 1975, in der Zeit, als er seinen absoluten Tiefpunkt in der pol. Entwicklung fast erreicht hatte, habe ich in seiner Wohnung mehrere Personen kennengelernt, die sowohl auf künstlerischem als auch anderem Gebiet zu den sog. Nonkonformisten gehörten. Ich glaube, daß er in dieser Runde so etwas wie der führende geistige Kopf war und sich zu dieser Zeit in der Position des Dissidentenführers sehr gefallen hat. Er hat mir erzählt, er habe Havemann, Biermann einen Besuch abgestattet, sowie Ulrich Plenzdorf.

09. 09. 1977 Treffbericht IMF »Anton«, 8. 9. 77, 16:30–19:00 Uhr, IMK »Leineweber«, Wessler, Oltn.
Der IM [»Anton«] teilte mit, daß er mit Wulkau nur ganz kurz zusammen getroffen ist im Weinstudio. Dort vereinbarte der IM eine Zusammenkunft mit ihm für Sonntag, den 11. 9. 77 in seiner neuen

Wohnung. Der IM will versuchen, daß er von Wulkau den letzten Rest des Manuskriptes zum Lesen bekommt wenn er ihn am Sonntag besucht. In diesem Zusammenhang soll der IM dem W. zu verstehen geben, daß er, bevor der Transport des Manuskriptes nach Berlin durchgeführt wird er selbst nach WB fährt um jemanden zu besuchen und dabei will er dann versuchen, Wulkaus Vater aufzusuchen. Dem IM wurde beim Treff die Mitteilung gemacht, daß er das Manuskript im Oktober persönlich nach WB bringt. Im prinzip war er damit einverstanden, nur wollte er wissen, ob das nicht für ihn gefährlich werden kann bei einer Kontrolle durch unsere Organe. Ihm wurde dazu gesagt, daß er [keine] Befürchtungen zu haben braucht. Weitere Mitteilungen wurden dem IM nicht gegeben.

10.09.1977 Information von »Hans Jörg«, Baumgarten, Oltn.

Am 9.9.77 fand ein Treff mit »Hans Jörg« statt. Während des Treffs informierte er den operativen Mitarbeiter über folgenden Sachverhalt: Am 8.9.77 sprach ihn im Geschäft seiner Mutter die dort beschäftigte Hohndorf, Gerda, an und teilte ihm mit, daß ihr Sohn Wulkau, Peter sich am Sonntag, dem 11.9.77, um 20.00 Uhr mit einem Indonesier oder Inder in seiner Wohnung, Pestalozzistr. 8, trifft. Bei dieser Zusammenkunft soll ein von Wulkau verfaßtes Buch, das nach Angaben von »Hans Jörg« Hetze gegen die DDR beinhaltet, an den Indonesier oder Inder zur Ausschleusung nach Westberlin übergeben werden. Die Hohndorf gab weiterhin zu verstehen, daß der genannte Ausländer Möglichkeiten hätte, Personen beim Verlassen der DDR zu helfen. Die Hohndorf habe sich mit ihrem Sohn, Wulkau, bereits darüber verständigt, das »Hans Jörg« zum angeführten Termin am Zusammentreffen teilnimmt. Hier hätte »Hans Jörg« die Möglichkeit, sein Problem vorzutragen und bei bestehender Möglichkeit würde er auch Unterstützung finden. In diesem Zusammenhang wurde auch bekannt, daß der Vater des Wulkau, Peter, am 12.9.77 in Magdeburg ist und sich bei seiner geschiedenen Ehefrau aufhält. Zu diesem Zeitpunkt, der konkrete

Termin wird noch vereinbart, soll »Hans Jörg« in die Wohnung der Hohndorf kommen, um hier mit dem Wulkau Möglichkeiten des Verlassens der DDR zu beraten. Nach Angaben der Hohndorf habe der Wulkau bereits mehreren Personen beim Verlassen der DDR geholfen. Ob es sich hierbei um Schleusungen handelt, konnte bisher nicht geklärt werden.

12. 09. 1977 Treffbericht IMS »Marina«, KW »Burg« 11.00–12.30 Uhr, Hinze, Oltn., Abt. XX/4

Der IM [»Marina«] ist auf Grund der veränderten Situation: Hochzeit am 5. 8. 77, Schwangerschaftsurlaub ab 5. 11. 77, Entbindung voraussichtl. 14. 12. 77 nicht mehr in der Lage die ESG zu besuchen. Sie versuchte auftragsgemäß mehrmals (3mal) den Kontakt zu der Person Wulkau, Peter in der Gaststätte Grün-Rot zu vertiefen. W. behandelte den IM zwar weiter höflich, ging aber nicht auf die Kontaktbestrebungen des IM ein. Der IM bekam den Auftrag, die Person W. entsprechend ihrer Einschätzung zu charakterisieren.

13. 09. 1977 Treffbericht IMF »Anton«, 12. 9. 77 5:40 u. 19:00–20:00 Uhr IMK/KW »Leineweber«, Wessler, Oltn.

Wie beim letzten Treff vereinbart, sollte der IM [»Anton«] den Rest des Manuskriptes von Wulkau am 12. 9. 77 wenn er sein Wohnhaus verläßt um 5:40 Uhr an den op. MA übergeben, damit es abfotografiert werden kann. Zu diesem Zeitpunkt wurde vereinbart, wenn er das Manuskript nicht bekommen hat hebt er die Schultern als Zeichen das er es nicht hat was er dann auch tat. Zu dem um 19:00 Uhr vereinbarten Treff berichtete der IM dann über seinen Besuch bei Wulkau erst mündlich und dann auf Tonband. Da der IM bis 1:30 Uhr bei W. zu besuch war und erst um 2:00 Uhr ins Bett gekommen ist, wurde der Treff um 20:00 Uhr beendet.

15.09.1977 Tonbandabschrift, Bericht IMF »Anton«, angen.: Wessler, Oltn.

Ich [IM »Anton«] bin wie verabredet um 19:00 Uhr bei Wulkau eingetroffen. Unterwegs haben wir uns getroffen, er hat gerade etwas zum Trinken geholt und ein bißchen was zum Essen und sind wir dann zusammen vom Straßenbahn zusammen zu seiner Wohnung. Er wohnt in der Pestalozzistr. 8, 4. Etage. Als wir bei Wulkau gekommen sind, sind wir dann gleich in seine Wohnstube gesessen und wir haben dann unterhalten über seine Manuskript. Ich sagte ihm, daß ich demnächst evtl. einen Landsleute in Westberlin besuche und ich hab dann die Absicht dann bei seinen Eltern mal vorbei zu kommen. Und er sagte, daß das sehr gut ist. Und er meint, sein Vater würde sich sehr freuen, wenn ich da mal kommen. Und ich sagte ihm, daß ich eigentlich Ende September oder Anfang Oktober nach Westberlin und vorher möchte ich doch erst einmal das Manuskript lesen, bevor ich zu seinem Vater damit gehe, ich möchte einen Überblick, was eigentlich drin ist, und er hat auch nichts dagegen, nur z. Zt. konnte er mir diese Mansukript nicht geben, weil diese Manuskript befindet sich z. Z. in den Hegelstraße, wo der in die letzte Zeit immer gearbeitet hat. Er will noch einige Seiten noch einmal abschreiben, weil angeblich unleserlich und nicht so deutlich und das kann man ja auch verstehen. Wenn er fertig mit seine Korrektur werde ich dann diese Manuskript für eine Woche zum Lesen kriegen. Ich fragte ihn dann, was dann geschieht, wenn diese Manuskript dann herauskommt, daß er evtl. doch irgendwie zum Untersuchen geholt und soweiter. Er sagte ja, die Möglichkeit besteht, aber nicht unbedingt, sagte er. Und wenn das so ist, natürlich für seine Frau gewisse Schwierigkeiten, besonders finanziell und sein Vater in Westberlin werde dann irgendwie behilflich sein. Zur Unterstützung meinte er, daß sein Vater irgendwie eine Geldsumme zur Überbrückung, solange er noch in Untersuchungshaft irgendwie hier nach Magdeburg zu schicken oder irgendjemand anderes hier bringen lassen.

Diese ganze Unterhaltung dauerte ca. halbe Stunde und dann klingelte auf einmal und kam ein Herr, der auch Wulkau selbst noch nicht kannte. Der Mann heißt mit Vorname Mike, er ist Fahrlehrer, seit 1970. Wir haben dann vorgestellt und er sagte, daß er hier gekommen ist auf Empfehlung seiner Mutter, weil seine Mutter, also die Mutter von Mike, arbeitet zusammen mit Mutter von Wulkau im Frisörsalon am Hasselbachplatz »Nophrodite«. Er hat dann erzählt, warum er da gekommen, er hat zur Zeit Schwierigkeiten sagte er, weil seine Frau auf ungesetzliche Weise die DDR verlassen. Sie ist am 13. August besuchsweise in die BRD ausgereist, zu ihre Eltern, weil ihre Eltern krank. Sie fährt nach München zu ihre Eltern. Und in den Rückkreise am 20. August ist er extra nach Leipzig um seine Frau abzuholen, aber sie war nicht gekommen. Er sagte, 10 Tage danach hat er einen Brief erhalten von seine Frau von München, und dieser Brief beinhalte, daß sie nicht wieder in die DDR zurück kommen will. Familie Mike hat jetzt noch ein Kind, 15 Monate alt, und dieses Kind ist zur Zeit hier bei seinem Vater. Er hat dann erzählt, nach dem zwei Tage nach planmäßig geplanter Rückkreise von seiner Frau war Polizei schon bei ihm zu Hause und fragte wo seine Frau ist, und er weiß in der Zeit auch nicht. Und aus diesem Grund ist er zur Kriminalpolizei bestellt und er war da. Er erzählte uns, daß er da 10 1/2 Stunden irgendwie einige Fragen zu beantworten. Er sagte, es geht darum, ob er von den Absichten von seiner Frau, daß sie nicht wieder in die DDR, gewußt hat oder nicht. Er sagte, er weiß von gar nichts. Er ist doch extra nach Leipzig gefahren und so weiter und so fort. Und seine Absicht hier bei Wulkau, die Eltern erzählt, daß er evtl. irgendwie ein bißchen behilflich sein könnte, zumindest moralisch, wie man dann weiter machen könnte usw. Mike möchte dann nach diese Ereignis auch unbedingt mit sein Kind in die BRD, egal wie das ist und wieviel das kostet evtl. Außerdem er will dann auch offiziell einen Ausreiseantrag stellt.

Und Wulkau sagte dann, daß er dann evtl. auch drei Briefe schreibt. Ein an Präsident Carter, der bekanntlich für Menschenrechte in der letzten Zeit engagiert und einen an UNO Menschenrechte in Genf und einen an Egon Franke in Bundesrepublik. Und diese Briefe möchte Wulkau am Montag, den 12. September, Vormittag, in Empfang nehmen und dann am Dienstag, 13. September versuchen persönlich nach Berlin, um die 3 Briefe bei die ständige Vertretung der Bundesrepublik abzugeben, um dann weiter zu leiten. Die Bereitschaft von Wulkau nach Berlin diese 3 Briefe zu bringen ist begründet, weil Mike z. Zt. darf die Stadt Magdeburg nicht verlassen. Wulkau fährt am Dienstag mit dem Auto und er wird von einem Piet, der gestern auch zu Besuch bei Wulkau war, begleitet. Wulkau sagte mir dann auch, wenn er am Dienstag in Berlin, evtl. wenn zeitmäßig er noch bei Anwalt Vogel in Berlin vorbeigeht, um mit ihm einige Sachen zu besprechen.

Weitere Gespräche an diesem Abend, es war sehr spät geworden, wir haben nur Witze und alltägliche Sachen erzählt usw. und ich bin dann so gegen halb 2 nach Hause gegangen. An dem Abend hab ich dann Wulkau auch noch gesagt, daß ich nächste Wochenende nach Berlin fahren will, um mein Heimatpaß zu verlängern, weil demnächst ich bin irgendwie abgelaufen und ich bleibe dann Montag noch in Berlin. Er sagte mir dann, daß er auch an dem Tag in Berlin und er hat mir vorgeschlagen, daß wir dann am Nachmittag in Berlin irgendwo zusammentreffen und hinterher er will mir dann sein Freund Klein von »Stimme der DDR«, der demnächst nach Indien fahren sollte, bekanntmachen. Und ich habe nichts dagegen, und genaue Termin, wann wir dann in Berlin treffen, werden wir dann demnächst vereinbaren. Anton

28.09.1977 Tonbanschabschrift, Bericht IME »Wolfgang«, angen.: Baumgarten, Oltn., Abt. II

Am Donnerstag, d. 15. 09. 1977 wollte ich [IME »Wolfgang«] Wulkau zu Hause aufsuchen, er war aber nicht zu Hause. Deshalb ging ich nachmittags gegen 16.30 Uhr ins Weinstudio »Grün-Rot« und habe mich mit ihm dort unterhalten. Er fragte mich nach den Briefen, ob ich sie geschrieben habe. Ich sagte ihm, ich habe hier eine Schrift mit, aber er soll sich diese noch einmal durchlesen, ich weiß nicht, wie ich die Anrede machen soll. Er [hat] sich dies dann auch durchgelesen und sagte, nein, das mußt du anders schreiben. Am Sonntag, d. 18.09.1977, am Nachmittag gegen 16.00 oder 16.30 Uhr, ich war mit meiner Tochter spazieren und ging bei meiner Mutter vorbei. Da sagte sie mir, gut, daß du kommst, Frau Hohndorf hat eben angerufen. Der Peter Wulkau war bei seiner Mutter in Diesdorf, und ich müßte unbedingt am Montag früh den Wagen zu ihm nach Hause bringen um 09.00 Uhr und sollte auch dieses andere mitbringen, was ich ihm übergeben sollte, was er mit nach Berlin nehmen wollte. Meine Mutter hat davon keine Kenntnis, sie weiß nicht, daß es sich hier um Briefe handelt, die nach Berlin sollten. Nach der erfolgten Absprache mit dem zuständigen Mitarbeiter habe ich diese Briefe geschrieben und habe sie am Montag, d. 19.09. früh übergeben. Am Montag, d. 19.09. fuhr ich kurz vor 09.00 Uhr zu Wulkau, Pestalozzistraße 08, klingelte bei ihm, er machte mir auf. Er fragte gleich, hast du die Briefe mit. Ich sagte ja, die habe ich mit und habe sie aber schon zugeklebt. Er sagte, das macht nichts. Dann übergab ich ihm die Wagenschlüssel und die Papiere. Er sagte mir, daß er versuchen würde, spätestens um 18.00 Uhr zurück zu sein. Zu wem er in Berlin wollte, um die Briefe abzugeben, ist mir nicht bekannt. Er sagte mir nur, daß [er] auch zu dem Rechtsanwalt Vogel fahren würde, um meinen Sachverhalt zu schildern.

21.09.1977 Beobachtungsbericht Wulkau, Peter, Deckname »Kreis I«. 19.09.1977, Magel, Oltn., Forner, Hptm., Abt. VIII/1

09.00 Uhr fuhr vor das Wohnhaus des »Kreis I« ein PKW Polski-Fiat, Farbe braun, polizeiliches Kennzeichen: HU 68–67. Dieses Fahrzeug wurde von einer ca. 35-jährigen männlichen Person, ca. 1,80 m groß, schlanke Gestalt, dunkelblondes kurzgeschnittenes Haar gefahren. Sie schloß den PKW ab und begab sich anschließend in das Wohnhaus des »Kreis I«. Nach ca. 5 Minuten kam die männliche Person wieder aus dem Wohnhaus,. Danach ging die männliche Person, die Große Diesdorfer Straße überquerend in Richtung Westring davon.

09.40 Uhr verließ »Kreis I« sein Wohnhaus, schloß den zuvorgenannten PKW Polski-Fiat auf und machte sich anschließend noch ca. 3 Minuten mit der Bedienung des Kfz. vertraut, was daran erkennbar war, daß er die elektrische Anlage durchschaltete. 09.43 Uhr startete »Kreis I« das Fahrzeug und fuhr mit diesem durch das Stadtzentrum von Magdeburg. 10.14 Uhr befuhr »Kreis I« die Autobahn an der Auffahrt Schermen, in Richtung Berlin. 10.40 Uhr hielt »Kreis I« an der Autobahntankstelle Ziesar, und ließ sein Fahrzeug auftanken. Danach setze er ohne weiteren Halt seine Fahrt über die Autobahn in Richtung Berlin fort. »Kreis I« fuhr stets entsprechend den Bestimmungen der StVO in der jeweils zulässigen Höchstgeschwindigkeit. 11.55 Uhr verließ »Kreis I« an der Autobahnabfahrt Grünau die Autobahn und fuhr über die Grünauer Straße in das Stadtgebiet von Berlin. In Rahnsdorf wendete »Kreis I« 12.40 Uhr das Fahrzeug in der Seestraße und fuhr über den Müggelsee-Damm zur Einmündung Fürstenwalder-Damm. In der Nähe dieser Einmündung parkte »Kreis I« 12.50 Uhr das Fahrzeug und ging zum in der Nähe liegenden Badestrand des Müggelsees. Am Badestrand ging »Kreis I« einige Minuten auf und ab, zog sich dann bis auf die Badehose aus und setzte sich auf ein mitgebrachtes Handtuch in die Sonne. 13.35 zog sich »Kreis I« wieder an und ging zum PKW zurück. Er hatte während seines Aufenthaltes am Strand keinen Kontakt zu anderen Personen. 13.40 Uhr fuhr »Kreis I« mit seinem Fahrzeug über die zum Stadtzentrum ausgeschilderte Strecke in Richtung Berlin-Mitte. 14.31 Uhr parkte »Kreis I«, nachdem er auf seinem Wege mehrmals kleinere Nebenstraßen benutzt hatte, seinen PKW in der Oranienburger Straße in Höhe der Einmündung Linienstraße. 14.45 Uhr betrat »Kreis I«, nachdem er die Friedrichstraße entlang einen kurzen Schaufensterbummel unternommen hatte, die Gaststätte »Oranienburger Hof« in der Hannoverschen Straße gegenüber der Ständigen Vertretung der BRD in der DDR. 15.02 Uhr verließ »Kreis I« die genannte

Gaststätte, ohne dort Kontakt zu anderen Personen aufgenommen zu haben und ging auf die Ständige Vertretung der BRD in der Hannoverschen Straße zu. Er las aufmerksam die Schilder mit den Öffnungs- bzw. Sprechzeiten. Auf seinem Wege zum Fahrzeug zurück wurde »Kreis I« von einem Volkspolizisten angesprochen und zeigte diesem daraufhin seinen Personalausweis. »Kreis I« befand sich zu dieser Zeit in der Friedrichstraße außer Sichtweite der Ständigen Vertretung der BRD. Nach dieser Ausweiskontrolle setzte »Kreis I« seinen Weg durch die Oranienburger Straße, am PKW vorbei, in Richtung S-Bahnhof Marx-Engels-Platz fort. 15.14 stieg er auf dem genannten Bahnhof in eine S-Bahn, mit welcher er zum Alexanderplatz fuhr. Vom S-Bahnhof Alexanderplatz begab sich »Kreis I« sogleich zum Interhotel »Stadt Berlin«, welches er 15.21 Uhr durch den Haupteingang betrat. Auf dem Wege dorthin schaute er mehrmals auf seine Armbanduhr und versuchte, allerdings ohne Erfolg, in der Oranienburger Straße ein Taxi anzuhalten. Im Hotel »Stadt Berlin« suchte »Kreis I« das Café, welches sich rechts vom Haupteingang befindet, auf und traf hier mit einer männlichen Person, im weiteren Berichtsverlauf mit »Pablo« bezeichnet, zusammen. »Pablo« war bekleidet mit einem braunen Jackett, brauner Hose, trug eine schwarze Hornbrille sowie einen schwarzen Attachékoffer, er war ca. 163 m groß, schlank und trug schwarzes linksgescheiteltes, kurzgeschnittenes Haar. »Pablo« hinterließ den Eindruck einer der Indochinesischen Völkergruppe zugehörigen Abstammung. Nach der Begrüßung, zu welcher »Pablo« aufgestanden war, gingen beide aus dem Hotel, den Alexanderplatz überquerend zum, dortigen S-Bahnhof, bestiegen hier, nachdem sie sich auf einem ausgehängten Stadtplan orientiert und Fahrkarten gekauft hatten, eine S-Bahn mit welcher sie zur Friedrichstraße fuhren. Dort ausgestiegen gingen beide Personen, wie zuvor in ein angeregtes Gespräch vertieft, die Friedrichstraße entlang zu dem PKW der in der Oranienburger Straße abgeparkt war. 15.50 Uhr stiegen »Kreis I« und »Pablo« in das Fahrzeug und verließen, ohne Halt, das Stadtgebiet von Berlin in Richtung Friedrichsfelde, und von hier aus weiter die ausgeschilderte Streckenführung in Richtung Autobahn Schönefelder Kreuz. 18.46 Uhr fuhr der PKW an der Abfahrt Barleber Chaussee von der Autobahn und setzte seine Fahrt zum Neubaugebiet Magdeburg-Nord fort. »Kreis I« erreichte über die Klosterwuhne die Pablo-Neruda-Straße und hielt hier vor dem Haus Nr. 9. Dort stieg »Pablo« aus dem PKW und betrat das genannte Haus. »Kreis I« fuhr daraufhin, ohne zuvor das Fahrzeug zu verlassen in Richtung Stadtzentrum ab. Bei einer 19.30 Uhr durchgeführten Kontrolle wurde der PKW Polski-Fiat am Wohnhaus des »Kreis I« nicht festgestellt.

20.09.1977 Abschließende Einschätzung »Kreis I«, Magel, Oltn., Forner, Hptm., Abt. VIII/1

Im Beobachtungszeitraum hinterließ »Kreis I« einen ordentlich gekleideten, sauberen Eindruck. Er war modisch gekleidet und trug einen halblangen Haarschnitt, wie er bei Männern seines Alters durchaus üblich ist. Es entstand der Eindruck, daß »Kreis I« kein routinierter Autofahrer ist und sich nur allmählich mit dem von ihm benutzten PKW Polski-Fiat vertraut machte. In Berlin verfügt »Kreis I« offensichtlich nicht über gute Ortskenntnis, da er sich mehrmals verfuhr und, nachdem er sich vor Kreuzungen falsch eingeordnet hatte, Umwege zu seinem späteren Ziel fuhr. Während der Fahrt sah »Kreis I« nicht sehr häufig in den Rückspiegel, musterte aber bei verkehrsbedingten Halten aufmerksam die nachfolgenden Fahrzeuge im Rückspiegel. In Berlin begab sich »Kreis I« zu Fuß von der Oranienburger Straße zum Treffort im Interhotel »Stadt Berlin«, obwohl er dorthin auch mit dem PKW hätte gelangen können. Er ging zielgerichtet auf seinen Treffpartner zu, was darauf schließen läßt, daß sich beide an einem genau festgelegten Ort verabredet hatten. »Kreis I« nutzte das am Beobachtungstag herrschende spätsommerliche Wetter dazu, sich ca. 1 Stunde am Strand des Müggelsees aufzuhalten. Dies muß »Kreis I« offensichtlich schon bei seiner Abfahrt in Magdeburg geplant haben, denn er trug, als er den PKW bestieg, außer einem Handtuch nichts bei sich. Dieses Handtuch nahm er dann auch mit zum Strand des Müggelsees. »Kreis I« hat zu seinem Treffpartner offenbar ein gutes Bekanntschaftsverhältnis, denn beide unterhielten sich während der Zeit ihres Zusammenseins stets angeregt miteinander.

28.09.1977 Bericht IMF »Anton«, angen.: Wessler, Oltn.

Beim Treff am 27. 09. 1977 berichtete der IM [»Anton«] mündlich zur Person Wulkau, Peter folgendes: Wie vorher vereinbart, traf sich der IM mit Wulkau am 19. 09. 1977 um 15:30 Uhr, im Foyer des Interhotels »Stadt Berlin« in der Hauptstadt der DDR. Wulkau erzählte dann dem IM, daß er am selbigen Tage zwischen 8:00 und 09:00 Uhr mit dem PKW von Maik von Magdeburg aus nach Berlin fuhr. Wulkau traf dann gegen 11:00 Uhr mit den drei geschriebenen Briefen in der Ständigen Vertretung der BRD in der Hauptstadt der DDR ein. In diesem Zusammenhang erwähnte Wulkau, daß er schon ein paar Mal dort war und u. a. auch mit dem Ständigen Vertreter, Herrn Gaus, persönlich gesprochen habe. Bei dieser Unterhaltung ging es um sein eigenes Problem. Desweiteren teilte der W. dem IM mit, daß der Klein (Stimme der DDR) nicht mehr in Berlin sei und er ihn dann auch nicht besuchen braucht. Gegen 16:00 Uhr trat der IM mit dem Wulkau die Heimreise nach Magdeburg an. Wulkau teilte dem IM mit, daß sein Vater am Sonnabend, d. 01. 10. 1977 mit dem PKW von WB aus nach Magdeburg einreist, um ihn zu besuchen. Der IM erhielt dazu ebenfalls eine Einladung, um mit seinem Vater zur Übergabe des Manuskriptes die notwendigen Absprachen zu führen.

28.09.1977 Tonbandabschrift Bericht IME
»Wolfgang«, angen.: Baumgarten, Oltn.,
Abt. II

Herr Wulkau war am Montag, d. 19. 09. 1977 um ca. 19.30 Uhr wieder in Magdeburg und übergab mir [IME »Wolfgang«] das Auto, und ich fuhr ihn zur Straße der Jugend. Unterwegs erzählte er mir, daß in Berlin alles geklappt hätte, daß er bei dem Rechtsanwalt Vogel war und die Briefe auch weg sind. Er erzählte mir dann u. a. folgendes: Als er am Montag früh in Magdeburg auf die Autobahn fuhr, daß ein blauer 353-ger »Wartburg« ihn von der Auffahrt Magdeburg bis Berlin verfolgt hätte. Wenn er 110 km/h gefahren ist, ist dieser Wartburg auch 110 km/h gefahren, wenn er 50 km/h gefahren ist, ist das andere Auto auch 50 km/h gefahren. Und er sagte mir, das würde doch »ein blinder mit dem Krückstock« merken, daß die mich verfolgen. Er vermutete aber, es waren Genossen von der -K-, weil denen mein Auto wahrscheinlich auch bekannt ist, und sie gedacht haben, wo will der denn hin, und sie sind hinterher gefahren. Er hat versucht in Berlin den Wartburg abzuschütteln, ist durch enge Straßen gefahren und dort, wo er gerade durchkam, aber der Wartburg blieb hinter ihm. Ob der blaue Wartburg 353 auf der Rückfahrt hinter ihm her war, hat er mir nicht gesagt. Über seinen Aufenthalt in Berlin, was er dort getan hat, ist mir nichts bekannt, und er hat mir auch nichts gesagt.

Dann sagte er mir noch, daß zum Wochenende sein Vater kommen würde aus WB und ich doch einen Brief an den Gerhard Löwenthal (ZDF) schreiben sollte. Der Vater kann diesen Brief dann zum Wochenende mitnehmen und diesen dem Löwenthal zusenden, um dieses dann in einer Sendung (Name ist mir nicht bekannt) zu veröffentlichen. Ich sollte in diesem Brief noch ein Bild von mir hineinlegen, alles genau aufschreiben, wie alles gekommen ist, daß meine Frau drüben ist und daß ich hinterher möchte usw. Ich habe ihm darauf geantwortet, daß ich doch keinen Ärger haben will. Er muß das doch verstehen, wenn dies drüben öffentlich in Rundfunk und Presse veröffentlicht wird, muß ich hier mit gewaltigen Schwierigkeiten rechnen. Ich habe doch meinen Beruf, und ich könnte das doch nicht machen, da hängt doch so viel dran und meine Tochter ist doch in der Krippe. Daraufhin sagte er, das spielt doch alles keine Rolle. Mir geht es doch genauso, bloß das mußt du durchhalten. Als Wulkau mir am Montag Abend das Auto übergab, vermutete ich, daß er nicht allein nach Berlin gefahren ist, sondern daß noch jemand mit war. Auf der rechten Seite war die Sonnenblende herunter. Die Fußmatte vorn im Auto war dreckig, war etwas verschoben, und dadurch vermute ich, daß er nicht allein nach Berlin gefahren ist. Nach Wulkaus Verhalten und nach seinen Äußerungen mir gegenüber vermutet er nicht, daß ich mit dem MfS in Verbindung stehe. Er sagt immer wieder, daß mich die K überwacht und deshalb auch der Wartburg hinter ihm her war nach Berlin. Wolfgang

03.01.1978 Information, HA II/12.
Abteilung II, Oberstleutnant Hippler an
Leiter der DE, Abt. XX
Auf der Grundlage der Befehle 16/74 und 17/74 des Genossen Minister geben wir Ihnen zur Kenntnis, daß die Person Wulkau, Peter Kontakt zur Ständigen Vertretung der BRD in der DDR aufgenommen hat. Der W. warf einen Brief in den Hausbriefkasten der St. V am 19.09.77. Quelle: HA II/12.

27.09.1977 Oberstleutnant Reif,
Abteilung XX, BVfS Magdeburg an die ZKG
Berlin
Im OV »Kreis« unserer DE wird die Person Wulkau, Peter gemäß § 106 StGB politisch-operativ bearbeitet. Wir bitten kurzfristig zu überprüfen, ob Hinweise darüber vorliegen, daß die o.g. Person sich bezüglich einer Übersiedlung in die BRD mit dem Rechtsanwaltsbüro Dr. Vogel, Berlin in Verbindung gesetzt hat.

10.10.1977 Zentrale Koordinierungsgruppe Woythe, Oberst Leiter, Berlin

In Beantwortung Ihres Überprüfungsersuchens teilen wir Ihnen mit, daß seitens der ZKG keine Überprüfungsmöglichkeiten vorhanden sind. Woythe, Oberst

10.10.1977 Information IMF »Anton« vom 06.10.1977, angen.: Schwarzfeld, Mj.

Auftragsgemäß besuchte der IM [»Anton«] am 01.10.1977 um 16:30 Uhr bis 17:30 Uhr das Ehepaar Wulkau. Anwesend waren ferner der Vater des W. und die Stiefmutter. Bei der Begrüßung sagte der Vater des W., daß er wenig Zeit hat, da er noch eine Frau, die in Magdeburg, Erzberger Straße wohnhaft ist besuchen will, die das Grab seines Vaters auf dem Westfriedhof pflegt. Die Ehefrau des Vaters nahm an diesem Besuch teil. Vater und Stiefmutter verließen gegen 17:00 Uhr die Wohnung des W. und begaben sich in ihren Pkw. Der IM vereinbarte mit dem Vater des W., daß die Übergabe des Manuskriptes an ihn persönlich, in dessen Wohnung in WB, erfolgt. Die Übergabe soll voraussichtlich durch den Bekannten des IM (Diplomaten) erfolgen. Der IM vereinbarte mit dem Vater des W., daß er diesen in der nächsten Zeit in WB besuchen wird. Der Vater äußerte, daß er mit dem IM mal in Ruhe allein sprechen will, und sie dieses dann in WB tun können, da er hier in der DDR keine Ruhe hat. Der IM hatte den Eindruck, daß es dem Vater darum geht, in Abwesenheit des Sohnes mit dem IM zu sprechen. Nach dem Besuch der Frau, die das Grab pflegt, wollte der Vater bei seinem Sohn noch das Abendessen einnehmen und dann mit seiner Ehefrau nach WB zurückfahren. In Abwesenheit des Vaters sagte W., daß sein Vater noch nie hier in der DDR übernachtet hätte, angeblich wegen Platzmangel (alte Wohnung des W. war zu klein). Er dachte, daß aufgrund der neuen Wohnung der Vater über Nacht bleibt. In diesem Zusammenhang brachte W. zum Ausdruck, »mein Vater fühlt sich unsicher in der DDR«. Des weiteren bemerkte W. daß er, seitdem er die Briefe des Maik abgegeben hat, nichts wieder von diesem gehört hat.

Der IM vereinbarte mit W., daß er zu diesem am 06. 10. 1977 in die Wohnung kommen soll, um das noch nicht fertige Manuskript (Schreibmaschinenfassung) abzuholen. Am 06. 10. 1977 suchte der IM verabredungsgemäß den W. in dessen Wohnung auf. W. übergab das in Schreibmaschine geschriebene Manuskript, das sich in einer ledernen Diplomatentasche befand. Der IM sollte sich das Material durcharbeiten und am 15. 10. 77 abends wieder abgeben. Der IM verließ den W. um 12:00 Uhr. Beim Aufenthalt in der Wohnung des W. stellte der IM fest, daß der W. über ein Duplikat des in Schreibmaschine geschriebenen Manuskriptes verfügt und das gleiche Material handschriftlich vorliegt. Den angekündigten Schluß des Buches hat W. bereits handschriftlich niedergelegt.

Mit dem IM wurde vereinbart, daß er in den nächsten 14 Tagen nach WB fährt und die Gelegenheit nutzt, um den Vater des W. zu besuchen. Der Transport des Materials soll dann in der letzten Oktoberwoche bzw. in der ersten Novemberwoche erfolgen. Dem W. wird kurzfristig angekündigt, wann die Übergabe des Materials erfolgt.

10. 10. 1977 Mj. Wendorf, Stellvertreter Abteilung XX an Gen. Georg

Worum geht es? Um die Durchsetzung der Hinweise der Untersuchungsabteilung, weitere offizielle und inoffizielle Beweise zu schaffen bzw. inoffizielle Beweise zu »legalisieren« sowie weitere operative Anhaltspunkte zu erarbeiten, die auf eine mögliche Verletzung von Straftatsbeständen schließen lassen, welche wiederum nachgewiesen werden müssen. Das setzt voraus, daß Klarheit besteht, was Beweise im Sinne der StPO § 24 sind und richtig einklassifiziert werden. Dieses erfordert nun endlich konkrete schriftliche Aufträge für die zum Einsatz kommenden IM zu erarbeiten, um eine zielgerichtete Verdichtung bedeutsamer Informationen, die Beweislage schaffen, und richtige Verhaltenslinien zu erarbeiten. Dieser Forderung ist unverzüglich Rechnung zu tragen, da eine Vielzahl von Personen / Verbindungen aufgeklärt oder zielgerichtet

bearbeitet werden müssen und gegenwärtig die Gefahr der Dekonspiration groß ist, da meiner Meinung nach bestimmte Informationen, die der W., Peter übermittelt, eindeutig den Charakter einer
»Überprüfung« tragen können.

11.10.1977 Treffauswertung IMF »Anton«, Wessler, Oltn.

Am 10.10.77 um 6:00 Uhr nahm der Ref ltr. Gen. Major Schwarzfeld das Manuskript von Wulkau, Peter vom IM [»Anton«] entgegen. Nach Auswertung des Manuskriptes wurde festgestellt, daß
der W. dieses Manuskript nicht weiter geschrieben hat. Es wurden
nur Veränderungen festgestellt. Dem IM wurde dann beim Treff um
17:00 Uhr das Manuskript wieder zurück gegeben mit dem Hinweis, daß es das gleiche Manuskript sei, wie im April 1977. Beim
Treff wurden dem IM 100.- Mark übergeben zu Auftrag Wulkau.
Neuer Auftrag und Verhaltenslinie: Beim Zusammentreffen mit
Wulkau am 10.10.77 um 19:30 Uhr in dessen Wohnung klären,
wieso er nicht das ganze Manuskript zum Lesen bekam.

20.10.1977 Tonbandabschrift, Bericht IMF »Anton«, 10.10.1977, angen.: Wessler, Oltn.

Ich [IM »Anton«] war gegen ca. 20:00 Uhr bei Wulkau. Zu diesem
Zeitpunkt war seine Frau auch noch da. Sie ist kurze Zeit danach
gegangen. Ich habe mich dann mit Wulkau noch bis ca. 22:00 Uhr
unterhalten über einige Probleme. Während dieser Zeit habe ich
noch einmal gefragt, warum W. sein Manuskript noch nicht fertig
hat. Ich sagte ihm, daß ich das Manuskript habe und habe es schon
fertig gelesen. Er sagte zu mir, daß er zu Anfang noch 40 Seiten
schreiben wollte, aber in der letzten Zeit hat er Schwierigkeiten. Er
hat mir keine genauen Angaben über seine Schwierigkeiten gegeben. Nach meinen Beobachtungen ist er in letzter Zeit etwas deprimiert und kommt mit der Umwelt nicht richtig zurecht. Er sagte mir
dann, daß er auf die 40 Seiten verzichten will und schreibt jetzt den
Schluß von etwa 4–5 Seiten. Ich fragte, warum es dann noch so lan-

ge dauert, wenn ich doch plötzlich das Manuskript nach Drüben bringen könnte und dann ist es noch nicht fertig. Er sagte mir, das macht nichts, ein noch nicht fertiges Manuskript kann man auch drucken. Bethoven hat z. B. die 9. Sinfonie auch nicht vollendet, trotzdem ist es ein Erfolg geworden. Das möchte er mit seinem Manuskript auch argumentieren. Er meint, daß sein Manuskript besser sei als manche Lektüre, die in der BRD gedruckt wird und von DDR-Schriftstellern und solche die Schriftsteller genannt werden veröffentlicht sind. Er bringt zum Ausdruck, daß W. sein Manuskript wissenschaftlicher und objektiver geschrieben hat, als manche die dann schon gedruckt wurden. Er meint dazu, deswegen hat das Manuskript doch eine Chance, in die Bundesrepublik veröffentlicht zu werden.

Ich fragte ihn dann, wo er die ganze Literatur bekommt, denn diese Literatur gibt es in der DDR nicht. Er sagte mir, das meiste hat mein Vater im Paket mitgeschickt und in der letzten Zeit will es sein Vater nicht mehr machen, damit er die DDR ohne weiteres besuchen kann. Jetzt hat er auch ab und zu von guten Bekannten solche Literatur bekommen können. Er hat keine Namen genannt, er hat lediglich von einem Antiquitätenhändler in Leipzig gesprochen. Er sagte auch die Namen nicht so gerne zu mir. Dieser Antiquitätenhändler sitzt zur Zeit im Gefängnis, weil er Bücher verkauft hat, wie z. B. »Mein Kampf«.

Ich fragte W., ob er schon wieder einen Ausreiseantrag gestellt hat, denn ich weiß, er hat den Versuch schon 3–4 Mal gemacht. Er sagte, zur Zeit hat er andere Überlegungen und er möchte erst den richtigen Moment abwarten und ist erst in der BRD sein Buch erschienen und entsprechend Geld dafür bekommt, dann hat er in der BRD schon ein wenig Kapital. Dann fängt er wieder mit einem Ausreiseantrag an. Vorher lohnt es sich nicht, dann hat er für den Anfang gar nichts. Er möchte nicht wieder mit null anfangen. W. sagte weiter, deswegen versucht er als Bürger der DDR soweit wie es geht richtig sich zu verhalten und seinen Pflichten nachzugehen.

Zu dem Problem zwischen seinem Vater und ihm habe ich gesagt, daß ich einen Ausreiseantrag nach Westberlin eingereicht habe und sobald ich die Ausreise bekommen werde, fahre ich nach Westberlin und wie verabredet, werde ich dann seinen Vater im Laufe des Nachmittags besuchen. Er hat sich sehr gefreut, daß es bald geschieht und bat mich, daß ich vorher noch einmal bei ihm vorbei komme, bevor ich nach Westberlin fahre. Ich soll noch einen Brief an seinen Vater mitnehmen. Anton

24.10.1977 Treffbericht IMF »Anton«, 14.10.77 17:00–19:00 Uhr, KW »Leineweber«, Wessler, Oltn.

Im wesentlichen konnte der IM [»Anton«] die zu lösenden Probleme klären. Der IM gab W. zu verstehen, daß er bei Erhalt seines Reisevisums nach Westberlin fährt, um dessen Vater mit zu besuchen. Auffällig dabei ist, daß W. ihm dann einen Brief mitgeben will.

14.10.1977 Auftrag Nr. 1, IM »Anton«

Vom Ministerium für Staatssicherheit erhalten Sie den Auftrag, am 28.10.77 nach Westberlin zu fahren. Für die Durchführung Ihres Auftrages beachten Sie folgende grundsätzliche Hinweise des Ministeriums für Staatssicherheit:

- Stellen Sie beim Aufsuchen des Herrn Wulkau die genaue Wohnlage und die Beschaffenheit der Wohnung fest.

- Sollte bei Herrn Wulkau Ihnen nicht bekannte Personen zugegen sein, dann versuchen Sie festzustellen, um wen es sich handelt. Wird im Gespräch versucht, Sie für eine nachrichtendienstliche Tätigkeit für einen Geheimdienst oder feindlichen Organisationen und Einrichtungen zu gewinnen, dann verhalten Sie sich zurückhaltend. Erbitten Sie sich dazu Bedenkzeit aus und weisen darauf hin, daß Sie eine Familie in der DDR haben. Verhalten Sie sich so, daß zwar Bedenken entstehen bei Gewährleistung der persönlichen Sicherheit und materiellen Vorteile, Sie doch eine Zustimmung geben könnten.

- Versuchen Sie, so viel wie möglich über die Persönlichkeitsentwicklung des Wulkau, Werner in Erfahrung zu bringen. Von Bedeutung ist, zu welchen Personen Wulkau, Werner Kontakte unterhält, die in der DDR wohnhaft sind, und welche Motive dafür vorliegen. Achten Sie insbesondere auf Hinweise und Andeutungen, die auf eine Verbindung zu feindlich tätigen Dienststellen und Institutionen hindeuten lassen.

- Teilen Sie Herrn Wulkau mit, daß die Übergabe des Manuskriptes von seinem Sohn erfolgen wird. Einen genauen Termin können Sie noch nicht nennen, da es davon abhängt, wie Ihr Freund (Mitarbeiter der Botschaft) Zeit dazu hat.

- Sollte Wulkau, Werner fragen oder Andeutungen machen, welche Motive dafür bei Ihnen vorliegen, daß Sie aktiv bei der Verletzung eines Gesetzes des StGB der DDR mitwirken, so geben Sie zu verstehen, daß Sie dieses aus Sympathie zu Wulkau, Peter tun und zum anderen auf materielle Vorteile hoffen. Sie müssen betonen, daß Sie keine politischen Bindungen zur DDR haben und deshalb Ihre Unterstützung zugesagt haben.

Bei der Erfüllung Ihres Auftrages müssen Sie davon ausgehen, daß außer der Ihnen bekannten Mitarbeiter des Ministeriums der Staatssicherheit keine weiteren Personen von Ihrer Verbindung zum Ministerium für Staatssicherheit Kenntnis hat. Lassen Sie sich deshalb in keiner Weise bluffen oder provozieren. Sie müssen sich stets so verhalten, als wenn Sie noch nie Verbindung zum Ministerium für Staatssicherheit hatten. Sie müssen davon ausgehen, daß Wulkau, Werner Kontakte zu feindlichen Dienststellen unterhält und deshalb versuchen kann zu prüfen, ob Sie für eine feindliche Tätigkeit gegen die DDR geeignet sind. Der Erfolg Ihres Auftrages wird im wesentlichen davon abhängig sein, wie Sie persönlich auftreten, und wie Sie gegenüber Wulkau oder möglicherweise weiteren hinzugezogenen Personen sich verhalten.

Zur Realisierung des Auftrages erhalten Sie vom Ministerium für Staatssicherheit 200.- Mark der DDR und 50.- DM (DBB).

31.10.1977 Bericht IMF »Anton«, angen.: Mj. Schwarzfeld

Am 27.10.1977 kurz nach 16:00 Uhr suchte der IM [»Anton«] den W. auf. Er traf W. vor dem »Weinstudio« an und teilte diesen mit, daß er eine Einladung seiner Botschaft zum 28.10.1977 erhalten hat und deshalb am 28.10.1977 früher gegen 6.52 Uhr nach Berlin fährt. Am gleichen Tag, evtl. aber erst am 29.10.77 fährt er nach Westberlin und wird bei dieser Gelegenheit den Vater des W. mit besuchen. W. drängte darauf unbedingt einen Brief an seinem Vater zu übergeben, den er aber noch nicht verfaßt hat. Der IM fragte, ob eine mündliche Informierung nicht genügen würde, daraufhin bemerkte W., daß sein Vater am 30.10.77 Geburtstag hat und er deshalb einen Brief übergeben will sowie 2 Flaschen Sekt. Der IM sicherte zu, diese Gegenstände mitzunehmen, bat sich aber aus, daß der Brief nicht verschlossen wird – und nichts enthält, was für ihn Schwierigkeiten mitsichbringen kann. Damit war W. einverstanden. W. will am 28.10.1977 um 6.30 Uhr auf dem Hauptbahnhof Magdeburg sein und den Brief und Sekt übergeben.

01.11.1977 Dienstlicher Vermerk Absprache zum OV »Kreis«, Wendorf, Mj.

Am 25.10.1977 erfolgte eine Beratung zum OV »Kreis« unter Teilnahme des Leiters der Op.-G der HA XX/7 Oberstleutnant Müller, dem Leiter der Abteilung XX Magdeburg Oberstleutnant Reif, und dem Unterzeichnenden. Nach umfassender Darlegung des Sachverhaltes und den Zielstellungen in der Bearbeitung wurde durch den Genossen Oberstleutnant Müller eingeschätzt, daß der OV »Kreis« ein wertvolles Material darstellt und offensichtlich durch feindliche Kräfte die zielgerichtete Organisierung des feindlichen Stützpunktes einschließt. Der Zielstellung durch den IMF »Anton« über den Vater an die möglichen Inspiratoren/Hintermänner bzw. in die Konspiration der feindlichen Kräfte einzudringen wurde zugestimmt. Als gegenwärtig nicht vertretbar [erscheint], unter Berücksichtigung der Problematik und Erkenntnisse um Bahro/Havemann/Biermann, das von Wulkau, Peter angefertigte Manuskript in die BRD zu überbringen und veröffentlichen zu lassen. Um bei Erfüllung des Tatbestandes gemäß § 106 StGB Sanktionen zuerheben, ist dieses Material »legal« dem MfS zuzuleiten und eine »Ausschleusung des Tatmaterials« zu verhindern. Im Falle der Veröffentlichung in der BRD ist dieses Tatmaterial unter strafpolitischen Aspekten wertlos.

03.11.1977 Tonbandabschrift, Bericht IMV »Johann Moschey«, angen.: Wessler, Oltn.
Die Person Wulkau ist mir [IM »Johann Moschey«] seit 2 Jahren durch das »Weinstudio« bekannt. Er arbeitet dort als Kellner. Dort halte ich mich oft als Gast auf. Vor etwa einem Jahr bei einem Besuch im »Weinstudio« erfuhr ich aus einem Gespräch heraus, daß diese genannte Person verheiratet sein soll und ein Kind haben soll. Man sprach weiter über ihn, daß sein Vater in der Regierung in der BRD eine Funktion inne haben soll, eine hohe Funktion, und daß er als Hobby Bücher schreibt. Diese Bücher können allerdings nicht bei uns verlegt werden. Er läßt diese Bücher in der BRD verlegen. Von der Schulbildung her soll er das Abitur haben, irgendwie schon ein Studium begonnen haben, dieses dann aber abgebrochen haben wegen einer verkrachten Existenz. Und es wird ihm nachgetragen, daß er ein sehr intelligenter Mensch sei, nicht so allgemein, wie sonst von Kellnern gesprochen wird, sondern daß er seinen eigenen Stil hat.
Sonntags, 23.10.1977, abends gegen 22.00 Uhr begab ich mich wieder ins »Weinstudio«. Dort begegnete ich der Person Ute Panning. Sie war in Begleitung eines Afrikaners. Wir kamen dann in ein Gespräch und bei einer Flasche Wein konnte ich dann in Erfahrung bringen, daß die o.g. Person, Peter Wulkau, bei ihr zur Untermiete wohnt. Die Person Peter Wulkau kennt mich jetzt als Gast im »Weinstudio«, da ich dort fast jeden Sonntag zugegen bin. Er ist freundlich und zuvorkommend und ich bekomme meistens meinen Platz zugewiesen. Bei einem Gespräch mit der Juliane Franz wurde

mir zugetragen, daß er wahrscheinlich, so wie ihr das bekannt ist, bei der Staatssicherheit arbeiten würde. Bei meinem Besuch im »Weinstudio«, konnte ich beobachten, daß die Person Wulkau einen sehr großen Bekanntenkreis hat, die kurz herein kommen ins »Weinstudio«, mit ihm sprechen, indem sie kurz mal zur Seite gehen und daß er von fast allen angesprochen wird mit »Peter«. Wie ich in Erfahrung bringen konnte, bezahlt die Person Wulkau die Hälfte der Miete für die Familie Panning. Durch den Kontakt mit Juliane Franz aus Oschersleben und der näheren Bekanntschaft mit Ute Panning bin ich in der Lage, weitere Informationen über die Person Peter Wulkau in Erfahrung zu bringen. Johann Moschey

03.11.1977 Information 1.11.1977, IMF »Anton«, angen.: Wessler, Oltn.
Am 29.10.1977, gegen 9:00 Uhr, passierte der IM [»Anton«] den Grenzübergang Berlin-Friedrichstraße nach Westberlin. Die Paß- und Zollkontrolle verlief ohne Beanstandungen von seiten der DDR-Behörden. Auf Westberliner Seite wurden keine Kontrollen durchgeführt. Ebenso konnte der IM keine Kontrollen feststellen. Danach rief der IM von einer öffentlichen Telefonzelle aus den Wulkau, Werner in seiner Wohnung an. W., Werner war anwesend und dieser lud den IM ein. Beim Betreten der Wohnung konnte der IM feststellen, daß er ein willkommener Gast ist. Anwesend war noch die Ehefrau von W., Werner. Wulkau, Werner wohnt schon 16 Jahre in dieser Wohnung. Er bewohnt eine Drei-Zimmer-Altbauwohnung, die normal ausgestattet ist. Wulkau, Werner hat zwei Zimmer als Wohnstube eingerichtet, die nur durch eine Tür, die offen steht, getrennt ist. Das Telefon steht im Wohnzimmer gleich hinter der Tür. Er besitzt alle technischen Einrichtungen wie Radio, Tonband (Stereo), Fernsehen usw. Dem IM wurden alle Räume gezeigt, u.a. auch der Keller, der einen sehr sauberen und ordentlichen Eindruck machte, wo er als leidenschaftlicher Weintrinker mehrere Flaschen Wein gelagert hat. Wulkau, Werner ist ein passionierter Briefmarkensammler und bei einem nächsten Besuch des

IM, will er ihm seine Sammlung mal zeigen. Im Gespräch über seinen Sohn konnte der IM dann erfahren, daß Wulkau, Werner z. Zt. jedes Interesse dafür zeigt, das Manuskript in WB zu veröffentlichen. Wulkau, Werner vertrat die Auffassung, daß sein Sohn kein Schriftsteller ist und auch keinen Namen in der DDR hat, um dieses Manuskript verlegen zu können. Bekanntlich wurden in der letzten Zeit mehrere Bücher von prominenten DDR-Schriftstellern in WB und der BRD veröffentlicht, so daß man auf das Buch von seinem Sohn evtl. wenig Wert legt. Ungeachtet dessen will Wulkau, Werner mit der Chefin vom Rowohlt-Verlag WB nochmal über dieses Problem sprechen bezüglich einer Veröffentlichung. Die Chefin vom Rowohlt-Verlag ist eine gute Parteifreundin (CDU) von Wulkau, Werner. Vor ca. 4 bis 5 Jahren wäre eine Veröffentlichung des Manuskriptes in WB noch günstiger gewesen.

Im weiteren Verlauf der Unterhaltung wurde auch über eine Ausschleusung seines Sohnes gesprochen. Eine Ausschleusung durch eine Schleuserorganisation hält W., Werner für nicht ratsam, da dieses teuer wäre. Vor Jahren, als sein Sohn noch nicht verheiratet war, hätte er das Geld aufbringen können, da aber dieser jetzt verheiratet ist und ein Kind hat, wäre es für ihn zu kostspielig. Er sagte wörtlich dazu: »daß diese Schleuserorganisation nur finanzielle Forderungen stellen würde«. Als sehr günstig betrachtet W., Werner die Methode einer Inhaftierung seines Sohnes in der DDR, um ihn somit durch Unterstützung des Westberliner Senates nach WB zu bekommen. In diesem Zusammenhang erwähnte W., Werner, daß er im Westberliner Senat an der Zusammenstellung einer Liste mitgearbeitet hat, wo inhaftierte DDR-Bürger eine Übersiedlung nach WB bzw. BRD ermöglicht wurde. Er sagte wörtlich, »daß er Leute kenne, die seinen Sohn mit Familie aus der DDR herausholen könnten«. Der IM konnte feststellen, daß W., Werner interessiert daran ist, seinen Sohn mit Familie nach WB zu holen. Er sagte wörtlich: »So intelligent sein Sohn ist, aber er ist und bleibt ein Träumer«.

W., Werner brachte gegenüber dem IM zum Ausdruck, daß er Anfang Dezember wieder nach Magdeburg zu seinem Sohn einreisen will. Über W., Werner selbst konnte der IM in Erfahrung bringen, daß dieser 1953 die DDR ungesetzlich verlassen habe. In der DDR arbeitete er im Konsum der Hauptstadt der DDR und verdiente damals ca. 1.000 Mark. Durch gute Freunde aus seinem Umgangskreis wurde er beeinflußt, nach WB zu kommen. Seit mehreren Jahren arbeitet er als Steuerfachmann beim Westberliner Senat. Er ist Mitglied der CDU und aktiv im Wohngebiet tätig.

Da sein Sohn wenig schreibt machte er dem IM den Vorschlag, ihn öfter zu besuchen, um über seinen Sohn informiert zu sein. W., Werner gab dem IM für seinen Sohn Kaffee, Schokolade und Kosmetikartikel mit. Der IM erhielt das Angebot, wenn er sich wieder in WB aufhält, könne er bei ihm übernachten. Der IM hat den Eindruck, daß W., Werner weiterhin mit ihm in Kontakt bleiben möchte. W., Werner hatte die Absicht, dem IM politische Literatur für seinen Sohn mitzugeben. Der IM lehnte dies aber ab, da er an der Grenzübergangsstelle Schwierigkeiten bekommen könnte. Wulkau, Werner brachte dafür Verständnis auf. Gegen 14.00 Uhr verließ der IM die Wohnung von Wulkau, Werner. Nach einem kurzen Stadtbummel passierte er die Grenzübergangsstelle Friedrichstraße gegen 16.00 Uhr ohne Vorkommnisse.

03.11.1977 Treffbericht IMS »Hans Kramer«, KW »Burg« 28.10.77 16.30–20.00 Uhr, Hinze, Oltn., Abt. XX/4

Dem Kubacki, Armin ist bekannt, und es sollen noch mehr Personen aus dem Weinstudio dies wissen, dass W. sein Vater in WB lebt und W. ein Buch schreibt, das er ausschleusen will. K. schätzt den W. als zwiespältig ein, da W. jedem erzählt über seinen Vater und das Buch. Als der IM [»Hans Kramer«] den W. daraufhin anspricht, daß mehrere Leute aus dem Weinstudio über seinen Vater und das Buch bescheid wissen, wurde W. unruhig und sagte, daß er sich in gewissen Leuten verschätzt habe. Neuer Auftrag und Verhaltenslinie: Beschaffung Schreibmaschinenprobe von Schreibmaschine Wulkau.

08.11.1977 Treffbericht IMS »Hans Kramer«, KW »Burg«, 10–12 Uhr, Hinze, Oltn.

Am 5.11.77 besuchte der IM [»Hans Kramer«] den Peter W. zu Hause zum Schachspielen. Entsprechend der Legende bat er Peter W., auf der Schreibmaschine den Antrag auf Genehmigung eines Telefonanschlußes zu schreiben. Da beide Personen Schach spielten, übernahm Christine W. diese Tätigkeit. Im Gespräch wurde bekannt, daß Peter W. zu einem Indonesier Verbindung hat, der auch den Vater des W. in WB zu seinem Geburtstag aufsuchte und einen Blumenstrauß sowie eine Karte von Peter überreichte. Der IM schätzt die Verbindung zu dem Indonesier als Mittelsmann zwischen Peter W. und Vater ein. Seit voriger Woche geht der IM mit dem W. jeden Montag zum Tischtennisspielen in die ESG. Der IM übergab die Schriftprobe der Schreibmaschine.

08.11.1977 Treffauswertung IMS »Hans Kramer«, KW »Burg« 10–12 Uhr, Hinze, Oltn., Abt. XX/4

Neuer Auftrag und Verhaltenslinie: Ausbau der Verbindung zu W. durch Schachspielen.

21.11.1977 Tonbandabschrift, Bericht IMF »Anton«, angen.: Wessler, Oltn.

Ich [IM »Anton«] habe ihn [Peter Wulkau] am 6. November besucht, um über meinen Besuch bei seinem Vater in Westberlin zu berichten, auch über einige familiäre Sachen, die sein Vater mitgegeben hatte. 1 1/2 Stunden hatten wir über einige Dinge gesprochen und das Wichtigste war, über seine Absicht, nach Westberlin zu übersiedeln. Er fragte mich, ob sein Vater noch an dem W. seine Übersiedlung interessiert sei. Ich bejahte dies, sein Vater sei noch interessiert. Er ist auch bereit alles mögliche zu tun, nur kann er dies nicht finanziell tun, sondern er kann dies nur auf politischem Wege, mit dem Westberliner Senat. Er ist auch nicht von der Menschenschleusung so begeistert, weil er auch aus finanziellen Gründen nicht viel helfen kann. Seiner Meinung nach ist diese Methode zu unsicher. Daraufhin sagte W. zu mir, daß er das, was sein Vater gesagt hat, einsieht. Er will dann auch einen Vorschlag demnächst machen. Er will mir dann einen ausführlichen Brief für seinen Vater mitgeben, bevor sein Vater nach Ostberlin kommt, den ich, falls ich noch einmal nach WB fahren werde, ihm geben soll. Ich erklärte mich gern bereit, dies zu tun, da ich vor Weihnachten noch einmal nach WB fahre, um ein paar Landsleute zu besuchen und ein paar kleine Einkäufe zu erledigen. Was er genau schreiben will, hat er mir nicht gesagt, aber er wird bis dahin diesen Brief fertigschreiben und vor allem ein bißchen deutlich schreiben, weil ich gesagt hatte, daß seine Schrift schlecht lesbar sei, und sein Vater erst rätseln muß, was dort drin steht. Er hat mich dann gefragt, wie sein Vater so lebt, damit er eine kleine Vorstellung hat. Ich habe ihm erzählt, wie seine Wohnung aussieht und wie seine Einrichtung ist. Ich habe ihn gefragt, ob er nicht noch einmal versuchen will, einen Antrag auf Umsiedlung nach WB zu stellen. Das will er zur Zeit nicht tun, er will lieber abwarten, wie sich die Geschichte mit seinem Buch entwickelt. Er hofft, wenn dieses Buch dort veröffentlicht wird, in WB, dann wird er irgendwie inhaftiert und durch seine Inhaftierung wird dann die Übersiedlung von seinem Vater freigekauft. Ich habe ihm nicht alles so ausführlich gesagt, wie mir es sein Vater erzählt hat. Ich habe ihm nur gesagt, daß sein Buch zur Zeit irgendwie schlecht veröffentlicht werden kann, und die Überbringung der Manuskripte sollte man lieber noch warten. Er sagte mir, daß dies nicht nötig sei und die Manuskripte ruhig schon mit nach WB können, damit sein Vater bis zur Veröffentlichung noch ausführlich lesen kann. Ich sagte ihm, ich könnte seinem Vater dies ja mal sagen, mal sehen, was dieser dazu meint. Während der ganzen Unterhaltung war seine Frau zugegen, da sie meistens nachmittags zu Hause ist. Den Brief an seinen Vater über seine Vorstellungen zu seiner Umsiedlung wird er bis spätestens 25. 11. 77 schreiben, damit ich ihn am 26. 11. Mit nach WB nehmen kann. Anton

**16.11.1977 Treffauswertung IMF »Anton«,
15.11.77 17.00-18.00 Uhr IMK/KW
»Leineweber«, Wessler, Oltn.**

Der IM [»Anton«] berichtete beim Treff ausführlich auf Tonband
über das Gespräch mit Wulkau, Peter nach dem Besuch bei dessen
Vater in Westberlin. Es wurde mit W. Peter vereinbart, daß der IM
beim 2. Besuch seines Vaters der voraussichtlich am 26.11.77 erfolgen wird einen ausführlichen Brief mitnehmen soll, wo W. Peter
seine Gedanken in seiner Angelegenheit (Veröffentlichung seines
Manuskriptes u. Übersiedlung) darlegen will.

Anläßlich seines Geburtstages wurde dem IM ein Buch über die
»Antike Alt-Amerikas« überreicht. Neuer Auftrag und Verhaltenslinie: – In Empfangnahme des Briefes von W. Peter an seinen Vater.
Danach sofortige telefonische Informierung des op. MA für die Dokumentation des Inhaltes.

**11.11.1977 Treffbericht IMS »Marina«, Hinze,
Oltn.**

Am heutigen Tag fand der letzte Treff mit dem IMS »Marina« statt.
Der IM wird ab 1.11.1977 seinen Schwangerschaftsurlaub antre-
ten. In Übereinstimmung mit dem IM wurde vereinbart, daß der IM
bei Notwendigkeit durch das MfS in seinem neuen Arbeitsbereich –
Volksbildung Kreis Bitterfeld – angesprochen werden kann. Der
IM wird dann unter der Losung: »Einen Gruß von Marina aus Magdeburg« angesprochen. Der IM übergab eine schriftliche Einschätzung der Person Peter W. Diese Einschätzung resultiert aus dem
bisherigen Kennen des W. durch den IM.

**11.11.1977 [handschriftlicher] Bericht IMS
»Marina«**

Peter ist ein sehr kontaktfreudiger Mensch, mit ihm bekannt zu
werden bereitet deshalb keine großen Schwierigkeiten. Besonders
aufgeschlossen ist er Mädchen gegenüber. Öfter konnte ich beobachten, daß er eine Schwäche für blonde Mädchen hat. Ansonsten

scheint er einen sehr großen Bekanntenkreis zu haben. Er besitzt eine gute und schnelle Auffassungsweise. Wenn man sich mit ihm unterhält, hat man den Eindruck, als wenn er einen dabei gründlich beobachtet und konzentriert zuhört. In Gesprächen fiel mir manchmal seine doch etwas übertriebene Ausdrucksweise auf. Er ist bestrebt sich sehr deutlich und verständlich auszudrücken. Außerdem macht er einen ruhigen und beherrschten Eindruck. Peter erzählte bereitwillig über seine Anschauungen und brachte so seine pol.-ideologische Haltung offen zum Ausdruck. Er tat das aber nicht demonstrativ, sondern in einer so ruhigen Art, daß man total zur Überzeugung gelangen mußte, daß er für seine Anschauungen »leben bzw. sterben« würde. Auf alle Fälle habe ich gemerkt, daß bei Peter Wort und Tat übereinstimmen, daß er also so handelt, wie er denkt (pol. Haltung, sein Buch) und er von seiner Sache total überzeugt ist. Peter verheimlichte auch nicht, daß er in bestimmten Kreisen verkehrt, die die gleiche Auffassung von unserem Staat haben wie er. Als er merkte, daß er bei mir auf Verständnis bzw. Interesse für seine Anschauungen stieß, äußerte er die Bereitschaft, mich zu solchen Treffen mitzunehmen. Peter macht einen sehr selbständigen aber etwas zurückhaltenden Eindruck. Unter zurückhaltend meine ich aber, daß er sehr beherrscht wirken will, überlegt spricht und erst einmal abwartet, was da so auf ihn zukommt, bevor er seine Karten auf den Tisch legt. Und wenn er das letztere macht, kann man ihn nicht halten, dann wird er wie gesagt sehr offen. Wenn man Peter einmal etwas erzählt hat, so behält er das sehr lange und sehr genau. Er verfügt meiner Meinung nach über ein sehr gutes Gedächtnis. Er ist anderen Menschen gegenüber sehr hilfsbereit und arbeitet sehr flott, obwohl er für seinen jetzigen Beruf nicht viel empfindet. Außerdem ist er sehr begabt im Schreiben, er versteht es sehr gut, sich auszudrücken (siehe Buch).
Mit seiner Ehe hält er es auch nicht so genau, obwohl er seine Frau und sein Kind gern zu haben scheint. Trotzdem ist er bereit fremd zu gehen – er hält es also mit der Moral nicht so genau. Zum Schluß wäre noch zu sagen, daß er auch seine Verbindungen bzw. Bekann-

te in der BRD offen erzählt bzw. auch aus seinem bisherigen Leben nichts verheimlicht.

[Handschriftliche Notiz auf kleinem Zettel]
Groch an Eberhard [Hinze]
Überprüfung Hausbewohner bei Wulkau Pestalozzistr. 8. Vorbeifahren wo die Wohnung liegt (soll neben dem Dach sein!) und welches Schloß an der Tür! (Sicherheitsschloß oder Bauschloß – andere Sicherungen an der Tür)

11.11.1977 Straßenüberprüfung zum OV »Kreis«, Oberstleutnant Reif, Abt. XX an Abt. XII
Zur Einleitung von Maßnahmen mit der Abteilung VIII bzw. Abteilung 26 [Mikrofon-Überwachung] zur weiteren politisch-operativen Bearbeitung des OV »Kreis« bitten wir Sie um Überprüfung der Häuser Pestalozzistr. in Magdeburg Haus Nr. 1–4, 7, 8, 10, 32–34, 39–46 in Ihrer Kartei.

21.11.1977 Abteilung XX an Abteilung VIII, Georg, Oltn., Reif, OSL
Auftrag zur konspirativen Wohnungsdurchsuchung. Zur Realisierung von Teilaufgaben zum OV »Kreis« der Abt. XX/4 zur Dokumentation von Beweismaterialien bitten wir um Durchführung o. g. Maßnahme. Mit der Realisierung der o. g. Maßnahme sollen exakte Beweismittel zur feindlichen Tätigkeit der bearbeiteten Person und zur feindlichen Einstellung erarbeitet werden. Ziel der Maßnahme ist die vollständige Dokumentation des bewußten Machwerkes, die Dokumentierung der Verbindungen der bearbeiteten Person in die DDR und in das NSW. Operativ besonders interessante Punkte: Handschriftliches und maschinengeschriebenes Material der bearbeiteten Person speziell zum Buch (Manuskript) »Noch nicht und doch schon«. Abnahme einer Probe der vorhandenen Schreibmaschine zum Schriftenvergleich. Adressen- Bild- und Tatmaterial,

das über Verbindungen der bearbeiteten Person Auskunft gibt. Prüfen des Vorhandenseins nachrichtendienstlicher Mittel bzw. Geheimverstecke.

21.11.1977 Treffbericht IMS »Hans Kramer«, 16.11.77 16.30–20.00 KW »Burg«, Hinze, Oltn., Abt. XX/4

Der Treff diente der Erweiterung der Verbindung des IM [»Hans Kramer«] zum OV »Kreis«. Dieses soll durch die engere persönliche Bindung des IM im Rahmen des Schachspielens bei »Kreis« zu Hause erfolgen.

D. [Dardemann, Christian – ESG] fragte den IM, wie er mit der Situation in der DDR klarkommt, was würde der IM tun, wenn das MfS zu ihm kommen würde, welche Meinung der IM dazu hat. Der IM sagte dem D. das er nicht einsieht, warum das MfS zu ihm kommen sollte, er hatte keine Verbindung und kenne keine Leute des MfS. Der IM erzählte daraufhin, daß der Richardt, Siegmar, ehem. Mitglied AK Marxismus – einen Freund hat, der beim MfS ist. Das hätte ihm Wulkau erzählt. Daraufhin fuhr D. gleich zu W. und wollte wissen, was los ist. W. hörte sich die Vorwürfe des R. in Ruhe an und sagte dann zynisch, daß es doch eine Ehre ist für das MfS zu arbeiten. Aus diesen Äußerungen vermuten nun D. und R. daß der W. nicht »echt« ist.

21.11.1977 Abteilung XX, OSL Reif an Leiter Abt. VIII

Von unserer DE wird im OV »Kreis« eine Person operativ bearbeitet, die in der Pestalozzistr. 8 wohnhaft ist. Im gleichen Haus ist am 21.9.1977 eine Familie Buchheiser nach Magdeburg-Nord verzogen. Zur Zeit steht nach Auskunft der Meldestelle diese Wohnung noch leer. Wir bitten Sie entsprechend Ihrer operativen Möglichkeiten Ihren Einfluß dahingehend geltend zu machen, daß unsere DE diese leerstehende Wohnung für 1/4 Jahr zur operativen Nutzung zur Verfügung gestellt wird.

22.11.1977 Vorschlag zur Umregistrierung des IMV »Rudi Kelling«, Groch, Hptm., Abt. XX/4

Der IM [»Rudi Kelling«] hat auftragsgemäß an der Perspektive gearbeitet, Mitarbeiter der kirchlichen Verwaltung in Magdeburg zu werden. Mit Wirkung vom 1.9.1977 ist der IM Angestellter des Evangelischen Konsortiums Magdeburg geworden. Damit ist die 1. Etappe der Perspektive des IM im Bereich Kirche realisiert. Aus diesem Grunde wird vorgeschlagen, den IM zum halbhauptamtlichen IME umzuregistrieren, und mit ihm eine Arbeitsvereinbarung abzuschließen. Gegenwärtig hat der Kandidat im Evangelischen Konsortium ein monatliches Bruttoeinkommen von ca. 400,- M. Damit ist eine erhebliche finanzielle Einbuße gegenüber seiner beruflichen Möglichkeiten verbunden. Deshalb erhält der Kandidat gegenwärtig monatlich 500,- M auf ein vom Kandidaten auftragsgemäß eingerichtetes Konto überwiesen.

24.10.1977 Bericht IM »Johann Moschey«

Im Gespräch mit der Ute Panning konnte IM [»Johann Moschey«] in Erfahrung bringen: Auf eine direkte Frage von mir, ob dieser Peter bei der »Stasi« MfS arbeitet, was ich von ihrer Schwester Juliane Franz in Erfahrung brachte, antwortete mir Ute Panning: »Alles Schmu, der Mann sei zwar wohl undurchschaubar aber der spinnt der Mann. Wenn er mal zu Hause ist, dann macht er als ob er etwas schreibt.« Als er dann die Wohnung verlassen hatte, habe ich durch das Schlüsselloch gesehen, dabei konnte ich sehen, daß ein aufgeschlagenes Heft dort lag, mit einem angespitzten Bleistift. Warum legt dieser Dussel gerade diese Sachen so hin, daß eine neugierige Frau soetwas sehen kann. Er macht gerne Schau, um eben interessant zu sein, wahrscheinlich hat er darum bei mir ein Zimmer gemietet, um Aufsehen zu erziehlen«. Ute Panning meinte noch, ja man erzählt sich so einiges, er soll etwas schreiben und dieses soll in der BRD bei einem Verlag verlegt werden. Doch kein Mensch habe wirklich etwas von ihm gelesen.

25.11.1977 OSL Reif, Abteilung XX an Leiter der KD Magdeburg

Zur Realisierung einer Teilaufgabe im OV »Kreis«, welche direkt den Abschluß des OV vorbereiten soll, bitten wir Sie, um Unterstützung im Bereich des WKK Magdeburg, um in der politisch-operativen Zusammenarbeit mit der Abteilung VIII eine Maßnahme zur Durchführung einer späteren Schlüsselbewegung durch die Abteilung VIII realisieren zu können.

08.12.1977 Vorschlag zur Umregistrierung des IMS »Hans Kramer« zum IMV, Hinze, Oltn., Abt. XX/4

Der IM [»Hans Kramer«] hat auf Grund der objektiven Voraussetzungen (Charaktereigenschaften, Interessen, sowie feste Bindung an das MfS) und der objektiven Bedingungen (direkte Beziehung zu der Person W.) gute Möglichkeiten für den perspektivischen Einsatz des IM am OV »Kreis«.

Der IM hielt sich an die erteilten Aufträge, arbeitete schon schöpferisch bei der Aufgabenverteilung mit und entwickelte Eigeninitiative und op. Umsicht, um die gestellten Aufgaben zu realisieren. Der IM hat eine marxistische Weltanschauung, steht aber kritisch negativen Erscheinungen in unserer Gesellschaft gegenüber. Deshalb ist es notwendig, in der weiteren Zusammenarbeit mit dem IM ständig an der Festigung seiner politischen Haltung zu arbeiten um den durch den op. Einfluss der im OV »Kreis« bearbeiteten Person einwirkenden polit.-negativen Einflüssen entgegen zu wirken.

Seine Ehrlichkeit und Zuverlässigkeit hat der IM bisher bei der Zersetzung des AK »Marxismus« und ebenfalls bei der Erarbeitung op. bedeutsamer Informationen zum OV »Kreis« unter Beweis gestellt. Der IM beschaffte Beweismaterial und Schriftvergleichmaterial zum OV »Kreis«, die erst eine Beweisführung ermöglichten. Es wird vorgeschlagen, den IMS »Hans Kramer« zum IMV umzuregistrieren.

09.12.1977 Reif, OSL, Leiter Abteilung XX an Abt. Kader und Schulung

Im Rahmen der operativen Bearbeitung des OV »Kreis« bitten wir um Mitteilung, wo im Bereich Pestalozzistraße und Diesterweg Straße in Magdeburg Mitarbeiter des MfS wohnen. Um baldige Erledigung wird gebeten.

15.12.1977 Treffbericht IMV »Hans Kramer«, 14.12.77 16.30–19.00 KW »Burg«, Hinze, Oltn., Abt. XX/4

Am Sonntag spielte der IM [»Hans Kramer«] wieder zu Hause bei W. mit diesem Schach. Der IM schätzt ein, daß auf dieser Basis der Kontakt im persönlichen Bereich zu vertiefen ist.Einschätzung des Manuskriptes – ohne Titel, beginnend mit »über Hubert sagte ich« entspricht ca. 250 Normen-Seiten, damit Roman-Umfang). Die in der Darstellung so angenommene Jenny M. wird von Mitarbeitern des MfS aufgefordert, über ihren einstigen Geliebten (Hubert, damals Student) Auskünfte zu geben, was sie verweigert. Die Aufforderung nimmt sie jedoch für sich zum Anlaß, über ihr Leben mit Hubert, über die DDR, den Sozialismus, die Weltsituation überhaupt nachzudenken. Bei diesem Nachdenken entwickelt sie die vermeintlichen Erfahrungen mit Partei, Staat, Gesellschaft, Schule, Universität, kurz: mit den Institutionen des realen Sozialismus. Der Aufbau des Manuskripts ist ausgesprochen episodisch, insofern immer eine Begebenheit aus dem Zusammenleben mit Hubert, aber auch aus dem Studentenkollektiv (FDJ, Wohnheim, Landeinsatz, Diskussionsrunde usw.) berichtet wird, wobei ständig weltanschauliche Gespräche geführt werden. Am Ende der Handlung wird Hubert wegen politischer Unzuverlässigkeit und Verweigerung des »Kriegsdienstes« (!) vom Studium ausgeschlossen. Die Erzählerin trifft ihn als Krankenpfleger wieder.

Das ganze Manuskript ist von einer feindlichen, haßerfüllten Position gegenüber dem Sozialismus in der DDR geprägt, wobei im Grunde genommen keine Institution des gesellschaftlichen Lebens ausgespart wird und die Verächtlichmachung auch auf die Sowjetunion, die KPdSU übergreift. Im Vergleich zu anderen bekanntgewordenen antisozialistischen Texten stellt dieser insofern eine neue negative Steigerung dar, als hier der Versuch gemacht wird, eine Art antisozialistischen Gesellschafts-Roman anzubieten, also einen Darstellungs-Typ, worin die ganze Gesellschaft im Querschnitt abgelehnt wird, verurteilt bzw. in der Sicht des Verfassers »entlarvt« wird. Gleichzeitig wird über dem ganzen Text eine Folie von Sympathie für die kapitalistisch-westliche Lebensart ausgebreitet, wie sie in dieser Weise in anderen anti-sozialistischen Texten noch [nicht] in Erscheinung getreten ist. Besonders krasse Textstellen sind unter diesem Gesichtspunkt: S. 96: »Vater unser des Parteibürgers: Vater unser in Moskau, geheiligt ist Dein Name sowieso Dein Reich komme von Moskau bis Washington und im Himmel unsere tägliche Arbeit gib uns heute und vergib uns unsere Zweifel wie auch wir vergeben unseren Führern und führe uns nicht in Versuchung, sondern erlöse uns von Mitläufern, Sonderlingen und Häretikern aller Art, denn Dein ist das Reich, das Geld, die Armee, die Presse in Ewigkeit Amen nicht mehr!« S. 102: »Jungs sagte er am Tage, ihr müßt euch ein korrektes Feindbild erarbeiten, dann verliert ihr die Angst beim Nahkampf. Ihr müßt vergessen, daß der andere ein Mensch ist: der andere ist ein Feind unserer Arbeiter-und Bauern-Macht. ... Also schnell mit dem Messer zugestochen und rein in den Bauch. Je schneller ihr seid, je länger lebt ihr und erhaltet eure Verteidigungskraft unserer sozialistischen Gesellschaft«.

Das Manuskript ist in der jetzigen Form nicht ohne weiteres druckreif; um es gegen die DDR einzusetzen, bedarf es jedoch nur eines geschickten Lektors (z. B. Zwerenz!), um es in verhältnismäßig kurzer Zeit durch stellenweise Kürzung, Verdichtung, Zuspitzung der erzählerischen Innen-Linien fit zu machen. Seine Verbringung nach der BRD ist im ganz hohen Grade wahrscheinlich.

Eine positive Beeinflussungs-Möglichkeit des Verfassers durch uns muß als aussichtslos betrachtet werden. Dazu ist die Haltung von einer zu penetranten Feindlichkeit geprägt. Sollte das Manuskript von einem Verlag außerhalb der DDR angenommen werden (vermutlich BRD), so ist mit seinem Erscheinen als Buch zur Frankfurter Herbstmesse 1978 unter Umständen zu rechnen. »Wolfgang Köhler«

[Handschriftliche] Vorbereitung einer Leiterentscheidung zum OV »Kreis«, Reif

Der IMF »Anton« hat nach unserer Einschätzung sehr gute Ausgangspositionen erarbeitet, um an der op. interessanten Person Wulkau, Werner perspektivisch op. wirksam zu werden. Da unüberprüfte Hinweise zum feindlichen Wirken desselben vorliegen, macht sich eine gesonderte op. Bearbeitung dieser Person erforderlich. Damit verbunden ist die Notwendigkeit einer neuen Kombination zum Abschluß des OV »Kreis«, da die bisherige Variante den IMF »Anton« einerseits gefährdet und zugleich dessen op. Möglichkeiten zu Wulkau, Werner einengen würde. Aus diesem Grund wird vorgeschlagen, das Manuskript des Wulkau, Peter ohne Beteiligung des IMF »Anton« zu legalisieren.

20.12.1977 Konzeption zum Abschluß des OV »Kreis«, Reif, OSL, Leiter Abt. XX

Vorschlag einer Variante zur Sicherstellung des Manuskriptes: Inoffiziell wurde im Juli 1976 bekannt, daß sich bei dem W., Peter in der Gaststätte Weinstudio »Grün-Rot« eine Person einfand, (ca. 28 Jahre, groß, schlank, dunkelblondes Haar) und Nachfrage hielt, inwieweit er »das Frauenporträt mit Unterschrift« bereits beschafft hat, welches dieser verneinte. Im Weinstudio selbst verkehren eine Vielzahl von Personen, die durch spekulative Geschäfte und anderes, auch mit Kunst- und Wertgegenständen, betreiben, wonach es nicht auszuschließen ist, daß der W., Peter, hiervon Kenntnis hat. Sowohl bei der Zollverwaltung als auch bei der DVP laufen anhängige EV gegen »Unbekannt«, in denen nach Kunst- und anderen Sachwerten gefahndet wird. Durch die Schaffung eines Anlasses sind bezüglich der anhängigen EV zielgerichtete Prüfungshandlungen gegen den W., Peter rechtlich sanktioniert, so daß eine Anordnung zur Durchsuchung zwecks Auffindung des Diebesgutes gerechtfertigt ist, eine Beschlagnahme oder Einziehung von Gegenständen erfolgen kann, wenn dieses im Interesse des Schutzes des sozialistischen Staates und seiner Bürger erfolgt und somit einem Sicherheitscharakter entspricht. Der Anlaß ist gegeben, indem das VPKA eine pseudonyme Zuschrift erhält (verstellte Schrift, Vermeidung von jeglichen Spuren zur Verhinderung der Identifizierung) und über die Person W., Peter Hinweise gegeben werden, daß er im Besitz von Kunst- und Wertgegenständen ist (in der Anlage Form und Inhalt des pseudonymen Schreibens). Da eine freiwillige Herausgabe nicht zu erwarten ist, wird somit die Möglichkeit gem. § 111, Abs. 2 eingeräumt, daß bei der Durchsuchung aufgefundene Gegenstände (in diesem Falle Manuskript), die zwar in keiner Beziehung zu dem eigentlichen Untersuchungsgegenstand stehen, jedoch auf eine andere Straftat hindeuten können, zu beschlagnahmen.

20.12.1977 Entwurf [eines anonymen Schreibens] von Reif, Oberstleutnant

Auf diesem Wege möchte ich meine Vergangenheit mit etwas nützlichem versehen. Durch einen glücklichen Umstand war ich Ohren- und Augenzeuge und konnte mich später selbst davon überzeugen, daß der Kellner Peter aus dem Weinstudio in krumme Geschäfte mit Kunstgegenständen und kleinen Buggerchens bis zum Halse drinsteckt. Seine Spezialstrecke sind Bilder, Holzfiguren und wertvolle Bücher. Seine Fahrten selbst sind auch nicht uninteressant. Dazu kommt, daß seit geraumer Zeit aus dem Westen Besuche stattfinden, es soll sein Vater sein. Seltsam, seltsam. Haut mich nicht in die Pfanne.

23.12.1977 OSL Reif, Leiter Abt. XX an Abt. XII im Hause

Zur Weiterführung der operativen Bearbeitung des OV »Kreis« bitten wir Sie nachfolgend aufgeführte Häuser der Diesterwegstraße in Magdeburg Haus Nr. 1, 2, 2 a, 2 b, 2 c, 2 d, 2 e, 3 und 5 in Ihrer Kartei zu überprüfen. Wulkau, Peter fuhr mit Familie mit dem PKW von Vosgerau am 18. 12. 1977 zur Hauptstadt der DDR, wo er sich mit seinem Vater und Stiefmutter traf. Von seinem Vater erhielt er die Mitteilung, daß sein Manuskript zur Zeit in WB keine Abnehmer findet und dieses eventuell erst im Frühjahr 1978 einem Verleger vorgelegt werden kann. Im Gespräch deutete W. an, daß er versuchen will während der Leipziger Frühjahrsmesse Kontakt zu einem Buchverleger aus der BRD aufzunehmen, um sein Anliegen hinsichtlich des Manuskriptes an den Mann zu bringen. Anton Am 13. 1. 1978 wurde mit der Hauptabteilung IX, Genossen Major Eschberger, Arbeitsgruppe des Genossen Oberst Dr. Coburger, eine Konsultation zum Abschluß des Vorganges »Kreis« der Abteilung XX der BV Magdeburg geführt. Grundlage dieser Konsulation war: ein inoffiziell beschafftes »Romanmanuskript« des Verdächtigen, das in der BRD veröffentlicht werden soll und eine Einschätzung eines Experten-IM der Hauptabteilung XX zu diesem »Manuskript«. In Übereinstimmung mit den Auffassungen der Hauptabteilung IX wird folgendes vorgeschlagen: Die von dem W. hergestellten Schriften mit staatsfeindlichem Inhalt sind zu legalisieren. Dazu ist zu prüfen, welche Personen aus dem Umgangskreis des W. als Zeugen gehört bzw. als Anzeigenerstatter gewonnen werden können. Über eine Schriftexpertise ist der Nachweis zu schaffen, daß W. der Verfasser dieser Materialien ist. Über die Abteilung XI Ihrer BV ist das gesamte Material strafrechtlich einzuschätzen. Es sind Maßnahmen einzuleiten, um über eine Gutachterkommission die feindlichen Machwerke des W. einschätzen zu lassen, mit dem Ziel, ein offiziell vor Gericht auswertbares Gutachten anzufertigen.

Dieser Vorschlag und die schnellstmögliche Realisierung der dargelegten Maßnahmen wird durch folgende Fakten begründet: Bei dem W. handelt es sich um eine bisher realtiv unbekannte Person, die keinerlei Bedeutung im gesellschaftlichen Leben der DDR spielt. Bei Einleitung von strafprozessualen Maßnahmen ist W. von seiner beruflichen Tätigkeit als Kellner für den Gegner weniger interessant, als eine Person, die durch bereits erfolgte Veröffentlichungen in der BRD als »Schriftsteller« bekannt wurde. Bei einer Veröffentlichung des sogenannten »Romanmanuskriptes« in der BRD, die durch aktive Maßnahmen des W. angestrebt wird, werden, wie in der beiliegenden Einschätzung dargelegt, von einer haßerfüllten Position wesentliche Seiten der sozialistischen Gesellschaft in der DDR sowie die der Sowjetunion und die KPdSU angegriffen und damit der sozialistischen Gesellschaft insgesamt Schaden zugefügt. Gleichzeitig würde durch eine Veröffentlichung dieses bzw. anderer Materialien W. national und international bekannt und politisch aufgewertet, in deren Folge strafprozessuale Maßnahmen schwieriger durchzuführen sind. Zur Zerschlagung dieser Pläne und entsprechend der angeführten Gründe erscheint die Durchführung eines Ermittlungsverfahrens als zweckmäßigste Form zur Liquidierung dieses Vorganges.

09.02.1978 Tonbandabschrift Bericht IMF »Anton«, angen.: Wessler, Oltn.

Ich [IM »Anton«] war am Sonntagnachmittag ca. 2 Stunden bei ihm, von 16.00 bis 18.00 Uhr ungefähr. Während dieser Zeit sprachen wir über einige Probleme, u. a. über sein evtl. Einberufung zur NVA. Er sagte mir, daß auch auf keinen Fall dieser Wehrpflicht nachkommen wird. Und er rechnet damit durch seine Weigerung, daß er in Untersuchungshaft kommt. Er hat mich gebeten, falls es soweit ist, daß ich dann irgendwie seinen Vater benachrichtige, um irgend etwas zu unternehmen. Er meinte, wenn er in Untersuchungshaft ist, kann sein Vater irgend etwas unternehmen durch seinen Einfluß im Westberliner Senat, um ihn aus der DDR herausholen zu können. Außerdem sagte er noch, er weiß nicht, wenn er dann aus der DDR heraus ist, ob seine Familie dann hinterher kommt oder erst kurz danach kommt. Dieser Punkt gibt ihm zur Zeit große Bedenken. Peter Wulkau ist bis jetzt immer noch der Ansicht, wenn er aus der DDR in die BRD ausreisen kann, dann die ganze Familie und nicht nur er allein. Mit der Ausreise in die BRD ist auch seine Frau, Frau Wulkau, vollkommen einverstanden und sämtliche Pläne von Peter Wulkau sind auch ihr bekannt. Peter Wulkau fragte mich auch, wann ich wieder einmal nach Berlin fahre, und ob ich dann auch noch einmal bei seinem Vater vorbei sehen kann, um die Veröffentlichung seines Manuskriptes noch einmal zu erfragen, weil sein Vater sagte, daß es im Frühjahr evtl. etwas werden sollte, aber bis jetzt hat Peter Wulkau noch keine Nachricht bekommen. Peter W. ist der Ansicht, daß sich sein Vater nicht genügend um diesen Fall gekümmert hat, und er macht sich viel Sorgen darum. Er hat mich gebeten, daß ich seinem Vater, nicht unter einem gewissen Druck, seine Lage noch einmal erklären sollte, daß er sich so weit es geht, noch ein bißchen mehr sich darum kümmern soll.

Er fragte mich, ob ich zufällig Lust hätte, am 13. Februar 1978 nach Berlin zu fahren, weil an diesem Tag sein bester Freund, mit Vornamen Hartmut, mit dem er jeden Montag oder Dienstag zum Tischtennisspielen geht, nach Berlin fährt mit dem Auto, um seine Frau zum Flugplatz zu bringen, weil seine Frau demnächst für ein halbes Jahr in die SU als Lehreraustausch fahren soll, um dort tätig zu werden. Anton.

**30.01.1978 Treffbericht IM »Hans Kramer«,
27.01.1978 KW »Burg« 16.30-20.00 Uhr, Hinze,
Oltn., Abt. XX/4**

Der Kontakt zur Person P. W. wurde intensiver gestaltet und der IM [»Hans Kramer«] hat 2 x in der Woche direkten Kontakt (Schachspielen zu Hause, Tischtennis im ESG-Objekt). Der IMV machte dem P. W. das Angebot ihn mit am 13.2.78 für einen Tag nach Berlin zu nehmen. (Der IM bringt seine Frau zum Flugplatz, sie studiert für 1/2 Jahr in Moskau Sprachen) Der IM wurde instruiert, die Einladung auch auf die Frau des P. W. zu erweitern, so das die Wohnung der Familie W. am 13.2.78 frei ist. Anruf erfolgt durch IM rechtzeitig.

**14.02.1978 Leiterentscheidung zum OV
»Kreis«, OSL Reif, Leiter Abt. XX**

Vorschlag zur weiteren operativen Bearbeitung des OV »Kreis«: Im Zusammenhang mit einem anhängigen Zollverfahren wird über die Abteilung IX der BV Magdeburg die Möglichkeit geschaffen, legendiert eine Zuführung und Vernehmung des W., Peter und dessen Ehefrau sowie eine Hausdurchsuchung durch die BV Zoll zu realisieren. Bei dieser Hausdurchsuchung werden zufällig das »Machwerk« des W., Peter sowie vorhandene Hetzliteratur gefunden und rechtmäßig beschlagnahmt. Auf der Grundlage eines offiziellen Gutachtens zum »Machwerk« des W., Peter wird durch die Staatsanwaltschaft ein Erziehungsgespräch mit W., Peter geführt und ihm eine schriftliche Belehrung abgenommen. Von strafrechtlichen Maßnahmen wird wegen angeblicher »Geringfügigkeit« abgesehen, die sichergestellte Literatur und das »Machwerk« der bearbeiteten Person bleiben beschlagnahmt.

17.02.1978 Vermerk zur Leiterentscheidung zum OV »Kreis«, Stellvertreter Operativ OSL Dallmann an Leiter BV, Oberst Müller

Die Vorstellungen des Genossen Oberstltn. Reif zur Durchführung einer operativen Maßnahme im Zuge der weiteren Bearbeitung des OV »Kreis« mit der Zielstellung, in den Besitz des Machwerkes von W., Peter zu kommen, werden meinerseits befürwortet. Der gegenwärtige Vorschlag hat zum Inhalt, daß der W. nicht inhaftiert wird, sondern eine Zersetzungstätigkeit durchgeführt werden soll.

20.02.1978 Treffbericht IM »Hans Kramer«, 17.02.1978, 16.30–19.00 Uhr, KW »Burg«, Hinze, Hptm., Abt. XX/4

Die Fahrt des »Kreis« mit dem IM [»Hans Kramer«] nach Berlin scheiterte aus folgenden Gründen: Kreis hat starke Schmerzen am Kniegelenk, ist aber nicht krankgeschrieben, und möchte die körperliche Anstrengung während des Berlin-Aufenthaltes meiden. Seitens der Ehefrau und »Kreis« selbst wurde gebeten, die gemeinsame Fahrt nach Berlin zu verschieben und zwar am 1.3.78. Ausschlag für diesen Termin ist die bevorstehende Einzahlung der Jahresprämie am 23. bis 24.2.78 und das Hoffen, das sich die Schmerzen gelegt haben werden. Hinsichtlich des Versteckes des Materials in der Wohnung »Kreis« vermutet der IM, daß dies im Schlaf/Wohnzimmer zu fast 100% Sicherheit in der dortigen Schrankwand liegt in einem Fach.

22.02.1978 OSL Reif, Leiter Abt. XX an Leiter Abt. VIII im Hause

Im Zusammenhang mit der Realisierung einer operativen Maßnahme mit der Abteilung 26 bitte ich Sie um Unterstützung. Dabei besteht die Notwendigkeit, einen Schließvorgang mit bereits sichergestellten Schlüssel sowie einen weiteren Schließvorgang zur Bodentür, wo der Schlüssel nicht sichergestellt werden konnte, zu realisieren.

24.02.1978 OSL Reif, Leiter Abt. XX an Leiter Abt. VIII

Im Rahmen des Abschlusses des OV »Kreis«, XX, bitte ich Sie zu der bearbeiteten Person eine konspirative Wohnungsdurchsuchung zu veranlassen. Das Ziel dieser Maßnahme besteht in der Aufklärung und Dokumentierung des hetzerischen »Machwerkes« der bearbeiteten Person mit dem Titel »Noch nicht und doch schon«. Dieses Machwerk befindet sich nach unseren Aufklärungsergebnissen in einer schwarzen Diplomatenaktentasche, die die bearbeitete Person in seinem Arbeits/Schlafzimmer in der Schrankwand aufbewahrt.

27.02.1978 Treff mit IM »Hans Kramer«, Treffauswertung, Hinze, Hptm., Abt. XX/4

Die Fahrt »Kreis« Berlin findet nicht statt, da die erwartete Jahresprämie für »Kreis« nicht ausgezahlt wurde, sondern erst am 1.5.78 ausgezahlt wird und »Kreis« kein Geld hat. Neuer vereinbarter Termin: 25.3.78.

28.02.1978 Tonbandabschrift Bericht IMF »Anton«, angen.: Wessler, Oltn.

Am 22.02.1978 suchte ich [IM »Anton«] den W. kurz an seinem Arbeitsplatz auf. Hier verabredete ich mich mit ihm, da er mich gebeten hatte, bei ihm vorbeizukommen, wenn ich wieder nach Westberlin fahre, um eine Nachricht (schriftlich o. mündlich) für seinen Vater mitzunehmen. Es wurde verabredet am Dienstag den 28.02.1978 zwischen 19.00 und 20.00 Uhr sich bei W. zu Hause zu treffen, um sich hier in Ruhe zu unterhalten. Auf meine Bitte, daß er seinen Vater benachrichtigen möchte, wenn ich am Wochenende den 3. oder 4. März 1978 nach Westberlin fahre, sagte er, daß er versuchen wird seinen Vater anzurufen bzw. telegraphisch oder brieflich zu benachrichtigen. Anton

02.03.1978 Auftrag Nr. 2, IMF »Anton«

Vom Ministerium für Staatssicherheit erhalten Sie [IM »Anton«] den Auftrag, am 04.03.1978 nach Westberlin zu fahren. Beim Aufenthalt in Westberlin sind folgende Aufgaben zu realisieren: Welche Maßnahmen hat Herr Wulkau eingeleitet zur weiteren Verwendung des Manuskriptes von seinem Sohn. Mit welchen Verlagen bzw. verantwortlichen Personen hat Herr Wulkau Beziehungen aufgenommen. Stellen Sie fest, ob Herr Wulkau nicht schon im Besitz von einer Abschrift des Manuskriptes ist. Welche Vorstellungen hat Herr Wulkau zur weiteren Verwendung bzw. zur Übergabe des Manuskriptes. Zur Realisierung des Auftrages erhalten Sie vom Ministerium für Staatssicherheit 100.- Mark der DDR und 100.- DM (DBB).

03.03.1978 Tonbandabschrift Bericht IMF »Anton«, angen.: Wessler, Oltn.

Ich [IM »Anton«] war ca. eine dreiviertel Stunde bei Wulkau [Peter] weil er auch keine Zeit hatte, ich eigentlich auch nicht. Während dieser dreiviertel Stunde haben wir einiges gesprochen, besonders Wulkau, weil dieses Treffen ja eigentlich auf Bitten Wulkaus stattfand. Er hat mich gebeten, wenn ich demnächst nach WB fahre, noch mal bei seinem Vater vorbeikomme und dann noch mal wegen sein Manuskript anfragen, weil sein Vater im vergangenen Jahr im Dezember zu ihm gesagt hat, daß im Frühjahr 78 eine Aussicht für die Veröffentlichung des Manuskriptes besteht. Ich soll seinem Vater dann sagen, daß er diese Veröffentlichung sehr hoffe und ihm sehr viel bedeutet und er möchte sich doch ein bißchen anstrengen. Entweder er macht sich wirklich solche Mühe um die Veröffentlichung oder er macht dann nicht und wenn er dann sowieso nicht macht, will dann Wulkau selbst etwas unternehmen. Und in dieser Beziehung will er dann während der Frühjahrsmesse in Leipzig versuchen, mit einigen Leuten von dem Verleger aus der BRD einen Kontakt herzustellen, trotzdem nach seiner Meinung ein gewisses Risiko da ist, weil er meint, während dieser Messe sowieso einige Stasi-Leute sagte er, überall da, aber dieses Risiko will er trotzdem nehmen. Peter Wulkau hat auch vor einigen Tagen seinem Vater geschrieben, daß an dem Wochenende Anfang März sein Freund aus Magdeburg mal irgendwie kurz vorbeikommen wird und einige Informationen bringt, und er sagte mir, er hoffe doch, daß sein Vater irgendwie an dem Tag, entweder Sonnabend oder Sonntag Vormittag zu Hause bleibt. Ich habe dann auch Wulkau gefragt, ob er vielleicht ein paar Zeilen für seinen Vater schreiben will oder so. Er meinte, weil ich sowieso rüber alleine und Personenkontrolle, er meinte, ich könnte evtl. Schwierigkeiten bekommen, er möchte dieses für mich doch nicht tun. Bei meinem Besuch habe ich auch festgestellt, daß sein Manuskript zur Zeit noch zu Hause und liegt auf seinem Attachékoffer im Bücherregal.

Mit Wulkau habe ich vereinbart, bzw. er hat mich gebeten, so schnell wie es geht, wenn ich von Berlin zurückkomme, irgendwie mal bei ihm vorbeikomme. Und ich habe gesagt, daß ich dann am Montag Abends zu ihm kommen werde. Am Montag sollte ich ein bißchen später zu Wulkau kommen, weil er und seine Frau erst um 17.00 Uhr ein Kino besuchen wollen. Sie wollen den zweiten Teil von diesem italienischen Film »1900« ansehen. An diesem Abend, wenn die beiden im Kino sind, wird dann seine Schwester seine Tochter zu Hause bei ihm betreuen. Und er sagte mir, falls ich so ein bißchen zeitig ankomme, komme ich sowieso dann rein, auch wenn sie noch nicht zurück sind. Anton

08.03.1978 Tonbandabschrift Bericht IMF »Anton«, angen.: Wessler, Oltn., Abt. II

Wie im Auftrag vorgesehen, fuhr ich [IM »Anton«] am 03. März 1978 nach Berlin mit dem Zug. Am Abend versuchte ich, eine telefonische Verbindung mit Wulkau, Werner in Westberlin zu bekommen. Ich versuchte es einige Male, aber es war niemand zu Hause. Abgesehen davon, fuhr ich am Sonnabend, den 04. März, nach Westberlin. Um 09.00 Uhr begab ich mich über die Grenze, Friedrichstraße, nach Westberlin. Ich fuhr dann direkt von der Friedrich-

straße mit der S-Bahn zum Wulkau. Aber als ich ungefähr um
10.00 Uhr vormittags dort ankam, war niemand da. Ich klingelte,
aber es war vergeblich. Ich vermutete, wahrscheinlich sind sie gerade einkaufen. Aus diesem Grunde ging ich dann noch ca. 2 Stunden spazieren in der Wohngegend, die Geschäftsstraße entlang, um
die Zeit noch ein bißchen zu vertreiben, in der Hoffnung, wenn ich
gegen Mittag bei Wulkau noch einmal bin, daß schon jemand da ist.
Aber als ich gegen 12.00 Uhr Mittag wieder bei Wulkau war, klingelte ich wieder vergeblich. Es war niemand zu Hause. Aus diesem
Grunde ging ich dann noch einmal ein Stück spazieren, weil schönes Wetter war und um 14.00 Uhr passierte ich dann wieder den
Grenzübergang nach Ostberlin. Bei diesem Grenzübergang von
Westberlin nach Ostberlin war die Kontrolle ein wenig verschärft
von Seiten der DDR-Kontrollorgane. Ich hatte ein wenig Gepäck
mit, weil ich für meine Kinder etwas eingekauft hatte. Dieses wurde von den DDR-Kontrollorganen genau untersucht, und sie waren
davon überzeugt, daß es keine verbotenen Sachen waren. Ein Leibesvisitation fand nicht statt.

06.03.1978 Treffbericht IM »Hans Kramer«,
9.00–10.00 Uhr KW »Burg«, Hinze, Hptm.,
Abt. XX/4
Der IM [»Hans Kramer«] wird am 6.3.78 abends den Kreis zu
Hause aufsuchen mit dem Auftrag, daß beide Personen ihn am
7.3.78 14 Uhr zum Intershop begleiten zum Einkauf. Das Geld hat
er von seinem Cousin aus der BRD geschickt bekommen. Auftrags-
maßnahmen: Wohnung freimachen, Frage über Geld aus BRD klären. Legende dem IM gegenüber: Überprüfung ob Kreis dem IM
noch vertraut.

**08.03.1978 Treffbericht IMV »Hans Kramer«,
11–12 Uhr KW »Burg«, Hinze, Hptm.**
Der IMV [»Hans Kramer«] suchte gegen 19 Uhr auftragsgemäß
den Kreis zu Hause auf um die Frage Einkauf im Intershop zu klären. »Kreis« und Ehefrau waren nicht anwesend, sie waren im Kino
um den Film »1900« zu sehen. Ein junges Mädchen, vermutlich aus
der Nachbarschaft, betreute das Kind während der Zeit. Um 20 Uhr
kam »Kreis« zum IM und bat den IM nicht zu ihm nach Hause zu
kommen, da der Indonesier kommt und dieser sieht es nicht gern,
wenn noch eine Person ihn kennen lernt (ihn sieht).

**08.03.1978 Tonbandabschrift Bericht IMF
»Anton«, angen.: Wessler, Oltn., Abt. II**
Vereinbarungsgemäß suchte ich am Montag, den 06. März 1978
[Peter] Wulkau auf. Ich erzählte ihm dann, daß sein Vater doch
nicht da war. Er sagte aber, daß er schon geschrieben hatte und
meinte, daß sein Brief gar nicht angekommen ist, daß dieser von
den DDR-Behörden eingezogen wurde. Wir sprachen dann über die
Leipziger Messe, wo er bekanntlich versuchen will, noch einmal
Kontakt mit Verlegern zu bekommen wegen der Veröffentlichung
seines Manuskriptes. Er sagte noch, daß er keine große Hoffnung
hat bei dem Versuch in Leipzig, aber trotzdem will er es diesmal
noch versuchen. Ich bin dann mit Peter so verblieben, daß ich bei
ihm am 16. März 1978 kurz bei ihm vorbei komme, um zu erfahren, was er in Leipzig erreicht hat mit den Verlegern wegen der
Veröffentlichung seines Manuskriptes. Anton

4. Untersuchungshaft des MfS – die Konstruktion einer Anklage

08.03.1978 Verfügung, MfS Magdeburg

Gemäß § 98 der Strafprozeßordnung wird gegen den Wulkau, Peter, Michael, geb. am 21.12.47 in Magdeburg, Beruf Chemiefacharbeiter zuletzt Oberkellner die Einleitung eines Ermittlungsverfahrens angeordnet. Der Wulkau ist der staatsfeindlichen Hetze dringend verdächtig, indem er mit dem Ziel, die sozialistische Staats- und Gesellschaftsordnung zu schädigen, bzw. gegen sie aufzuwiegeln, seit mindestens 1970 Schriften herstellte, in denen er in übelster Art und Weise die staatlichen, politischen Verhältnisse in der DDR sowie die Tätigkeit staatlicher Organe und deren Repräsentanten diskriminierte. Den Untersuchungsvorgang zur Bearbeitung übernommen: Hauptmann Lewerenz.

08.03.1978 Anordnung zur Durchsuchung und Beschlagnahme. Der Staatsanwalt des Bezirkes Magdeburg

In der Strafsache gegen den Beschuldigten Wulkau, Peter ordne ich gemäß § 108 StPO die Durchsuchung der Räume des Beschuldigten Wulkau, Peter sowie die Beschlagnahme der Gegenstände an, die als Beweismittel dienen können oder der Einziehung unterliegen.

08.03.1978 Einlieferungsanzeige, MfS Magdeburg, Lewerenz, Hptm.

Am 8.3.1978 wurde gegen 07.30 Uhr in Magdeburg wegen des dringenden Tatverdachtes § 106 Abs. 1 Ziff. 1 und § 3 StGB vorläufig festgenommen und am 8.3.1978 in die UHA Magdeburg-Neustadt eingeliefert: Wulkau, Peter Michael.

08.03.1978 Leibesvisitationsprotokoll, BVfS Magdeburg Untersuchungshaftanstalt
Am heutigen Tage wurde bei dem Beschuldigten Wulkau, Peter eine Leibesvisitation durchgeführt.

08.03.1978 Vernehmungsprotokoll Wulkau, Peter, 07.30–12.30, 13.15–15.00, 15.30–18.00, 18.45–23.00 Uhr, Lewerenz, Hptm.
Frage: Inwieweit sind Sie bisher gegen die sozialistischen Verhältnisse in der DDR aufgetreten? Antwort: Zunächst möchte ich in Beantwortung dieser Frage feststellen, daß ich »Marxist« bin. Ich bin bisher in keiner Weise gegen die sozialistischen Verhältnisse in der DDR aufgetreten, obwohl ich bestimmte gesellschaftliche Verhältnisse ablehne. Frage: Dem Untersuchungsorgan ist bekannt, daß Sie in der Vergangenheit in geeigneter Form gegen die sozialistischen Verhältnisse in der DDR aufgetreten sind! Antwort: Wenn dem Untersuchungsorgan derartiges bekannt ist, dann bitte ich darum, daß man die entsprechenden Beweise mir vorlegt. Ich betrachte dies als »böswillige Unterstellung« seitens des Untersuchungsorgans. Frage: Sagen Sie nunmehr darüber aus, welche Position Sie zur sozialistischen Gesellschaftsordnung in der DDR einnehmen! Antwort: Ich möchte nochmals erwähnen, daß ich »Marxist« bin, obwohl ich gegenüber bestimmten gesellschaftlichen Verhältnissen in der DDR eine ablehnende Haltung einnehme. Nach meiner Auffassung gibt es in der DDR für mich kein Recht auf Freizügigkeit, Qualifikation, freie Meinungsäußerung und es besteht »Berufsverbot«. Außerdem darf ich nicht dorthin reisen, wohin ich will. Frage: Sie werden nochmals durch das Untersuchungsorgan aufgefordert, Aussagen darüber zu tätigen, inwieweit Sie bisher gegen die bestehenden sozialistischen Verhältnisse in der DDR aufgetreten sind! Antwort: Ich möchte nochmals betonen, daß ich bisher in keiner Weise gegen die sozialistischen Verhältnissen in der DDR aufgetreten bin und auch keinerlei feindliche Absichten hege. Frage: In wel-

cher Weise sind Sie in der Vergangenheit bei der Gestaltung schriftlicher Fixierungen tätig geworden? Antwort: Seit ungefähr meinem
14. Lebensjahr betätige ich mich in der Weise, daß ich versucht
habe zu »fabulieren«. Dies endete mit dem Jahr 1971 und seit dieser Zeit habe ich nichts mehr geschrieben, da ich dazu keine Lust
mehr hatte. Frage: Sie werden nochmals durch das Untersuchungsorgan aufgefordert wahrheitsgemäße Aussagen zu tätigen. Äußern
Sie sich dazu! Antwort: Ich gebe nunmehr zu, daß gegenwärtig ein
»Fragment« mit dem vorläufigen Titel »Noch nicht und doch
schon« vorliegt, zu dem ich jedoch keine inneren Beziehungen
mehr habe. Frage: Konkretisieren Sie Ihre Aussage! Antwort: Dieses »Fragment« habe ich mehrmals überarbeitet und es entspricht
gegenwärtig nicht mehr meinen Vorstellungen. Ich glaube, daß es
sich dabei um ein »schlechtes literarisches Machwerk« handelt und
ich bin zu der Erkenntnis gelangt, daß ich überhaupt keine »schriftstellerischen Fähigkeiten« habe. Es ist von mir nur »diffuses Ge-
schreibsel«. Frage: Inwieweit haben Sie das von Ihnen angeführte
Schriftstück verbreitet? Antwort: Ich habe das »Fragment« in keiner Weise verbreitet und hege auch keine diesbezüglichen Absichten. Frage: Sie werden aufgefordert, zu den Ihnen vom Untersuchungsorgan gestellten Fragen sachliche und wahrheitsgemäße
Antworten zu geben. Äußern Sie sich dazu! Antwort: Ich bin der
Auffassung, daß ich bisher wahrheitsgemäße Aussagen getätigt
habe. Allerdings möchte ich erwähnen, daß ich die Möglichkeit des
Verlegens nach einer eventuellen Fertigstellung des »Fragments«
auch in der BRD in Erwägung gezogen habe, was ich zwischenzeitlich wiederum verworfen habe. Deshalb legte ich auch keine diesbezüglichen Aktivitäten mehr an den Tag. Frage: Aus welchen
Gründen wollten Sie das Buch in der BRD veröffentlichen lassen?
Antwort: Ich betone nochmals, daß ich nur die Möglichkeit des
Verlegens in der BRD in Betracht gezogen habe, dies aber niemals
ernsthaft erwog. Die Möglichkeit des Verlegens, auch in der DDR,
habe ich deshalb in Betracht gezogen, damit ich meinen »sozialen
Status« verändern kann. Nach meiner Auffassung darf ich in der

DDR nicht geistig arbeiten, sondern muß die materielle Grundlage für meine Familie durch Tätigkeiten schaffen, »die weit unter meinen intellektuellen Fähigkeiten liegen«. Ich bin gegenwärtig gezwungen, Geld mit meinen »Füßen« und »Händen« zu verdienen. Um es ganz deutlich zu sagen, bin ich auf ein »Abstellgleis« geschoben worden, was für mich einem »Berufsverbot« gleichkommt. Frage: Sie erhalten durch das Untersuchungsorgan die Gelegenheit, Ihre bisherigen Aussagen zu berichtigen oder zu ergänzen! Antwort: Ich habe meinen bisherigen Aussagen nichts hinzuzufügen. Sie entsprechen der Wahrheit.

Mir wurden durch das Untersuchungsorgan ausreichend Speisen und Getränke angeboten, wovon ich jedoch keinen Gebrauch machte. Die eingelegten Erholungspausen betrachte ich als durch das Untersuchungsorgan für mich beabsichtigte Ermüdungspausen.

08.03.1978 Vermerk über die durchgeführte Erstvernehmung mit dem Beschuldigten Wulkau, Peter, Lewerenz, Hptm.

Der Beschuldigte lehnte es in provokatorischer Weise ab, daß gefertigte Protokoll durchzulesen und zu unterschreiben. Deshalb wurde die Beschuldigtenvernehmung um 23.00 Uhr abgebrochen.

08.03.1978 Auswertung der Vernehmung, UV Wulkau, Peter, Untersuchungsführer Lewerenz

Beschuldigter ist nicht geständig. Maßnahmen: Geständnisbereitschaft des Beschuldigten erzielen.

08./09.03.1978 Vernehmungsprotokoll des Zeugen Christine Wulkau, 08.00–12.00, 12.30–17.00, 17.30–22 & 22.30–01.30 Uhr, Schäfer, Ltn.

Frage: Charakterisieren Sie Ihr Verhältnis zu Ihrem Ehemann Peter Wulkau! Antwort: Meinen Ehemann lernte ich 1972 in Leipzig kennen. Noch im gleichen Jahr haben wir geheiratet. Am 16.5.1972 wurde dann unsere Tochter Antje geboren. Unsere familiären Verhältnisse möchte ich als geordnet bezeichnen. Mein Ehemann und ich haben gleiche bzw. übereinstimmende Interessen, obwohl, und das möchte ich anführen, ich nicht mit meinem Ehemann immer die gleiche Position zu gesellschaftspolitischen Fragen habe. Meine Ehe verlief aber trotzdem bisher harmonisch. Frage: In welcher weiteren Form ist Ihr Ehemann Peter Wulkau gegen die sozialistischen Verhältnisse in der DDR aufgetreten? Antwort: Neben der von mir geschilderten Art und Weise trat auch mein Ehemann in schriftlicher Form gegen die hiesigen Verhältnisse auf. In von ihm gefertigten Schriftstücken wiederspiegelte sich seine Position zu den sozialistischen Verhältnisse. So fertigte er in der Vergangenheit »Gedichte«, »Tagebuchaufzeichnungen« und Niederschriften an, die, ausgehend von seiner Position, sich in ihrem Inhalt gegen die hiesigen Verhältnisse richten. Die Niederschriften beabsichtigt mein Ehemann zu einem Buch zusammenzufassen. Frage: Aus welchen Gründen nutzte Ihr Ehemann zur Fortsetzung seiner Schriften eine Nebenwohnung? Antwort: Hierzu kann ich nur anführen, daß mein Ehemann ungestört arbeiten wollte. Frage: Machen Sie nunmehr Aussagen über den Inhalt dieser von Ihrem Ehemann hergestellten Schrift! Antwort: Der Inhalt dieses Buches befaßt sich mit verschiedenen gesellschaftlichen Erscheinungen in der DDR, gegen die er auftritt. So wendet er sich in seiner Schrift gegen die Hartherzigkeit und den Bürokratismus staatlicher Organe in der DDR. Über die Art und Weise der Abfassung dieses Buches bzw. über die Form habe ich gegenüber meinem Ehemann mehrmals Zweifel geäußert. Für meine Begriffe – ich mußte ihn mehrmals auffordern, weniger herabwürdigend zu schreiben und sich nicht zu »scharf« auszudrücken, – ist er in verschiedenen Teilen über die Norm gegangen. Frage: Aus welchen Gründen stellte Ihr Ehemann die von Ihnen angeführte Schrift her? Antwort: Wenn er dieses Buch fertiggestellt hat beabsichtigt er, dieses zu veröffentlichen. Ausgehend von dem von mir dargelegten Inhalt des Buches, sollte dieses in der BRD veröffentlicht werden. Antwort: Mit dem

Inhalt seines Buches wollte mein Ehemann die DDR-Bürger über die »wahren« Verhältnisse in der DDR informieren. Dabei rechnete er auf die BRD. Bei einer gelungenen Übersiedlung nach der BRD rechneten wir uns weiter aus, durch die Veröffentlichung dieses Buches ein entsprechendes »Startvermögen« auf dem Konto zu haben. Frage: Welche Personen haben von der Herstellung dieser Schrift Kenntnis erhalten? Antwort: Von dieser Schrift bzw. diesem Buch haben die Personen Hartmut Rosinger, Günter Pilling, Klaus Wischeropp, sowie sein Vater und der indonesische Staatsbürger Kenntnis erhalten. In welchem Umfang jede Person informiert ist, kann ich nicht einschätzen.

08.03.1978 Treffbericht IMV »Hans Kramer«, 11–12 Uhr KW »Burg«, Hinze, Hptm.
Der IMV [»Hans Kramer«] wurde am heutigen Tag in Kenntnis gesetzt, daß Kreis am 8.3.78 mit Ehefrau vom MfS zu einer Befragung geholt wurde. Da eine Hausdurchsuchung bei Kreis vorgenommen werden könnte, könnte dort auch das Material gefunden werden. Der IMV verhielt sich relativ ruhig und war um seine Sicherheit bemüht. Der IM wird, wie am 7.3.78 vereinbart wurde, die Familie des Kreis am Sonntag, den 12.3.78 zu Hause besuchen. Der IMV wird das MfS, bei Verbindungsaufnahme von Kreis oder der Ehefrau zu ihm, sofort telefonisch informieren. Desgleichen, wenn er über andere Personen Kenntnis erhält über die Maßnahme des MfS gegenüber »Kreis«. Der IMV wurde genauestens in seiner Verhaltensweise instruiert.

09.03.1978 Haftbefehl, Staatsanwalt des Bezirkes Magdeburg
Der Beschuldigte [Peter Wulkau] ist der staatsfeindlichen Hetze dringend verdächtig. Mit dem Ziel gegen die sozialistische Staats- und Gesellschaftsordnung aufzuwiegeln, fertigte er Hetzschriften an, darunter einen offenen Brief an den Generalsekretär der SED und eine 125 Schreibmaschinenseiten umfassende Schrift, die in

der BRD veröffentlicht werden sollte. In den Hetzschriften diskriminiert er die staatlichen, politischen und anderen gesellschaftlichen Verhältnisse, staatliche Organe, gesellschaftliche Organisationen, Repräsentanten sowie Bürger der DDR wegen ihrer staatlichen bzw. gesellschaftlichen Tätigkeit. Verbrechen gem. § 106 (1) Ziff. 1 und 3 StGB. Der Erlaß eines Haftbefehls gem. § 122 (1) Ziff. 2 StPO ist erforderlich, da ein Verbrechen den Gegenstand des Verfahrens bildet. Haftausschließungsgründe liegen nicht vor. Der Beschuldigte ist beim Rat der Stadt Magdeburg wegen der Stellung rechtswidriger Übersiedlungsersuchen erfaßt. Obwohl seine Ersuchen abgelehnt wurden, erfolgte keine Rücknahme. Im »offenen Brief« an den Generalsekretär der SED vom 01. 10. 77, der handschriftlich vorliegt und in der BRD veröffentlicht werden sollte, stellte er sein drittes rechtswidriges Ersuchen auf Ausreise und Aberkennung der Staatsbürgerschaft. Die Veröffentlichung dieser Schrift in der BRD ist im handschriftlichen Entwurf angekündigt. Die Veröffentlichung der 125 Seiten umfassenden Schrift in der BRD wird durch die Ehefrau des Beschuldigten in ihrer Vernehmung vom 9. 3. 78 ausgesagt. Der Beschuldigte selbst bezeichnet sich in seiner Erstvernehmung als Marxist, obwohl er die gesellschaftlichen Verhältnisse in der DDR ablehnt. Er bestreitet, irgendwelche Handlungen gegen den Staat begangen zu haben. Die 125 Seiten umfassende Schrift bezeichnet er als »Fragment«, zu dem er angeblich keine engeren Beziehungen mehr habe.

07. 10. 1976 [bei Hausdurchsuchung beschlagnahmter Entwurf] Eingabe Offener Brief an Erich Honecker

Die Freiheit der Presse, des Rundfunks und des Fernsehens ist in der DDR nicht gewährleistet. Darum erscheint dieser Brief in der BRD. Ich beantrage hiermit zum dritten Male die Aberkennung der Staatsbürgerschaft der DDR für mich, meine Frau und meine Tochter und die freie Ausreise zwecks Auswanderung zu meinem in Berlin (West) lebenden Vater. Ich vertrete in entscheidenden Punkten eine andere Ideologie als die von der Regierung der DDR ihrem Volk aufoktroyierte. In der DDR müßte ich zum politischen Verbrecher werden, wenn ich laut denke. Da das weder mir noch – wie ich annehme – der Regierung der DDR angenehm wäre, erhoffe ich auf diese Eingabe die einzige Reaktion, die mit der Allgemeinen Deklaration der UN vom Dez. 48 in Einklang steht. P. W.

09.03.1978 handschriftliche Haftbeschwerde, Peter Wulkau an Bezirksstaatsanwalt des Bezirkes Magdeburg
Heute wurde mir in einem Haftbefehl verkündet, ich sei Verfasser staatsfeindlicher Hetzschriften, die Repräsentanten und Bürger der DDR diskriminierten. Diese Behauptung ist absurd. Ich verlange deshalb die sofortige Freilassung und die Ausweisung für mich und meine Familie in die BRD. Peter Wulkau

09.03.1978 Weisung über die Art und Weise des Vollzuges der Untersuchungshaft
Besucherverkehr: nicht gestattet bis voraussichtlich 10.4.78

09.03.1978 Anordnung zur Beschlagnahme von Postsendungen, Staatsanwalt des Bezirkes Magdeburg
In der Strafsache Wulkau, Peter Michael, wh. Magdeburg, Pestalozzistr. 8 ordne ich gemäß §§ 109, 115 StPO die Beschlagnahme folgender Postsendungen an: alle Postsendungen, die an obige Anschrift sowie an : Christine Wulkau, wh. Magdeburg, Pestalozzistr. 8, Gerda Hohndorf, wh. Magdeburg, Hollehochstr. 39 gerichtet sind. Es ist besonders auf Post aus der BRD und Berlin (West) zu achten.

18.03.1978 Information IMF »Anton«, angen.:
Schwarzfeld, Mj.

Am 09.03.1978 unterhielt sich der IM [»Anton«] mit der Person Kloss, tätig im VEB Fahlberg-List Magdeburg. K. informierte den IM, daß er am 08.03.1978 im »Weinstudio« war und daß die Kellner mitteilten, daß Wulkau unentschuldigt fehlt.

09.03.1978 handschriftliche Notiz, Hinze,
Hptm.

Gen. Ganske – KD Magd. – rief gegen 9.00 Uhr [an]. Über seine Frau – Leiterin des Weinstudios – wurde bekannt: da »Kreis« nicht auf Arbeit erschien, wurde gegen 18 Uhr der Betriebsfahrer zur Wohnung von »Kreis« geschickt um sich zu erkundigen über das Fernbleiben. Fahrer kam ohne Ergebnis zurück, da keiner die Wohnung öffnete. Gegen 22.30 am 8.3.78 erschien die Schwiegermutter Hohndorf, Gerda im Weinstudio und sagte zu den Kellnern, das Peter nicht zur Arbeit kommt, da er festgenommen wurde. Die Gründe kenne sie nicht, aber er wird 3–4 Jahre bekommen. Die Frau des Gen. Ganske stand in der Nähe und hörte somit das Gespräch mit.

09.03.1978 [Telefonabhörprotokoll]
Informationsbericht, Ultn. Müller für Gen.
Wendorf, Abteilung XX

Die Hohndorf unterhielt sich mit einer Wiltrud Rönicke aus Magdb. – Pieck-Allee 8 Tel. 32 9 69. Die Hohndorf teilte der Rönicke mit, daß »Die« gerade weg sind, denn gestern hat man den Peter und die Schwiegertochter verhaftet. Heute war bei ihr der Staatssicherheitsdienst und hat bei ihr eine Hausdurchsuchung gemacht. Deshalb konnte sie sich heute vormittag nicht mit der Rönicke unterhalten. Man hatte der Hohndorf verboten, mit jemandem zu sprechen. Die Hohndorf konnte es sich nicht erklären, warum man bei ihr eine Hausdurchsuchung gemacht hat. Es wurde auch nichts konkretes gesagt. Man hat 179 Bücher mitgenommen unter anderem Bücher aus ihrer Jugendzeit. Gestern gegen 21.00 Uhr brachte man der Hohndorf das Kind und vormittags war bereits die Verhaftung. Das Kind war in einem Kindergarten untergebracht. Anschließend wollte die Rönicke wissen, ob der Peter etwas mit dem Buch gemacht hat. Man weiß ja nicht, ob das Buch schon weg ist. Dies verneint die Hohndorf und sie bemerkt in diesem Zusammenhang, daß man den Peter denunziert hat. Die H. befürchtet, daß sie den Peter nicht wiedersehen wird. Am Telefon will sie darüber aber nicht sprechen. Die Rönicke ist der Meinung, daß man dem Peter nichts anhaben kann, wenn da nichts vorliegt. Die H. bemerkt dazu, daß ja etwas vorliegt, denn man hat bei dem Peter eine Menge gefunden. Die haben Zeitschriften, das Buch und auch die Schreibmaschine mitgenommen. Beide sind der Meinung, daß der Peter versucht hat, daß Buch nach drüben zu schaffen. Der Peter hat das Buch eventuell jemanden mitgegeben und der wurde kontrolliert. Die Rönicke gab der H. den Rat, den Kopf hochzuhalten.

10.03.1978 Materialanalyse zur OPK »Kreis«
Die von der Abteilung VIII dokumentierten Materialien aus der konspirativen Wohnungsdurchsuchung belegen folgende Sachverhalte: Im Haushalt befinden sich einige westliche Nahrungs- und Genußmittel, Kosmetika und Bekleidungsstücke. Dies bestätigt die inoffiziellen Hinweise, daß der W. bei Besuchen von seinem Vater bzw. auch per Post Westartikel erhält. In der Wohnung wurde eine umfangreiche Buchsammlung dokumentiert. Bei der Wertung dieser Literatur muß eingeschätzt werden, daß der W. vorangig Literatur mit sozialismuskritischen bzw. revisionistischen Inhalt besitzt, wobei die Vielzahl westlicher Hetzliteratur auffällig ist. Die dokumentierte Westliteratur bestätigt die inoffiziellen Informationen, daß der W. zahlreiche Westliteratur besitzt, die er an ihm vertraute Personen, darunter die IM »Hans Kramer« und »Rudi Kelling« ausleiht. In Schubfächern der Schrankwand wurde zahlreiches handschriftliches, maschinenschriftliches und gedrucktes Material sichergestellt. In der Schrankwand (Regalteil) befand sich

ein schwarzer Lederkoffer (Aktentaschengröße), in dem sich die handschriftlichen Aufzeichnungen sowie Schreibmaschinenabschriften zum Buch mit dem Titel »Noch nicht und doch schon« befanden. Mit der Dokumentierung dieser Ausarbeitungen wurden die inoffiziellen Aussagen bestätigt, daß Wulkau an einem Buch arbeitet. In diesem Buch wird literarisch der Lebensweg einer jungen Frau aufgezeigt. Dabei ist zu erkennen, daß es sich im wesentlichen um literarisch verarbeitete Lebensstudien von Wulkau selbst handelt. Das gesamte Buch ist durchzogen von Bestrebungen, die gesellschaftliche Situation und Entwicklung in der DDR zu verunglimpfen und Teilbereiche unserer Gesellschaft zu regieren. Dies geschieht teilweise in stark zynischer und herabwürdigender Art und Weise. Deutlich kommt zum Ausdruck, daß der Schreiber des Buches mit dem Sozialismus in der DDR nicht einverstanden ist, ihn schlecht macht, politisch zur Verbesserung des Sozialismus tätig sein will und regelrechten Haß gegen die Partei und das MfS hegt.

13.03.1978 handschriftlicher Vermerk auf Haftbeschwerde von Peter Wulkau

Der Beschwerde wird nicht abgeholfen, da das Vorbringen des Beschuldigten in keiner Weise geeignet ist, die gegen ihn erhobenen Vorwürfe zu entkräften. Die Unumgänglichkeit des Erlasses des Haftbefehls ist nicht zu bezweifeln.

10.03.1978 Vernehmungsprotokoll des Beschuldigten Wulkau, Peter

Frage: Sie erhalten nochmals durch das Untersuchungsorgan die Gelegenheit, zu den gegen Sie erhobenen Beschuldigungen Stellung zu nehmen. Äußern Sie sich dazu! Antwort: Ich wiederhole nochmals mit allem Nachdruck, daß ich keine strafbaren Handlungen begangen habe und empfinde die gegen mich vom Untersuchungsorgan erhobenen Beschuldigungen einfach lächerlich und absurd. Mehr habe ich in diesem Zusammenhang nicht anzuführen.

10.03.1978 Vernehmungsergebnisse, Lewerenz, Hptm.

Beschuldigter ist weiterhin nicht geständig.

13.03.1978 Befragung der Genossin Ganske zu Wulkau, Peter, Wendorf, Mj.

Genn. Ganske ist die Ehefrau des operativen Mitarbeiters, Ganske, Horst, der Kreisdienststelle Magdeburg. Sie ist als Serviererin in Magdeburg, Weinstudio »Grün-Rot«, beschäftigt und durch diese Tätigkeit mit dem Wulkau, Peter seit etwa 3 Jahren bekannt. Konkrete Hinweise auf die Existenz von Niederschriften mit staatsfeindlichem Inhalt war dem Kollegenkreis nicht bekannt, wohl aber das sich W., Peter, in der Vergangenheit schriftstellerisch betätigte und an einem Buch schrieb. Auf die Äußerungen der Hohndorf, Gerda reagierte der Musiker Weisel dahingehend mit den Worten: »Die Sicherheitsorgane werden wohl kaum jemanden inhaftieren, wenn dieser keine Gesetzesverletzungen begangen hat.« Diesem wurde durch das Kollektiv zugestimmt. Innerhalb des Kollektives wurden durch den W., P. soweit die Genn. Ganske feststellen konnte keine feindlichen Äußerungen getätigt, obwohl bei dem W., Peter der Eindruck entstand, daß er bestimmte gesellschaftliche Bereiche und Maßnahmen nicht akzeptierte. Diesbezüglich ließ er sich des öfteren gegenüber angetrunkenen Parteimitgliedern der SED dahingehend aus, daß diese nun schon wieder besoffen sind, bzw. mit den Worten »das sind nun Genossen mit dem großen Parteiabzeichen«. Der Befragten war bekannt, daß W., Peter, als gestrauchelte Existenz galt und sein Studium abbrechen mußte. Über die Gründe konnte sie nichts angeben. Etwa zur gleichen Zeit saß in den Abendstunden eine gewisse Bertha, Berufsschullehrerin mit einem gewissen Hans Prahl, nähere Angaben nicht bekannt, im Weinstudio, dabei war zufällig aus dem Gespräch dieser beiden Personen zu entnehmen, daß sie ein personenbezogenes Gespräch zu W., Peter, führten und sinngemäß zu entnehmen war, »der dürfte nicht in der Öffentlichkeit arbeiten, seine Einstellung zu unserem Staat könne sich nicht positiv auf Gäste auswirken ...« Herr Prahl, Hans soll Mitglied der SED sein und oftmals Reisen durchführen. Hinsichtlich der familiären Situation führte die Befragte aus, daß bisher der Eindruck vorhanden war das der W., Peter, eine harmonische Ehe führte. Dabei blieb nicht unerwähnt, daß er auch sich jede bietende Gelegenheit zu anderen weiblichen Personen nutzte. Bezugnehmend auf das kollegiale Verhalten des W., Peter, wurde durch die Befragte dahingehend ergänzt, daß er als gute Fachkraft eingeschätzt wurde und durch seine Art auch guten Kontakt zu den Gästen herstellte.Bisher wurden folgende, das Aussageverhalten des Besch. bestimmende Einstellungen, Eigenschaften und Merkmale in den durchgeführten Untersuchungen erkannt: Der Beschuldigte verhält sich provokativ und verweigerte jegliche Nahrungsaufnahme, um zu zeigen, daß er sich vollkommen unschuldig fühlt. Der Beschuldigte ist verheiratet und hängt an seiner Frau, aber insbesondere an seiner Tochter. Der Beschuldigte hat ein übersteigertes Geltungsbedürfnis und möchte immer im Mittelpunkt stehen. Er behauptet weit unter seinen geistigen Fähigkeiten liegende Tätigkeiten durchführen zu müssen. Der Beschuldigte besitzt ein ausgesprochen starkes Selbstbewußtsein und ist von seinem hohen Wissen absolut überzeugt. Er fühlt sich berufen, sich mit politischen und philosophischen Problemen auseinanderzusetzen und dabei zu Erkenntnissen zu gelangen, die andere nicht haben können, weil sie sich mit den Klassikern nicht so viel beschäftigen, wie er. Der Beschuldigte hat eine verfestigte feindliche Einstellung zu den sozialistischen Verhältnissen in der DDR, was sich unter anderem in denen von ihm vertretenen opportunistischem Gedankengut widerspiegelt. Der Beschuldigte lehnt es ab, über andere Personen zu sprechen, obwohl es erkennbare Zusammenhänge zu seinen Handlungen gibt. Trotz Haftbefehl und Kenntnis der ihm zu Last gelegten Anschuldigungen fühlt er sich unschuldig, da er, so wie er es darstellt, alles am eigenen Leibe erfahren hat.

Im Interesse eines offensiven vernehmungstaktischen Vorgehens wird folgende Linie festgelegt: Auf Grund der Nichtgeständnisbereitschaft und des provokativen Verhaltens des Besch. sind keine Vorhaltungen zu machen, damit dieser nicht in seinem Verhalten bestärkt wird, nämlich, daß das Untersuchungsorgan ihm seine strafbaren Handlungen beweisen muß und dies kann nicht geschehen, da er ja keine strafbaren Handlungen begangen hat. Bei der Zielstellung der Erreichung des Geständnis ist beim Beschuldigten von seinem überdurchschnittlichen Intelligenzgrad auszugehen und deshalb zwischen den einzelnen Vernehmungskomplexen ständig bei den Beschuldigtenvernehmungen zu wechseln. Da der Besch. besonders auf Lob bezüglich seiner Intelligenz ansprechbar ist wird ihm zu verstehen gegeben, daß sein Intelligenzgrad berücksichtigt wird, auf logische Verhaltensweisen beispielsweise ansprechen. Es wird der Umstand ausgenutzt, daß der Besch. offensichtlich andere Behandlungsmethoden durch das Untersuchungsorgan erwartet hat, deshalb wird gegenüber dem Besch. besonders korrekt aufgetreten, persönliche Anliegen werden ebenso erfüllt, z.B. Gewährung von Genußmittel, Leseerlaubnis usw. Weiterhin wird beim Besch. berücksichtigt, daß er bestimmte Informationen als besonders wichtig betrachtet, z.B. seinen Vater betreffend, wird bestätigt. Der Besch. wartet darauf, Diskussionen über politische und philosophische Probleme durchzuführen, dem wird nicht entsprochen um zu verhindern, daß der Besch. nicht über sein »revisionistisches Gedankengut« auch beim Untersuchungsorgan offen diskutieren kann, diesbezüglich werden ihm eindeutig seine Grenzen aufgezeigt. Auszunutzen ist das enge bestehende Verhältnis des Besch. zu seiner Ehefrau und Tochter.

232

13.03.1978 Hauptmann Lewerenz

Dem Beschuldigten gewährte Hafterleichterungen/Vergünstigungen: Lese- und Raucherlaubnis.

14.03.1978 Informationsbericht vom 13.03.78, Müller, Ultn.

Gegen 15.15 Uhr meldete sich die Christine Wulkau bei der Hohndorf. Nach der Begrüßung gab die Wulkau zu verstehen, daß sie vom Bahnhof aus anruft. Jetzt beabsichtigt sie, noch einige Wege zu erledigen. Die Hohndorf redete anschließend davon, daß sie morgen zum Staatsanwalt muß. Sie hat einen Brief erhalten und die Wulkau hat sicherlich auch einen bekommen. Die Wulkau hatte sowieso vor, morgen zum Staatsanwalt zu gehen. Beiläufig erwähnte die Hohndorf, daß man ihr Telefon überwacht. Die Hondorf und die Wulkau werden morgen gegen 09.00 Uhr zum Staatsanwalt gehen.

14.03.1978 Vermerk des Staatsanwaltes

Am 14.3.78 erschien Frau Wulkau und die Mutter des Beschuldigten in der Sprechstunde. Über die Straftat habe ich keine Auskunft erteilt. Wegen der Erteilung einer Sprecherlaubnis habe ich Frau W. gesagt, daß sie in der 1. Aprilwoche noch einmal vorsprechen solle. Frau W. fragte dann noch, ob sie ihre Vernehmung noch einmal lesen darf. Angeblich wäre sie etwas durcheinander gewesen. Ich sagte ihr, daß das U-Organ bei Notwendigkeit entsprechende Vernehmungen durchführen wird. Die Mutter des Besch. sprach von Sippenhaftung, da bei ihr eine Durchsuchung vorgenommen wurde. Ich habe sie darauf hingewiesen, daß sie solche Äußerungen unterlassen möchte, da ich sie sonst von der weiteren Teilnahme am Gespräch ausschließen würde. Daraufhin unterblieben solche Bemerkungen.

15.03.1978 Treffbericht IMV »Hans Kramer«, 13.3.78 13.30–15.00 Uhr, Treffort: Arbeit IM, Hinze, Hptm., Abt. XX/4

Am 14.3.78 suchte der IMV [»Hans Kramer«] die Christine Wulkau zu Hause in der Zeit von 20.00 bis 21.00 Uhr auf, da Dienstags der Tag war, wo der IM mit dem P.W. zum Tischtennis bzw. Schach zusammenkam. In der Wohnung waren Wulkau, Christine, Hohndorf, Silvia und später Hohndorf, Gerda. Die W. bat darum, die Gespräche im PKW des IM zu führen, da sie vermutet, in der Wohnung abgehört zu werden. Im PKW waren dann die Personen IMV, Wulkau, Christine, Hohndorf, Gerda. Die W. erzählte dem IM den Vorfall am 8.3.1978 und sagte auch gleich, daß sie ihn anschließend davon nicht in Kenntnis setzte, da sie vermutete, daß das MfS auch beim IM schon war. Der IM verneinte dies. Die W. erzählte, daß sie am 8.3.78 früh vom MfS geholt worden sind und den ganzen Tag vernommen wurden. Da das MfS gekommen ist, sei es eine politische Sache und der Staatsanwalt hatte ihr und ihrer Schwiegermutter gesagt, am 13.3.78, daß es um das Schreiben und Verbreiten eines Buches geht sowie um eventuelle Spionage mit dem Schwiegervater. Folgende Personen sind von W., Christine, nach dem 8.3.78 informiert worden: Vosgerau, Peter, Abels, Cornelia, Wittstadt, Klemens. Diese Personen fanden sich auch bereit, Christine W. finanziell und moralisch zu unterstützen in Form von Geld und öfteren Besuchen, da sie ja nicht arbeitet. Christine schimpfte über das MfS, daß ihr Protokolle zur Unterschrift »untergeschoben« werden sollten und daß sie »erpreßt« worden ist in der Form, da ihr gesagt wurde, daß es an ihr liegt, wann sie raus und zu ihrem Kind könne.

Der Staatsanwalt gab ihr den Hinweis, mit dem RA Vogel in Berlin in Verbindung zu treten. Christine sucht einen international anerkannten RA, bei dem sich der Wulkau, Werner, mit anschließen kann. Ohne W. Wulkau kann sie nichts machen in finanzieller Hinsicht. Sie sagte dem IM gegenüber, daß dann der W. Wulkau auch Möglichkeiten der Beeinflussung und der Drohung gegen die DDR hat, damit der Prozeß generell nicht stattfindet. Sie gab dem IM gegenüber zu, Kenntnis vom Vorhandenseins des Tatmaterials sowie über dessen Inhalt zu haben.

Mißtrauisch machte sie, daß der IM noch nicht vom MfS gehört wurde. Sie wolle am 15. bzw. 16. 3. 78 noch zu Panning gehen sowie zu einer weiteren, namentlich nicht genannten, Person und fragen, ob dort schon das MfS war. Aus der Befragung des MfS erkannte sie, daß das MfS weiß, daß Peter W. Verbindung zu dem »Lehrer aus dem Rehabilitationszentrum« (»Kramer«) besitzt. »Kramer« machte der Christine gleichfalls das Angebot, sie finanziell zu unterstützen und lud die Christine und die Antje ein, die bis Ostern in Braunsbedra ist, ab Ostern bei ihm zu wohnen. Christine nahm das Angebot an.

Zur Wahrung der Sicherheit des IM bot sich dieser auch an, die Christine nach Berlin zum RA Vogel zu fahren und sie auch zu einem eventuellen Treffen mit dem W. Wulkau nach Berlin mit dem PKW zu bringen. Diese Angebote nahm die Christine an. Da diese Fahrten kurzfristig sein könnten, wurde der IM instruiert, dann sofort den op. MA vor der Fahrt zu verständigen über Telefon. Der IM fragte den op. MA, ob es auch für seine Sicherheit möglich ist, daß auch das MfS ihn befragt, um der Christine seine »Echtheit« zu beweisen. Die Frage des IM wird geklärt. Gegen 21.00 Uhr fuhr der IM die Hohndorf dann nach Hause. Die Hohndorf sowie die Christine W. sind laut IM psychologisch fertig und die H. neigt zur Hysterie.

14.03.1978 Information IMF »Anton«, angen.: Schwarzfeld, Mj.

Am 13.03.1978 traf Kloss einen »Kumpel«, der einen Kellner von »Grün-Rot« persönlich gut kennt. Dieser »Kumpel« erfuhr, daß Wulkau sich zur Zeit in Untersuchungshaft befindet. Kloss und Wittstadt zeigten sich gegenüber dem IM [»Anton«] dahingehend besorgt, daß dieser nicht durch einen Besuch der Ehefrau des Wulkau in den Blickpunkt des Untersuchungsorgan kommt. Sie rieten dem IM die Ehefrau W. nicht zu besuchen. Beide Personen äußerten auch, daß der IM auf Grund seines engen Kontaktes zu Wulkau, ebenfalls »geholt werden könnte«. Der IM erhielt den Auftrag, entsprechend der Vereinbarung mit Wulkau, »diesen« am 20. 03. 1978 gegen Abend aufzusuchen. Da er nur die Ehefrau antreffen wird, soll er dieser mitteilen, daß es Gerüchte gibt, daß W. inhaftiert wurde. Der IM wird das Gespräch so gestalten, daß das Problem Informierung des in Westberlin lebenden Vaters des W. berührt wird. Entsprechend der Bitte des W., wird er falls die Ehefrau dahingehend sich äußert, zusagen, daß er in der nächsten Zeit, wenn er nach Westberlin fährt, den Vater des W. aufsuchen wird.

Der IM erhielt die konkrete Verhaltenslinie im Falle einer Vernehmung durch die Untersuchungsorgane. Es wurde darauf hingewiesen, daß es nicht auszuschließen ist, daß sowohl der Wulkau als auch die Mutter des Wulkau bzw. die Ehefrau des W. Aussagen darüber tätigen können, daß er das Manuskript gelesen hat und dieses nach Westberlin verbringen wollte. Dem IM wurde konkret mitgeteilt, daß er bei einer möglichen Vernehmung sich korrekt verhalten soll und alle Fragen zu beantworten hat. Vorhaltungen in Richtung der zugesagten aktiven Unterstützung bei der Ausschleusung des Materials nach Westberlin, soll er als unwahr zurückweisen. Weiterhin soll er sich so verhalten, daß er das Manuskript zwar oberflächlich gelesen hat, aber einen staatsfeindlichen Inhalt nicht erkennen konnte. Tatsachen, wie zum Beispiel der persönliche Kontakt zur Familie W. einschließlich des Vaters soll er nicht leugnen, aber darauf hinweisen, daß er W. durch gemeinsame berufliche Tätigkeit seit Jahren kennt. Darüberhinaus ihm nicht bekannt wurde, daß W. staatsfeindliche Handlungen begeht bzw. solche Handlungen plant.

**27.03.1978 Treffbericht IMV »Hans Kramer«,
20.03.1978 14.00–16.00 KW »Burg«, Hinze,
Hptm., Abt. XX/4**

Während des Treffs wurde die Information des IM [»Hans Kramer«] vom 15.3.78 prämiert. Laut IM waren die Mutter und Christine am 13.03.1978 beim Staatsanwalt und die Hohndorf, so die Christine W., soll beim Staatsanwalt in die Schranken verwiesen worden sein, als sie von Gestapomethoden usw. sprach. Christine W. wollte beim Staatsanwalt genau wissen, weshalb Peter W. inhaftiert wurde und der Staatsanwalt soll das Problem der »eventuellen Spionage mit dem Vater W., Wulkau« so geäußert haben. Auf die Frage des Prozesses soll der Staatsanwalt geäußert haben, daß sich die Christine darüber noch keine Gedanken machen soll, es ist noch Zeit dafür bis der Prozeß beginnt. Hinsichtlich dem RA äußerte Christine die Gedanken, daß der Vater W. Wulkau den RA Vogel bezahlen könne (sie hat ja kein Geld) und Westgeld zählt in diesen Kreisen auch und zweitens kann der Vater die Öffentlichkeit einsetzen bzw. seine Möglichkeiten im WB-Senat nutzen.

**27.03.1978 Treffbericht IMV »Hans Kramer«,
23.3.78 14.00–15.00 Uhr KW »Burg«, Hinze,
Hptm., Abt. XX/4**

Am 15.03.1978 war der IM [»Hans Kramer«] mit der Christine W. beim ESG-Studentenpfarrer Uhle-Wettler zu Hause. U.W. nahm die Inhaftierung gelassen auf. Christine wandte sich wegen einer Arbeitsstelle an U.W., welcher die Christine zum Diakonischen Amt Magdeburg vermittelte. Am Montag Abend, 27.03.1978, ist der IM wieder bei Christine verabredet.

**18.03.1978 handschriftliche Information IME
»Rudi Kelling«, Groch, Hptm.**

Der IM [»Rudi Kelling«] hatte am 18.3.78 ein Gespräch mit Studentenpfarrer M. Uhle-Wettler. U. W. erzählte dem IM, daß Christine Wulkau bei ihm war und ihm erzählte, daß ihr Mann, Peter Wulkau inhaftiert wurde.

**17.03.1978 Maßnahmeplan zum OV »Kreis«,
Reif, OSL, Abt. XX/4**

Die politisch-operative Zielstellung besteht in der konkreten Aufklärung der subjektiven und objektiven Anforderungen, welche laut § 106 StGB durch den Beschuldigten Peter W. erfüllt sein müssen, insbesondere die Aufklärung der Zielsetzung der Schädigung und Aufwiegelung durch den Beschuldigten gegen die sozialistische Staats- und Gesellschaftsordnung der DDR sowie die Erstellung von offiziellen Einschätzungen über den Beschuldigten, welche in Form von offiziellen Beweisen genutzt werden sollen. Desweiteren besteht die Zielstellung in der Suche nach Zeugen und dem Erwirken ihrer Bereitschaft, den Beschuldigten, entsprechend seines staatsfeindlichen Auftretens, in subjektiver und objektiver Form einzuschätzen. Durch die Festlegung von Gutachten ist eine beweiskräftige nutzbare Einschätzung des Tatmaterials zu erarbeiten.

**17.03.1978 Vernehmungsprotokoll des
Beschuldigten Wulkau, Peter,
09.30–13.00/14.00–16.15 Uhr, Lewerenz,
Hptm.**

Frage: Sie werden nochmals aufgefordert, Aussagen darüber zu tätigen, welche Personen Kenntnis über das von Seiten des Untersuchungsorgan als T1 gekennzeichnete und von Ihnen verfaßte Machwerk »Noch nicht und doch schon« erhielten! Antwort: Zunächst möchte ich anführen, daß eine solche Kennzeichnung und Titulierung wie »Machwerk« durch das Untersuchungsorgan nicht vorgenommen werden kann. Dies kann nur durch mich geschehen. Wenn ich es als Machwerk bezeichne, dann aus dem Grunde, weil es inhaltlich unvollkommen ist und ich betrachte die Benutzung des Ausdruck Machwerk durch das Untersuchungsorgan als »propagandistisches Vokabular«. In Beantwortung meiner Frage möchte ich nochmals ganz deutlich darlegen, daß außer mir niemand mein »Machwerk« kennt und ich auch niemanden über den Inhalt, auch nicht auszugsweise informiert habe. Frage: Welche Veranlassung hatten Sie, anderen Personen gegenüber das angeführte Machwerk vorzuenthalten? Antwort: Ich habe überhaupt keine Veranlassung, anderen Personen mein Machwerk vorzuenthalten, nur sehe ich keinen Sinn darin, andere Personen mit meinem Machwerk zu konfrontieren. Zum gegenwärtigen Zeitpunkt ist alles noch sehr verworren und außerdem bin ich der Auffassung, daß man anderen Menschen nur »Fertiges« vorlegen soll, wozu sie dann ihre Meinung sagen. Alles andere ist unsinnig. Es ist ja bisher nicht zu einer Fertigstellung gekommen, weil ich viel zu schwankend war, ob dies überhaupt für mich einen Sinn hat. Beispielsweise habe ich von Mai bis August 1977 versucht, mich in dieser Richtung zu aktivieren, was mir jedoch nicht gelang. Während dieser Zeit habe ich mir ein Zimmer zeitweilig gemietet, um mein Machwerk zu vervollkommnen. Ich habe dieses Zimmer dann insgesamt vielleicht 5mal genutzt, ohne jedoch etwas an meinem Machwerk zu machen, sondern habe vielmehr die Zeit dazu ausgenutzt, um zu lesen.

17.03.1978 Vermerk, Zimolong, Mj., Abt. XX/7
Weisungsgemäß suchte ich nach vorheriger telefonischer Vereinbarung mit dem Gen. Wirths, Direktor des Lebensmittelkombinates Magdeburg, diesen am 13.3.1978 in seinem Betrieb in der Saalestr. 60 auf. Ziel des Aufsuchens war, mit ihm und gegebenenfalls der Kaderleiterin eine Aussprache zu führen über die Beurteilung des Wulkau, Peter-Michael. Durch den Gen. Wirths und die später hinzugezogene Kaderleiterin. Genn. Maus, wurde in der mündlichen Einschätzung zu Wulkau im wesentlichen folgendes dargelegt: In fachlicher Hinsicht war W. fleißig, pünktlich, zuverlässig, umsich-

tig und hilfsbereit. Er gab nie Anlaß zu Beanstandungen seiner Arbeit. Er war stets bereit für fehlende Kollegen einzuspringen, bzw. Urlaubsvertretungen zu übernehmen. Aus diesem Grund wurde er 1977 auch als Bestarbeiter ausgezeichnet. Bestarbeiter deshalb, weil damit seine fachlichen Leistungen gewürdigt wurden, jedoch es zum Aktivisten nicht reichte, weil dazu eine aktive politische oder gesellschaftliche Tätigkeit gehörte, die bei W. nicht vorhanden war.

17. 03. 1978 Vermerk, Zimolong, Mj., Abt. XX/7

Am 16. 3. 1978 führte ich mit der Leiterin des Weinstudios »Grün-Rot«, Kolln. Hannig, Gertrud, auftragsgemäß eine Aussprache mit dem Ziel, in Erfahrung zu bringen, wie von ihr und dem Kollektiv des Weinstudios der Kellner Wulkau, Peter-Michael, eingeschätzt wird. [Ich] suchte die Kolln. Hannig in ihrer Wohnung in der Karl-Marx-Str. 25 auf. Das Gespräch verlief zunächst von seiten der Kolln. Hannig etwas zurückhaltend jedoch mit der Zeit ungezwungen und offener. Die Kolln. H. brachte zum Ausdruck, daß sie eigentlich schon längere Zeit mit dem Erscheinen eines Vertreters unseres Organs gerechnet habe. Frau H. vertrat dann die Meinung, daß wenn W. strafbare Handlungen begangen habe, diese dann außerhalb des Arbeitsbereiches liegen müßten, da sie innerhalb des Arbeitsbereiches dem W. nichts schlechtes bzw. gesetzeswidriges nachsagen kann. Alle Gäste, auch nach außen, als Mitglieder unserer Partei gekennzeichnete, wurden von ihm gleichermaßen höflich und anständig bedient. W. verstand es, sich der Situation den Gästen und auch seinen Vorgesetzten anzupassen bzw. sich bei ihnen Liebkind zu machen. Von der heutigen Sicht betrachtet, erklärte die Kolln. H., daß sie sich des Eindrucks nicht erwehren kann, daß W. alles tat, damit er stets im besten Licht bei ihr als Objektleiterin, den übrigen Kollegen und auch der Kombinatsleitung stand. Den W. zu ihrem Stellvertreter zu ernennen konnte sich die Kolln. H. nicht entschließen, da er ihrer Meinung nach politisch nicht zuverlässig genug sei bzw. aus Bemerkungen von ihm geschlußfolgert werden mußte, daß er nicht positiv zu unserem Staat stand. Konkrete Beispiele für negative Äußerungen oder Bemerkungen konnte die Kolln. H. nicht anführen. Besonders intensive politische Gespräche führte Wulkau mit dem jahrelangen Stammgast Prahl, Hans. Dieser Prahl ist ein konsequenter Kommunist, der stets und ständig ohne zurückzuweichen im Interesse der Partei sich besonders mit jugendlichen Gästen auseinandersetzte. Prahl müßte in der Lage sein näheres zu dem Inhalt der politischen Streitgespräche mit Wulkau sagen zu können. In der letzten Zeit hatte es den Anschein, daß Wulkau darüber verärgert ist, daß aus der Jugendzeit (Oberschule und Studium) ihm bekannte Personen in der Zwischenzeit ihr Diplom bzw. Doktortitel oder andere Qualifikationen erreicht haben, er aber nur Kellner ist. Andererseits lehnte er Qualifikationen in der Gaststättenbranche, die mehrmals für ihn vorbereitet wurden, ab.

17.03.1978 Treffbericht IMV »Hans Kramer«, 20.03.1978 14.00–16.00 KW »Burg«, Hinze, Hptm., Abt. XX/4

Am 17.03.1978 besuchte der IM [»Hans Kramer«] Abends die Christine W. zu Hause. Christine hatte Geburtstag und der IM gratulierte ihr. Eine Feier war nicht vorgesehen. Gegen 22.00 Uhr fuhr der IM die Christine in das Weinstudio. Die Zusammenkunft im Weinstudio war stimmungsmäßig eine solidarische Zusammenkunft für Peter W., dieses kam unterschwellig zum Ausdruck.

Am 21.03.1978 soll gegen 9.00 Uhr die Abfahrt mit dem PKW des IM nach Berlin stattfinden. Die beiden Kinder werden mitgenommen. Rückkehr ist gegen ca. 19.00 Uhr. Christine will versuchen, den RA Vogel persönlich zu sprechen. Die Adresse will sie in Berlin aus einem Telefonbuch entnehmen.

20.03.1978 Informationsbericht, Oberleutnant Matthias an Gen. Wendorf, Abt. XX

Bei der Gerda Hohndorf meldete sich eine Hilde Basler (o. ä.). Die Hilde erklärte, daß sie nur fragen wollte, ob alles in Ordnung ist. Die Gerda verneinte das. Sie erklärte der Basler dann, daß Peter seit dem 28.03. in U-Haft sitze. Die Christine wäre auch weg gewesen und bei ihr hätten sie auch Hausdurchsuchung gemacht. Sie wissen nicht, was sie machen sollen. Nur der Werner könne ihnen helfen. Dann wurde das Gespräch unterbrochen. Gesprächsende 18.03.1978 11.26 Uhr.

Dann meldete sich die Basler wieder. Die Gerda sagte gleich, nütze nichts, sie werden doch wieder getrennt. Sie würde ja überwacht. Die Basler erklärte ihr daraufhin, daß sie an der Trennung schuld ist, da ihr der Höhrer runtergerutscht ist. Die Gerda führte dann wieder aus, daß die Baslers den Werner bitten, er soll etwas unternehmen. Der müsse sich mit ihrem Rechtsanwalt in Verbindung setzen. Die B. will das dann machen. Dabei fing die Gerda an zu heulen. Dann sagte die Gerda unter weinen, die Baslers müßten alles versuchen, daß der Peter abgekauft wird, daß er freikommt. Sie wären hier doch völlig hilflos. Es würde zwar soweit ja doch alles mitgehört, aber das wäre ja egal. Sie verabschiedeten sich dann beide. Die Basler will sich Mühe geben, die Wulkaus zu erreichen, versprach sie noch. Gesprächsende 18.03.1978 11.29 Uhr.

20.03.1978 Aktenvermerk, Mj. Zimolong, Abt. XX/7

Am 18.03.1978 führte ich mit dem Prahl, Hans eine Aussprache mit dem Ziel, zu erfahren, welchen Inhalt die politischen Gespräche mit dem Kellner aus dem Weinstudio »Grün-Rot«, Wulkau, Peter Michael hatten. Die Aussprache fand in der Wohnung des P. statt bei zeitweiligem Beisein der Ehefrau. Beide Eheleute empfingen mich freundlich und zuvorkommend und übten keinerlei Zurückhaltung als ich mich als Angehöriger des MfS vorgestellt hatte. P. bejahte, daß er den Wulkau kennt und mit ihm eine Reihe Auseinanderset-

zungen hatte. Prahl sagte wörtlich: »Daß Wulkau kein Hehl daraus
machte, die Meinung des Genossen unserer Partei konkret zu erforschen bzw. in Erfahrung zu bringen.« Trotz Bemühungen meinerseits konnte P. keine konkreten Fragen, Ereignisse oder Anlässe angeben, worüber W. Diskussionen entfachte. P. sagte: »es handelte
sich stets um allgemeine Fragen. Wulkau habe immer eine negative
politische Einstellung zum Ausdruck gebracht. Er hatte grundsätzlich an allen Dingen etwas zu bemängeln.« Vor ca. 4 Wochen brachte Wulkau wieder einmal eine offene politisch-negative Meinung
zum Ausdruck. Am Tisch des Prahl befand sich die Berufsschullehrerin mit Vornamen Bertha, ca. 30 Jahre, die ebenfalls zu den Stamm-
gästen des Weinstudios gehört. Diese äußerte, daß es mit dem W.
keinesfalls lange mehr gutgehen kann, denn da müsse bald etwas
passieren. Sie vertrat schon öfter die Meinung, daß so ein Mensch
wie Wulkau mit seinen ständigen negativen Äußerungen eigentlich
kein Recht hätte, eine derartige Tätigkeit in der Öffentlichkeit auszuüben und seinen negativen Einfluß auf andere Personen geltend zu
machen. Die Objektleiterin Frau Hannig brachte dem Genossen
Prahl auch gegenüber zum Ausdruck, daß sie sich im klaren darüber
ist, daß W. politisch-negativ eingestellt ist. Sie habe jedoch keinen
besseren Kellner. Weitere einzelne, konkrete Fragen konnten trotz
Bemühungen von P. nicht in Erfahrung gebracht werden. Genosse P.
ist bereit bei Bedarf zur Gesamtproblematik durch Mitarbeiter der
Untersuchungsabteilung als Zeuge gehört zu werden.

20.03.1978 Beschluß, Bezirksgericht, 1a Strafsenat, Nordmann, Busse, Deckert

In der Strafsache gegen den Oberkellner Peter Wulkau wegen
staatsfeindlicher Hetze wird die Beschwerde des Beschuldigten gegen den Haftbefehl des Kreisgerichtes Magdeburg (Stadtbezirk
Nord) vom 9.3.1978 als unbegründet zurückgewiesen. Wie die
Überprüfung der Sache durch den Senat ergab, hat das Kreisgericht
ausweislich des bisherigen Ermittlungsergebnisses zu Recht bejaht,
daß der Beschuldigte der staatsfeindlichen Hetze dringend verdäch-

tig ist. Dieser dringende Tatverdacht ergibt sich aus dem vorliegenden objektiven Beweismaterial und den Aussagen der Christine Wulkau. Der mit der Beschwerde vorgebrachte Einwand ist deshalb nicht geeignet, den dringenden Tatverdacht auszuräumen. Das Kreisgericht hat den Haftbefehl aber auch berechtigt auf § 122 Abs. 1 Ziff. 2 StPO gestützt, da ein Verbrechen den Gegenstand des Verfahrens bildet. Er ist deshalb auch weiterhin gesetzlich begründet und aufgrund des Charakters der Straftat und der Persönlichkeit des Beschuldigten auch unumgänglich.

20.03.1978 Hauptmann Lewerenz
Dem Beschuldigten gewährte Hafterleichterungen / Vergünstigungen: Erlaubnis des Bohnenkaffeetrinkens auf Zelle.

21.03.1978 Treffbericht IMV »Hans Kramer«,
23.3.78 14.00–15.00 Uhr KW »Burg«, Hinze,
Hptm., Abt. XX/4
Am 21.03.1978 fuhr der IMV [»Hans Kramer«] mit Kind und der Christine W. nach Berlin zum Büro des RA Vogel, wo sie gegen 12.00 Uhr eintrafen. Christine W. beschaffte sich noch in Magdeburg laut Telefonbuch die Adresse des RA Vogel. Vogel selbst ist in Urlaub und sie sprach mit dem Stellvertreter, nachdem sie ein vorher abgefaßtes Schriftstück der Sekretärin zum lesen gab. Der IM befand sich die ganze Zeit über im PKW. Der Stellvertreter gab der Christine W. zu verstehen, daß der Fall übernommen wird. Der Stellvertreter sagte, daß Christine Hoffnung haben könne, es kann nicht schlimm werden. Betreffs der finanziellen Seite sagte Christine im Büro Vogel, daß der Vater Werner W. wahrscheinlich die Finanzierung übernimmt. Büro Vogel wird deswegen direkt oder über einen WB-Anwalt die Verbindung zum Vater selbst aufnehmen.

21.03.1978 [Handschriftliche] Information
IME »Rudi Kelling«, Groch, Hptm.

Am 21.3. besuchte der IM [»Rudi Kelling«] abends den Hartmut Rosinger [IM »Hans Kramer«] zu Hause, um ihn einmal einzuladen zu sich. R. erzählte dem IM, daß P. Wulkau verhaftet wurde. Auf die Frage des IM, was man denn P. Wulkau vorwirft, antwortete R., daß es Spionageverdacht sowie sein Buch, das er in der BRD veröffentlichen will, seien. Wie das Buch in die BRD gelangen sollte und wo es veröffentlicht werden soll, wußte der R. nicht. Er vermutet den Rowolt-Verlag. IM unterhielt sich mit dem R. dann noch über die schriftlichen Grundlagen betreffs W. Peter und beiden war unklar, wie der § 106 StGB angewendet wird, da ihres Wissens der P. Wulkau ja nur erzählte, daß er ein Buch schreibt. Beide schätzten ein, daß der P. Wulkau mit seinem Buch sehr unvorsichtig gewesen sei: Überall hätte er ja erzählt, daß er ein Buch schreibt, so daß es so aussieht, als hätte er es darauf angelegt, verhaftet zu werden.
IM [»Rudi Kelling«] selbst hatte seit ca. 3/4 Jahren kaum noch Kontakt zu P. Wulkau, da dieser die Angebote des IM und Einladungen nicht wahrnahm und der Kontakt immer einseitig vom IM ausging. IM wird die Chr. Wulkau aufsuchen, um ihr seinen Beistand zu bekunden, da er doch in der Vergangenheit einen freundschaftl. Kontakt zu Wulkau hatte.

22.03.1978 Vermerk Mj. Zimolong, Abt. XX/7

Nach telefonischer Voranmeldung durch den zuständigen Mitarbeiter der KD Merseburg, Gen. Merbitz führte ich am 21.03.1978 eine Aussprache mit der stellvertretenden Kaderleiterin Weigand, Marianne des Mineralölwerkes Lützkendorf. Die Genossin W. konnte sich sofort an die Person Wulkau erinnern, weil sie zum Ausdruck brachte, daß in ihrer ständigen Auseinandersetzung die sie im Betrieb mit Genossen und Kollegen führt, ihr diese Person als am negativsten und verworrensten in ihrer Erinnerung geblieben ist. Im wesentlichen schilderte sie zu dem Wulkau, Peter folgenden Sachverhalt: Wulkau wußte, daß sie in der Kaderabteilung für die Kaderentwicklung verantwortlich ist. Aus diesem Grunde kam er zu ihr, um ihr mitzuteilen, daß er gern ein Studium an der Karl-Marx-Universität in Leipzig, Richtung Marxismus-Leninismus aufnehmen möchte. In diesem Zusammenhang wurde dem W. von der Genossin Weigand gesagt, daß er doch bereits schon einmal exmatrikuliert wurde von der KMU Leipzig. Dadurch entwickelte sich ein langes politisches Gespräch, wo die Genossin W. eine völlig negativ-feindliche Einstellung bzw. politische Grundeinstellung feststellte. Sie erklärte ihm daraufhin, daß sie ihm für ein Studium keine Zusage geben kann, so etwas erst gründlich beraten werden muß und außerdem muß dazu aus seinem Arbeitsbereich eine Beurteilung erarbeitet werden. Nach einiger Zeit brachte Wulkau eine Beurteilung, die von einem Schichtingenieur Sanderbeck gefertigt wurde. Diese Beurteilung war völlig im Gegensatz zu dem, was Genossin W. über seine negativ-feindliche Einstellung selbst wahrgenommen hatte, völlig positiv. Der Sanderbeck war und ist der Genossin W. als politisch-negativ bekannt, der für irgendeine Sekte als Wanderprediger wirkt. Eine Rücksprache der Genossin W. mit dem zuständigen Meister des Wulkau, dem Genossen Falter ergab, daß dieser von dieser Beurteilung nichts wußte und es auch keinerlei Kollektive oder Einschätzung gegeben hat. Folglich hatte sich Wulkau im persönlichen Einvernehmen mit Sanderbeck diese Beurteilung erschlichen. Die Beurteilung wurde eingezogen. Die Genossin Weigand brachte in Erfahrung, daß sich W. beim Volksbuchhandel in Leipzig beworben hatte. Sie hat dann wie in dem Schreiben an die KMU auch, in telefonischer Form gegenüber einer verantwortlichen Genossin des Volksbuchhandels, den Einsatz des Wulkau abgelehnt. Der Genossin W. wurde bekannt, daß Wulkau einen Antrag auf Übersiedlung in die BRD gestellt hat. Sie fand darin die Richtigkeit für ihr Handeln, Wulkau für ein Studium an der KMU abgelehnt zu haben. Konkrete Einzelheiten zum Inhalt der politisch-negativen Diskussionen konnte die Genossin Weigand nicht angeben. Sie erklärte jedoch, daß das politische Verhalten des Wulkau so herausstechend negativ war, daß es ihr in Erinnerung geblieben ist. Sie weiß, daß er alles, was unseren Staat und unsere Entwicklung betraf bemängelte, kritisierte und negierte und sich durch keinerlei Argumente beeinflussen und überzeugen ließ. Die Genossin W. betonte mehrmals, daß sie sich des Eindruckes auch heute nicht erwähren kann, daß Wulkau im Auftrage des Klassengegners im Betrieb nur Unruhe stiften wollte, bzw. die Menschen feindlich zu beeinflussen versuchte. Zumindest er bewußt feindlich handelte, sie kann dieses ihr Empfinden nicht konkret begründen, bringt jedoch zum Ausdruck, daß sie das anhand ihrer politischen Erziehung und Entwicklung empfindet. Die Genossin W. betonte noch, daß sie seinerzeit Mitarbeiter der KD Merseburg Mitteilung über Wulkau gemacht hätten.

22.03.1978 Vermerk Zimolong, Mj., Abt. XX/7

Am 21.03.1978 führte ich auf Vermittlung und im Beisein des Genossen Zekai von der OD Buna eine Aussprache mit Panitzsch, Karlheinz, Hauptabteilungsökonom der HA Plasteforschung der VEB Chemische Werke Buna. Die Aussprache fand im Dienstzimmer des Panitzsch statt. Panitzsch konnte sich sofort an die Person des Wulkau und mit ihr verbundene Einzelheiten erinnern. Politisch und gesellschaftlich beschäftigte er die leitenden Kader der HA und die Genossen und Kollegen mit seinen laufenden politisch-negativen-feindlichen und philosophisch-verworfenen Diskussionen, die er anderen Personen stets aufzwang und diese zur Stellungnahme herausforderte zum Teil sogar provozierte. Alle Bemühungen durch ständige Auseinandersetzungen auf W. erzieherisch einzuwirken bzw. ihn zu belehren scheiterten, da er es konsequent ablehnte sich belehren oder erziehen zu lassen.

22.03.1978 Aktenvermerk Hinze, Hptm., Abt. XX/4

Am 21.3.78 fand eine Absprache des Unterzeichneten mit Abt. IX – Gen. Lewerenz – betreffs der zeugenschaftlichen Vernehmung des IMV »Hans Kramer« am 29.3.78 statt. Die Befragung macht sich aus der op. Bearbeitung des OV »Kreis« notwendig und basiert auf der Bitte des IMV von Mitte März 1978 ihn auch offiziell durch das MfS befragen zu lassen um seine »Echtheit« der Christine Wulkau dokumentieren zu lassen. Der IM wurde vom Unterzeichneten eingewiesen, auf die Fragen der Abt. IX wahrheitsgemäß zu antworten. Der IMV wird von der Abt. IX nicht befragt: über seine inoffizielle Verbindung zum MfS; über die Berlinfahrt am 21.3.78 zum RA Vogel. Der IMV wurde instruiert über die Verhaltensweisen zu der Christine W. nach der Befragung am 29.3.78.

23.03.1978 Vernehmungsprotokoll des Beschuldigten Wulkau, Peter, 09.00–12.50/14.00–18.00 Uhr, Lewerenz, Hptm.

Frage: Ihnen wird am heutigen Tage nochmals durch das Untersuchungsorgan die Gelegenheit gegeben, Ihre bisherigen Aussagen zu ergänzen bzw. zu korrigieren. Äußern Sie sich dazu! Antwort: Ich sehe nunmehr ein, daß es zwecklos ist, auf gestellte Fragen durch das Untersuchungsorgan unwahre Angaben zu tätigen und werde deshalb mich ab jetzt bemühen, wahrheitsgemäß zu antworten. Frage: Wann und unter welchen Umständen verfaßten Sie das Machwerk mit dem Titel »Noch nicht und doch schon«? Antwort: Die ersten Anfänge des Schreibens eines solchen Werkes liegen Ende der 60er Jahre, wobei ich noch unklare Vorstellungen hatte. Nachdem ich im Jahre 1970 exmatrikuliert wurde, verfestigte sich bei mir immer mehr der Gedanke, meinen weiteren Weg darzustellen. Aus diesem Grunde zog sich das Schreiben zeitlich auch sehr in die Länge. Hinzu kommt, daß mir manchmal die entsprechenden Räumlichkeiten zur intensiven Arbeit daran fehlten. Da ich aber gewillt war, dieses Buch zu vollenden, habe ich versucht, mir die dazu notwendigen Räumlichkeiten zu verschaffen, was mir gelang. Von Mai bis August 1977 stellte mir Frau Panning zeitweilig ein Zimmer zur Verfügung, welches ich auch nutzte. Trotzdem kam ich mit der weiteren Vollendung nicht voran, weil mir die innere Ruhe dazu fehlte. Frage: Aus welchen Gründen entschlossen Sie sich, das Machwerk »Noch nicht und doch schon« in der BRD zu publizieren? Antwort: Ich wollte an Hand meines Beispiels in der BRD öffentlich aufzeigen, daß die DDR nicht mein geistiges Vaterland ist und daß es auch in der DDR Menschen gibt, die eine andere Auffassung als die durch die DDR betriebene Politik haben. Des weiteren entschloß ich mich, mein Buch in der BRD zu veröffentlichen, da ich ja unbedingt in dieses Land gelangen will, um mir dort eine finanzielle Startbasis zu schaffen und um meinen Ausreiseanträgen bei den zuständigen staatlichen Organen mehr Nachdruck zu verleihen, das heißt eine positive Beantwortung meiner Anträge zu erzielen. Frage: Welche Aktivitäten haben Sie unternommen, damit das genannte Machwerk in der BRD veröffentlicht wird? Antwort: Nachdem ich mich entschlossen hatte das Buch in der BRD zu veröffentlichen, habe ich meinen in Berlin (West) wohnhaften Vater Werner Wulkau beauftragt, Erkundigungen einzuziehen, ob Luchterhand oder Suhrkamp, hierbei handelt es sich um bekannte Verlage in der BRD, bereit sind, ein Buch eines Nichtmitgliedes des DDR-Schriftstellerverbandes zu verlegen. Frage: Welche Möglichkeiten zogen Sie in Betracht, um das Machwerk in die BRD zu verbringen? Antwort: Mir ist seit 1974 der indonesische Staatsbürger Supriyatman bekannt. Zu diesem habe ich seit 1974 ein gutes kollegiales Verhältnis und er besucht mich desöfteren in meiner Wohnung. Von ihm ist mir bekannt, daß er sich häufig besuchsweise in Westberlin aufhält. Aus diesem Grunde sprach ich Supriyatman etwa Mitte 1977 an, ob er nicht bereit sei, mein Manuskript bei meinem Vater abzugeben. Frage: Welche Personen besitzen darüber Kenntnis, daß Sie das Machwerk in der BRD veröffentlichen wollen? Antwort: Durch mich wurden nachfolgend genannte Per-

sonen davon in Kenntnis gesetzt, daß ich ein Buch in der BRD veröffentlichen will, wobei meine Ehefrau und der indonesische
Staatsbürger Supriyatman umfassend über den Inhalt informiert
sind: meine Ehefrau Christine Wulkau, meine Mutter Gerda Hohndorf, mein Vater Werner Wulkau, der indonesische Staatsbürger
Supriyatman, Wilfried Franz, Karsten Hellmann, Hartmut Rosinger, Ute Panning.

23.03.1978 Auswertung der Vernehmung, Lewerenz, Hptm.

Beschuldigter Wulkau sagt erstmalig aus, daß er ein Machwerk aus
seiner gegen die DDR gerichteten Position verfaßt, dies in der BRD
verlegen will und welche diesbezüglichen Aktivitäten er unternommen hat.
[Handschriftliche Bemerkung von Schwarzenfeld]: Aussagebereitschaft hätte noch umfangreicher ausgenutzt werden müssen z. B.
welche weiteren Schriften …

23.03.1978 [handgeschriebener Brief von: Peter Wulkau an Christine Wulkau]

Liebe Brauns-Tine! Zunächst laß Dich und Anni von mir grüßen
und küssen. Das Leben ist nichts als ein fließendes Wasser, mal klar
wie ungeschliffenes Kristall, mal modrig-unsichtbar. Wenn man an
letzterer Stelle steht, ist Kraft angebracht, um zaghafter Bangigkeit
entgegenzutreten. Nun sind zwei Wochen nach jenem Schock-Mor-
gen vergangen, und ich nehme an, daß Du wieder so gefestigt bist,
um für Antje Mutter + Vater sein zu können. Ich zähle auf Deine
Prinzipienfestigkeit, Deine Zivilcourage, Deinen Bekennermut, auf
Deine weibliche Kraft + Weise, welche mir bei Dir immer so viel
bedeutet hat. Schäme Dich meiner nicht, auch Deine Eltern sollten
das nicht tun, es wäre der Sachlage, über die ich nicht schreiben
darf, nicht angemessen. Fühle Dich nicht als Witwe, sondern weiterhin als mein Weib, und selbst, wenn wir für eine gegenwärtig
unbestimmte Zeit getrennt sein werden, kommt der Tag des Wie-

dersehens so sicher, wie der Wechsel der Jahreszeiten. Denke nicht schmerzerfüllt an mich, denn mir geht es den Umständen entsprechend gut. Genieße die Wohnung, den Frühling, den Wein in begrenzten Mengen und den Liebreiz unserer Tochter. Es macht mich traurig, daß ich nicht mehr Geld habe, um Deinen Unterhalt zu gewährleisten, aber ich kann momentan nichts ändern. Meine Mutter sollte meinem Vater einen Finanzwink geben. Ich brauche nichts, erstens, weil Du selbst nichts hast, zweitens, weil ich sehr anspruchslos sein kann, wenn ich will, und das Notwendigste finde ich hier. Antje soll auf Dich hören, jetzt besonders und intensiver. Außerdem darfst du mir schreiben. Wie also soll ich Dein Schweigen erklären? Sei mutig und bleibe meine Frau, auch angesichts der vielen Männer, die allemal über den Weg laufen. Dein Mann

23.03.1978 Rechtsanwälte Dr. jur. Wolfgang Vogel, Dieter Sulewski an Herrn Peter Wulkau
Sehr geehrter Herr Wulkau! Durch Ihre Ehefrau werden wir gebeten, die Verteidigung in dem gegen Sie anhängigen Strafverfahren zu übernehmen. Wir sind dazu bereit. Wegen der räumlichen Entfernung wird Sie ein Kollege von uns, Herr Rechtsanwalt Lorenz Schermann aufsuchen. Bis dahin bitten wir um Geduld. Mit Hochachtung, Sulewski, Rechtsanwalt

26.03.1978 Informationsbericht, Oltn. Weyn an Gen. Wendorf, Abt. XX
Gegen 13.20 Uhr meldete sich Hilde und sprach mit der Gerda Hohndorf. Auf die Frage von Gerda, ob sie ihnen helfen werden, erwiderte Hilde, daß das selbstverständlich wäre. H. gab dann zu verstehen, daß der Werner heute von der Reise zurück kommt. Er weiß schon alles und wenn er zurück ist, wird alles in Bewegung gesetzt. H. machte dann G. darauf aufmerksam, daß sie sich keine Sorgen mehr machen möchte. G. betonte, daß sie keine Nacht mehr schlafen kann. Sie ist fix und fertig. G. verabschiedete sich dann von Ch. Sie bedankte sich für ihren Anruf. G. fing an zu weinen.

27.03.1978 Hptm. Lewerenz

Dem Beschuldigten gewährte Hafterleichterung / Vergünstigungen: Schachspiel.

28.03.1978 Vernehmungsprotokoll des Beschuldigten Wulkau, Peter, 08.00–13.00 Uhr & 13.30–16.40 Uhr, Lewerenz, Hptm.

Frage: Bei der am 8.3.1978 durchgeführten Hausdurchsuchung wurde eine in einem Klemmhefter eingelegte, 125 Blatt umfassende Schrift, beginnend mit den Worten: »Noch nicht und doch schon – Denken ist die erste Bürgerpflicht – W. Ulbricht« beschlagnahmt. Ist Ihnen diese hier vorliegende Schrift bekannt?

Antwort: Die mir durch das Untersuchungsorgan vorgelegte Schrift ist mir bekannt. Dabei handelt es sich um mein Eigentum und es ist ein Fragment eines durch mich beabsichtigten Herstellens eines Buches. Frage: Welcher Hilfsmittel bedienten Sie sich zur Herstellung des Ihnen vorgehaltenen Machwerks? Antwort: Zunächst habe ich meine Konzeption mittels Kugelschreiber gefertigt. Etwa im Jahre 1974 hatte ich dann die jetzt vorliegenden Seiten – Anzahl 126 – handschriftlich fertig. Danach habe ich dann das Handschriftliche mit einer Schreibmaschine abgeschrieben, so wie es jetzt vorliegt.

Frage: Wo sind Ihre handschriftlichen Unterlagen verblieben? Antwort: Nachdem ich das Maschinenschriftliche gefertigt hatte, habe ich das handschriftliche Material etwa im Spätsommer 1977 in meiner jetzigen Wohnung, in Magdeburg, Pestalozzistr. 8, verbrannt. Frage: In wievielen Exemplaren haben Sie das Machwerk maschinenschriftlich angefertigt? Antwort: Ich habe versucht, das Fragment in dreifacher Ausfertigung maschinenschriftlich herzustellen, welches mir aber nicht gelungen ist. Dies lag zum einen daran, daß das Farbband eine zu schlechte Qualität hatte und ich zum anderen das Blaupapier verschiedentlich verkehrt herum eingelegt habe. Aus diesem Grunde habe ich die Durchschläge dann auch wieder vernichtet, obwohl ich eigentlich das Ziel verfolgte, aus Sicherheitsgründen die genannten Exemplare anzufertigen, falls das Original einmal nicht mehr aufzufinden sein würde.

12.04.1978 Tonbandabschrift Bericht IMF »Anton«, angen.: Wessler, Oltn.

Am 28.03.1978 besuchte ich [IM »Anton«] die Ehefrau des W. in deren Wohnung in der Pestalozzistr. 8. Ich bin dort ca. 1 1/2 Stunden geblieben, während dieser Zeit erzählte mir die Ehefrau des W. über dessen Verhaftung am 15.03.1978. Am 15.03.1978 erschienen gegen 6.30 Uhr 4 Personen, die einen Hausdurchsuchungsbefehl vorwiesen und diese dann vornahmen. Während der Hausdurchsuchung wurden sämtliche Bücher die in der BRD gedruckt bzw. verlegt waren, seine Schreibmaschine, seine Briefe, die Briefe der Ehefrau des W. und einige Tonbandkassetten beschlagnahmt. Anschließend wurden der W. und dessen Ehefrau zur Umfassungsstraße gebracht, wobei der W. in der Umfassungsstraße blieb und seine Ehefrau kurze Zeit später zum Kroatenweg gebracht wurde. Hier wurde die Ehefrau des W. nach ihren Angaben bis zum nächsten Tag gegen 3.00 Uhr vernommen. Auf die Frage, ob sie Kenntnis vom Manuskript ihres Ehemannes sowie des Inhaltes des Manuskriptes hätte, antwortete sie nach ihren Angaben, daß sie zwar weiß, daß ihr Mann schreibt, aber der genaue Inhalt sei ihr nicht bekannt. Anschließend fragte mich die Ehefrau des W., ob evtl. andere Personen Kenntnis über das Manuskript und dessen Inhalt hätten bekommen können, als ich im Besitz des Manuskriptes war, da die Behörden sehr gut über den Inhalt unterrichtet waren. Ich erwiederte, daß dies nicht der Fall wäre und ich selbst nicht den vollständigen Inhalt kenne und versicherte, daß keine andere Person Kenntnis vom Manuskript hätte. Sie fragte mich, was ich zu diesem ganzen Sachverhalt für eine Meinung habe, worauf ich äußerte, daß ich dies nicht richtig verstehen würde, da das Manuskript ja noch nicht in der BRD veröffentlicht ist. Wenn dies der Fall wäre könne ich es verstehen. Diese Meinung vertrat dann auch die Ehefrau des W. Ich fragte dann, welche nächsten Schritte sie unternehmen will, worauf sie antwortete, daß sie zur Zeit nur warten kann was Anwalt Vogel unternimmt. Desweiteren will sie einen Besuch bei ihrem Ehemann beantragen. Sie fragte dann, ob ich evtl. in naher Zukunft nach Berlin fahren würde, dann sollte ich doch zum Vater des W. nach Westberlin gehen und übermitteln, daß sie bei Anwalt Vogel war und sich dieser mit ihm in Verbindung setzen werde. Desweiteren sollte ich ausführlich über die Verhaftung berichten und dem Vater des W. dahingehend zu beeinflussen, daß dieser mehr für die Freilassung seines Sohnes unternehmen möchte. Ich sagte zu und will dann ein paar Tage vorher nochmals die Ehefrau des W. aufsuchen, um dem Vater des W. noch evtl. Neuigkeiten übermitteln zu können. Im Zusammenhang mit der Namensliste bei den Behörden sagte sie, daß sie sie nicht lesen konnte, versicherte aber, daß sie mich nie nennen würde. Anton

29.03.1978 Vernehmungsprotokoll des Zeugen Rosinger, Hartmut, 09.00–15.30 Uhr, Lewerenz, Hptm.

Frage: Charakterisieren Sie das zwischen Ihnen [IM »Hans Kramer«] und Peter Wulkau bestehende Verhältnis! Antwort: Einschätzen möchte ich, daß sich zwischen Peter Wulkau und mir ein freundschaftliches Verhältnis entwickelte und wir Vertrauen zueinander hatten. Frage: Wann und unter welchen Umständen erhielten Sie Kenntnis darüber, dass Peter Wulkau ein Machwerk verfasst? Antwort: Nach meiner Erinnerung war es kurzzeitig nach unserem Kennenlernen, als Peter Wulkau mir mitteilte, daß er sich in schriftstellerischer Form betätigt. Die Kenntnis darüber erhielt ich bei mehreren Zusammenkünften mit Peter Wulkau in dessen damaligen Wohnung in Diesdorf, Die Fahrt 6, wobei er es immer so nebenher erwähnte. Er hat mir auch in einem Fall aus seinem Buch, vielmehr aus seinem Konzept vorgelesen, wobei ich mich nicht mehr an den Inhalt erinnere. Frage: Auf welche Art und Weise wollte Peter Wulkau das genannte Machwerk in die BRD verbringen lassen? Antwort: Peter Wulkau deutete mir gegenüber an, daß er sein Buch über seinen in Westberlin lebenden Vater publizieren lassen wollte. Einmal kann sein Vater bei einem besuchsweisen Aufenthalt in der DDR dieses mit nach Westberlin nehmen und zum anderen wollte er den ihm bekannten und in Magdeburg lebenden indonesischen Staatsbürger Zuppi beauftragen, sein Buch nach Westberlin zu verbringen.

03.04.1978 Treffbericht IMV »Hans Kramer«, 14.30–16.00 Uhr KW »Burg«, Hinze, Hptm.

Am 29.3.78 war der IM [»Hans Kramer«] nach der Befragung durch die Abt. IX ab 17.00 Uhr bei der Christine W. Sie wollte genau wissen – wie der Ablauf, Form und Vorgehen bei der Vernehmung waren (die W. erkannte, daß es die gleichen Fragen wie bei ihr waren), – wer den IM befragte. Christine schätzte ein, daß das MfS das gleiche Interesse an dem IMV hat wie an ihrer Person. Die W. hat volle Hoffnung für Peter, sie hat von der Hohndorf die Information bekommen, daß der W., Wulkau, den Rechtsanwalt Vogel bezahlt. Christine: »Es kann nichts mehr schiefgehen.« »Die Zielstellung ist Ausweisung aus der DDR in die BRD.«

Der Umzug der Christine W. zum IM erfolgt nicht, da die Mutter des IM dagegen ist. Ab 1.4.78 arbeitet die Chr. zu Hause für das Diakonische Amt Magdeburg.

30.03.1978 -M- Kontrolle: Brief Hannelore Wulkau, Westberlin an Christine Wulkau

Liebe Christine, Du kannst Dir sicher denken, dass wir in Bad Füssing, wo wir ein paar Tage Urlaub verlebten, erschüttert waren, als uns mitgeteilt wurde, dass Peter inhaftiert worden ist. Es ist ganz selbstverständlich, dass gleich nach unserer Rückkehr von unserem Urlaub die notwendigen Schritte in die Wege geleitet worden sind. Ich habe Deinem Wunsch entsprochen und aller Wahrscheinlichkeit nach erreicht, dass RA Dr. Vogel mit der Vertretung der Interessen von Peter beauftragt wird. In dieser Situation heißt es nun, die Situation durchzustehen, die dann hoffentlich zum gewünschten

Erfolg führen wird. Die Zeit, die dazwischen liegt, wird speziell für Dich und Antje nicht leicht sein. Es ist selbstverständlich, dass wir uns alle Mühe geben, Euch – soweit das von hier aus möglich ist – wenigstens materiell ein wenig zu helfen. Wir hoffen zuversichtlich, dass Antje sich bald fängt und die Folgen der ersten Tage bald überwunden hat. Es ist im übrigen gut, dass Ihr nichts heimliches oder verbotenes unternommen habt, um das Ziel einer Ausreise zu erreichen, eine Form, die auch wir persönlich für die einzig richtige und mögliche halten. Kopf hoch, Kleines, und von uns allen, auch Mami, sehr herzliche Grüsse und Euch beiden einen lieben Kuss. Vater + Hannelore

31.03.1978 Vernehmungsprotokoll des Beschuldigten Wulkau, Peter, 09.00–12.50 Uhr & 13.30–16.00 Uhr, Lewerenz, Hptm.
Frage: Welche weiteren Möglichkeiten nutzten Sie, um an Informationen auf literarischem Gebiet zu gelangen? Antwort: Zunächst möchte ich in Beantwortung der Frage feststellen, daß ich versucht habe, an jegliche in der DDR verlegte Literatur heranzukommen. Darüber hinaus habe ich versucht, mir in der BRD verlegte Literatur zugänglich zu machen. Darüber hinaus habe ich auch sehr genau die Massenmedien in der BRD verfolgt, da ich der Meinung bin, daß man sich vielseitig informieren muß über alle gesellschaftlichen Bereiche. Natürlich habe ich auch unter anderem Sendungen verfolgt auf literarischen Gebiet. Dies geschah allerdings durch den Empfang von Rundfunksendungen. So ist mir noch erinnerlich, daß ich vom »Deutschlandfunk« eine Sendung über das Buch von Bahro »Die Alternativ« und im NDR III Gedanken über Saetrés letztes Werk »Der Idiot der Familie – Studien über Flaubert« gehört habe Frage: Welche Anregungen entnahmen Sie solchen literarischen Sendungen? Antwort: Solchen Sendungen entnahm ich meistens die trübe Feststellung, daß ich solche Werke, wie beispielsweise »Der Idiot der Familie – Studien über Flaubert« nicht lesen konnte, da sie mir im Moment nicht zugänglich waren. Für meine eigene

schriftstellerische Tätigkeit habe ich den letztgenannten Sendungen nichts entnommen. Ich habe versucht, meinen eigenen Stil und mein eigenes Thema zu finden. Natürlich hat mich alles interessiert, was auf literarischem Gebiet geschah. Mich interessierte beispielsweise auch, aus welchen Gründen Biermann, Kunze und Sarah Kirsch aus der DDR nach der BRD ausgewiesen worden sind. Biermann und Kunze geben mir literarisch überhaupt nichts, da sie für mich zu oberflächlich in ihren Ausführungen sind. Andererseits bin ich der Auffassung, daß jeder unter sozialistischen Verhältnissen die Öffentlichkeit auf die ihn bewegenden Probleme aufmerksam machen können sollte. Gerade deshalb ist mir unverständlich, daß solche Leute wieder Willen ausgewiesen werden, worin sich nach meiner Auffassung die ideologische Schwäche des bestehenden Systems in der DDR zeigt.

31.03.1978 Vermerk des Staatsanwaltes
Nach Rücksprache mit der U.-Abt. kann dem RA noch keine Sprechgenehmigung erteilt werden. Das trifft auch auf die Ehefrau zu.

31.03.1978 Vermerk, Zimolong, Mj., Abt. XX/7
Am 30.03.1978 führte ich im Beisein des Genossen Leutnant Schuard im VEB Fahlberg-List Aussprachen zur Person Wulkau, Peter. Das Ergebnis der Aussprache war im Wesentlichen folgendes: Es zeigte sich auch hier, daß er ein äußerst intelligenter Bursche ist, der es geschickt versteht, seine eigenen politischen Auffassungen offen anderen kundzutun bzw. diese von seiner Meinung zu überzeugen. Von ihm wurden ständig zu allen möglichen Problemen Diskussionen entfacht und anderen Kollegen aufgezwungen. W. hatte an allen Dingen innerhalb unserer staatlichen und gesellschaftlichen Verhältnisse etwas auszusetzen. Man kann ihn als notorischen Nörgler und Meckerer bezeichnen. Trotz des Studiums des Marxismus war bei ihm kein Klassenstandpunkt zu verspüren. Auch war bekannt im Arbeitsbereich, daß er ein Buch schreiben

wollte. Davon hat er gesprochen. So etwas wird ihm auch vom Kollegen Pardemann zugetraut, ohne daß doch dem Pardemann bekannt war, ob W. tatsächlich ein Buch geschrieben und aus einem Manuskript vorgelesen hat. Nach dem Verhalten des Kollegen Pardemann, der insgesamt einen offenen und ehrlichen Eindruck hinterließ, war bei diesem Fakt zu erkennen, daß es nicht völlig auszuschließen ist, daß er über das Schreiben eines Buchs von Wulkau mehr weiß. Wulkau stellte dann den Antrag erneut ein Studium an der KMU in Leipzig aufzunehmen. Die bereits angeführte Kommission für wissenschaftlich-technischen Nachwuchs des VEB Fahlberg-List lehnte nach Angaben des Genossen Alfons die Aufnahme eines Studiums des Wulkau ab. Genosse Alfons brachte zum Ausdruck, daß es den Anschein hatte, daß der Weggang des Wulkau aus dem Betrieb eine Reaktion darauf war, weil er merkte, über diesen Betrieb gelangt er so leicht nicht zum Studium. Trotz intensiver Bemühungen bei allen befragten Personen fiel es äußerst schwer, konkrete negativ-feindliche oder philosophisch verworrene Äußerungen, Darlegungen oder Diskussionen des Wulkau in Erfahrung zu bringen.

31.03.1978 Vernehmungsprotokoll des Zeugen Prahl, Hans, 09.00–12.30 & 13.00–14.30 Uhr, Thormann, Ultn.

Frage: In welchem Verhältnis stehen Sie zu der Person Peter Wulkau? Antwort: Ich möchte einschätzen, daß ich zu der Person Peter Wulkau ein Bekanntenverhältnis hatte. Dies ist dadurch bedingt gekommen, daß ich als langjähriger Stammgast im Weinstudio meinen Stammplatz am Personaltisch des Lokals habe. Da sich Peter Wulkau, wenn er Pausen hatte, ebenfalls an diesen Tisch setzte, lernte ich ihn etwas näher kennen. Während dieser Aufenthalte am Personaltisch hat Peter Wulkau dann immer mit mir Gespräche politischen Inhalts geführt, wobei ich sagen muß, daß die Initiative hierfür jeweils von ihm ausging. Frage: Sagen Sie umfassend über den Inhalt der auf Initiative des Wulkau zwischen ihnen geführten

Gespräche politischen Inhalts aus! Antwort: Global einschätzend muß ich sagen, daß er in den Gesprächen eine absolut negative Haltung zu den gesellschaftlichen Verhältnissen in der DDR zum Ausdruck brachte. So führte er meiner Erinnerung nach aus, daß er mit der in der DDR betriebenen Kaderpolitik nicht einverstanden ist. Dazu äußerte er, daß man hier – womit er die DDR meinte – nur etwas werden könne, wenn man ideologisch voll und ganz auf der »Linie« der Partei steht. Andersdenkende würden, wie er sagte, vom Studium ausgeschlossen und für Funktionen nicht zugelassen. Frage: Welche Position vertritt Peter Wulkau gegenüber den bestehenden sozialistischen Verhältnissen? Antwort: Ich muß einschätzen, daß Wulkau eine absolut negative, meiner Auffassung nach kann man schon von einer feindlich gegen den Staat gerichteten Auffassung bzw. Einstellung sprechen, hat. Er steht meiner Einschätzung nach ideologisch vollkommen auf der Seite unseres Klassengegners. Dies ist mir aus den mit ihm geführten Gesprächen und Diskussionen klar geworden. Frage: Aus welchen Gründen trat Peter Wulkau in mündlicher Form gegen die sozialistischen Verhältnisse in der DDR auf? Antwort: Aufgrund dessen, daß ich ständig ein Parteiabzeichen der SED trage und er mich immer wieder in derartige Diskussionen verwickelte, gelangte ich zu der Meinung, daß er sich mich ausgesucht hat, um diese Diskussionen zu führen. Frage: Wie reagierten Sie auf die Darlegungen des Wulkau? Antwort: Hierzu muß ich sagen, daß ich in derartigen Diskussionen dem Wulkau immer »Paroli« geboten habe. Ich habe versucht, ihm von meinem ideologischen Standpunkt aus die Beschlüsse von Partei und Regierung zu erläutern. Diese Bemühungen wurden von ihm jedoch völlig negiert, da er fest auf seiner Position verharrte. Er nahm diesbezüglich keine Argumente an, sondern versuchte sofort, mir meine Argumente zu zerschlagen.

03.05.1978 Mündlicher Bericht IME »Rudi Kelling«, Abt. XX

Der IM [»Rudi Kelling«] besuchte mit seiner Familie am 02.04.78 gegen 15,00 Uhr Christine Wulkau in ihrer Wohnung. Chr. W. erzählte, wie die Verhaftung und Durchsuchung ablief. Zu der Vernehmung äußerte sie, daß teilweise die Formulierungen nicht von ihr waren, die sie dann unterschreiben mußte. Sie ist oft mit Hartmut Rosinger zusammen, er unterstützt sie. Der IM bot der Christine ebenfalls seine Hilfe an und lud sie und ihr Kind zu sich ein.

04.04.1978 MfS HA II Berlin, Leiter der Abt. 3, Heckerodt, OSL an BVfS Abt. II Magdeburg

Durch die HA VII/5 wurde bekannt, daß das MdI der DDR durch die Abt. Internationale Verbindungen des ZK der SED beauftragt wurde, den Aufenthaltsstatus in der DDR lebender indonesischer Staatsbürger zu überprüfen. In diesem Zusammenhang wurde folgendes mitgeteilt und vorgeschlagen: Im Falle des S. [Supriyatman Samad Maktal] ist vorgesehen, einen weiteren Aufenthalt in der DDR nicht mehr zu genehmigen. Es wird gebeten, die HA II/3, außer der bereits mündlich gegebenen Stellungnahme, eine Auskunft zu erarbeiten, die eine Einschätzung des S. sowie eine Begründung seines erforderlichen Verbleibs in der DDR enthält. Um baldige Erledigung wird gebeten.

04.04.1978 Vernehmungsprotokoll des Beschuldigten Wulkau, Peter, 09.00–12.50 & 13.30–16.15 Uhr, Lewerenz, Hptm.

Frage: Ihnen wird durch das Untersuchungsorgan ein mit T2 bezeichneter »Offener Brief an Erich Honecker« vom 1.10.1973, beginnend mit den Worten: »Sehr geehrter Herr Honecker! Daß dieser Brief in der BRD erscheint ...«, welcher bei der am 8.3.1978 durchgeführten Hausdurchsuchung beschlagnahmt wurde, vorgehalten. Ist Ihnen dieses Schriftstück bekannt? Antwort: Der mir durch das Untersuchungsorgan vorgehaltene »Offene Brief an Erich Honecker« ist ein von mir verfaßter Brief und es handelt sich dabei um mein Eigentum. Frage: Für wen war dieses durch das Untersuchungsorgan mit T2 bezeichnete Schriftstück bestimmt? Antwort: Diesen Brief wollte ich in der BRD veröffentlichen lassen, ohne mir jedoch konkrete Gedanken zu machen, wo und wann dies geschehen sollte. Frage: Weshalb beabsichtigten Sie, dieses Schriftstück in der BRD zu veröffentlichen? Antwort: Ich wollte damit erzielen, daß Erich Honecker Kenntnis über diese meine dargelegte politische Position erhält und mir somit die Staatsbürgerschaft der DDR aberkannt wird. Frage: Aus welchen Gründen haben Sie den »Offenen Brief an Erich Honecker« aufbewahrt? Antwort: Die Gründe kann ich nicht nennen. Erinnerlich ist mir noch, daß ich mich nur für einen Tag mit dem Gedanken getragen habe, diesen Brief in der BRD zu veröffentlichen. Ich gelangte zu der Ansicht, die Öffentlichkeit in der BRD mit meinen Problemen nun doch nicht zu konfrontieren, sondern dies mit der Regierung der DDR zu tun. Danach habe ich den Brief aus den Augen verloren.

04.04.1978 Ermittlungsbericht Peter-Michael Wulkau, Volkspolizei – Kreisamt Magdeburg – VP-Revier Süd – ABV 27. Leutnant der VP Ulrich

Der W. wohnt seit dem 09. 08. 1977 in Magdeburg Pestalozzi-Straße 08. Anläßlich der Feiertage wie am 7. Oktober und anläßlich des 60. Jahrestages der Gr.-Soz.-Oktoberrevolution wurden seine Wohnfenster nicht beflaggt oder geschmückt. Der W. soll viel Besuch erhalten haben, vorwiegend von männlichen Personen, welche stets mit einem PKW kamen, es handelt sich hierbei vorwiegend um Wartburgs mit DDR Kennzeichen. Der W. war Kellner und wurde von den Hausbewohnern lange nicht gesehen. Von den Hausbewohnern wird angenommen, daß der W. seine Armeezeit bei der NVA gegenwärtig ableistet, Herr Olbert welcher über 30 Jahre im Gericht tätig war, erzählte, daß er Anfang März 1978 sah, wie Herr Wulkau in einen PKW einstieg mit zwei anderen männlichen Personen; dieser nimmt an, daß Herr Wulkau abgeholt wurde. Frau Wulkau erzählte nur der Familie Olbert, daß ihr Ehemann für längere Zeit weg ist, wohin usw. erzählte sie nicht.

05.04.1978 Ermittlungsbericht Wulkau, Peter, Volkspolizei – Kreisamt Magdeburg – VP.-Revier Süd, Leutnant der VP Mildenberg
Die Ermittlungen in Die Fahrt 6 beim Genossen Kolpin ergab, daß der Gen. K. öfter hörte, wenn der o. G. [Peter Wulkau] Schallplatten aufgelegt hat und Mozart und Beethoven abspielte nebenbei auf einer Schreibmaschine schrieb. Er erhielt laufend Besuch mit und ohne PKW. Es soll sich hier um Bürger handeln, die wie Studenten aussahen, sie trugen alle Bärte. Es könnte sich auch um eine kirchliche Sekte handeln, genaues konnte man jedoch nicht sagen.

06.04.1978 Vernehmungsprotokoll des Zeugen Panning, Ute, 09.00–16.00 Uhr, Gensewich, Ofw.
Frage: Aus welchen Gründen bewohnte Peter Wulkau in dem Zeitraum von Mai 1977 bis Oktober 1977 ein Zimmer in Ihrer Wohnung? Antwort: Er brachte mir gegenüber zum Ausdruck, daß er derzeit an einem Buch arbeite und hierzu absolute Ruhe benötige, die in seiner Wohnung nicht gewährleistet sei. Ich weiß allerdings nicht, ob er dieses Zimmer dazu benutzt hat, weiter an diesem Buch zu schreiben. Frage: Welchen Inhalt hat das von Peter Wulkau verfaßte Buch? Antwort: Ich habe dieses Buch nie gesehen und kenne auch den Inhalt nicht. Andere Angaben kann ich hierzu nicht machen.

07.04.1978 Vernehmungsprotokoll des Beschuldigten Wulkau, Peter, 09.00–12.50 & 13.30–16.30 Uhr, Lewerenz, Hptm.

Frage: Sie formulieren in Ihrem als Eingabe deklarierten »Offenen Brief an Erich Honecker« unter anderem: »Die Paragraphen 106 und 220 StGB, unterstützt von der abendländischen Einmaligkeit ihres eingemauerten Staatswesens, geben der Parteiführung unkontrollierbare Macht-Totalität«. Äußern Sie sich dazu! Antwort: Die von mir genannten Paragraphen bezeichne ich als »Maulkorbparagraphen«. Ich will damit sagen, daß diese Paragraphen dazu da sind, Menschen in der DDR zu verunsichern, die eine entgegengesetzte Position in einigen Dingen zu den bestehenden Verhältnissen in der DDR haben, damit sie diese Position nicht gegenüber anderen äußern. Sagen will ich damit, daß niemand etwas negatives in der DDR gegenüber der durchgeführten Politik in irgendeinem Rahmen äußern darf, außer in seinen 4 Wänden, ansonsten wird er durch die Justizorgane zur Verantwortung gezogen. Hierin sehe ich die »Macht-Totalität« der bestehenden Parteiführung der SED in der DDR. Sie kann eben machen, was sie will, denn eine offene Kritik gibt es nicht und es ist nur derjenige gefragt, der zu allem »ja« sagt. Im übrigen sehe ich hierin die größte Schwäche des bestehenden Systems in der DDR, daß man sich einfach keine Kritiker erlaubt. Man hat Angst, daß die Kritik um sich greift und andere Menschen in negativer Richtung beeinflußt. Frage: Ihnen wird weiterhin eine abschließende Formulierung aus dem durch das Untersuchungsorgan mit T3 bezeichneten Schriftstück vorgehalten, die lautet: »In der DDR müßte ich zum politischen Verbrecher werden, wenn ich laut denke«. Äußern Sie sich dazu! Antwort: Damit wollte ich wiederum zum Ausdruck bringen, daß, wenn man eine gegen die in der DDR bestehenden Verhältnisse ausgerichtete politische Position hat, diese auf keinen Fall äußern darf, ansonsten wird man zum Staatsfeind, Verbrecher oder Hetzer gestempelt.

07.04.1978 Vernehmungsprotokoll des Zeugen Klemens Wittstadt, 09.00–15.00 Uhr, Schäfer, Ultn.

Frage: Ist Ihnen die Person Peter Wulkau, bekannt? Antwort: Die Person Peter Wulkau ist mir bekannt. Bei Peter handelt es sich um einen ehemaligen Arbeitskollegen von mir, der in der letzten Zeit im Weinstudio »Grün-Rot« Magdeburg als Kellner tätig war. Frage: Welches Verhältnis bestand zwischen Ihnen und Peter Wulkau? Antwort: Zusammenfassend möchte ich sagen, daß mein Verhältnis zu Peter Wulkau freundschaftlicher Natur gewesen ist. Frage: Aus welchen Gründen ist die Person Peter Wulkau in seinem Umgangs- und Bekanntenkreis gegen die Verhältnisse in der DDR aufgetreten? Antwort: Ich erkläre mir das so, daß er mir und auch anderen Personen seine Position zu den hiesigen Verhältnissen aufzeigen wollte. Dabei hatte ich den Eindruck, daß Peter Wulkau uns die »Richtigkeit« seiner vertretenen Position aufzeigen wollte. Mehr kann ich hierzu nicht sagen. Frage: In welcher weiteren Form ist die Person Peter Wulkau gegen die Verhältnisse in der DDR aufgetreten? Antwort: Mir ist weiterhin von Peter Wulkau bekannt, daß er seit längerer Zeit an einem Buch schreibt. Seinen Äußerungen zufolge setzte er sich in dieser Schrift mit den Verhältnissen in der DDR unter Berücksichtigung seiner Position auseinander. Frage: Machen Sie Aussagen über den Inhalt der angeführten Schrift! Antwort: Voranstellen möchte ich, daß ich dieses Buch nie gesehen habe. Über den Inhalt von mir befragt, antwortete Peter Wulkau nur, daß er in diesem Buch »Gegenwartsprobleme« in der DDR behandelt. Weitere Einzelheiten zu diesem Buch sind mir nicht bekannt geworden.

10.04.1978 Vernehmungsprotokoll des Beschuldigten Wulkau, Peter, 9.00–12.50 & 13.30–14.50 Uhr, Lewerenz, Hptm.

Frage: Charakterisieren Sie das zwischen Ihnen und der Person Michael Walz bestehende Verhältnis! Antwort: Von 1965 bis 1967 unterhielten Michael Walz und ich ein freundschaftliches Verhältnis.

Später, etwa im Jahre 1973, hat Michael zu mir von Westberlin aus die postalische Verbindung aufgenommen, nachdem er aus der DDR ausgewiesen worden war. Frage: Dem Untersuchungsorgan ist bekannt, daß Sie Michael Walz in Vorbereitung seines ungesetzlichen Grenzübertrittes im Jahre 1969 Unterstützung gewährten. Äußern Sie sich dazu! Antwort: Mir ist vollkommen unklar, wieso das Untersuchungsorgan zu solchen Behauptungen kommt. Frage: Durch den Beschuldigten Michael Walz wurde im Jahre 1969 ausgesagt, daß Sie etwa im April 1969 einen Brief in Vorbereitung seines ungesetzlichen Grenzübertrittes über einen ausländischen Studenten nach Berlin (West) zu seinem Bruder verbringen ließen. Äußern Sie sich dazu! Antwort: Die Aussagen von Michael entsprechen nicht der Wahrheit, und ich kann mir auch nicht erklären, aus welchen Gründen er eine solche Aussage tätigte, die erfunden ist.

11.04.1978 Zeugenvernehmung Neurath, geb. Wandernoth, Dorothee [IM »Marina«]

Frage: Charakterisieren Sie das zwischen Ihnen und der Person Wulkau bestehende Verhältnis! Antwort: Ich würde sagen, daß zwischen Peter Wulkau und mir etwa 1 Jahr lang ein gutes freundschaftliches Verhältnis bestand. Frage: Wie brachte Peter Wulkau seine gegen die sozialistischen Verhältnisse in der DDR gerichtete Haltung zum Ausdruck? Antwort: Es muß im Herbst 1976 gewesen sein, als ich mich besuchsweise in der Wohnung des Peter Wulkau aufgehalten habe. Dabei erklärte er mir, daß er an einem Buch schreibe, in dem er seine ablehnende Haltung zu den sozialistischen Verhältnissen in der DDR zum Ausdruck bringen wollte. Ich selbst habe dieses Buch gesehen und die ersten Seiten gelesen. Von Peter Wulkau wurden mir dann noch einige Stellen aus dem Buch zitiert. Frage: Welchen Inhalt hat das von Ihnen angeführte Buch? Antwort: Der Titel dieses Buches lautete »Noch nicht und doch schon« und gleich auf den ersten Seiten würdigt er die sozialistischen Verhältnisse in der DDR herab. Dabei trat er insbesondere massiv gegen die Sicherheitsorgane der DDR auf und diskreditiert diese.

Dies ist mir deshalb noch so genau erinnerlich, weil ich, wie ich schon anführte, die ersten Seiten selbst gelesen habe. An konkrete Einzelheiten kann ich mich heute allerdings nicht mehr genau erinnern, weiß aber, daß er in zynischer Form die bestehenden Verhältnisse in der DDR diskreminierte.

11.04.1978 Ergebnisse Zeugenvernehmung Neurath, Oberfeldwebel Gensewich

Die Wandernoth, verheiratete Neurath hat Kenntnis von der Existenz und über den Inhalt des Machwerkes. Ihr war auch bekannt, daß er dieses Schriftstück in der BRD verlegen lassen wollte.

14.04.1978 Vernehmungsprotokoll des Zeugen Holmig, Bertha, Berufsschullehrerin. 09.50–15.00 Uhr. Vernehmer: Schwarzenfels, Hptm.

Frage: In welchem Verhältnis standen Sie zu der Person Peter Wulkau? Antwort: Hierzu ist meinerseits einzuschätzen, daß zwischen Peter Wulkau und mir weder ein freundschaftliches noch ein bekanntschaftliches Verhältnis bestanden hat. Er war mir – um meine Haltung zu ihm besser charakterisieren zu können – nicht genehm. Das wiederum lag an seinem Auftreten und ich hatte Anfangs den Eindruck, daß er homosexuell veranlagt war. Mir mißfiel sein oftmals »weichliches« Auftreten, obwohl ich andererseits als Gast von ihm in jeder Weise vorzüglich bedient wurde. Frage: Inwieweit kam es zwischen Peter Wulkau und Ihnen im Verlaufe Ihrer Aufenthalte im »Weinstudio Grün-Rot« Magdeburg zu Gesprächen politischen Inhalts? Antwort: Es war nun nicht so, daß wir ständig Gespräche gesellschaftspolitischen Inhalts geführt haben, sondern dies ergab sich von »Fall zu Fall«. Hierbei war dann zu verzeichnen, daß Peter Wulkau seinen »eigenen Standpunkt« zu den aufgeworfenen Problemen hatte, die er dann auch kund gab. Frage: Welche gesellschaftspolitischen Zusammenhänge wurden bei derartigen Gesprächen erörtert? Antwort: Überwiegend beinhalteten derartige Gespräche Probleme der Konsumgüterindustrie in der DDR. So entsinne ich mich noch, daß über die »Kaffeepreise« und über die Erweiterung der »Exquisit-Geschäfte« gesprochen wurde. Während der Herr Prahl zum Beispiel die diesbezüglich beschlossenen Maßnahmen der Regierung der DDR begründete und dabei in jeder Weise einen parteilichen Standpunkt bezog, versuchte Herr Wulkau, aus seiner teilweise gegen solche Maßnahmen gerichteten Position heraus Argumente des Herrn Prahl zu widerlegen. Wie überhaupt zwischen Herrn Prahl und Herrn Wulkau solche Diskussionen geführt wurden, während ich bemüht war, von diesen »Problemen bzw. Diskussionen« abzukommen.

14.04.1978 Treffauswertung IMF »Anton«, 10.4.78 18.30–20.00 IMK/KW »Leineweber«, Wessler, Oltn.

Der IM [»Anton«] berichtete auf Tonband über das Gespräch mit der Ehefrau von Wulkau, Peter. Der IM teilte der Frau W. mit, daß er voraussichtlich Ende April nach WB fährt. Bevor er nach WB fährt, soll er dann bei Frau W. nochmals vorbei kommen.

14.04.1978 Auszug aus Bericht von ZIM [Zelleninformator] »Eskamillo«

»Dieser Indonesier habe die Absicht, für seine Lebenskameradin die Staatsbürgerschaft seines Landes zu erhalten, um danach in Holland für Indonesien diplomatisch tätig zu werden. Wulkau sagte mir, daß dieser Indonesier eng mit seiner diplomatischen Vertretung in Berlin zusammenarbeite und auch an dem Tage, als er ihn mit dem »Fiat« nach Magdeburg mitnahm, in seiner Botschaft zu tun hatte. Über die näheren Aufgaben des Indonesiers ist mir nichts bekannt geworden.« Eskamillo

17.04.1978 Vermerk des Staatsanwaltes
Nach Rücksprache mit der BVfS – U.-Abt. (Gen. Schwarzenfels) kann RA Schermann Sprecherlaubnis zur Person und in Anwesenheit des Untersuchungsführers und der Ehefrau Sprechgenehmigung in Anwesenheit des Untersuchungsführers gewährt werden.

18.04.1978 Vernehmungsprotokoll des Beschuldigten Wulkau, Peter, 08.45–12.50 & 13.30–16.00 Uhr, Lewerenz, Hptm.
Frage: Es wird Ihnen hiermit Gelegenheit gegeben, sich zusammenhängend zum Inhalt Ihres Machwerkes »Noch nicht und doch schon« zu äußern! Antwort: Den konkreten Inhalt des von mir verfaßten Buches »Noch nicht und doch schon«, welches noch lange nicht abgeschlossen ist, kann ich nicht angeben. Es könnte mir nämlich passieren, daß ich ein schlechter Nacherzähler wäre. Ich will damit sagen, daß ich heute bestimmte Passagen aus einer anderen Sicht darstellen würde, die mit dem Inhalt nicht identisch sind. Was ich kann ist, die Grundkonzeption darstellen. Die Grundkonzeption ist eine Darstellung des bestehenden Mißverhältnisses in der DDR zwischen der Theorie und Praxis auf politischer Ebene. Es geht beispielsweise um die Ansprüche des realen Sozialismus in der DDR, den neuen Menschen geschaffen und sämtliche Menschenrechte verwirklicht zu haben. Dies trifft auf keinen Fall zu. Weiterhin wird ein Mensch dargestellt, der sich mit diesen Problemen auseinandersetzt und dessen Bewußtsein sich in der Form verändert, daß er erkennt, daß die DDR nicht mehr sein geistiges Vaterland ist, und dies ist eine gewisse Selbstdarstellung. Bemerken möchte ich noch, daß die Darstellung aus meiner politischen Position die gesammelten Erfahrungen anderer mit einschließt und es sich hierbei um eine bedeutende Schicht in der DDR handelt. Eine konkrete Zahl kann ich nicht nennen, aber sie ist nach meiner Auffassung relativ hoch. Frage: Auf den Seiten 1 und 2 des von Ihnen verfaßten Machwerkes werden 2 Mitarbeiter des Ministeriums für Staatssicherheit in herabwürdigender Form dargestellt. Äußern Sie

sich dazu! Antwort: Hierzu möchte ich bemerken, daß dies für mich keine herabwürdigende Form darstellt. So wie ich die Mitarbeiter des Ministeriums für Staatssicherheit beschreibe, so werden sie von vielen Menschen in der DDR gesehen. Sie sind eben verhaßt und man will nichts mit ihnen zu tun haben. Dies bezieht sich nicht auf den einzelnen Mitarbeiter, sondern auf das Ministerium selbst. In diesem Ministerium für Staatssicherheit, oder »Stasi« wie es im Volksmund heißt, drückt sich einerseits die Macht und andererseits die bestehende Angst dieses Systems aus. Ich hätte es auch ganz anders formulieren können, nämlich, daß für die »Stasi« interessante Personen zum Reden provoziert und dann ins Gefängnis gebracht werden. Auch hätte ich »Stasi«-Leute mit versoffenen Gesichtern beschreiben können. Frage: Woraus resultiert Ihre gegen das Ministerium für Staatssicherheit gerichtete Haltung? Antwort: Meine gegen die »Stasi« gerichtete Haltung resultiert ganz einfach daraus, daß ich mit diesem Ministerium keine guten Erfahrungen gemacht habe. Schon während des Studiums in Leipzig wurde mir durch einen Dozenten, an dessen Name ich mich nicht mehr erinnere, mitgeteilt, daß hinter meiner ganzen Geschichte die »Stasi« steht. Bei meinem weiteren Lebensweg wurde es immer offensichtlicher, daß die »Stasi« bestimmte Bewerbungen meinerseits negativ für mich beeinflußt hat. So ist es mir vollkommen klar, daß ich aufgrund der Beeinflussung durch die »Stasi« nicht die Stelle als Regieassistent am Meininger Theater im Jahre 1976 bekam. Frage: Aus welchen Gründen stellten Sie Mitarbeiter des Ministeriums für Staatssicherheit in einer derartigen Form dar? Antwort: Ich will es so wiedergeben, wie es sich in Wirklichkeit in der DDR verhält. Deshalb war es auch für mich Anlaß, darüber zu schreiben und meine Hauptperson zum Nachdenken anzuregen, denn viele Menschen in der DDR werden mit der »Stasi« konfrontiert.

18.04.1978 Information zum
Untersuchungsvorgang Wulkau, Peter, Abt. IX
an Leiter Abt. II

Wie aus dem inoffiziellen Aufkommen hiesiger Abteilung in dem Zusammenhang bekannt wurde, geht Wulkau, Peter davon aus, daß der Sohn der Mitinhaberin des Kosmetiksalons »Nofretete« Magdeburg dem Ministerium für Staatssicherheit Informationen über ihn gegeben hat. Um Kenntnisnahme und operative Auswertung wird gebeten.

18.04.1978 Auszug aus Treffbericht IM
»Wolfgang«, Abt. II/1

Am 10.04. erfuhr ich durch meine Mutter folgendes. Frau Hohndorf wollte mal einen Tag nach Berlin fahren, den genauen Zeitpunkt wollte sie meiner Mutter noch sagen, und dort ihre ganze Verwandtschaft treffen. Darunter sollte sich auch ein Italiener befinden, der sollte dann nach Berlin (West) rüber gehen und das Geld, was sie für den Rechtsanwalt Vogel bezahlen wollte, haben. Er müßte aber mehrmals rüber gehen, weil es mit einmal zu viel wäre. Ihr Verdacht, wer ihren Sohn verraten haben könnte, ist und bleibt der Indonesier Zuppi. Sie sagte, er würde vom MfS hoch bezahlt. Der Verdacht, daß der Indonesier ihren Sohn verraten hat, begründet sich auf der Tatsache, daß er nur wußte, daß das Buch des Wulkau fertig ist.

20.04.1978 OSL Hippler, Leiter Abt. II an
MfS Berlin HA II

In Koordinierung mit der Abteilung XX der BVfS Magdeburg konnte der IM [»Anton«] durch die Beschaffung von Beweismitteln wesentlich zum Abschluß eines OV beitragen. Aus politisch-operativen Gründen hält es unsere Diensteinheit für erforderlich, dem IM auch weiterhin eine Aufenthaltsgenehmigung für die DDR zu erteilen. Die politisch-operativ-relevanten Hinweise, die die Zuverlässigkeit des IM infrage stellen, werden in der Zusammenarbeit berücksichtigt und erforderliche Überprüfungen eingeleitet.

270

20.04.1978 Vernehmungsprotokoll des Beschuldigten Wulkau, Peter, 08.30–12.40 & 13.30–15.00 Uhr, Lewerenz, Hptm.

Frage: Wann und unter welchen Umständen lernten Sie die Person Supriyatman kennen? Antwort: Die Person Supriyatman lernte ich im April 1974 im VEB Fahlberg-List Magdeburg kennen, wo wir beide als Chemiefacharbeiter in einer Abteilung tätig waren. Frage: In welchem Verhältnis stehen Sie zu der genannten Person? Antwort: Mein bestehendes Verhältnis zu »Zuppi« würde ich ebenfalls als losen persönlichen Kontakt einschätzen. In diesem Zusammenhang möchte ich erwähnen, daß ich Vertrauen nur zu meiner Ehefrau und zu meiner Mutter habe. Aus diesem Grunde habe ich auch nur Bekannte und keine Freunde. Frage: Welche Kenntnisse besitzt die Person Supriyatman über Ihr Machwerk »Noch nicht und doch schon?« Antwort: »Zuppi« weiß von mir mit Anbeginn unseres Kennenlernens über meine schriftstellerische Tätigkeit, ohne konkret zu wissen, was ich schreibe. Aus unseren persönlichen Kontakten wußte ich, daß »Zuppi« die Möglichkeit hat, besuchsweise die BRD oder Westberlin aufzusuchen. Von meinem Anliegen ausgehend, mein Buch »Noch nicht und doch schon« in der BRD veröffentlichen zu lassen und »Zuppi« mit der Verbringung desselben nach Westberlin zu beauftragen, informierte ich ihn darüber, wobei mir der Zeitpunkt nicht mehr erinnerlich ist. Aufgrund der Tatsache, daß ich »Zuppi« erzählte, ein solches Buch mit einem solchen politischen Inhalt würde in der DDR nie verlegt werden, woran mir auch nicht lag, stellte er die Bedingung, das Buch erst lesen zu müssen, um dann zu entscheiden, ob er es nach Westberlin zu meinem dort lebenden Vater verbringt oder nicht. Deshalb übergab ich »Zuppi« mein noch nicht fertig gestelltes Buch im August 1977 zum Lesen. Er war also mit dem Inhalt einverstanden und erklärte sich bereit, es nach Westberlin zu verbringen. Ich nahm aber im September 1977 von meinem geplanten Vorhaben Abstand. Frage: Aus welchen Gründen nahmen Sie davon Abstand, das Machwerk nach Berlin-West verbringen zu lassen? Antwort: Mir gefielen manche Passagen in meinem Buch nicht, so daß ich diese noch überarbeiten wollte. Frage: Haben Sie Ihren getätigten Aussagen noch etwas hinzuzufügen bzw. zu berichtigen? Antwort: Meine heutigen Aussagen habe ich insofern zu ergänzen, daß mir bekannt ist, daß »Zuppi« sich bei der indonesischen Botschaft bemüht, eine Heiratsgenehmigung für sich und die DDR-Bürgerin zu erwirken, damit sie dann beide zusammen mit ihren Kindern die DDR verlassen können. »Zuppi« schwebt ein Weiterleben in Holland vor.

20.04.1978 Notiz zu Vernehmung, Lewerenz, Hptm.

Der indonesische Staatsbürger Supriyatman hat Kenntnis über den Inhalt des Machwerkes und gab Zustimmung, dieses nach Berlin-West zu verbringen. Maßnahmen: ZV [Zeugenvernehmung] des Supriyatman

20.04.1978 Sachverständigen-Gutachten der Technischen Untersuchungsstelle des MfS, Schriftsachverständiger Friedrich, Hptm.

Auf den Rückseiten der Blätter des Manuskriptes befinden sich eine große Anzahl von Farbstoffspuren, die von Kohlebogen übertragen wurden. Hierbei handelt es sich vornehmlich um die Seiten 5, 12, 17, 105, 111 und 112. Auf den Rückseiten der Blätter 4, 22 und 59 befinden sich teil- oder vollflächig seitenverkehrt abgedruckte Texte. Beim Schreiben dieser Seiten müssen somit Kohlebogen untergelegen haben, wobei sich in diesen Fällen die Farbschichtseite der Kohlebogen in Kontakt mit der Rückseite der genannten Blätter befunden haben muß (Kohlebogen seitenverkehrt eingelegt). Die genannten Untersuchungsbefunde sind objektive Beweisgründe dafür, daß zusammen mit dem vorgelegten Originalmanuskript mindestens ein Durchschlag gefertigt wurde.

20.04.1978 Vernehmungsprotokoll des Beschuldigten Wulkau, Peter. 15.00–16.00, fortgesetzt am 21.4.1978, 8.45–11.45 Uhr, Lewerenz, Hptm.

Frage: Wann und unter welchen Umständen lernten Sie die Person Reiner Kunze kennen? Antwort: Den Dichter Reiner Kunze lernte ich im Jahre 1970 kennen. Über eine Bekannte erhielt ich eine Einladung zu einer Lesung Kunzes in der Evangelischen Studentengemeinde in Leipzig. Reiner Kunze las vor ungefähr 50 Personen aus seinen lyrischen Werken, an die ich mich im einzelnen nicht mehr erinnere. Ich gewann den Eindruck, daß es den Answesenden gefiel, denn es gab nur Zustimmung. Nach der Lesung wurde, wie es so üblich ist, im kleineren Kreise diskutiert, woran ich ebenfalls teilnahm.

Frage: Wann und unter welchen Umständen kamen Sie in persönlichen Kontakt mit Reiner Kunze? Antwort: Im April 1971 fing ich an, das Theologische Seminar der Kirchenprovinz Sachsen in Naumburg zu besuchen. Im Juni 1971 las Reiner Kunze am Theologischen Seminar aus seinen Gedichten und Märchen vor. Eigenartigerweise erkannte mich Reiner Kunze sofort wieder und wir verabredeten uns, nach Abschluß der Lesung gemeinsam die Gaststätte »Lämmerschwänzchen« in Naumburg aufzusuchen, was wir auch taten. Frage: Schildern Sie das persönliche Zusammentreffen mit Reiner Kunze in Naumburg! Antwort: In der genannten Gaststätte hielten wir uns ca. 2 Stunden auf. Zunächst habe ich von meinem persönlichen Leben berichtet. Reiner Kunze äußerte, daß wir in einer schwierigen Zeit leben und begann dann über sich zu erzählen. Frage: Fahren Sie mit der Schilderung Ihres persönlichen Zusammentreffens mit Reiner Kunze in Naumburg fort! Antwort: Reiner Kunze legte dar, daß er schwer krank ist und glaubt, an Krebs erkrankt zu sein. Frage: Welche politische Position vertrat Reiner Kunze gegenüber den bestehenden gesellschaftlichen Verhältnissen in der DDR? Antwort: Durch Reiner Kunze wurde dargelegt, daß es immer schwieriger wird, die persönliche Position darzulegen und die Zeit der inneren Emigration wieder kommt. Mehr Angaben kann ich zu Reiner Kunze nicht mehr tätigen.

21.04.1978 Vernehmungsprotokoll des Beschuldigten Wulkau, Peter, 11.45-12.50 & 13.30-16.00 Uhr, Lewerenz, Hptm.

Frage: Wann und unter welchen Umständen lernten Sie das Ehepaar Regina und Rudolf Schmelzer kennen? Antwort: Von der Existenz des Ehepaares Schmelzer habe ich am 6. Dezember 1971 erfahren. An dieses Datum erinnere ich mich deshalb so genau, weil ich meinen Vater nach 11 Jahren wieder persönlich sah, d. h. er besuchte mich in Braunsbedra, wo ich zum damaligen Zeitpunkt bei meinen Schwiegereltern Iris und Heinrich Pantke wohnte. Während seines genannten besuchsweisen Aufenthaltes bei mir berichtete mir mein Vater über die Schmelzers. Auf Grund seiner Vermittlung verlebte ich im Sommer 1976 eine Woche Urlaub bei den Schmelzers in ihrer Finnhütte am Pälitzsee mit meiner Familie. Frage: Wie verlief der Aufenthalt Ihrer Familie bei dem Ehepaar Schmelzer im Jahre 1976? Antwort: Am Tage haben wir geangelt, sind Motorboot gefahren und haben uns mit den Kindern beschäftigt, denn Schmelzers haben 2 Kinder. Ich möchte einschätzen, daß meine Frau und ich losen persönlichen Kontakt zu den Schmelzers bekamen. Dies lag vor allem daran, daß Rudolf und ich uns wohl nicht besonders sympathisch waren. Aus diesem Grunde haben wir uns auch nur selten über politische Angelegenheiten unterhalten. Frage: In welchen materiellen Verhältnissen lebt die Familie Schmelzer? Antwort: Mir ist bekannt, daß Regina und Rudolf 2 PKW besitzen. Dabei handelt es sich um einen »Trabant« und einen »Shiguli«. Desweiteren haben sie die großzügig gebaute Finnhütte und besitzen ein Motorboot. Ich meine, dies alles zeugt davon, daß sie einen recht hohen Lebensstandard haben.

21.04.1978 Ergebnisse der Vernehmung, Lewerenz, Hptm.

Ehepaar Schmelzer Verbindung des Vaters zu dem Ehepaar. Maßnahmen: Überprüfung der genannten Personen.

21.04.1978 Brief Peter Wulkau an Christine und Antje

Liebes Tinchen: Das Schwerste für uns beide ist das Problem der Zeit. Es ist richtig, daß jeder Tag, der vergeht, uns wieder einander zuführt, aber es ist falsch, bestimmte Erwartungen zeitlich zu konkretisieren. Du und Antje habt es viel komplizierter als ich: die angetretene Arbeit bei der Kirche für wenig Geld, umgeben möglicherweise von kleinbürgerlich-muffigen Menschen mit streng geregeltem bourgeoisen Lebensvorstellungen und dogmatischen Vorurteilen. Aber das ist nicht neu. Der Sozialismus ist der Rettungsanker aller geistig unbeweglichen, und er zieht sich durch alle Konfessionen. Dazu kommt Antjes Gesundheitsbild, das ich gern mit gespannter Erwartung verfolgen würde, und das hoffentlich eine relative Konstanz aufweist. Um mich brauchst Du Dich in keiner Weise zu sorgen: Stell Dir vor, ich mache Bildungsurlaub, zwar in etwas unkonventioneller, eigenartiger Form, aber immerhin so, daß ich viele neue Eindrücke aufnehme, die leider dem Durchschnitt versperrt bleiben werden, daß ich neue Einsichten gewinne in bisher nur erahnte Mechanismen, daß ich fester werde in meiner Weltanschauung, ich meine: ergänzender und bestätigender, und daß ich viel Zeit habe zur kontemplativen Meditation, die wiederum hilft, den unnötigen Ballast eines Menschenlebens, der aus Konvention und Bequemlichkeit aufgepfropft wurde, abzubauen; es bleibt dann die schroffe Nacktheit des Sinnes einer Existenz: Das, wie Hegel sagt, bei Sich-Selbst-Sein. Wenn Du kommst bringe bitte 1 kg Obst (nicht mehr!) u. 2 x Zigaretten mit, sofern vorhanden. Mehr brauche ich nicht, bzw. darf es nicht brauchen (gegenwärtig). Ich küsse Euch also zärtlich u. wünsche viel Angenehmes beim Ansehen der grünenden Blätter. Euer Mann + Vater

24.04.1978 Informationsbericht vom 22.04.1978, Stein, Oltn., Abt. XV/26 an Wendorf, Abt. XX

Eine weibliche Stimme meldete sich bei der Christine Wulkau. Die Christine gab zu verstehen, daß soweit alles in Ordnung ist. Sie führte dann aus, daß sie eine Sprecherlaubnis erhalten hat und nach Peter gehen kann. Sie bekommt den Termin noch zugeschickt. Sie muß noch warten. Die weibl. Person fragte dann, ob sie mal zu Schwenzer (o. ä.) nach Berlin fährt. Die weibl. Person meinte, daß sie in der nächsten Zeit mal hinfahren könnte. Die Christine bejahte dies. Sie tauschten dann Grüße aus und die Christine soll sofort schreiben, wenn sie bei Peter gewesen ist und sie soll den Kopf oben behalten. Gespräch gegen 16.30 Uhr.

28.04.1978 Vernehmungsprotokoll des Beschuldigten Wulkau, Peter, 13.30–16.10, Lewerenz, Hptm.

Frage: Ihren bisherigen Aussagen zufolge richtet sich der Inhalt des von Ihnen verfaßten Machwerkes »Noch nicht und doch schon« unter anderem auch gegen die Maßnahmen der Partei- und Staatsführung der DDR zur Sicherung der Staatsgrenze zwischen der DDR und BRD bzw. Berlin und Berlin (West). Machen Sie Aussagen darüber, wie Sie diese Position in dem genannten Machwerk zum Ausdruck bringen« Antwort: Es wird in der Person des Michael zu Ausdruck gebracht, daß die »Mauer« nur deshalb errichtet worden ist, weil nämlich zu viele Bürger der DDR diese nach der BRD bzw. Westberlin verlassen würden. Da es sich um viele Menschen der DDR handeln würde, kann also nicht die »Mauer«, wie es immer so schön in der DDR-Propaganda heißt, vom Volk errichtet worden sein, denn sie richtet sich ja gerade gegen das Volk der DDR. Frage: Aus welchen Gründen stellten Sie gerade einen derartigen Inhalt dar? Antwort: Ich bin immer mit »offenen Ohren und Augen« durch die DDR gegangen, wie man so sagt. Ich habe damit aufzeigen wollen, daß viele Menschen in der DDR mit der »Mauer« nicht einverstanden sind. Frage: Welche Position vertreten Sie gegenüber den bestehenden Grenzsicherungsverhältnissen zwischen der DDR und der BRD sowie Berlin und Berlin (West)? Antwort: Meine diesbezügliche Position kommt in der Beantwortung der vorangegangenen Fragen zum Ausdruck. Darüberhinaus, und dies kommt meines Erachtens in meinem Buch noch nicht zum Ausdruck, lehne ich konsequent den »Schießbefehl« ab. Auch hierin kommt die bestehende Angst des Systems in der DDR zum Ausdruck. Man will »Andersdenkende« nicht dulden und ihr Gedankengut darf sich auf keinen Fall verbreiten und dafür ist in diesem System alles recht, beispielsweise, wenn man an der genannten Grenze einfach auf Menschen schießt.

28.04.1978 Antrag auf Fristverlängerung, Leiter der U.-Abt. an Staatsanwalt des Bezirkes Abt. I, Magdeburg

In der Strafsache gegen Wulkau, Peter beantrage ich eine Verlängerung der Bearbeitungsfrist bis zum 14.06.1978. Im Ermittlungsverfahren gegen den Beschuldigten Wulkau, Peter machen sich zur umfassenden Aufklärung der von ihm betriebenen staatsfeindlichen Hetze noch weitere Untersuchungen, insbesondere Zeugen- und Beschuldigtenvernehmungen erforderlich und es wird deshalb um Verlängerung der Bearbeitungsfrist bis zum obengenannten Zeitpunkt gebeten.

28.04.1978 Vernehmungsprotokoll des Beschuldigten Wulkau, Peter. 8.30–12.50, Lewerenz, Hptm.

Frage: Dem Untersuchungsorgan ist bekannt, daß Sie bis zur letzten Seite Ihres Machwerkes Durchschläge angefertigt haben. Äußern Sie sich dazu! Antwort: Da ich es ja selbst am besten wissen muß, betone ich nochmals, nicht einmal mit einem Durchschlag bis zum Schluß geschrieben zu haben. Frage: Ihre Aussage entspricht nicht der Wahrheit. Dem Untersuchungsorgan liegen Beweistatsachen vor, wonach Sie mindestens mit einem Durchschlag bis zum Schluß Ihr Machwerk maschinenschriftlich anfertigten. Sie werden nochmals aufgefordert, wahrheitsgemäße Angaben zu tätigen! Antwort: Ich kann nur wiederholen, daß dies nicht den Tatsachen entspricht und ich die Wahrheit aussage. Frage: Ihnen wird durch das Untersuchungsorgan ein Gutachten der Technischen Untersuchungsstelle des Ministeriums für Staatssicherheit zur Kenntnis gegeben. Äußern Sie sich dazu! Antwort: Ich kann nur sagen, daß ich mich diesem beuge. In diesem Fall kann ich mir nicht erklären, warum mir nicht mehr erinnerlich ist, daß ich bis zum Schluß mit Durchschlag gearbeitet habe. Frage: Wo verblieben die von Ihnen gefertigten Durchschläge? Antwort: Soweit mir erinnerlich ist, habe ich diese im Spätsommer in meiner Wohnung in Magdeburg, Pestalozzistr. 8 selbst und allein verbrannt.

02.05.1978 Information zum Untersuchungsvorgang Wulkau, Peter, OSL Lubas, Leiter Abt. IX an Leiter Abt. XX
Aus dem inoffiziellen Aufkommen der hiesigen Abteilung wurde bekannt, daß der Vater des Wulkau etwa 1976 einem aus Berlin stammenden Dr. der Medizin den ungesetzlichen Grenzübertritt nach der BRD ermöglicht hat. Bei dieser Aktion soll die Person Schmelzer, Rudolf, wh. Berlin, Beihilfe geleistet haben und erhielt als Gegenleistung von dem Dr. der Medizin dessen PKW (Typ Polski-Fiat oder Shiguli). Wie die Quelle angibt, soll Schmelzer ebenfalls seinen ungesetzlichen Grenzübertritt nach der BRD planen.

02.05.1978 Vernehmungsprotokoll des Beschuldigten Wulkau, Peter, 09.00–12.45 & 13.30–15.50 Uhr, Lewerenz, Hptm.
Frage: Ihnen wird aus Ihrem Machwerk »Noch nicht und doch schon« die Passage von Seite 9, beginnend mit: »Vaterunser in Moskau geheiligt ist Dein Name« und endend mit den Worten: »... in Ewigkeit Amen nicht mehr« durch das Untersuchungsorgan

zur Kenntnis gegeben. Äußern Sie sich zusammenfassend dazu! Antwort: Zunächst möchte ich darlegen, daß ich mit dem Vaterunser in der durch mich dargelegten Form und Inhalt zum Ausdruck bringen will, daß der Marxismus-Leninismus keine Wissenschaft ist, sondern ein Glaube und vergleichbar mit christlichen Strukturen des Mittelalters ist. Ich meine damit, daß der Klerus des Mittelalters das Recht für sich in Anspruch nahm, die Inkarnation des Christentums zu sein, und heute nimmt dieses Recht das Politbüro eines sozialistischen Landes, wie das der KPdSU und der SED, für sich in Anspruch, die Inkarnation des Marxismus-Leninismus zu sein. Frage: Aus welchen Gründen formulieren Sie in Ihrem Machwerk einen derartigen Inhalt? Antwort: Wenn man sich eine solche verfestigte politische Position erarbeitet hat, wie es bei mir der Fall ist, dann kann man es nicht mehr mit seinem Gewissen vereinbaren und ruhig sein. Dann muß man einfach Aktivitäten entwickeln, um die Wahrheit über die bestehenden gesellschaftlichen Verhältnisse in der DDR und das bestehende Abhängigkeitsverhältnis zur UdSSR zu verbreiten. Ich habe den Weg gewählt, ein Buch zu schreiben, um die Menschen auf die Probleme aufmerksam zu machen und zum Nachdenken anzuregen.

04.05.1978 Vernehmungsprotokoll des Beschuldigten Wulkau, Peter, 08.30–12.50 & 13.30–16.00 Uhr, Lewerenz, Hptm.
Frage: Inwieweit haben Sie noch Ergänzungen hinsichtlich Ihrer Aussagen vom 21.4.1978 über die Personen Regina und Rudolf Schmelzer zu tätigen? Antwort: Zunächst möchte ich bestätigen, daß die von mir getätigten Angaben vom 21.4.1978 zu den Personen Regina und Rudolf Schmelzer der vollen Wahrheit entsprechen. Allerdings bin ich zwischenzeitlich zu der Auffassung gelangt, auch Aussagen darüber zu tätigen, die zur Aufklärung von strafbaren Handlungen dienen. Deshalb möchte ich die von mir am 21.4.1978 gemachten Angaben ergänzen. Frage: Welche Aussagen haben Sie zu tätigen? Antwort: Ich möchte das Untersuchungsor-

gan darüber informieren, daß die Person Rudolf Schmelzer beabsichtigt, die DDR illegal nach der BRD bzw. Westberlin zu verlassen. Frage: Welche Vorbereitungen hat Rudolf Schmelzer bezüglich seines Vorhabens getroffen? Antwort: Rudolf erzählte mir, daß er persönliche Verbindungen zu einem Angehörigen der italienischen Botschaft in der DDR unterhält. Dieser hat bereits, der Zeitpunkt ist mir nicht bekannt, einen mit ihm befreundeten Arzt mit seiner Freundin zu deren »Flucht« nach der BRD verholfen. Dieser italienische Diplomat sollte ihm ebenfalls bei seiner »Flucht« helfen. Weiterhin erzählte mir Rudolf, daß er die »Flucht« des Arztes mit seiner Freundin mit organisiert hat und von dem Arzt vor dessen »Flucht« seinen PKW vom Typ »Shiguli« bekommen hat. Dabei ging Rudolf davon aus, daß er in einem Kofferraum eines CD-Fahrzeuges versteckt nach der BRD verbracht werden würde. Frage: Was wurde Ihnen über den italienischen Diplomaten bekannt? Antwort: Rudolf Schmelzer ist im Besitz einer Finnhütte in Zechliner Hütte am Pälitzsee. Daneben befindet sich ebenfalls eine Finnhütte, die einem Herrn Müller aus Berlin gehört. Bei dem italienischen Diplomaten handelt es sich um dessen Schwiegersohn. Da sich der italienische Diplomat des öfteren in der genannten Finnhütte aufhält, hat Rudolf zu diesem persönlichen engen Kontakt erhalten. Ich weiß, daß seine Ehefrau zwischenzeitlich die italienische Staatsbürgerschaft angenommen hat und sie gemeinsam zwei Kinder im Alter von 4 bis 6 Jahren, deren Geschlecht ist mir nicht erinnerlich ist, haben. Mehr Angaben kann ich in diesem Zusammenhang nicht machen.

17.05.1978 OSL Lubas, Leiter Abt. IX an Abt. XII

Es wird gebeten, nachfolgend aufgeführte Personen im obengenannten Untersuchungsvorgang zu erfassen: Schmelzer, Rudolf, Schmelzer, Regina. Die genannten Personen beabsichtigen, die DDR auf ungesetzlichem Wege zu verlassen.

05.05.1978 Vernehmungsprotokoll des Beschuldigten Wulkau, Peter, 08.30-12.50 & 13.30-15.20 Uhr, Lewerenz, Hptm.

Frage: Wie sollten Ihrer Auffassung nach die bestehenden gesellschaftlichen Verhältnisse in der DDR verändert werden? Antwort: Tatsache ist, daß man auf Grund der ausgeklügelten Machtinstrumente in der DDR überhaupt keine Chance hat, etwas zu verändern. Schon bei dem geringsten Versuch wird man »fertig« gemacht werden und wenn man fliehen wollte, setzte man sich der Gefahr aus, an der Grenze nach der BRD oder Westberlin erschossen zu werden oder auf die bestehenden Minenanlagen zu laufen. Ich sehe allerdings keinen Weg in der DDR etwas an den bestehenden gesellschaftlichen Verhältnissen ändern zu können. Hätte ich eine solche Möglichkeit gesehen, wäre ich aktiv geworden. Aus den von mir genannten Gründen entschloß ich mich ja auch, mein Buch in der BRD veröffentlichen zu lassen, um somit zu erreichen, daß von außen ein Druck auf die DDR ausgeübt werden kann und sie international diskriminiert wird. Frage: Konkretisieren Sie Ihre Aussagen bezüglich der bestehenden Staatsherrschaft in der DDR! Antwort: Ich würde es so formulieren: »Es besteht eine Diktatur einer selbsternannten Avantgarde des Proletariats über das Proletariat und den anderen bestehenden Klassen und Schichten der Bevölkerung der DDR im Namen des Proletariats zum postulierten Wohle der Gesamtheit.« Ich meine damit, daß es keine Diktatur des Proletariats in der DDR gibt. Es hat sich eine Gruppe und damit meine ich das Politbüro und seine Kandidaten der SED als die Machtgruppe in der DDR selbst ernannt, als Inkarnation des Marxismus-Leninismus. Diese Machtgruppe herrscht uneingeschränkt, angeblich im Namen des Volkes und zu dessen Wohle. Es ist nicht so, denn ansonsten würden nicht so viele Bürger der DDR unzufrieden sein und nicht versuchen, unter einer hohen Risikobereitschaft dieses Land zu verlassen.

09.05.1978 Auswertung Vernehmung, Lewerenz, Hptm.

Erarbeitung Planmäßigkeit der staatsfeindlichen Hetze des Besch.

10.05.1978 Vernehmungsprotokoll des Beschuldigten Wulkau, Peter, 08.45–12.50 & 13.30–15.40 Uhr, Lewerenz, Hptm.

Frage: Ihnen werden durch das Untersuchungsorgan Aussagen des Michael Walz vom 15.9.1969 vorgehalten, wonach Sie beabsichtigen, »Rundschreiben« an andere Universitäten und Hochschulen in der DDR zu versenden, um u.a. zum »Kampf um Informationsfreiheit in der DDR« sogenannte Meinungsforschung zu betreiben. Nehmen Sie dazu Stellung! Antwort: Nachdem mir durch das Untersuchungsorgan diesbezügliche Aussagen von Michael Walz vorgehalten worden sind, möchte ich diese bestätigen. Ich habe mich daran aber nicht mehr erinnert. Frage: Wie beabsichtigten Sie mittels eines »Rundschreibens« innerhalb studentischer Kreise in der DDR eine »Meinungsforschung« durchzuführen? Antwort: Ich bestätige nochmals eine solche Absicht gehabt zu haben, die aber nur kurzzeitig war. Darin sehe ich auch den Grund meiner nicht konkreten Erinnerung. Meine Absicht bestand darin, ein Rundschreiben an andere Universitäten und Hochschulen der DDR an bestimmte Personen zu versenden. Die Ergebnisse meiner »Meinungsforschung« hätte ich dann, wenn ich dazu eine Chance gesehen hätte, in einer Studentenversammlung öffentlich bekannt gegeben. Als Anfang des Jahres 1968 das »Manifest der 2000 Worte« in der »Prager Volkszeitung« veröffentlicht wurde, habe ich mir dies sofort zugänglich gemacht. Von dem »Manifest« war ich sehr begeistert und beeindruckt und verglich die bestehenden gesellschaftlichen Verhältnisse der CSSR mit denen in der DDR. Dabei kam mir dann der Gedanke, ähnliche Voraussetzungen wie die in der CSSR in der DDR zu schaffen, und ich wollte mir dazu mit einer solchen von mir genannten Meinungsforschung die dazu notwendigen Grundlagen schaffen. Diese meine Absicht hatte ich, wie bereits erwähnt, nur kurzzeitig, weil mir zur

Durchführung die dazu notwendigen Voraussetzungen fehlten. Deshalb habe ich die Absicht sehr schnell wieder verworfen. Später erkannte ich auch aufgrund der Ereignisse in der CSSR im Jahre 1968, daß soetwas in einem sozialistischen Staat auch nicht möglich ist. Die Ereignisse in der CSSR habe ich ja persönlich miterlebt. Frage: Inwieweit haben Sie sich in irgendeiner Weise an der Konterrevolution im Jahre 1968 in der CSSR beteiligt? Antwort: Während der genannten Ereignisse habe ich mich passiv verhalten und versuchte, so schnell wie möglich in die DDR zurückzukehren, was mir auch gelang. Wenn ich mich richtig erinnere, war ich am 24. 8. 1968 über die UdSSR wieder in Leipzig. Die Fenster der Waggons des Zuges waren verkleidet, so daß mir die genaue Route nicht bekannt wurde. Frage: Welche Schlußfolgerungen zogen Sie für sich aus den Ereignissen in der CSSR? Antwort: Schlußfolgerungen zog ich in der Form für mich, daß es mir sinnlos erschien, in irgendeiner Weise seine wahre politische Position darzulegen.

12.05.1978 Vernehmungsprotokoll des Beschuldigten Wulkau, Peter, 08.00–12–50 & 13.30–15.00 Uhr, Lewerenz, Hptm.

Frage: Inwieweit haben Sie faschistische Literatur in Ihrem Besitz? Antwort: An faschistischer Literatur befindet sich in meinem Besitz Hitlers Buch »Mein Kampf«. Frage: Aus welchen Gründen brachten Sie sich in den Besitz derartiger Literatur? Antwort: Wie bereits erwähnt, interessierte mich alles schon seit langem, was es an Literatur zu politischen Problemen gibt. Auch der Faschismus interessierte mich sehr. Anhand des Buches wollte ich ergründen, wie es zu einer solchen totalitären Machtausübung während des Faschismus gekommen ist. Vor allem interessierten mich die Äußerungen Hitlers zu der sogenannten Medienarbeit. Frage: Welche Schlußfolgerungen zogen Sie aus dem Elaborat der faschistischen Literatur? Antwort: Insgesamt gelangte ich nach dem Lesen des genannten Buches und dies ist auch noch mein heutiger Standpunkt, daß es erstaunlich ist, wie Hitler zu einer solchen universellen Macht kommen konnte. Deshalb interessierte mich ja auch insbesondere, wie er dazu die Medienarbeit ausgenutzt hat und ich stellte und ich stelle Parallelen diesbezüglicher Art zwischen dem Faschismus und der DDR fest. Warum wird dieses Buch oder die Tagebücher von Goebbels nicht in der DDR veröffentlicht? Das geht einfach nicht, denn dann würden sich die Herrschenden in der DDR entschleiert sehen und die Menschen würden die Parallelen zwischen dem Faschismus und der DDR erkennen. Man will in der DDR den Faschismus ausgerottet haben, ohne den Menschen die Chance zu geben, sich konkret mit der Vergangenheit auseinandersetzen zu können. Dazu gehört eben ein konkretes Wissen über die Vergangenheit, wozu eine Veröffentlichung der Tagebücher Goebbels und Hitlers Buch »Mein Kampf« in der DDR notwendig ist. Ich will damit sagen, daß es während der Zeit des Faschismus und in der DDR die gleiche totalitäre Machtausübung einer kleinen Gruppe über das Volk gibt und niemand es wagen darf, auch nur im geringsten zu versuchen, eine andere politische Position einzunehmen, natürlich unter verschiedenen Mitteln und Methoden. Frage: Gegenüber welchen Personen haben Sie aus der faschistischen Schrift »Mein Kampf« Passagen vorgetragen? Antwort: Ich erinnere mich noch daran, daß ich gegenüber Robert Klein aus dem Buch »Mein Kampf« vorgelesen habe, denn er interessierte sich auch sehr für dieses Buch. Gleichfalls kann es auch Michael Walz gewesen sein.

17.05.1978 Vernehmungsprotokoll des Beschuldigten Wulkau, Peter, 11.00–12.50 & 13.30–15.05 Uhr, Lewerenz, Hptm.

Frage: In Ihrer persönlichen Niederschrift vom 9.5.1978 legten Sie dar, mit der Person Dr. Mareile Mahrenholz in persönlicher Verbindung gestanden zu haben. Wann und unter welchen Umständen lernten Sie diese kennen? Antwort: Nach meiner Erinnerung nahm ich im Jahre 1973 eine Tätigkeit als Laborant im VEB Kombinat Chemische Werke Buna auf. Mit Beginn meiner Tätigkeit in dem genannten Betrieb lernte ich Dr. Mareile Mahrenholz kennen, denn sie war meine unmittelbare Vorgesetzte. Frage: Charakterisieren Sie das zwischen Ihnen und der Person Dr. Mareile Mahrenholz bestandene persönliche Verhältnis! Antwort: Zu Dr. Mareile Mahrenholz hatte ich während meiner Tätigkeit in dem genannten Betrieb von 1973 bis 1974 einen sehr guten kollegialen Kontakt und meine Ehefrau und ich haben die Familie Mahrenholz auf Einladung in Halle-Neustadt im Jahre 1974 besucht. Ich will damit sagen, daß Mareile und ich uns ausgezeichnet verstanden haben. Wir haben uns häufig über die uns interessierenden Probleme unterhalten. Frage: Welche politische Position vertritt die genannte Person gegenüber den bestehenden gesellschaftlichen Verhältnissen in der DDR? Antwort: Dr. Mareile Mahrenholz hat eine gegen die bestehenden gesellschaftlichen Verhältnisse in der DDR ausgerichtete Position. Diese vertrat sie mir gegenüber in persönlichen Gesprächen immer offen. Gegenüber anderen Personen verhielt sie sich stets zurückhaltend. In diesem Zusammenhang möchte ich erwähnen, daß sie von mir mehrere Bücher ausgeliehen bekommen hat, die sich noch heute in ihrem Besitz befinden. Ich erinnere mich, daß es sich dabei um solche Bücher wie unter anderem »Was Marx wirklich sagte« von Ernst Fischer oder den »Mao papers« handelt.

12. 05. 1978 Treffbericht, IMV »Hans Kramer«, 11. 5. 78 16.00–18.30 Uhr KW »Burg«, Hinze, Hptm., Abt. XX/4

Christine schätzte ein, daß mit ihrer Post etwas nicht stimmt. Teilweise kommt tagelang keine Post und dann kamen gleich mehrere Briefe zusammen (Sammelbestellung). Daraufhin hat sie sich bei ihrer Post in der Diesdorfer Str. erkundigt. Dort wußten die Personen bei der Angabe Pestalozzistr. 8 sofort Bescheid und gaben an, daß sie den Auftrag haben, diese Post sofort zur Hauptpost zu schicken. Der Name Wulkau ist bei der Post Diesdorfer Str. ein Begriff. Christine schaute daraufhin in der StPO nach und interpretierte, daß ansich nur die Post ihres Mannes kontrolliert werden dürfe, nicht aber die an ihre Person adressierte Post. Der IM [»Hans Kramer«]

vermutet, daß die Christine darüber auch mit ihrem Rechtsanwalt gesprochen hat. Der IMV schätzt das Auftreten der Christine zur Zeit als sehr ruhig und gefaßt ein. Die Christine hat seit der Verhaftung Peters sehr viele Kontakte zu anderen Personen bzw. diese nehmen, laut Christine, Kontakte zu ihr auf, um ihr moralischen Beistand zu leisten. Sie kann sich dieser Sympathiebezeugungen kaum erwehren. Alles das waren Verbindungen zu Peter. Namen nannte sie dem IM gegenüber nicht.

02.06.1978 Treffbericht IMV »Hans Kramer«, Hinze, Hptm.

Nach der Sprecherlaubnis der Christine bei Peter W., Anfang Mai 78 löste sie bei ihrer Sparkasse das Konto auf und bezahlte sofort alle Kredite. Die Reaktion der Christine W. folgte aus dem Gespräch mit Peter W., aus dem sie entnahm, sich langsam »startbereit« zu machen. Da das Konto fast ausgeschöpft war, borgte sich Christine W. von ihren Eltern 800,- Mark und vom IM [»Hans Kramer«] 1000,- Mark, um das Moped sowie die Couchgarnitur abzubezahlen.

Christine rechnet mit folgenden perspektivischen Varianten, die sie aus dem Gespräch mit Peter W. entnahm: Es kommt nicht zum Prozeß, Peter wird in die BRD ausgewiesen; es kommt zum Prozeß und nach 1–1 1/2 Jahren Haft kommt die Ausweisung in die BRD; die dritte Variante ist unterschwellig und beinhaltet, es kommt zum Prozeß und Peter bleibt auch nach der Haft in der DDR. Die eventuelle Ausweisung in die BRD resultiert aus der Hoffnung, da der RA Vogel die Verteidigung übernahm.

16.05.1978 Vermerk des Staatsanwaltes

Nach Rücksprache mit der U.-Abt. (Gen. Barz) kann RA Schermann noch keine Sprecherlaubnis zur Sache erteilt werden. Eine erneute Prüfung erfolgt nach 14 Tagen.

17.05.1978 Vernehmungsprotokoll des Beschuldigten Wulkau, Peter, 08.15–11.00 Uhr, Lewerenz, Hptm.

Frage: Welche politische Position vertritt Prieth, Tobias gegenüber den bestehenden gesellschaftlichen Verhältnissen in der DDR? Antwort: Mir ist bekannt, daß Tobias eine gegen die bestehenden gesellschaftlichen Verhältnisse in der DDR ausgerichtete politische Position vertritt. Allerdings kann ich diese von mir genannte politische Position nicht näher konkretisieren. Frage: Worin drückt sich die von Ihnen dargelegte politische Position des Prieth, Tobias aus? Antwort: Die politische Position von Tobias drückt sich meines Erachtens darin aus, daß er unbedingt in die BRD will. Wie er sich mir gegenüber in Gesprächen im Jahre 1975 äußerte, wollte er zunächst Übersiedlungsanträge stellen. Falls diese abschlägig von den staatlichen Organen beantwortet werden sollten, will er die DDR illegal nach der BRD verlassen.

29.05.1978 OSL Lubas, Abt. IX an Abt. VII

Wie der Beschuldigte aussagt, beabsichtigt die Person Prieth, Tobias lt. Überprüfungsergebnis vom 08.05.1978 erfaßt für Ihre Diensteinheit die DDR ungesetzlich nach der BRD zu verlassen. Um Kenntnisnahme und weitere Veranlassung wird gebeten.

02.06.1978 Treffbericht IMV »Hans Kramer«, Hinze, Hptm.

Christine W. bekommt monatlich eine finanzielle Unterstützung von W., Wulkau –WB. Von WB wird das Geld – 100,- DM – in die Hauptstadt gebracht. Von dort aus wird dann die Christine über die Hohndorf telefonisch informiert und Christine holt sich das Geld persönlich aus Berlin ab,. Am 21.05.1978 soll sie wieder in Berlin gewesen sein. Hans Kramer

23.05.1978 Informationsbericht, Matthias, Oltn. an Wendorf, Abt. XX

Bei den Hohndorfs meldete sich eine weibliche Person. Zuerst war die Antje am Apparat. Die weibliche Person stellte sich dabei als Oma vor. Dann übernahm die Christine Wulkau das Gespräch. Die Wulkau redete die weibliche Person mit dem Namen Hannelore an. Die Hannelore erkundigte sich kurz nach dem Wohlbefinden der Christine. Die antwortete, daß es so gehe. Christine führte dann aus, daß sie keine Post bekommen haben. Die Hannelore erwiderte darauf, daß dies auch noch nicht möglich ist, da es noch unterwegs ist. Die Hannelore hatte inzwischen an ihren Mann (?) übergeben. Die Christine sprach dann die m. P. [männliche Person] mit Vater an. Dieser erklärte, daß er gestern ein Schreiben von seinem Rechtsanwalt bekommen hat. Da steht drin, daß der Rechtsanwalt das erste Mal die offizielle Genehmigung hatte. Peter geht es den Umständen entsprechend gut und dieser läßt vielmals grüßen. Die Ermittlungen sind noch nicht abgeschlossen. Christine berichtete dann weiter, daß sie schon einmal bei Peter war. Sie durfte dem auch etwas hinbringen, wie Obst und Zigaretten. Er meinte dann, daß für ihn nur wichtig ist, daß er weiß, daß sein Rechtsanwalt dort Kontakt hat. Christine sagte dann wieder, daß es hier ziemlich schwierig ist, da der Schermann, der hier die Sache macht, da mächtig schwimmt und nicht weiß, was da eigentlich los ist. Er erklärte dann der Christine, daß die erst Bescheid bekommen, wenn die Ermittlungen abgeschlossen sind. Da steht drin, mit Auflage und daß heißt, daß über das Verfahren selbst nicht gesprochen werden darf. Und zwar solange, bis Anklage erhoben wird. Christine warf dann wieder ein, daß der ihr gesagt hat, in 14 Tagen würde er schon Näheres wissen, da würde er eventuell schon Akteneinsicht haben. Der Vater bemerkt dann, ob Rudolf, ob sie war ..., ob die Christine den Stoff bekommen hat. Christine bestätigte das. Sie hat den bekommen. Dann sprach die Christine wieder mit der Hannelore. Die Hannelore will dann noch wissen, ob der Peter noch in Magdeburg ist. Als die Christine das bestätigt hatte, sagte sie, daß da nur viel Geduld und Abwarten helfen würde. Bevor keine Anklage erhoben worden ist, kann man nichts machen. Gesprächsende 20. 05. 1978 16.12 Uhr.

24. 05. 1978 Zeugenbefragung Supriyatman, Samad, Maktal, 09.00-14.00 Uhr, Lewerenz, Hptm.

Frage: Charakterisieren Sie das zwischen Ihnen und dem Beschuldigten Peter Wulkau bestehende Verhältnis! Antwort: Unser Verhältnis zueinander möchte ich als einen guten persönlichen und kameradschaftlichen Kontakt bezeichnen. Frage: Wie reagierten Sie auf das Ansinnen Peter Wulkaus, das Manuskript seines Machwerkes seinem in Berlin (West) wohnhaften Vater zu überbringen? Antwort: Obwohl ich von Anfang an niemals ernsthaft in Erwägung zog, der Bitte Peters zu entsprechen, teilte ich ihm mit, daß ich sein Manuskript erst einmal lesen möchte, um mich dann zu entscheiden. Daraufhin übergab er mir sein Manuskript. Ich habe es dann 2 Tage behalten, die ersten Seiten gelesen und es ihm dann zurückgegeben. Um ihn aus guter Kameradschaft zu beruhigen und ihm nicht zu zeigen, daß mich sein Buch überhaupt nicht interessierte, habe ich ihm gesagt, daß ich den Inhalt gut finde und dieses Manuskript seinem Vater überbringen werde. Peter Wulkau ist bekannt, daß ich ständig die Möglichkeit habe, nach Westberlin besuchsweise zu reisen. Peter kam aber auf dieses Angebot nicht mehr zurück, wobei mir die Gründe nicht bekannt sind und ich seinen Vater in seinem Auftrag in Westberlin aufsuchte. Frage: Auf welche Art und Weise hat Peter Wulkau sein Machwerk hergestellt? Antwort: Das mir übergebene Manuskript war maschinenschriftlich. Mehr Angaben kann ich in diesem Zusammenhang nicht tätigen. Mich haben die »schriftstellerischen« Tätigkeiten Peters auch wenig interessiert.

**25.05.1978 Treffbericht, IMF »Anton«,
24.5.78 14.30-15.30 IMK/KW »Leineweber«,
Wessler, Oltn.**

Bei der Vernehmung durch den Gen. Lewerenz der Abteilung IX
verhielt sich der IM [»Anton«] so wie wir ihn instruiert hatten. Der
IM [»Anton«] erklärte sich bereit, den Vater von Wulkau, Peter in
Westberlin aufzusuchen, um in Erfahrung zu bringen, welche Vorhaben von WB aus geplant sind. Der Kontakt zur Ehefrau des Wulkau, Peter wird vom IM aufrecht erhalten.

**25.05.1978 Vernehmungsprotokoll des
Beschuldigten Wulkau, Peter, 09.00-12.45 &
13.30-16.00 fortgesetzt 26.5.1978
08.15-12.50 Uhr, Lewerenz, Hptm.**

Frage: Charakterisieren Sie das zwischen Ihnen und Ihrer Mutter
Gerda Hohndorf, wohnhaft: Magdeburg, Hollehochstr. 39, bestehende Verhältnis. Antwort: Zunächst möchte ich feststellen, daß
meine Mutter und ich Vertrauen zueinander haben. Ich empfinde
gegenüber meiner Mutter ein Gefühl der Achtung und Dankbarkeit.
Sie hat immer für Ihre Kinder gelebt und ihnen nur jede denkbare
Unterstützung entsprechend ihren Möglichkeiten gegeben. Mir gegenüber hat meine Mutter aus ihrer Enttäuschung keinen Hehl gemacht, daß ich mein Studium nicht beendet habe. Aus mir sollte ein
»ordentlicher Mensch« werden und keine »verkrachte Existenz«.
Frage: Welche politische Position vertritt Ihre Mutter gegenüber
den bestehenden gesellschaftlichen Verhältnissen in der DDR? Antwort: Meine Mutter vertritt eine gegen die bestehenden gesellschaftlichen Verhältnisse in der DDR ausgerichtete Position. Sie
macht aus der politischen Position keinen Hehl, entwickelt aber
keine Aktivitäten. Nach meiner Auffassung ist sie resigniert und
möchte sich nur noch einen angemessenen Lebensstandard für den
Rest ihres Lebens sichern. Wir beide haben uns häufig über politische Probleme ausgetauscht und sie war immer meiner Meinung.
Weiterhin möchte ich erwähnen, daß mir meine Mutter von einem

philosophischen Studium abgeraten hat. Ausgehend schon von meiner damaligen politischen Position hatte sie erkannt, daß dies nicht gut gehen wird. Ich sollte ein Studium im naturwissenschaftlichen Bereich aufnehmen.

26.05.1978 Vernehmungsprotokoll des Beschuldigten Wulkau, Peter, 13.30–15.10 Uhr, Lewerenz, Hptm.

Frage: Ihnen wird durch das Untersuchungsorgan eine Anlagekarte vorgelegt, auf der unter den Ziffern 1 – 12 männliche Personen abgebildet sind. Welche der unter den Ziffern 1 – 12 abgebildeten Personen sind Ihnen bekannt? Antwort: Obwohl ich mir nicht ganz sicher bin, nehme ich aber an, daß es sich bei der unter Ziffer 4 auf der Anlagekarte abgebildeten Person um den italienischen Diplomaten handelt, über den ich am 4.5.78 im Zusammenhang mit Rudolf Schmelzer Aussagen getätigt habe. Frage: Aus welchen Gründen sind Sie sich nicht ganz sicher, daß es sich dabei um den von Ihnen in der Beschuldigtenvernehmung vom 4.5.78 genannten italienischen Diplomaten handelt? Antwort: Ich bin mir deshalb nicht ganz sicher, da ich den italienischen Diplomaten nur einmal persönlich gesehen habe. Damals trug er einen Oberlippenbart und dieses irritiert mich etwas. Wie bereits erwähnt, glaube ich aber, in der Abbildung den von mir genannten italienischen Diplomaten zu erkennen.

26.05.1978 Peter Wulkau an Christine

Liebes Tinchen! Dein letztes Lebenszeichen (für mich) waren Deine am 11.5. konzipierten Zeilen, die ich am 16. bekam. Seitdem besteht ein Vakuum des Schweigens. Sollte die Ursache bei Dir liegen, müßte sich dieses ändern. Sei meiner Liebe zu Euch gewiß, auch dann, wenn Dir jemand Gegenteiliges behauptet; mein Wollen ist familiär-zukünftig, nicht egoistisch einseitig. In diesem Sinne laßt Euch küssen und meistert draußen die Zeit der Trennung. Euer Peter

29.05.1978 Informationsbericht, Matthias, Oltn., Abt. XV/26 an Gen. Wendorf, Abt. XX

Bei der Gerda Hohndorf meldete sich eine Person, die sich mit Mami vorstellte. Die Mami teilte der Christine mit, daß sie heute in »Ostberlin« gewesen sei. Die Mami nannte dann den 24. Juni als Termin für einen Treff. Die Mami will dann noch wissen, ob die Christine in der Zwischenzeit schon wieder mal mit Peter gesprochen hat. Die Christine verneinte das. Sie konnte nicht. Sie hatte noch keine Erlaubnis. Die Mami bestellte dann noch viele Grüße von Vater und von Hannelore. Die wollen wissen, wie es der Christine geht. Diese entgegnete darauf, daß es schwierig sei, sich jetzt hier als normaler zivilisierter Mensch zu fühlen, aber den Umständen entsprechend geht es ihr gut.

31.05.1978 Gutachten, Volksbuchhandel, Zweigstelle Bezirk Magdeburg, Werner Maschek

Vom Ministerium für Staatssicherheit wurde ich beauftragt, die im Untersuchungsvorgang Peter WULKAU beschlagnahmten Bücher von ihrer inhaltlichen Aussage zu begutachten. Die Bibliothek des Peter Wulkaus läßt sehr eindeutig darauf schließen, daß ihr Besitzer und seine politisch-ideologische Einstellung keine positiven Beziehungen zum realen Sozialismus in der DDR haben. Der Inhalt dieser Bücher ist vorwiegend sehr eindeutig bürgerlich, im westlichen Sinne, und sehr weit links orientiert einzuordnen, teilweise feindlichen Inhalts. Daher ist die Mehrheit der Bücher und Zeitschriften auch nicht in der DDR erschienen und auch nicht offiziell zugelassen. Sie müssen auf illegalem Wege angeschafft worden sein. Es fehlt jegliche sozialistische Gegenwartsliteratur von Rang und Wert!

01.06.1978 Information IMF »Anton«, angen.: Wessler, Oltn.

Der IM [»Anton«] informierte die Ehefrau zur Vernehmung seiner Person durch das MfS. Im Gespräch wollte Frau Wulkau wissen, welche konkreten Fragen gestellt wurden und was im einzelnen bekannt wurde. Der IM machte gegenüber der Frau Wulkau den Vorwurf, woher das MfS genauestens wußte das er im Besitz des Manuskriptes war und wieso man der Annahme war, daß er als der Überbringer des Manuskriptes nach WB zum Wulkau-sen. erwähnt wurde. Frau Wulkau konnte dem IM nicht mitteilen, wer diese Fakten dem MfS zur Kenntnis gab. Sie war der Auffassung, daß der IM eventuell dem MfS Informationen zuspielte, da er bisher noch nicht vernommen wurde. Der IM konnte jedoch diesen Verdacht abbauen, indem er die ihm vorgeworfenen Fakten vom MfS hinsichtlich der Übergabe des Manuskriptes als belastend anführte.

Von der Ehefrau des Wulkau, Peter erhielt der IM die Aufforderung bei einem Besuch ihres Schwiegervaters in WB in Erfahrung zu bringen welche Möglichkeiten bestehen über den Rechtsanwalt Vogel eine Freilassung bzw. Ausweisung aus der DDR nach WB oder BRD ihres Ehemannes zu erlangen. Darüberhinaus möchte Frau Wulkau wissen, welche andere Möglichkeiten und Wege es gibt bzw. geplant sind, um ihrem Mann zu helfen. Der IM fragte Frau Wulkau, ob man ihrem Schwiegervater in Westberlin nicht mitteilen könnte daß er diesen besuchen will. Frau Wulkau gab daraufhin zu verstehen, daß es z. Z. nicht ratsam wäre mit ihm zu telefonieren bzw. zu schreiben, da man ihren Ehemann damit gefährden könnte, denn man weiß nicht welche Kontrollmaßnahmen laufen vom MfS. Der IM ist mit Frau Wulkau so verblieben, daß er diese nach dem Besuch ihres Schwiegervaters in WB aufsucht, um Informationen zu überbringen.

03.06.1978 Informationsbericht vom 02.06.1978, Stein, Oltn., Abt. XV/26 an Wendorf, Abt. XX

Die Gerda Hohndorf unterhielt sich mit ihrer Schwiegertochter Christine Wulkau. Nach der Begrüßung erklärte die Hohndorf, daß sie mit muß, sie wird abgeholt. Die Christine entschuldigt sich für gestern, daß sie nicht mehr kommen konnte. Die Hohndorf meinte noch einmal, daß sie mit muß und den Termin nicht einhalten kann.

Es ist aber die »Stasi«. Die Christine meinte, daß sie nicht kommen konnte und sie will nur sagen, wie der Stand ist. Die Ermittlungszeit wurde verlängert und sie ist nicht beim Peter gewesen. Sie erkundigte sich, wieviele Leute gekommen sind. Die Hohndorf erwiderte darauf, daß 2 Mann gekommen sind. Die Christine gab zu verstehen, daß die Gerda nicht so aufgeregt sein soll. Die Hohndorf erwiderte nur, »daß sagst du.« Sie beendete das Gespräch. Die Christine warf noch ein, daß sie vorbei kommt. Gespräch gegen 08.45 Uhr.

02.06.1978 Vernehmungsprotokoll des Zeugen Hohndorf, Gerda, 9.20–13.30 Uhr, Lewerenz, Hptm.

Frage: Charakterisieren Sie das zwischen Ihnen und Ihrem Sohn bestehende Verhältnis! Antwort: Ich möchte einschätzen, daß zwischen meinem Sohn Peter Wulkau und mir stets ein gutes Verhältnis bestanden hat. Schwierigkeiten hat er mir nie bereitet. Frage: Aus welchen Gründen wurde Ihr Sohn im Jahre 1970 exmatrikuliert? Antwort: Wie mir mein Sohn erzählte, hatte er zum damaligen Zeitpunkt eine Freundin mit Namen Kirsten Braumeister, an der er sehr hing. Diese Freundschaft ging zu Ende und das hat meinen Sohn sehr mitgenommen. Er wurde interessenlos und hatte einfach keine Lust mehr zum Studieren, so daß seine Studiendisziplin sehr darunter gelitten hat. Frage: Dem Untersuchungsorgan ist bekannt, daß der Exmatrikulation Ihres Sohnes andere Gründe zugrunde lagen. Äußern Sie sich dazu! Antwort: Mir sind keine anderen Gründe bekannt geworden, so daß ich dazu auch nichts mehr sagen kann. Erwähnen möchte ich in diesem Zusammenhang, daß ich meinem Sohn von einer Studienaufnahme in Philosophie abgeraten habe. Nach meiner Auffassung war dies kein handfestes Studium. Ich kannte meinen Sohn, daß er nicht den Mund halten kann und hatte Angst, daß er sich in politischer Hinsicht verrennt. Er sollte lieber Bauingenieur oder etwas ähnliches werden. Frage: Inwieweit ist Ihr Sohn gegen die bestehenden Verhältnisse in der DDR aufgetreten?

Antwort: Mein Sohn ist in keiner Weise gegen die bestehenden gesellschaftlichen Verhältnisse in der DDR aufgetreten. Mir ist jedenfalls nichts bekannt. Frage: Dem Untersuchungsorgan ist bekannt, daß Ihr Sohn Peter Wulkau gegen die bestehenden gesellschaftlichen Verhältnisse in der DDR aufgetreten ist. Äußern Sie sich dazu! Antwort: Ich kann nur wiederholen, daß mir diesbezüglich nichts bekannt ist. Frage: Ist Ihnen bekannt, ob sich Ihr Sohn in schriftstellerischer Weise betätigt hat? Antwort: Ich weiß von meinem Sohn, daß er während der Schulzeit lyrische Gedichte und Fabeln geschrieben hat, von denen einige in der Zeitschrift »Der Morgen« abgedruckt worden sind. Weiterhin ist mir bekannt, daß er an einem Buch schreibt, dessen Inhalt ich nicht kenne und ich habe mich auch nicht dafür interessiert. Wenn wir uns mal gesehen haben, unterhielten wir uns über familiäre Probleme. Frage: Inwieweit hat Ihr Sohn die Absicht, dieses Buch veröffentlichen zu lassen? Antwort: Auch darüber kann ich keine Aussagen tätigen, weil mir darüber nichts bekannt ist. Frage: Dem Untersuchungsorgan ist bekannt, daß Ihre Aussagen nicht der Wahrheit entsprechen. Äußern Sie sich dazu! Antwort: Ich gebe nunmehr zu, daß ich weiß, daß mein Sohn ein Buch mit »gesellschaftskritischem« Inhalt schreibt und es in der BRD veröffentlichen lassen will. Mehr Angaben kann ich aus Unwissenheit nicht tätigen.

02.06.1978 Auswertung Zeugenvernehmung Hohndorf, Gerda, Lewerenz, Hptm.

Mutter des Beschuldigten hatte keine Kenntnis vom Inhalt des Machwerks »Noch nicht und doch schon«.

02.06.1978 Treffbericht IMV »Hans Kramer«, Hinze, Hptm.

Am 01.06.1978 fand auf telefonischer Vereinbarung ein Kurztreff mit dem IMV [»Hans Kramer«] statt. Der IMV berichtete, daß er nach dem Treff mit dem MfS am 31.05.1978 auftragsgemäß noch zur Christine W. gefahren ist. So gegen 18.00 Uhr war dort auch der Indonesier Zuppi. Christine sagte dem Zuppi auf den Kopf zu, daß er das belastende Material dem MfS in die Hände gespielt hat. Zuppi reagierte ruhig, nahm das zur Kenntnis und versuchte Christine zu beruhigen. Verlegenheit bemerkte der IM bei Zuppi nicht. Nachdem Zuppi gegangen war, sagte Christine dem IM gegenüber, daß sie am 06. 06. 1978 Nachmittag nach Berlin zu dem Rudolf fahren wird, um die finanzielle Unterstützung abzuholen. Der IM bot an, die Christine mit seinem PKW hinzubringen. Christine nahm das Angebot an. Bei der Person Rudolf handelt es sich um: Schmelzer, Rudolf, Berlin, Dimitroff Str. 179 – Lehrer.

05.06.1978 Vernehmungsprotokoll des Beschuldigten Wulkau, Peter, 09.00–12.45 Uhr, Lewerenz, Hptm.

Frage: Charakterisieren Sie das zwischen Ihnen und der Person Robert Klein bestehende Verhältnis! Antwort: Robert Klein würde ich als einen guten Bekannten von mir bezeichnen. Während der Schulzeit, ich erwähnte es bereits, waren wir miteinander befreundet. Robert und ich haben uns offen über alle uns bewegenden Probleme ausgetauscht, da wir von einer gemeinsamen politischen Position ausgehen konnten. Frage: Welche Position vertritt Robert Klein gegenüber den gesellschaftlichen Verhältnissen in der DDR? Antwort: Robert Klein vertritt eine ablehnende Position gegenüber den bestehenden gesellschaftlichen Verhältnissen in der DDR. Wir unterscheiden uns nur darin, daß Robert von der taktischen Seite her geschickter ist, als ich es bin. Auf Grund der Tatsache, daß Robert seiner Karriere alles unterordnet, hat er es in geschickter Art und Weise verstanden, diese seine wahre politische Position zu verschleiern. Aus diesem Grunde haben wir uns auch kurz vor der Abreise nach Neu-Dehli zerstritten, als er mich in meiner Magdeburger Wohnung besuchte. Ich habe ihm vorgeworfen, daß er nicht mehr ehrlich zu sich selbst ist und einen geistigen Frieden mit der DDR nur auf Grund karrieristischer Gründe geschlossen hat. Frage: Inwieweit ist Robert Klein gegen die bestehenden gesellschaftlichen Verhältnisse in der DDR aufgetreten? Antwort: Diesbezüglich sind mir keinerlei Aktivitäten von oder über Robert Klein bekannt geworden. Dazu hat Robert nach meiner Auffassung viel zu sehr Angst vor den bestehenden Machtverhältnissen in der DDR. Wenn er sich unter »Gleichgesinnten« wähnte, war er offener. Frage: Inwieweit trägt sich Robert Klein mit der Absicht, seinen Aufenthalt in Indien für ein ungesetzliches Verlassen der DDR auszunutzen? Antwort: Mir ist nicht bekannt, daß Robert Klein seinen Aufenthalt in Indien für eine »Flucht« ausnutzen will. Einschätzen möchte ich jedoch, daß Robert in der DDR nichts bindet und es bei ihm auf Grund eines günstigen Angebotes in seiner beruflichen Tätigkeit durch irgendwelche Institutionen eines kapitalistischen Auslands zu einer sofortigen »Flucht« kommen kann.

07.06.1978 Lubas, OSL, Abt. IX an Leiter Abt. XV, BVfS Potsdam

Wie aus dem angeführten Protokoll hervorgeht, nimmt Klein eine gegen die bestehenden gesellschaftlichen Verhältnisse in der DDR gerichtete Haltung ein und trat aus karrieristischen Gründen der SED bei. Um Kenntnisnahme und operative Auswertung wird gebeten.

05.06.1978 Vernehmungsprotokoll des Beschuldigten Wulkau, Peter, 13.30–15.45 Uhr, Lewerenz, Hptm.

Christopher Tapper lernte ich im Jahre 1968 in der Evangelischen Studentengemeinde in Leipzig kennen. Frage: Welche Position vertritt Christopher Tapper gegenüber den bestehenden gesellschaftlichen Verhältnissen in der DDR? Antwort: Christopher Tapper ist ein Anhänger des »Prager Frühlings«. Er steht also den gesellschaftlichen Verhältnissen in der DDR ablehnend gegenüber. Frage: Welche weiteren Informationen sind Ihnen über Christopher Tapper bekannt? Antwort: Von Ingeborg Albertz, einer gemeinsamen Bekannten unsererseits, habe ich dann 1972 erfahren, daß

Christopher inhaftiert worden sein soll. Die Gründe seiner Inhaftierung konnte sie mir allerdings nicht nennen.

06.07.1978 Lubas, OSL, Abt. IX, BVfS Magdeburg an HA XX/7, MfS Berlin

Wie aus dem angeführten Protokoll hervorgeht, nimmt Tapper eine gegen die gesellschaftlichen Verhältnisse in der DDR gerichtete Position ein. Um Kenntnisnahme und operative Auswertung wird gebeten.

12.06.1978 Treffbericht IMV »Hans Kramer«, angen.: Groch, Hptm.

IM [»Hans Kramer«] meldete sich telefonisch und es wurde [ein] Trefftermin in der Arbeitsstelle des IM vereinbart. IM informierte mündlich über folgenden Sachverhalt zum UV »Kreis«: Die mit Christine Wulkau vereinbarte Fahrt am 06.06.1978 nach Berlin fand nicht statt. IM suchte die Chr. Wulkau am 05.06.1978 in deren Wohnung auf und erfuhr, daß Chr. Wulkau bereits am 03.06. nach Berlin zu Rudolf Schmelzer fuhr. Da sie denselben nicht antraf, hat sie schriftlich eine Nachricht hinterlassen. Zum Inhalt dieser Nachricht kann der IM nur angeben, daß es sich vermutlich um eine Warnung handelt, Verbindungen abzubrechen und vorsichtig zu sein. In der Sprechzeit hatte Peter Wulkau der Chr. Wulkau die Adresse von Rudolf Schmelzer gegeben, ohne daß sie anfänglich dafür eine Erklärung hatte. Erst [später] kam sie zu dem Schluß, daß Peter Wulkau mit der Adressenübergabe eine Warnung an Schmelzer beabsichtigt hatte und deshalb fuhr sie auch sofort nach Berlin. IM brachte zum Ausdruck, daß von der finanziellen Unterstützung durch Wulkau, Werner sowie die Verfahrensweise der Unterstützung nur er als außenstehende Person nach Aussagen der Chr. Wulkau Kenntnis hat.

08.06.1978 Vernehmungsprotokoll des Beschuldigten Wulkau, Peter, 08.00–12.50 & 13.30–15.10 Uhr, Lewerenz, Hptm.

Frage: Aus welchen Gründen verließ Werner Wulkau die DDR ungesetzlich nach Berlin (West)? Antwort: Erwähnen möchte ich erst einmal, daß mein Vater mir am 6. Dezember 1971 erzählt hat, daß er aufgrund einer Kampagne in der »Volksstimme« gegen ihn die »Flucht« nach Westberlin durchgeführt hat. Mein Vater besuchte mich zu dem genannten Zeitpunkt zum ersten Mal in Braunsbedra und wir sahen uns nach ungefähr 18 Jahren erstmalig wieder. Des weiteren vermute ich, daß mein Vater ein »Doppelleben« geführt hat. Damit meine ich, daß er sich politisch in der DDR engagierte und nicht immer seine wahre politische Position offenbarte und zum anderen zum damaligen Zeitpunkt Kontakte nach Westberlin zu Institutionen unterhalten hat, denen er Informationen über die Entwicklung in der DDR übermittelte. Frage: Um was für Informationen handelt es sich dabei, die Ihr Vater Werner Wulkau vermutlich weiterleitete? Antwort: Wie bereits erwähnt, vermute ich, daß mein Vater in keiner untergeordneten Stellung im »Hamann-Ministerium« tätig war. Aus diesem Grunde sind ihm sicherlich Wirtschaftsinformationen zugänglich geworden, die nicht jedem auf den Tisch kamen und somit einen gewissen Geheimhaltungsgrad hatten und dementsprechend wertvoll waren.

08.06.1978 Vermerk des Staatsanwaltes

Nach Rücksprache mit der BVfS-U.-Abt. [Untersuchungs-Abteilung] Gen. Barz kann RA Schermann noch keine Sprecherlaubnis zur Sache erteilt werden. Erneute Prüfung in 14 Tagen.

09.06.1978 Vorschlag zur weiteren Bearbeitung des Materials Schmelzer, Rambaum, Hptm.

Durch die Abt. IX der BV Magdeburg wurden Vernehmungsprotokolle eines Beschuldigten [Peter Wulkau] sowie eines Zeugen übersandt, die im wesentlichen folgende Angaben enthalten: Das Ehepaar Schmelzer, Rudolf und Regina, Personalien bekannt, beabsichtigt, die DDR ungesetzlich zu verlassen. Zusammenfassend kann eingeschätzt werden, daß die wesentlichen operativ relevanten Angaben des in Magdeburg einsitzenden Beschuldigten durch die Überprüfung bestätigt wurden. Es erscheint daher durchaus gerechtfertigt anzunehmen, daß auch der gegenüber dem S. [Schmelzer] geäußerte Verdacht real ist. Nach Auffassung des Unterzeichners macht sich die Bearbeitung des vorliegenden Ausgangsmaterials in einem Operativ-Vorgang gemäß § 213 (2) 2. in Verbindung mit § 100 StGB erforderlich. Da der S. in einem Objekt der BVfS Berlin, Abteilung XX, (Humboldt-Universität Berlin) tätig ist, wird vorgeschlagen, daß die Bearbeitung kurzfristig durch diese Diensteinheit aufgenommen wird.

14.06.1978 Tonbandabschrift Bericht IMF »Anton«, angen.: Wessler, Oltn.

Am 09. Juni 1978 war ich [IM »Anton«] ca. gegen 16.30 Uhr bei Herrn Wulkau, Werner in Westberlin. Dort blieb ich eine Stunde. Als ich bei ihm ankam empfing er mich auch sehr freundlich wie sonst, als ich ihn besuchte. Er bot mir auch etwas zu trinken an, aber ich lehnte ab, weil ich an diesem Tag nicht gesundheitlich ganz auf der Höhe war, ich fühlte mich nicht. Ich verlangte daraufhin ein alkoholfreies Getränk, was er mir auch nicht abschlug. Er fragte mich zuerst, ob ich wegen seines Sohnes in der DDR auch keine Schwierigkeiten habe, weil ich doch mit dieser Angelegenheit auch etwas zu tun habe. Aber ich sagte ihm, daß ich bis jetzt keine Schwierigkeiten habe, außer eine Zeugenvernehmung bei den Untersuchungsorganen der DDR. Dort war ich vorgeladen. Als ich ihm berichtete über die Zeugenvernehmung, und als ich ihm den Namen Schmelzer, Rudolf sagte, die Leute bei der Vernehmung wollten wissen, ob ich diesen Namen schon einmal gehört hatte, sagte er mir, daß er diese Person kennt und vor einiger Zeit mit ihm öfter mal telefonierte. Danach fragte ich ihn, ob ich bei der Angelegenheit seines Sohnes helfen kann, denn es wäre sehr unklug, wenn er mit in diese Angelegenheit hineingezogen werde, weil ich doch nun schon in die Sache verwickelt sei. Diese Sache läuft zwischen einem Westberliner Anwalt, den Namen wußte ich nicht, und einem Anwalt von Ost-Berlin, sagte er mir. Nach den Aussagen des Westberliner Anwalts sei die Lage jetzt günstiger für Peter Wulkau, aus der DDR ausgewiesen zu werden, als damals, als Peter Wulkau noch in der Freiheit war. Weswegen sein Sohn verhaftet wurde, konnte er sich schon denken. Es handelt sich um sein Manuskript natürlich. Er kann sich aber nicht vorstellen, wie diese Sache geplatzt ist, denn er kennt den Umgang seines Sohnes nicht so genau. Die Verhaftung seines Sohnes in der DDR akzeptiert er, es geht ja hier schließlich um das Gesetz der DDR, und durch das Manuskript hat er ja gegen das Gesetz der DDR verstoßen. Dann fragte er mich zu der Familie Wulkau in Magdeburg, besonders, wie es seiner Enkelin geht. Er sagte dann auch noch, daß ich hier bei ihm immer willkommen bin, und er freue sich auch, wenn ich dann über seine Familie in Magdeburg berichten kann. Dann bat er mich darum, wenn diese Sache abgeschlossen ist, soll ich doch versuchen, ihm behilflich zu sein in der DDR. Aber genaueres konnte er mir jetzt nicht sagen, wir wollen uns darüber später noch einmal ausführlicher unterhalten. Nach einer Stunde verabschiedete ich mich dann, weil Herr Wulkau und seine Frau ausgehen wollten. Anton

13.06.1978 Lewerenz, Hptm.

Dem Beschuldigten gewährte Hafterleichterungen/Vergünstigungen: Pfeife mit auf Zelle.

**19.06.1978 Treffauswertung IMF »Anton«,
12.6.78 17.00-19.00 IMK/KW »Leineweber«,
Wessler, Oltn.**
Im Anschluß am Treff wurden dem IM [»Anton«] 50.- DM (DBB)
für seine Auftragsdurchführung übergeben. Hierzu muß eingeschätzt werden, daß der IM sich für das Geld nicht bedankte und
dieses auch bisher noch nicht festgestellt wurde.

**13.06.1978 Lubas, OSL,
Untersuchungsabteilung an Staatsanwalt des
Bezirkes Abteilung I Magdeburg**
In der Strafsache gegen Wulkau, Peter beantrage ich eine Verlänge-
rung der Bearbeitungsfrist bis zum 05.07.1978. Im Ermittlungs-
verfahren gegen den Beschuldigten steht das bereits eingeleitete
Gutachten über das von ihm verfaßte Machwerk »Noch nicht und
doch schon« noch aus und es wird deshalb um Verlängerung der
Bearbeitungsfrist bis zum obengenannten Termin gebeten.

**15.06.1978 handschriftlicher Vermerk
Lewerenz, Hptm.**
Am heutigen Tage nahm der Gen. Koch, Operative Dienststelle
Buna, telefonische Verbindung zum Unterzeichnenden auf. Der
Grund waren die erarbeiteten Ergebnisse zu der Person Dr. Mareile
Mahrenholz und der Informationsübermittlung dazu durch hiesige
Abteilung. Der Gen. Koch teilte mit, daß bei einer konspirativen
Durchsuchung des Arbeitsplatzes ähnliche Literatur, wie sie vom
Besch. Wulkau genannt wurde, aufgefunden worden ist.

**16.06.1978 Vernehmungsprotokoll des
Beschuldigten Wulkau, Peter, 08.30-12.50 &
13.30-16.30 Uhr, Lewerenz, Hptm.**
Frage: Welchen sozialen Verhältnissen entstammen Sie? Antwort:
Ich entstamme einer Angestelltenfamilie. In diesem Zusammen-
hang möchte ich aber erwähnen, daß ich der Auffassung bin, klein-

bürgerlichen Verhältnissen zu entstammen, da ich bis zu meinem 14. Lebensjahr in dem Haushalt meines Großvaters Wilhelm Felgner, eines selbständigen Bäckermeisters, in Magdeburg lebte und durch diesen bis zu seinem Tode im Jahre 1961 erzogen worden bin. Frage: Wie wurden Sie durch Ihren Großvater Wilhelm Felgner erzogen? Antwort: Mein Großvater war vor 1945 Sozialdemokrat und ist nach der Gründung der SED nicht in diese Partei eingetreten. Die legitime Nachfolgerin der SPD nach 1945 war für ihn die in den westlichen Besatzungszonen und danach in der BRD existierende SPD unter der Führung von Schuhmacher. Deshalb orientierte sich mein Großvater auch an den politischen Zielen dieser Partei und hat mit mir darüber oft gesprochen. Dabei zeigte er mir dann auf, daß die bestehenden gesellschaftlichen Verhältnisse in der DDR nicht erstrebenswert sind.

Frage: Welchen Einfluß übte auf die Herausbildung einer gesellschaftspolitischen Position die Institution für die Erziehung und Ausbildung in Form der Schule auf Sie aus? Antwort: Zunächst geriet ich in Widerspruch zwischen den mir von meinem Großvater bekannten Argumenten und den Einflüssen des Lehrkörpers. Mir kamen Zweifel, ob der Lehrstoff im Staatsbürgerkundeunterricht richtig ist. Die Maßnahmen von Partei und Regierung vom 13. August 1961 begriff ich ebenfalls nicht. Von mir wurden diesbezüglich Fragen an meine Lehrer und im Staatsbürgerkundeunterricht gestellt, die nach meiner Auffassung nicht tiefgründig genug beantwortet wurden, so daß sich meine Zweifel immer weiter verstärkten, bis ich zu einer ablehnenden Position gegenüber den sozialistischen Verhältnissen in der DDR gelangte.

Frage: Machen Sie nunmehr Aussagen darüber, wie sich seit dem von Ihnen genannten Zeitpunkt Ihre gegen die bestehenden gesellschaftlichen Verhältnisse in der DDR und dem sozialistischen Lager ausgerichtete Position herausbildete! Antwort: Aus der anfänglich vorhandenen Position des Veränderns der hiesigen Verhältnisse entwickelte sich dann in der Folgezeit bei mir die Auffassung der Beseitigung bzw. Neugestaltung eines Staates in dem die sozialistische Demokratie entsprechend meinen Vorstellungen ausgestaltet wird. Dabei verfolgte ich das Ziel, nach Abschluß meines Studiums als Dozent für Marxismus-Leninismus tätig zu werden und meine Ideologie analog der »Reformpolitik« zu verbreiten bzw. in die Studentenkreise einzustreuen. Als der »Prager Frühling« durch den Einmarsch einiger sozialistischer Armeen zerschlagen wurde, brach für mich, wie man so schön sagt, eine Welt zusammen.

Frage: Welche weiteren Einflüsse wirkten sich auf die Herausbildung Ihrer antisozialistischen Grundhaltung aus? Antwort: Eine endgültige Bestätigung, daß ich den richtigen Weg eingeschlagen habe, nämlich gegen das hiesige Gesellschaftssystem tätig zu werden, war für mich die Exmatrikulation im Jahre 1970 von der Karl-Marx-Universität Leipzig. Frage: Aus welchen Gründen wurden Sie im Jahre 1970 von der Karl-Marx-Universität Leipzig exmatrikuliert? Antwort: Die ursächlichen Gründe meiner Exmatrikulation waren der Gestalt, daß ich innerhalb einer Diskussionsrunde mit sowjetischen Wissenschaftlern Probleme aufgeworfen habe, die angeblich nicht »gesellschaftsgemäßen« Inhalts waren.

Frage: Ihnen wird durch das Untersuchungsorgan ein »Auszug aus den Protokollen der Beratung des Lehrkollektivs vom 20. Februar 1970 sowie weitere Unterlagen betreffend des gegen Sie eingeleiteten Disziplinarverfahrens an der Karl-Marx-Universität zur Kenntnis gegeben. Aus diesen Dokumenten« und Unterlagen geht hervor, daß Sie wegen Verbreitung revisionistischen Gedankengutes und schlechter Studiendisziplin exmatrikuliert wurden. Äußern Sie sich dazu! Antwort: Ich habe dazu nur zu sagen, daß es sich hierbei um eine »fadenscheinige Begründung« bezüglich meiner Exmatrikulation handelt. Es war meines Erachtens ein Ausdruck der Schwäche der Universitätsleitung, auf solche Mittel und Methoden »der Beseitigung Andersdenkender« zurückgreifen zu müssen. Aus diesem Grunde verfaßte ich mein Buch und wollte dies nach Fertigstellung in der BRD veröffentlichen. Damit wollte ich dann erreichen, daß ich ebenfalls wie beispielsweise Biermann, Kunze, Sarah Kirsch nach der BRD ausgewiesen werde. Frage: Inwieweit sind Sie in

anderer Form gegen die bestehenden Verhältnisse in der DDR aufgetreten? Antwort: Wie bereits mehrfach ausgesagt, habe ich aus
meiner politischen Position keinen Hehl gemacht. So habe ich ständig solche Bekannte wie Supriyatman, einem meiner engsten Ver-
trauten, Rosinger und Wittstadt, teilweise auch Gäste des Weinstudios »Grün-Rot«, mit meinem ideologischen Gedankengut vertraut
gemacht und versucht, alle von der Richtigkeit meiner Position zu
überzeugen, wobei es mir dabei von vielen leicht gemacht wurde.
Falls jemand eine andere Position vertrat, habe ich versucht, diesen
auf die meinige zu ziehen.

16.06.1978 handschriftliche Notiz Peter Wulkau

Meine an den Untersuchungsführer gerichtete Bitte, aus meinem
persönlichen Besitz eine Tabakspfeife inklusive 100 g Pfeifentabak
haben zu wollen, ist am 13.6.78 durch meine Frau realisiert worden.

16.06.1978 Gutachten, Institut für internationale Politik und Wirtschaft, Dr. S. Stiegeler

Der Verfasser beschreibt einen Ausschnitt aus dem Leben einer Studentin »Jeanie«, in dem aus der Sicht dieser Studentin Erinnerun-
gen Gedankensplitter, Gesprächsfetzen im Zusammenhang mit der
Freundschaft zu einem »Hubert« zusammengetragen sind. Von Anlage und Ausführung her ist das vorliegende Manuskript unfertig;
eher eine Rohfassung. Es weist jedoch bereits in dieser Form auf
einige charakteristische Grundpositionen des Verfassers. Bereits
die einleitenden Seiten, das Gespräch mit den Mitarbeitern des MfS
sind eine Kolportage der antikommunistischen Irrsinns-Visionen
aus Orwells »1984«, darauf angelegt, durch die »Überzeichnung«
die Staatsmacht der DDR zu diffamieren. Im Zusammenhang mit
der Diskussion über die geplante Republikflucht einer Ärztin läßt
der Verfasser »Jeanie« sagen: »Prost auf die Menschenhändler ...

Prost auf die, welche für viel Geld und wenige gute Worte dir beim Flüchten aus der Republik helfen!« (S. 83) Neben solchen offen feindlichen Ausbrüchen finden sich nach der Anlage des Manuskripts zumeist verstreut zahlreiche mehr oder weniger verdeckte Diffamierungen. Neben Walter Ulbricht, der in der seinerzeit verbreiteten Manier antikommunistischer Propaganda verballhornt wird, versucht der Verfasser, den Generalsekretär lächerlich zu machen (S. 12)»Dem Herrn am Ruder ... lache ich ins Gesicht, in dieses feiste und selbstzufriedene machtgewohnte Gesicht« (S. 31). Es ist eine durch Erfahrungen belegte Tatsache, daß imperialistische Medien und andere Einrichtungen zur antikommunistischen Propaganda insbesondere seit der Konferenz von Helsinki wachsendes Interesse haben, Kulturschaffende aus sozialistischen Ländern für ihre Zwecke zu gewinnen. Da dies zumeist nicht gelingt, praktizieren sie die Methode, alles was nur irgendwie den Sozialismus miesmacht, zu»Kunstwerken« hochzustilisieren. Dies erfolgte bei Fuchs und Kunze ebenso wie bei Pannach und Biermann. »Literaten« und Produkte nach der Art des hier zur Rede stehenden Manuskripts und seines Verfassers passen sich in dieses Bestreben ein und mutieren sukzessive zu willfährigen Werkzeugen der Feinde des Sozialismus.

20.06.1978 Vernehmungsprotokoll des Beschuldigten Wulkau, Peter, 11.00–12.50 & 13.30–15.40 Uhr, Lewerenz, Hptm.
Frage: Welche Bücher politischen Inhaltes befinden sich in Ihrem Besitz? Antwort: Es befinden sich solche Bücher mit politischem Inhalt in meinem Besitz, die bei der Hausdurchsuchung am 8.3.1978 beschlagnahmt worden sind. Frage: Ihnen wird durch das Untersuchungsorgan ein Gutachten vom 31.5.1978 über die sich in Ihrem Besitz befindlichen und am 8.3.1978 beschlagnahmten Bücher zur Kenntnis gegeben. Äußern Sie sich dazu! Antwort: Zunächst möchte ich feststellen, daß das Gutachten unpräzis ist. An einigen Stellen werden vom Gutachten die Buchtitel und Editions-

aufträge nicht »originalgetreu« bezeichnet. Des weiteren ist es nicht statthaft, wenn der Gutachter von meiner Bibliothek spricht. Dies kann er nicht, da er nur meine beschlagnahmten Bücher begutachtet hat. Auch die vom Gutachter benutzten Begriffe »bürgerlich« und »im westlichen Sinne« sind undialektisch und lassen keine konkrete Aussage zu.

20.06.1978 Lewerenz, Hptm.
Dem Beschuldigten gewährte Hafterleichterungen/Vergünstigungen: Bibel.

05.07.1978 Treffbericht IMV »Hans Kramer«, Hinze, Hptm.
Am 24.6. fuhr Christine nach Berlin und übernachtete bei Schmelzer. Der Werner Wulkau wollte am 25.6. mit einreisen, erhielt aber keine Einreise. Die Zusammenkunft diente laut Christine der Absprache über Maßnahmen des Rechtsanwaltes in WB betreffs Peter Wulkau und die Perspektive, welche angenommen wird, daß nach dem Prozeß und dem Urteil die Haftzeit für Peter Wulkau beginnt und ab Hälfte der Haftzeit versucht wird, Peter nach WB zu holen. Dieser Treff wurde wieder über Telefon der Hohndorf, mit Code getarnt, verabredet. Der IM wies nochmals daraufhin, daß er, lt. Christine, der einzige Mensch ist, welcher von der finanziellen Unterstützung über WB (Schmelzer) informiert ist.

28.06.1978 Schlußbericht, Lewerenz, Hptm.
Der Beschuldigte Wulkau, Peter, Michael, in Untersuchungshaft seit dem 8.3.1978, in der Untersuchungshaftanstalt des MfS Magdeburg-Neustadt hat mit dem Ziel, die sozialistische Staats- und Gesellschaftsordnung der DDR zu schädigen und gegen sie aufzuwiegeln, planmäßig staatsfeindliche Hetze betrieben, indem er im Zeitraum von 1968 bis März 1978 zielstrebig und systematisch handschriftlich und maschinenschriftlich 3 Schriftstücke herstellte und in dem genannten Zeitraum ein Machwerk mit dem Titel »Noch

nicht und doch schon« verfaßte, deren Inhalt die staatlichen, politischen und gesellschaftlichen Verhältnisse in der DDR sowie Repräsentanten der Partei und Regierung der DDR sowie der UdSSR in übelster Weise diskriminiert und im weiteren die Absicht hatte, sowohl die 3 Schriftstücke als auch das angeführte Machwerk in der BRD publizieren zu lassen, um auf diese Art und Weise gegen die DDR und andere sozialistische Staaten aufzutreten. Strafbar gemäß §§ 106 (1) Ziff. 1 und 3 (2) in teilweiser Verbindung mit 108 StGB. Aus den Gründen, die sich auch aus dem dargelegten Sachverhalt ergeben, wird vorgeschlagen, den Haftbefehl gegen den Beschuldigten Wulkau aufrechtzuerhalten, die als Beweismittel gekennzeichneten Gegenstände und Unterlagen einzuziehen und die Öffentlichkeit bei der anzuberaumenden Hauptverhandlung auszuschließen.

29.06.1978 Vernehmungsprotokoll des Beschuldigten Wulkau, Peter, 08.30–10.00 Uhr, Lewerenz, Hptm.

Frage: Im Zusammenhang mit dem gegen Sie eingeleiteten Ermittlungsverfahren wurde ein Gutachten zum politisch-ideologischen Gehalt Ihres Machwerkes »Noch nicht und doch schon« vom »Institut für Internationale Politik und Wirtschaft der DDR«, datiert vom 16.6.1978, gefertigt, welches Ihnen durch das Untersuchungsorgan zur Kenntnis gegeben wird. Nehmen Sie dazu Stellung! Antwort: Ich habe im Moment zu dem vorliegenden Gutachten nichts zu sagen, nur, daß ich das Manuskript anders einschätze.

30.06.1978 Treffauswertung IMF »Anton«, 29.6.78 17.00–19.00 IMK/KW »Leineweber«, Wessler, Oltn.

Der IM [»Anton«] suchte die Frau Wulkau schon 2 x in ihrer Wohnung auf, ohne sie anzutreffen. Da er noch zwei Bücher hat die er abgeben will, wird er bis zum nächsten Treff die Frau W. aufsuchen. Dem IM wurde beim Treff eine Geldprämie in Höhe von 300.- M

übergeben als Dank u. Anerkennung für die Realisierung und Abschluß des OV »Kreis« der Abt. XX.

05.07.1978 Treffauswertung IMV »Hans Kramer«, 10.00–11.30 Uhr KW »Burg«, Hinze, Hptm., Abt. XX/4

IM [»Hans Kramer«] hat Urlaub vom 1. 7. – 23. 7. und befindet sich
in der SU.

03.07.1978 Vermerk des Staatsanwaltes

Nach Rücksprache mit der BVfS-U.-Abt. (Gen. Barz) kann RA
Schermann Sprechgenehmigung zur Sache in Anwesenheit des Untersuchungsführers erteilt werden.

03.07.1978 Beurteilung des Beschuldigten Wulkau, Peter, Lewerenz, Hptm.

Entsprechend der staatsanwaltlichen Weisung über den Vollzug der
Untersuchungshaft war der Beschuldigte in Gemeinschaftsunter-
kunft untergebracht. Er wurde mit der hiesigen Anstaltsordnung
vertraut gemacht, wonach der Beschuldigte sein Verhalten einrich-
tete. Da der Beschuldigte die Anstaltsordnung einhielt, brauchten
gegen ihn keine besonderen Disziplinar- oder Sicherheitsmaßnah-
men zur Anwendung gebracht werden.

04.07.1978 Vernichtungsprotokoll, Lewerenz, Hptm.

Am heutigen Tage wurden aus dem Untersuchungsvorgang Wulkau, Peter nachfolgend aufgeführte Druckerzeugnisse, die laut Gutachten des Volksbuchhandels in der DDR nicht zugelassen sind,
durch das Untersuchungsorgan vernichtet. 1. Diverse Blätter A4
und A5 beschrieben, 2. 1 Buch Reich/Ranicke »Deutsche Literatur
in West und Ost«, 6. 1 Buch – Marcuse »Triebstruktur und Gesellschaft«, 7. 1 Buch – Wilson »The Ontsider«, 8. 1 Buch – Bucharin
»Karl Kautsky und Sowjetrußland«, 9. 1 Buch – Econ »Die wehr-

lose Gesellschaft«, 10. 1 Buch – Nietsche »Also sprach Zarathustra«, 11. 1 Buch – Heiden »Geschichte des Nationalsozialismus«, 13. 1 Buch – »Lenin – ein kurzer Abriß seines Lebens und Wirkens«, 14. 1 Buch – Windelbrand »Lehrbuch der Geschichte der Philosophie«, 15. 1 Buch – Banks »Marx auf dem Prüfstand«, 16. 1 Buch – Kennedy »Suche nach einer neuen Welt« 17. 1 Buch – Czichon »Wer verhalf Hitler zur Macht«, 24. 6 Magazine »Der Spiegel« 27. 7 Zeitschriften »Burda«.

06.07.1978 Anordnung, Staatsanwalt des Bezirkes Magdeburg, Abt. I
In der Strafsache gegen Wulkau, Peter wird die am 9.3.78 gem. § 115 StPO angeordnete Beschlagnahme von Postsendungen aufgehoben, da die Gründe, die zur Anordnung führten, nicht mehr vorliegen.

18.07.1978 Vernehmungsprotokoll des Beschuldigten Wulkau, Peter.
09.00–12.00 Uhr, Lewerenz, Hptm.
Frage: Ist Ihnen die Person Rottner, Casper bekannt? Antwort: Eine Person Casper Rottner ist mir bekannt. Dabei handelt es sich um den ehemaligen Studentenpfarrer der Leipziger Katholischen Studentengemeinde. Frage: Wie entwickelte sich der persönliche Kontakt zwischen Ihnen? Antwort: Ich möchte einschätzen, daß zwischen Casper und mir sich ein gutes persönliches Verhältnis entwickelte. Wir waren oft privat zusammen und verbrachten einen Teil unserer Freizeit. Wir fanden uns, wie man so schön sagt, sympathisch. Frage: Was ist Ihnen über die Person Casper Rottner bekannt? Antwort: Zunächst möchte ich feststellen, daß wir aufgrund unseren guten Verhältnisses zueinander keine Geheimnisse voreinander hatten. Ich weiß, daß es sich bei Casper um einen »Antikommunisten« handelt, woraus er bei seinen Veranstaltungen der genannten Studentengemeinden keinen Hehl machte. Mir ist bekannt, daß Casper mindestens in einem Fall einem DDR-Bürger über sei-

ne Verbindungen zu Kirchenkreisen in der CSSR zur »Flucht« im Raum Bratislava verholfen hat. Weiterhin hat Casper gute Verbindungen zum polnischen Klerus. In diesem Zusammenhang wurde mir auch bekannt, daß auch über die katholische Kirche der VR Polen »Fluchtwege« laufen, und zwar über die Ostsee nach Bornholm.

18.07.1978 Vernehmungsprotokoll des Beschuldigten Wulkau, Peter. 12.00–13.00 & 13.30–14.30 Uhr, Lewerenz, Hptm.

Frage: Ist Ihnen die Person Krautler, Manfred bekannt? Antwort: Eine Person Manfred Krautler ist mir bekannt. Bei Manfred Krautler handelt es sich um einem ehemaligen Freund von mir. Frage: Was ist Ihnen über die Person Manfred Krautler bekannt? Antwort: Wegen seiner »Ausbürgerungsabsichten« wandte sich Manfred 1971 an Dr. Vogel in Berlin und im Jahre 1972 wurde er nach der BRD »ausgebürgert«. Danach begann er in Freyburg Sinologie zu studieren. Erwähnen möchte ich noch in diesem Zusammenhang, daß ich Manfred beauftragt hatte, meinen »Übersiedlungsantrag«, den ich etwa im Mai 1971 an die staatlichen Organe in der DDR gestellt habe, vom Inhalt her juristisch von Dr. Vogel begutachten zu lassen. Dies hat Manfred auch getan. Frage: Wie reagierte Dr. Vogel auf das von Ihnen schriftlich formulierte rechtswidrige Übersiedlungsersuchen? Antwort: Manfred teilte mir mit, daß sich Dr. Vogel lediglich geäußert hätte, daß dies auch eine Form wäre, um in die BRD bzw. nach Westberlin gelangen zu können. Daraufhin habe ich ja dann auch meinen »Übersiedlungsantrag« eingereicht.

18.07.1978 Brief Peter Wulkaus an seine Mutter

Liebe Mutter: Das Gefängnis unterscheidet sich vom Kloster nur unwesentlich, der Hauptunterschied in diesem Jahrhundert und in sozialistischen Ländern, sofern es hier überhaupt noch Klöster gibt, ist die Unfreiwilligkeit des Ersteren, beiden gemeinsam ist die notwendige Möglichkeit einer Katharsis. Ich denke sehr viel an die wunderbaren Freiheiten meiner Kindheit, an die duftende Bäckerei mit ihren verlockenden Naschereien, an meinen schwer schuftenden Großvater mit seiner stinkenden Tabakspfeife, an die Würstchen zu den Sonnabenden, wo noch gearbeitet wurde; auch an das Getreide und den Klatschmohn in der Feldmark. Und ich denke auch in unendlicher Liebe und Dankbarkeit an Dein Leben, und ich bin besorgt, daß Du Dir meinetwegen Unruhe schaffst, das ist nicht nötig! Ich bin immer, wenn auch nicht frei von Eigensinn und taub für gute Ratschläge, den Weg gegangen, den mir mein Charakter vorschreibt. Ich war immer ein Feind jeglicher Heuchelei und besaß, wie Du, ein ausgeprägtes Gerechtigkeitsempfinden. Das schlimmste, was mir widerfahren könnte, wäre ein fortdauerndes Leben als sozialistischer Spießer, am Tage ja-sagend in den unzähligen Versammlungen, abends bei zu fettem Essen, Alkohol und Zigaretten, also bei allem kosmetischem Gift, wie Du sagst, abzuschalten; das ist mir nicht gemäß. Drum sei guter Hoffnung (im Geiste), Du bist bald Rentnerin, und einem wechselseitigen späteren Kontakt steht demnach nichts im Wege. Du bekommst Bescheid wegen des Besuchstermins. Dein Peter

24.07.1978 Anklage, Staatsanwalt des Bezirkes Magdeburg. Bezirksgericht 1a Strafsenat. Staatsanwalt Falkenhain
Chemiefacharbeiter Peter Michael W U L K A U klage ich an, durch planmäßige staatsfeindliche Hetze Verbrechen gegen die Deutsche Demokratische Republik begangen zu haben. In der Zeit von 1970 bis 1974 fertigte der Beschuldigte handschriftlich und von 1974 bis 1977 durch Übertragung in Maschinenschrift eine 125seitige Hetzschrift an, der er die Form eines Buches und den Titel »Noch nicht und doch schon« gab. Zur Herstellung des Machwerkes erwarb und benutzte er eine Reiseschreibmaschine »Erika«. Mit dem Ziel, die sozialistische Staats- und Gesellschaftsordnung zu schädigen und gegen sie aufzuwiegeln, formulierte er darin feindliche Herabwür-

digungen der DDR und Diskriminierungen der UdSSR. Der Beschuldigte verbreitete die Hetzschrift durch Übergabe bzw. Vermittlung der wesentlichen Inhalte an andere Personen und unternahm mehrfache Bestrebungen zum Zweck einer Veröffentlichung in der BRD. Im Jahre 1973 stellte der Beschuldigte im engen zeitlichen Zusammenhang drei Hetzschriften her, die an Erich Honecker als sogenannte offene Briefe und eine Eingabe adressiert waren. Darin unterzog er die SED, die sozialistische Ideologie und Wissenschaft des Marxismus-Leninismus, die sozialistische Gesetzlichkeit, die Tätigkeit des sozialistischen Staates der DDR zur Durchsetzung der friedlichen Koexistenz, die Gewährleistung der Verfassung der DDR einer gezielten feindlichen Herabwürdigung und identifizierte die sozialistische Gesellschaftsordnung in der DDR mit dem Faschismus, sowie der Inquisition des katholischen Klerus im Mittelalter. Der Beschuldigte führte sein Verbrechen planmäßig durch. Verbrechen gem.: §§ 106 Abs. 1 Ziff. 1 Ziff. 3 Abs. 2 in teilweiser Verbindung mit § 108 StGB § 56 StGB. Der Beschuldigte hat sich vor dem Ia Strafsenat des Bezirksgerichts Magdeburg zu verantworten.

24.07.1978 Weisung über die Art und Weise des Vollzuges der Untersuchungshaft

In der Strafsache gegen Wulkau, Peter wird für den Vollzug der Untersuchungshaft angeordnet: Besucherverkehr ohne Einschränkungen. Schriftverkehr: ohne Einschränkungen, jedoch nur innerhalb der DDR. Verkehr mit dem Verteidiger Rechtsanwalt L. Schermann ist gestattet: ohne Bedingungen.

24.07.1978 Staatsanwalt des Bezirkes Magdeburg, Falkenhain

Im Strafverfahren gegen Wulkau, Peter beantrage ich gem. §§ 203 (3), 205 (2) StPO die Anklageschrift und den Eröffnungsbeschluß nicht zuzustellen und gem. § 211 Abs. 3 StPO, die Öffentlichkeit auszuschließen.

24.07.1978 Falkenhain, Staatsanwalt des Bezirkes Magdeburg an Rechtsanwalt L. Schermann

Ihrem Gesuch, den Untersuchungsgefangenen Wulkau, Peter zur Zeit in der Untersuchungshaftanstalt Magdeburg-Neustadt zu sprechen, ist stattgegeben worden. Die Sprechgenehmigung ergeht ohne Bedingungen. Anklage wurde heute vor dem Ia-Strafsenat des Bezirksgerichtes Magdeburg erhoben.

24.07.1978 Kolb, Leiter der Abt. I an Generalstaatsanwalt der DDR

Werter Genosse Wachtel! Als Anlage übersende ich Ihnen in der Strafsache gegen den Chemiefacharbeiter Peter Wulkau eine Anklagedurchschrift. Es ist vorgesehen, eine Freiheitsstrafe in der Höhe von 4 Jahren und Einziehung zu beantragen. Mit sozialistischem Gruß, Kolb

28.07.1978 Mj. Barz

Vorschlag zur Auszeichnung mit der Verdienstmedaille der NVA in Silber des Hauptmann Lewerenz, Horst. Schon nach relativ kurzer Zeit konnte Gen. Lewerenz mit der Bearbeitung von Untersuchungsvorgängen mittleren Schwierigkeitsgrades beauftragt werden. Dabei ist es ihm konstant gelungen, insbesondere durch hohen persönlichen Einsatz und konsequente Einhaltung der gegebenen Untersuchungslinie, bei schwierigen Beschuldigten die Aussagebereitschaft zu erzielen und politisch-operativ bedeutsame Zusammenhänge zu erarbeiten.

03.08.1978 Treffbericht IME »Rudi Kelling«, Groch, Hptm.

IM [»Rudi Kelling«] unterhält sich kurz am 31.7.78 beim Mittagessen mit Chr. Wulkau. Sie erzählte, daß das EV zu Peter Wulkau abgeschlossen sei. Sie will einen Antrag stellen, am Prozeß teilnehmen zu können, da er nicht öffentlich sei. Ihr Mann soll

unter der langen Haftzeit gelitten haben. Christine äußerte, daß der
RA ihr sehr wenig sage und das Verhältnis zu ihm nicht besonders
sei.

**09.08.1978 Treffbericht IMV »Hans Kramer«,
10.00–12.00 KW »Burg«, Hinze, Hptm.**
Am Treff mit dem IMV [»Hans Kramer«] nahm der Referatsleiter
teil. Der IMV informierte die op. MA über eine neu eingetretene
familiäre Situation. Im Juli 1978 weilte der IM in der UdSSR beim
Besuch seiner Ehefrau, welche seit Januar 1978 – Juli 1978 einen
Weiterbildungslehrgang für Russischlehrer mit anderen Lehrern
aus der DDR dort absolvierte. Völlig überraschend erklärte ihm seine Frau in der SU, daß sie die jetzige Ehe als hinfällig betrachte, sie
lernte einen anderen Mann kennen und beabsichtigt die Scheidung
einzureichen. Seit Anfang August lebt der IM schon von seiner
Frau getrennt. Der IM möchte einen Wohnungs- und Arbeitsplatzwechsel durchführen, da ihn seine Situation stark psychologisch
belastet. Seine Vorstellungen beinhalten weiterhin, seine ZA mit
dem MfS zeitweilig einzustellen um die neue Situation zu bewälti-
gen. Die Frage der Ablehnung der weiteren Zusammenarbeit mit
dem MfS steht bei ihm nicht. Seitens der op. MA wurde die neue
Situation anerkannt, eine weitere ständige Verbindung IM-MfS erreicht, doch zur Zeit ohne Auftragserteilung.

**17.08.1978 Beschluß, Bezirksgericht 1a
Strafsenat**
In der Strafsache gegen den Chemiefacharbeiter Peter, Michael
Wulkau wird auf Antrag des Staatsanwaltes des Bezirkes Magde-
burg das Hauptverfahren vor dem Ia Strafsenat im Sinne der Ankla-
ge eröffnet. Die Fortdauer der Untersuchungshaft wird gem. § 122
Abs. 1 Ziffer 2 StPO angeordnet, da Verbrechen den Gegenstand
des Verfahrens bilden.

18.08.1978 Aktenvermerk Unterleutnant Begerow

Am heutigen Tage wurde der Beschuldigte Wulkau, Peter in der Zeit von 14.40 Uhr bis 15.45 Uhr durch Unterzeichnenden bewegt. Dem Beschuldigten wurde die Möglichkeit geboten, einen Brief an seine Ehefrau und an seine Mutter zu schreiben, womit der Beschuldigte einverstanden war. Aus diesem Grunde wurde ihm ein Kugelschreiber und zwei Blatt liniertes Schreibpapier übergeben. Zunächst las der Beschuldigte Wulkau den Brief seiner Ehefrau vom 12.08.1978 und sah sich die darin enthaltenen 13 Fotos seiner Tochter, auf denen teilweise auch seine Ehefrau abgebildet war, an. Nach Beendigung der Anfertigung der Briefe, teilte der Beschuldigte bei Übergabe an den Unterzeichnenden mit, daß er an seine Mutter nicht geschrieben hätte, sondern an den Staatsanwalt des Bezirkes. Zu diesem Brief, den er mit Korrektur überschrieben hatte, erklärte der Beschuldigte, daß er es für notwendig erachte, diesem Brief an den Staatsanwalt zu schreiben, damit dieser sich ein richtiges Bild von ihm vor der zu erwartenden Hauptverhandlung machen könne. Nach dem der Beschuldigte Wulkau in den Verwahrraum zurückgebracht worden war, wurde durch Unterzeichnenden festgestellt, daß der Beschuldigte Wulkau ohne Bemerken des Unterzeichnenden aus dem erhaltenen Brief ein Foto seiner Tochter, auf dem ebenfalls seine Ehefrau abgebildet war, eingesteckt hat. Mir ist es unerklärlich, wie es dem Beschuldigte Wulkau möglich war, in den Besitz dieses Bildes zu gelangen. Daß dieser Umstand erst festgestellt wurde, nachdem der Beschuldigte Wulkau wieder in den Verwahraum zurückgeführt worden war, ist mein Versäumnis, da ich die Fotos danach erst nachzählte.

19.08.1978 handschriftliche Notiz Schwarzfeld

Besch. W. bestritt ein Foto mit in den Zellenraum genommen zu haben.

18.08.1978 Peter Wulkau an Bezirksgericht Magdeburg, Ia Strafsenat, Staatsanwalt

Korrektur: In einem Protokoll ist zu finden, Ziel meines Schreibens sei die Diskriminierung der DDR und die Ausübung politischen Drucks auf die Regierung in der Staatsbürgerschaftsfrage. Beides ist falsch. Geschrieben habe ich, weil nach 15-jährigen Schreibversuchen jetzt die Zeit gekommen ist, als Debütant mit meinem ersten Roman in die Öffentlichkeit zu treten. Die Beweggründe sind psychologischer und erkenntnistheoretischer Natur; Politik, wenn sie auftritt, ist lediglich Objekt der subjektiven Reflexion des darstellenden Künstlers. Erpressung scheidet aus, weil weder Verlag noch Leser Kenntnis hätten, aus der Staatsbürgerschaft entlassen werden zu wollen. Ich nahm an, daß das Lesen meines Buches klarmacht, daß meine engagierte Sensibilität und Ausgewogenheit der Darstellung einer Selbst-Entblößung gleichkommt, einer schonungslosen Offenlegung eines individuellen Bewußtseins-Inhaltes, und daß aus dieser Klarheit heraus eine für beide Seiten vorteilhafte Lösung gefunden werden kann. [Peter Wulkau]

28.8. Notiz: Kenntnis genommen, keine Maßnahmen. Falkenhain [Staatsanwalt]

29.09.1978 Aktenvermerk Treff IMV »Hans Kramer«, 18.9.78 IMK »Burg«, Groch, Hptm., Abt. XX/4

Der IM [»Hans Kramer«] meldete sich am 18.9.78 und bat kurzfristig um einen Treff, da der vereinbarte Termin (20.9.) zu spät sei. Er deutete am Telefon an, daß er eine Vorladung zum Gericht für den 19.9.78 erhalten habe und als Zeuge auftreten soll. Auf Grund dieser Sachlage wurde für den 18.9. 15.30 Uhr ein Treff vereinbart. Zuvor führte Unterzeichnender in der Abt. IX beim Gen. Schwarzenfels eine Absprache. Die Abt. IX hatte es versäumt, unsere DE rechtzeitig davon zu informieren, daß der o.g. IM entgegen den bisherigen Festlegungen doch als Zeuge vor Gericht aussagen soll. Gen. Schwarzenfels orientierte darauf, den IM anhand des

Vernehmungsprotokolls noch einmal einzuweisen, damit er vor Gericht seine Aussagen widerspruchslos darlegen und bestätigen kann. Beim Treff mit dem IM wurde mit ihm das Vernehmungsprotokoll noch einmal durchgegangen, bis der IM einschätzte, daß er die Aussagen wieder darlegen könnte. Der IM wurde darauf hingewiesen, seine in der Vernehmung getätigten Aussagen entsprechend exakt vor Gericht darzulegen und dabei deutlich zu machen, wie auch im Vernehmungsprotokoll, daß er ein Freund des Beschuldigten sei und den Gang der Entwicklung der Freundschaft aufzeigen solle. Gleichzeitig wurde IM darauf hingewiesen, daß er in der Art und Weise seiner Darlegungen darauf achten soll, daß kein Mißtrauen des Beschuldigten ihm gegenüber entstehen kann. IM äußerte von sich aus, daß er sowieso vorhabe, alles zu vermeiden, was Mißtrauen bei dem Beschuldigten hervorrufen könne.

IM wurde orientiert, da die Ehefrau des Beschuldigten im Gericht anwesend sein wird, ihr zu erklären, daß ihn das Gerichtsverfahren belaste; er es verurteile, daß durch sein Auftauchen hier er den staatlichen Organen bekannt geworden ist. IM soll versuchen, den Kontakt zur Ehefrau des Beschuldigten weiter zu intensivieren, um die weiteren Vorhaben aufzuklären.

23.08.1978 Vermerk Falkenhain, Staatsanwalt
Mitteilung Gen. Kolb von einer Dienstbesprechung in Berlin 26.7.78: Gen. Wachtel sagte nach Kenntnis der Anklage an, den vorgesehenen Strafantrag zu überprüfen. 4 Jahre F-Strafe wäre die unterste Grenze, aber schon zu gering. Festlegung Gen. Kolb: 4 Jahre 6 Monate.

12.09.1978 Falkenhain, Staatsanwalt des
Bezirkes Magdeburg an BVfS
Untersuchungsabteilung Magdeburg
Werter Genosse Oberstleutnant Lubas! Der von dem Angeklagten Wulkau, Peter mit Datum vom 31.8.1978 an seine Ehefrau gerichtete Brief wird wegen seines herabwürdigenden Inhalts zu den

staatsanwaltlichen Handakten genommen. Ich bitte Sie zu veranlassen, daß dem o. G. dazu eine Mitteilung gegeben wird. Mit sozialistischem Gruß, Falkenhain

18.09.1978 Gesundheitsbericht Untersuchungshaftanstalt Magdeburg-Neustadt

Am Beginn der Inhaftierung nahm der UH [Untersuchungshäftling] vorübergehend keine Nahrung zu sich. Er wollte die günstige Gelegenheit nutzen, sein Körpergewicht zu »normalisieren«. Unter entsprechender ärztlicher Kontrolle kam es zu einer Gewichtsreduktion von 103 kg Ausgangsgewicht auf 91 kg. Die anfänglich bis 160/90 mm Hg erhöhten Blutdruckwerte besserten sich am Ende der Reduktionskur auf 130/85 mm Hg. Seit dem 28.03.1978 nahm der UH dann wieder regelmäßig Nahrung zu sich. Der Obengenannte ist haft-, vernehmungs- und prozeßfähig.

19.09.1978 Öffentliche Hauptverhandlung des Bezirksgerichts Ia Strafsenat, 19.9. 7:30–16:00, 20.9. 8:00–16:00 Uhr

Die Verhandlung beginnt mit dem Aufruf des Angeklagten. Es meldete sich: der Angeklagte (vorgeführt) Rechtsanwalt Schermann als Verteidiger. Zeugen zu 13.00 Uhr: Hartmut Rosinger, Hans Prahl, Dorothee Neurath, Bertha Holmig. Aus Sicherheitsgründen wird die Verhandlung gem. § 211 Abs. 3 StPO unter Ausschluß der Öffentlichkeit geführt. 2 Mitarbeitern des U-Organs wird die Teilnahme gestattet. Die Zeugen werden aufgefordert, bis zur Vernehmung den Verhandlungssaal zu verlassen.

27.09.1978 Bezirksgericht Magdeburg, Sitzung 19., 20. und 26.9.1978, Oberrichter Merks

Urteil im Namen des Volkes! In der Strafsache gegen den Kellner Peter, Michael Wulkau, wegen staatsfeindlicher Hetze hat der Ia Strafsenat für Recht erkannt: 1. Der Angeklagte wird wegen mehrfacher teils schwerer staatsfeindlicher Hetze (Verbrechen gem.

§ 106 Abs. 1 Ziffer 1 und 3 und Abs. 2 StGB i. V. m. § 108 StGB) zu einer Freiheitsstrafe von 4 – vier – Jahren und 6 – sechs – Monaten verurteilt. Im übrigen erfolgt Freispruch. 2. Die in der Anlage bezeichneten Hetzschriften und eine Reiseschreibmaschine Typ »Erika« Nr. 54 42 231 werden eingezogen. Zweifelsfrei bewiesen ist, daß der Angeklagte unter der Zielstellung handelte, gegen die sozialistische Staats- und Gesellschaftsordnung aufzuwiegeln und sie zu schädigen. Ausschließlich handelte der Angeklagte aus Feindschaft gegen die DDR. Somit ist der Angeklagte der mehrfachen staatsfeindlichen Hetze (Verbrechen gem. § 106 Abs. 1 Ziffer 1 und 3 StGB) überführt. Er hat Schriften hergestellt und verbreitet, die die staatlichen, politischen, ökonomischen und anderen gesellschaftlichen Verhältnisse in der DDR, die Tätigkeit staatlicher Organe und Einrichtungen sowie deren Repräsentanten diskriminieren. Gemäß § 106 Abs. 2 StGB liegt der schwere Fall in der Alternative der planmäßigen Durchführung der Hetze vor, da der Angeklagte von Anfang an umfassend, vorausberechnend und systematisch seine Handlungen realisierte, was bei der Fertigung einer 126 Seiten umfassenden Hetzschrift die als »kritischer Roman« deklariert wurde, zweifellos vorliegt. Damit hat sich der Angeklagte schwerer gesellschaftsgefährlicher Verbrechen gegen den Staat schuldig gemacht, der ihm gute Voraussetzungen für seine persönliche Entwicklung und das Leben seiner Familie bot. Diese Sicherheit und Perspektiven hat der Angeklagte nicht nur mißachtet und herabgewürdigt, sondern mit schweren Verbrechen die sozialistische Gesellschaftsordnung angegriffen. Er hat sich somit gegen die Grundlagen der Entwicklung der befreiten Gesellschaft an sich als auch aller ihrer Mitglieder gestellt. Dabei ergibt sich die erhebliche Gesellschaftsgefährlichkeit der Straftaten des Angeklagten daraus, daß trotz seiner Selbstüberschätzung und nicht zu übersehenden Dilletanz, derartige Machwerke immer wieder zu künstlerischen Leistungen hoch stilisiert werden und ständiger Gegenstand der gegen die DDR betriebenen Hetze sind. Der Umfang seines Handelns, der lange Handlungszeitraum, die dabei aufgewandte erhebliche

Intensität und die von großem Haß diktierten übelsten Diffamierungen und Herabwürdigungen des realen Sozialismus, ihrer Repräsentanten und der sich für seinen weiteren Aufbau in der DDR einsetzenden übergroße Mehrzahl aller Werktätigen bedingen den Ausspruch einer strengen Maßnahme der strafrechtlichen Verantwortlichkeit gegen den Angeklagten. Gemäß § 56 Abs. 1 und 3 StGB waren im Schutzinteresse unseres Staates die vom Angeklagten hergestellten Hetzschriften und die zu deren Herstellung benutzte Schreibmaschine einzuziehen. Gemäß §§ 51 und 52 StGB erkannte der Senat zusätzlich auf Aufenthaltsbeschränkung des Angeklagten für alle Grenzkreise der DDR zur BRD und zu Berlin (West), da der Angeklagte durch seine Straftaten und die Zielrichtung seiner Angriffe zu erkennen gegeben hat, daß er nicht bereit ist, staatliche Entscheidungen zu akzeptieren und sein Fernhalten aus bestimmten Gebieten zum Schutz der öffentlichen Sicherheit und Ordnung in den Grenzkreisen der DDR zur BRD und zu Berlin (West) erforderlich ist.

03.10.1978 Berufung. L. Schermann

In der Strafsache gegen Peter Wulkau lege ich für den Angeklagten gegen das Urteil des Bezirksgerichtes Magdeburg am 26. 9. 1978 Berufung ein, mit dem Antrag, das Urteil im Strafausspruch abzuändern. Die Berufung richtet sich gegen die Strafzumessung.

Der Angeklagte sagte in der Hauptverhandlung aus, daß er 1970 das vorliegende Romanmanuskript deswegen zu schreiben begann, weil es sein damaliges inneres Verlangen gewesen sei, »sich das von der Seele zu schreiben«, was er in der zurückliegenden Zeit erlebt hatte. Der Angeklagte hat nach diesseitiger Auffassung in der Hauptverhandlung unwiderlegt ausgesagt, daß er erst im Jahre 1974, nachdem zumindest im wesentlichen das Manuskript fertig war, den Gedanken faßte, dieses auch anderen zugänglich zu machen bzw. ggf. ganz sogar als »Roman« über einen Verlag in der BRD veröffentlichen zu lassen. Sollte es sich also hier so verhalten, wie das der Angeklagte aussagt, dann würde das bedeuten, daß er nicht schon beim Niederschreiben seiner Gedanken von 1970–1974 mit der Zielstellung, die sozialistische Staats- und Gesellschaftsordnung der Deutschen Demokratischen Republik zu schädigen oder gegen sie aufzuwiegeln, gehandelt hat. Es kann selbstverständlich nicht verkannt werden, daß grundsätzlich der Angeklagte sich in erheblichen Umfang strafbar gemacht hat. Jedoch würde auch eine niedrigere Freiheitsstrafe der sicher erheblichen Gesellschaftsgefährlichkeit des Handelns des Angeklagten entsprechen. Auch die sogenannten »offenen Briefe« die der Angeklagte gefertigt hatte, sind im Ergebnis in dessen Besitz geblieben. Zwar hatte er ursprünglich vor, jeweils ein Exemplar an den Generalsekretär der SED und den Vorsitzenden des Staatsrates und ein weiteres Exemplar an eine Zeitung in der BRD zu schicken; von diesem Vorhaben aber hatte der Angeklagte nach der Fertigstellung dieser Briefe sofort wieder Abstand genommen.

13.10.1978 Kolb, Leiter Abt. I, Bezirksgericht Magdeburg an Wachtel, Generalstaatsanwalt der DDR, Abt. I, Berlin
Werter Genosse Wachtel! Ich halte die Berufung für unbegründet. Mit sozialistischem Gruß, Kolb

25.10.1978 Beschluß, Oberstes Gericht der DDR, 1. Strafsenat
In der Strafsache gegen den Kellner Peter Michael Wulkau wird die Berufung des Angeklagten gegen das Urteil des Bezirksgericht Magdeburg vom 26. September 1978 als offensichtlich unbegründet verworfen. Die ausgesprochene Freiheitsstrafe entspricht der Tatschwere der vom Angeklagten über einen langen Zeitraum planmäßig und mit großer Intensität begangenen Straftaten. Für eine Herabsetzung der Strafe war daher kein Raum. Die Berufung wurde daher einstimmig als offensichtlich unbegründet verworfen.

31.10.1978 Aktenvermerk, Falkenhain, Staatsanwalt des Bezirkes Abteilung I

Nach Abstimmung mit dem U-Organ informierte ich am 27. 10. 1978 den dienstlichen Leiter des in der Strafsache gegen Wulkau vernommenen Zeugen Rosinger, Hartmut [IM »Hans Kramer«] von dessen provokatorischen Auftreten vor Gericht. R. ist in einer Rehabilitationseinrichtung des Rates der Stadt (Hilfsschülerbereich) beschäftigt. Genosse Dr. Jahnke, Stv. des Kreisarztes, zog zum Gespräch auch die Genossin APO-Sekretär hinzu. Ich legte Wert darauf, insbesondere mitzuteilen, dass R. in der Zeugenvernehmung ausdrücklich seine ideologische Verwandtschaft mit Wulkau hervorhob und seine Aussagen aus dem EV zugunsten des Angeklagten veränderte. Dazu habe ich einen Einblick in die inhaltlichen Fragen der Auffassungen von W. und R. gegeben. Die Genossen waren mit der Form der Information einverstanden. Dies soll der Anlaß sein, den mitgeteilten Problemen nachzugehen. Ich habe auf die Differenziertheit der hier anzusetzenden Leitungsarbeit aufmerksam gemacht, um auf keinen Fall zuzulassen, daß der Eindruck entsteht oder durch die unterrichteten Genossen verursacht werden könnte, daß es um die Verfolgung einer Gesinnung gehen würde. Die Genossen sicherten mir ihr volles Verständnis zu. Abschließend habe ich erklärt, daß wir an einer Rückinformation kein Interesse haben.

31.10.1978 Treffbericht IMV »Hans Kramer«, 17.00–19.00 KW »Burg«, Hinze, Hptm., Groch, Hptm.

Die Verbindung IM [»Hans Kramer«]-Christine Wulkau besteht noch, hat sich aber in der letzten Zeit verflacht, da der IM starke familiäre Probleme besitzt. Das Urteil wurde relativ gelassen hingenommen, es wurde durch Christine W. sogar mehr erwartet. Auch die Berufung wurde abgelehnt. Die finanzielle und materielle Unterstützung der Christine W. findet seitens des Werner W. –WB – weiter statt. Die materielle Unterstützung findet in Form von Paketsendungen statt, die finanzielle Unterstützung findet auf dem Weg WB-Hauptstadt der DDR-Magdeburg statt. Die Großmutter von Peter W. Nettenbrecher, Gertrud, WB, welche die Möglichkeit der Einreise in die DDR und Hauptstadt Berlin besitzt, bringt monatlich eine größere Summe zu der Person Schmelzer, Rudolf, Berlin. Dieser informiert die Hohndorf, Gerda Mgd. telefonisch und die Chr. W. fährt daraufhin nach Berlin. Christine und die Familie W. spekuliert, daß der Peter W. nach der Hälfte der Haft in die BRD/WB übersiedelt und dann die Christine nach kommt. Der Werner W. –WB- ist weiter aktiv über den RA in WB dahingehend wirksam. Der IMV ist seit Anfang/Mitte Oktober geschieden. Da seine ehem. Ehefrau noch im Haushalt des IMV wohnt und nicht abzusehen ist, wann sie neuen Wohnraum bekommt, trägt sich der IM fest mit dem Gedanken, sich beruflich und wohnungsmäßig außerhalb Magd. zu verändern. Diese persönlichen Belange sind soweit ausgeprägt, daß kaum Zeit und auch Interesse besteht, direkt und offensiv zielgerichtet weiter an der Christine W. im Auftrag des MfS zu arbeiten. Desweiteren beeinflußte auch die Verurteilung des Peter W. den IM, so daß ein bestimmtes Schuldgefühl beim IM vorhanden ist, ohne daß dies dieser direkt angibt. Seitens der op. MA wurde die feindliche Einstellung des Peter W. gegenüber der DDR, welche klar beim Prozeß herausgearbeitet wurde, dargelegt, um diesen »Schuldkomplex« abzubauen und die bisherige Hilfe des IM dem MfS gegenüber richtig zu motivieren. Dieses erkannte auch der IM, ohne das er aber alle innerlichen Bedenken beseitigen konnte. Diese Probleme werden weiter die Beeinflussung des IM durch das MfS bei den Treffs beinhalten.

02.11.1978 Vermerk zum Kontrolltreff, Groch, Hptm.
In der weiteren ZA mit dem IM steht die psychische und polit. Stärkung des IM im Vordergrund, um ihn als wertvollen IM wieder einsetzen zu können.

17.11.1978 Abt. XX/4

Einschätzung einiger Seiten der Persönlichkeitsentwicklung des Genossen Hptm. Hinze zur Durchführung einer Kaderaussprache: Gen. H. ist übertrieben ehrgeizig, es muß schon als Karrierismus einklassifiziert werden. Seit Gen. Groch Referatsleiter wurde fühlt sich Gen. Hinze zurückgesetzt und konnte dies bis heute nicht überwinden. Er stellt seine Arbeit als die wichtigste, als die schwierigste heraus, daß er schon 13 Jahre beim MfS ist, schon was geleistet hat und die anderen Genossen für ihn »Schniepse« und »junge Dachse« sind.

Seine Überheblichkeit kommt auch darin zum Ausdruck, daß er zum Abschluß des OV »Kreis« die Meinung vertrat, er habe mit seinem IM [»Hans Kramer«] den Vorgang gelöst und den Vorgang für 100.- Mark (Prämie) abgeschlossen. Aus diesen Verhaltensweisen ist ersichtlich, daß Gen. H. alles versucht, um stets im Mittelpunkt zu stehen, sich herauszustellen und als hochrangiger Mitarbeiter anerkannt zu werden. Dabei steht im Hintergrund sein Bestreben, unbedingt Referatsleiter zu werden. Gen. H. fehlt eine reale Selbsteinschätzung.

Bei der Bearbeitung des OV »Kreis« zeigte sich, daß Gen. Hinze nicht in der Lage war, mit einem Genossen des Referates eine gemeinsame operative Arbeit zu organisieren. Mehrfach mußten dazu Aussprachen beim Referatsleiter stattfinden. An operativen Materialien leistet Genosse Hinze teilweise eine gute Arbeit. So setzte er am OV »Kreis« den IM »Hans Kramer« in guter Qualität ein. Jedoch rechtfertigen diese guten Ergebnisse nicht das überhebliche Auftreten des Gen. Hinze, daß nur er vom Referat in der Lage ist, Vorgänge zu bearbeiten, bzw. den OV Kreis abgeschlossen zu haben. Genosse Hinze ist in der jahrelangen operativen Arbeit zum selbständigen und eigenverantwortlichen Handeln erzogen worden. Dies zusammen mit seinem, dargestellten Charakter bildet eventuell die Ursache dafür, daß Gen. Hinze schwer zu überzeugen und zu leiten ist.

5. Strafvollzugseinrichtung Cottbus – ein gefährlicher Hetzer

23.07.1976 Schlußbericht Detlef Kruck

Der Beschuldigte Kruck, Detlef, Beruf zuletzt: Importkaufmann im Außenhandelsbetrieb Technokommerz Berlin. Familienstand: verheiratet, 2 Kinder, 1 und 3 Jahre. Hat seit dem Jahre 1971 die ihm in seiner Vertrauensstellung als Importgruppenleiter im Außenhandelsbetrieb Technokommerz (AHB TC) übertragene Verfügungs- und Entscheidungsbefugnis mißbraucht und dadurch erhebliche persönliche Vorteile für sich erlangt und einen bedeutsamen wirtschaftlichen Schaden verursacht. Für die den kapitalistischen Firmenvertretern auf Kosten der sozialistischen Volkswirtschaft gewährten Vorteile forderte und erhielt der Beschuldigte von ihnen seit dem Jahre 1971 umfangreiche Zuwendungen in Form von Bargeldbeträgen in Höhe von rund 76.500.- Mark der DDR, 54.000.- DM/DBB, 850.- US-Dollar, 13.500.- Forint, 5.000.- Kronen (CSSR) und 350.- Lewa sowie materielle Werte westlicher Herkunft in einem Umfang von etwa 90.000.- Mark der DDR, davon hochwertigen Schmuck von annähernd 70.000.- Mark der DDR. Hinsichtlich dieser Schmuckgegenstände bestimmte er seit dem Jahre 1971 sieben der genannten 10 NSW-Firmeninhaber vorsätzlich dazu, diesen entgegen den gesetzlichen Bestimmungen aus Westberlin in die Hauptstadt der DDR einzuführen. Durch die nicht vertretbare Einschaltung dieser NSW-Firmen als Zwischenhändler in die Geschäftsbeziehungen des AHB TC und die Anerkennung von überhöhten Preisen durch Kruck entstand für die DDR ein volkswirtschaftlicher Verlust von 1.729.000.- Valutamark.

13.04.1978 Vorschlag zur operativen Nutzung eines Strafgefangenen, Feig, OSL, Leiter HA VII/8 an Oberstleutnant Löffler, Leiter Abt. VII

Es wird gebeten, den Strafgefangenen Kruck, Detlef, geb. am 18.08.1941, Delikt: Vertrauensmißbrauch, Strafmaß: 10 Jahre Freiheitsstrafe und Vermögenseinzug, während seiner Strafenverwirklichung in der StVE Cottbus operativ zu nutzen. K. wurde am 16.01.1976 festgenommen und durch die HA IX/3 im Untersuchungsvorgang XV/1813/76 bearbeitet. Seit dem 16.04.1976 arbeitet K. inoffiziell mit der HA IX/3 zusammen. Am 06.04.1978 wurde mit K. durch Gen. Hptm. Siegel und den zuständigen Mitarbeiter der HA IX/3 in der UHA I des MfS eine Aussprache geführt. Dem K. wurde eröffnet, daß er am 19.04.1978 in die StVE Cottbus verlegt wird. Im Verlauf der Aussprache wurde ihm klar gelegt, daß die Bedingungen in der StVE Cottbus weitaus härter sind, als er sie bisher kennengelernt hat. Die ihm bisher gewährten Vergünstigungen fallen in der StVE Cottbus weg. K. erklärte sich bereit, auch unter diesen Bedingungen weiter für das MfS zu arbeiten. Die Frage des K. wann er mit einer Entlassung aus dem Strafvollzug rechnen könne, wurde dahingehend beantwortet, daß der Zeitpunkt maßgeblich durch ihn selbst bestimmt wird, frühestens jedoch erst dann, wenn die Hälfte der Freiheitsstrafe verbüßt ist. K. erklärte, daß er auf keinen Fall beabsichtigt, in die BRD entlassen zu werden. Er hängt sehr an seinen beiden Kindern. Seine Ehefrau wollte die Scheidung einreichen. Durch die Einflußnahme des HA IX hat sie vorerst davon Abstand genommen.

Bei der Kontaktaufnahme in der StVE Cottbus wird K. auf den Mitarbeiter reagieren, der sich »auf das Gespräch mit dem grauhaarigen Genossen in Berlin« beruft. Über den Leiter der Verwaltung Strafvollzug wurde veranlaßt, daß der K. am 19.04.1978 in die StVE Cottbus verlegt wird. Die Einweisung in die StVE Cottbus wurde gegenüber dem Leiter der Verwaltung Strafvollzug so begründet, daß aus Sicherheitsgründen die zahlreichen Mittäter voneinander getrennt werden müssen und der Strafgefangene mit dem geringsten Strafmaß nach Cottbus kommt.

09.06.1978 Aussprachebericht IM »Karen«, Grätz, Ltn.

Am 31.5.78 in der Zeit von 14.00 bis 15.00 Uhr wurde mit dem SG [Strafgefangenen] Kruck ein weiteres Kontaktgespräch geführt. An der Aufnahme wurde ihm kurz die Verhaltenslinie gegeben und seine Eingliederung in das EB [Erziehungsbereich] 8 vorbereitet. Er selbst schätzt ein, daß er im EB anerkannt wird, zumal er sofort einen Antrag auf Übersiedlung stellte, bzw. erkennen ließ, bereits Anträge laufen zu haben. Die anfangs vorsichtige Einstellung der SG ihm gegenüber, wich jetzt, da er von seiner Straftat berichtete und seine umfassenden Erfahrungen im Umgang mit NSA-Firmen anwenden konnte. In diesem Zusammenhang sprachen ihn zwei SG an, ob er Firmen benennen könne, die bei erfolgter Übersiedlung evtl. anzulaufen wären. Um kein Risiko einzugehen, wurde im Gespräch vereinbart, daß er tatsächlich existente Firmen benennt, wo er auch bekannt ist. Zu vermuten ist, daß dies eine Überprüfung des K. darstellt. Kruck schuf sich im EB eine gute Basis, verhält sich zunächst ruhig, um abzuwarten, wie die Entwicklung weiter verläuft. Kontakte hat er zu allen SG, sucht aber speziell die Verbindung zur Intelligenz.

30.06.1978 Vorschlag zum Anlegen eines Vorlauf-IM, IM »Karen«, Grätz, Ltn.

Zur allseitigen inoffiziellen Absicherung des SG-Bestandes der SVE Cottbus, ist eine ständige Suche und Auswahl geeigneter Kandidaten erforderlich. Mit dieser Werbung soll eine qualitative Verbesserung der op. Arbeit im Schwerpunktbereich, EB 8, erreicht werden. Gleichzeitig wird angestrebt, den Kandidaten langfristig aufzubauen, um bestimmte Schlüsselpositionen unter Strafgef. zu besetzen. Kruck wurde in das Schwerpunkt EB –8 – eingewiesen. In diesem EB ist eine Konzentration feindl. neg. SG vorhanden, vor allem med.-techn. Intelligenz.

30.06.1978 Festlegung Verbindungs-System
V-IM [»Karen«] benutzt als TBK [Toter Briefkasten] seine Halb-
schuhe (schwarz, am Bett angebunden linker Schuh, unter Einlage)
immer in der Früh- u. Spätschichtwoche – Mittwochs durch »Steffen« zu leeren. Wenn er Besonderheiten hat, meldet er sich zum
Revier und unterstreicht in seiner Meldung das Wort dringend (Zettel gibt er »Steffen«, der instruiert ist) zur Sicherheit gibt er über
Briefkasten einen Zettel mit »111« dann Treff am nächsten Tage
klar. Zum V-IM wird in umgekehrter Reihenfolge Verb. aufgenommen, d. h. »Steffen« gibt Sichtzeichen (Jacke ordnen, wenn SG vor-
beigehen) im TBK Zettel 111.

24.11.1978 Mitteilung über Aufnahme
Wulkau, Peter. Verlegung am 15.11.78 von UHA MfS Magdeburg.
Aufnehmende StVE: Magdeburg.

05.12.1978 Mitteilung über Aufnahme
Wulkau, Peter Aufnahme Strafvollzug am 28.11.1978 von StVE
Magdeburg. Aufnehmende StVE: Cottbus.

**29.11.1978 [handschriftliche Erklärung Peter
Wulkau]**
Meinen Aufenthalt in der StVE Cottbus betrachte ich als Folge
konkreter politischer Zustände in der DDR. Obwohl ich diese Zustände ablehne, bin ich gewillt, die Hausordnung zu respektieren.
Da ich bereits vor 10 Jahren, anläßlich der CSSR Ereignisse von
bestimmten Funktionären der KMU Leipzig als »Revisionist« be-
schimpft wurde, ergab eine selbstkritische Analyse die Richtigkeit
dieser Behauptung. Ich bekannte mich zu meiner Ideologie und war
fortlaufender Diskriminierung ausgesetzt. Deshalb stellte ich bereits vor 7 Jahren den ersten Ausbürgerungsantrag. Ein Leben in
der DDR kann für mich nicht in Frage kommen, mein ideologi-
sches Wertsystem ist zu ausgeprägt und verhärtet. Ich werde in
Westberlin leben.

29.11.1978 Erziehungsprogramm Strafvollzugseinrichtung Cottbus, SG: Wulkau, Peter

W. ist ein Streber und Egoist der »nur« anerkannt und gefördert werden möchte. Weil er dies nicht erreicht steht er zu allen Fragen der Gesellschaft in Opposition. Vergleicht sich in seiner Haltung und Position mit solchen Verrätern wie Biermann, Kunze u. Fuchs. Versucht diese Position und seine schriftstellerischen Fähigkeiten ständig in den Mittelpunkt zu bringen. Als Demonstrativtäter zu beachten. Maßnahmen der Erziehung zur Ordnung und Disziplin: ständige Kontrolle erforderlich.

04.12.1978 Protokoll über das 1. Erziehungsgespräch bei der Aufnahme im Erziehungsbereich

SG [Wulkau] machte einen undisziplinierten Eindruck beim Gespräch. Er ist als Demonstrativtäter zu betrachten. SG ist uneinsichtig, aufsässig und frech. Über die Belange des SV wurde er belehrt. Disziplinschwierigkeiten sind zu erwarten.

14.12.1978 Handschriftlicher Aktenvermerk, Hinze, Hptm., Abt. XX/4

Der Treff diente der weiteren Klärung der op. Perspektive des IMV [»Hans Kramer«] für das MfS. Der IM ist vorgesehen, vom 3.1.79 bis Ende Februar 79 zum Reservistenlehrgang der NVA einberufen zu werden. Prinzipiell hat der IM nichts gegen diese Einberufung. Aus op. Interesse wird eine Maßnahme zum Herauslösen des IM aus dem Lehrgang der NVA über KD Magdeburg eingeleitet und der IM für einen späteren Termin vorgeschlagen. Diese Maßnahme resultiert aus der op. Nachaufklärung des IMV am OV »Kreis«. Der IM beabsichtigt einen Arbeitsplatzwechsel durchzuführen. seine jetzige Stellung als Leiter einer geschützten Werkstatt entfällt. Christine W. versprach dem IM mit dem Leiter der Ev. Akademie, Pfarrer Tschiche, zu sprechen, betreff einer Übernahme in die Ev.

Akademie. Christine W. kennt den Tschiche relativ gut und will noch bis zum 22. 12. 78 mit T. gesprochen haben. Der IM ist bereit, aus eigenem Interesse und op. Interesse bei gegebener Möglichkeit dort eine Tätigkeit aufzunehmen. Aus dem Gespräch war ersichtlich, das der IM noch nicht über die Scheidung hinweg ist und diese Probleme noch stark seine Einsatzbereitschaft beeinflussen. Die Verbindung zur Christine W. – Ehefrau OV »Kreis« – wird im Interesse des MfS weiteraufrechterhalten zur op. Nachaufklärung. Notiz Hinze: Die Maßnahme zum Herauslösen des IMV vom NVA Reservedienst konnte von der KD Magd. nicht realisiert werden, da die Zeitspanne zu kurz war. Der IMV wird zur NVA für 1/4 Jahr einberufen werden.

19. 12. 1978 Falkenhain, Staatsanwalt an Strafvollzugseinrichtung Cottbus

Ich bitte dem Verurteilten [Peter Wulkau] die anliegende Entlassung aus dem Arbeitsrechtsverhältnis mit dem VEB Kombinat der Lebensmittelindustrie Magdeburg auszuhändigen. Der schriftlich vorliegende Text entspricht einer fristlosen Entlassung.

05. 01. 1979 Vorschlag zur Verpflichtung des Kandidaten Kruck

Zielstellung der Werbung des Kandidaten Kruck ist es, ihn in der SVE systematisch als IM in der Qualität eines IMV aufzubauen, OV und OPK durch ihn zu bearbeiten und perspektivische Voraussetzungen für die Arbeit mit dem MfS nach der Haft zu schaffen. In der SVE Cottbus gelang es ihm in relativ kurzer Zeit Kontakt zu operativ sehr interessanten Strafgef. herzustellen und auch auswertbare Hinweise zu geben. Klar herausgestellt werden muß, daß der Kandidat den Erfolg sucht und sein gesamtes Streben auf eine vorzeitige Entlassung aus der Haft gerichtet ist. Zielstellung der weiteren Zusammenarbeit muß sein, dieses z. Zt. vordergründige Motiv in die feste Bindung an das MfS zu wandeln. Im Rahmen seiner Möglichkeiten ist er zur Übernahme aller Aufträge bereit, zeigt

Eigeninitiative und eine schöpferische Mitarbeit. Verbessert werden muß das Verbindungssystem und die Einhaltung absoluter Konspiration.

Ausgehend von der Haupteinsatzrichtung des Kruck sind folgende Maßnahmen der Qualifizierung in der weiteren Zusammenarbeit vorrangig zu realisieren: Zum Erkennen aller gegen und vom Strafvollzug ausgehenden feindl.-neg. Aktivitäten muß ein praxisbezogenes Feindbild vermittelt werden. Kruck besitzt die Fähigkeiten für spezifische Maßnahmen z.B. der operativen Zersetzung im Strafvollzug eingesetzt zu werden.

17.01.1979 Bericht Verpflichtung IM-Kandidat Kruck, Grätz, Ltn., Referatsleiter VII/3

Entsprechend des vom Stellv. Leiter der DE bestätigten Vorschlages, wurde der K. am 12.01.1979 zur inoffiziellen Zusammenarbeit verpflichtet. Der Verpflichtungstreff war durch eine med. Behandlung des K. legendiert und wurde vom Kandidaten und dem zuführenden IM »Steffen« als gut bezeichnet, Treffort »konspiratives Objekt Zentrum«. Für den Kandidaten spricht, daß er mit aller Deutlichkeit und Schonungslosigkeit gegenüber sich selbst, eigene Fehler aufdeckte – speziell der Egoismus und Streben nach materiellem Besitz. Glaubhaft versicherte er, daß ihm erst in der U.-Haft die gesamte Tragweite seines verbrecherischen Handelns klar wurde und er durch die sehr sachliche und einfühlsame Arbeit des U.-Organs Klarheit über sein weiteres Leben gewann. Kruck sagte eindeutig, daß zunächst die vorzeitige Entlassung aus der Haft vordergründiges Motiv sei, er aber danach jeden Auftrag des MfS erfüllen werde. Es wurden dann Dinge im Zusammenhang mit seiner Familie besprochen, wo er zum Ausdruck brachte, daß die Frau große finanzielle Schwierigkeiten habe, da sie gewohnt war, »auf großem Fuß zu leben«. Seine Ehe will er auf jeden Fall erhalten und gegenwärtig gibt es keine Probl. in dieser Hinsicht. Er bat dann zu überprüfen, ob durch das MfS Kontakte zu seiner Frau bestehen, da sie beim Sprecher Andeutungen machte. Der Kandidat schrieb dann die Verpflichtung und wählte sich den Decknamen »Karen«. Probleme traten in keiner Form zutage. Er werde sein möglichstes tun, um auch unter den komplizierten Bedingungen der Haft, maximale Arbeitsergebnisse zu erreichen.

27.02.1979 Aktenvermerk zum Genossen Hauptmann Hinze, Groch, Hptm. Leiter Referat XX/4 an OSL Reif, Leiter DE

Am 27.2.1979 informierte mich Gen. Hinze von seinem festen Entschluß, am 28.2.1979 bei der Kaderabteilung der BV Magdeburg seine Entpflichtung als Mitarbeiter des MfS einzureichen. Genosse Hinze wurde von mir darauf hingewiesen, ob er sich der Bedeutung seines Vorhabens bewußt sei. Genosse Hinze legte dar, daß sein Entschluß in Abstimmung mit seiner Frau feststehe und er schriftlich seinen Schritt begründen werde bis 28.2.1979.

01.03.1979 Antrag, Reif, OSL, Leiter Abt. XX an Leiter Abt. Kader und Schulung

Auf Grund eines Vorkommnisses, stelle ich den Antrag, den Genossen Hinze als Nachwuchskader zu streichen, da er über ungenügende persönliche Voraussetzungen (Vorbildwirkung) verfügt und nicht durchgehend bereit ist, die dem MfS übertragenen Aufgaben unter allen Bedingungen zu erfüllen.

09.03.1979 Rapport zur Absprache in der Hauptabteilung II/3 zum IMF »Anton«

Zur Information der Hauptabteilung VII, daß der IM [»Anton«] aus der DDR ausgewiesen werden soll (Information vom ZK der SED), wurde vereinbart, daß sich die Hauptabteilung II/3 mit den verantwortlichen Mitarbeitern in Verbindung setzt zur konkreten Klärung dieser Information. Die Hauptabteilung II/3 ist interessiert daran, aufgrund der Kontakte zur Indonesische Botschaft in der DDR, daß der IM hier bleibt.

**13.03.1979 IMS »Karen« Treffbericht, 7.3.79
14.45-15.30 Uhr, konspiratives Objekt
Zentrum, Grätz, Oltn.**

Treffdurchführung kann als sicher eingeschätzt werden, Zuführung war zwar mit größerem Kraftaufwand verbunden, wurde aber vom IM [»Karen«] mit sichtlicher Zufriedenheit aufgenommen. Er selbst versicherte zum wiederholten Male, daß ihm in der Haft, speziell unter den komplizierten Bedingungen in Cottbus, die inoffizielle Arbeit Halt und Ausblick auf die Zukunft biete.

**14.03.1979 handschriftlicher Bericht IM
»Karen«**

Wulkau ([Verwahrraum]102) sehr interessant, Vater WB, Bundestagsabgeordneter u. ehemaliger Finanzminister DDR bis 53, konspiriert mit seiner Frau.

**05.04.1979 Untersuchungsvorgang Wulkau,
Objektdienststelle Buna an BVfS Abt. IX
Magdeburg**

Im Anhang übersenden wir Ihnen die Abschrift einer schriftlichen Stellungnahme der Frau Dr. Mahrenholz, Mareile zu den Anschuldigungen des Wulkau, Peter. In Auswertung der Kontaktierung muß eingeschätzt werden, daß die Dr. M. auf der Grundlage vorhandener Materialien zu allen aufgeworfenen Sachverhalten wahrheitsgemäße Angaben gemacht hat und ihre Position zu den Beschuldigungen des W. derzeitig nicht widerlegt werden kann.

**15.03.1979 Mareile Mahrenholz, Stellungnahme
zu Anschuldigungen des Peter Wulkau**

Herr Peter Wulkau war mir in der fraglichen Zeit zur Absicherung der Arbeiten auf dem Gebiet VC [Vinylchlorid] als Laborant an einer kleintechnischen Anlage zugeordnet. Es bestand ein guter kollegialer Kontakt, der sich darin u. a. ausdrückte, daß die Arbeiten von ihm ohne Beanstandungen meinerseits gut ausgeführt wurden. Im Rahmen seiner Tätigkeit wurden sicher auch aktuelle Probleme der Politik besprochen, aus diesen Diskussionen aber nicht abgeleitet werden kann, daß ich eine gegen die Gesellschaftsordnung der DDR gerichtete Einstellung habe. Ich möchte in diesem Zusammenhang betonen, daß das Gegenteil der Fall ist und ich bereit bin, alle meine Kräfte für den Aufbau der sozialistischen Gesellschaft in der DDR zur Verfügung zu stellen. Mir war nicht bekannt, daß Herr Wulkau ein Machwerk mit dem Titel »Noch nicht und doch schon« zum Zeitpunkt meiner Bekanntschaft verfaßte. Während seiner Tätigkeit hatte ich die Möglichkeit, Einsicht in die Mao-Fibel zu nehmen. Dieses Buch hatte mich resultierend aus meiner Beschäftigung mit der Widerspruchstheorie aus marxistischer Sicht anläßlich meiner Promotion interessiert. Die von ihm genannten Bücher befinden sich nicht in meinem Besitz. Die Angaben des Herrn Wulkau bezüglich der Diskussion über diese Bücher entsprechen nicht der Wahrheit. Lediglich über die Mao-Fibel wird es aller Wahrscheinlichkeit nach eine Diskussion gegeben haben, da ich sie ja überflogen hatte. Die Angaben von Herrn Wulkau sind falsch.

21.04.1979 OSL Gohlke, Leiter Abt. Kader und Schulung an Leiter der Diensteinheit Abt. XX
Mit Wirkung vom 23. April 1979 wird Hauptmann Hinze, Eberhard von seiner Funktion als operativer Mitarbeiter der Abtl. XX entbunden und als operativer Mitarbeiter zur Kreisdienststelle Magdeburg versetzt.

27.04.1979 Bericht IM »Karen«
Wulkau sammelt nach wie vor Inform. in der Art, daß er besonders Kontaktleute MfS, OFS dekons. will, bzw. Namen erfahren will, sagte interessant sei alles für ihn, ist äußerst gefährlich, ganz starker Hetzer, Wulkau versucht besonders klare Beweise für seine dekonspirative Arbeit bei Landt zu erhalten, hatte das auch bei Schimunek versucht, hetzt nun andere SG auf Pröll. Bitte dringend holen, schreibe Reviermeldung. Karen

04.04.1979 Bericht IMS »Karen«

Wulkau erzählte sein Vater vor 1953 für westl. Geheimdienst gearbeitet, nunmehr Kontakt zum BND, wäre auch mit bei Verhandl. BRD-Reg., wenn es um Ausweisung in BRD geht von DDR Bürgern aus der Haft, sein Vater würde im Bundeskanzleramt ein- und ausgehen, bekommt Info. von seiner Frau zum Sprecher, das bezügl. Vater gute Kontakte zum Bundeskanzleramt.

06.04.1979 Treffbericht IM »Karen«, 4.4.79 9.30–10.40, Konspiratives Objekt »Zentrum«, Grätz, Oltn.

In der operativen Arbeit findet der IM [»Karen«] offensichtlich eine Bestätigung, wobei der Wunsch nach vorzeitiger Entlassung vordergründig ist, zumal er durch eine vom OG angeforderte Beurteilung dazu neue »Impulse« erhielt.

17.04.1979 Bericht IMS »Karen«, Grätz, Oltn.

Wulkau (102) zeigt besonderes Interesse für Dienstgeheimnisse aller Art, besonders AHB, NSW-Reisekader, NSW-Sofortberichte usw. kann dies so werten, daß er Ifo. entweder jetzt über Sprecher oder später an feindl. Org. geben will da sein Vater ja BND-Kontakte und zu Bundeskanzleramt. Wulkau interessiert sich besonders für SG, die staatsfeindl. Delikte haben also ideol. gegen DDR eingestellt sind, vor allem auch geistig höher stehende SG, besonders Straftaten die er als von »Amnestie Internat.« anerkannt u. »politisch« zählt seien für ihn sehr wichtig, sagte er, nannte als Zahl 8.000, die als »politisch« in DDR gelten, evtl. hier Verbindungspunkte zu dieser feindl. Org.

18.04.1979 Treffauswertung IMS »Karen«, Grätz, Oltn.

IM [»Karen«] berichtet in vorbildlicher Weise über den Rahmen seiner eigentlichen Aufträge hinaus.

03.05.1979 Bericht IMS »Karen«, Grätz, Oltn.

Wulkau (102) konspiriert mit einem SG auf Absonderung, Kassiberaustausch über Ifo. die zum Sprecher hereinkommen, Westfernsehen usw. ferner Zigaretten und Lebensmittel, pendeln, Kassiber werden in Streichholzschachteln oder Tabaksbeutel gependelt, Wulkau konspiriert über seine Frau nach WB und BRD, Wulkau auch so abgedeckt Verb. zur GfM [Gesellschaft für Menschenrechte], da über Vater Korrespondenz zu auffällig wäre, W.'s Frau spielt Vermittlung und Kurier, W. nach meiner Beobachtung nach Nachrichtensammler.

03.05.1979 Treffauswertung IM »Karen«, Grätz, Oltn.

Op. Bearbeitung des W. wird im ZW mit Oltn. Be. geprüft, Beschaffung der Akte und Prüfung zur Familie einleiten.

10.05.1979 Bericht IMV »Clemens«, angen.: Wendorf, Mj.

In früheren Berichten hatte ich [IM »Clemens«] Rosinger, Hartmut [IM »Hans Kramer«] geschildert als relativ standfesten Sozialisten. Der Eindruck war bei mir entstanden auf Grund langjähriger Freundschaft zu ihm mit zum Teil recht heftigen politischen Streitgesprächen. Größtenteils war auch ein 3. Freund beteiligt, der z. Z. in Berlin wohnt. Vor einiger Zeit nun erhielt ich von diesem Freund einen Hinweis, allerdings ohne Namensangabe, daß einer unserer Freunde etwas seltsame Richtungswandlungen in politischer Hinsicht vorgenommen hätte. Vor weniger Zeit wurde mir klar, daß er damit Hartmut gemeint haben könnte und ich stellte den Kontakt zu ihm wieder her. Rosinger, Hartmut ist seit vergangenen Jahres geschieden. Seit dem hat er, wie er mir selbst erzählte, einige Leute kennen gelernt, die andere Lebensanschauungen hatten als er bisher durch uns bekommen hat. Die Anschauung der Leute hat ihn relativ stark begeistert. Es ist für mich relativ schwierig mit ihm ein Gespräch zu führen, da ich nicht genau wußte, in welcher Richtung ich zu suchen hatte.

19.05.1979 Bericht IMS »Karen«, Grätz, Oltn.

Wulkau (102) erzählte, daß im Bundeskanzleramt Liste vorläge, wo besondere Personen, an denen BRD interessiert sei, auch er stehe drauf, studierte genau Arbeitsweise MfS, machte Ausführungen, wo ich feststellte, daß er bestens informiert ist, hat besonders großes Interesse alles über MfS, Name, Vorname, Arbeitsweisen, Methodik usw. in Erfahrung zu bringen, sagte auch Dr. Vogel würde trotzdem vom MfS ständig genauestens überprüft, hätte das vielfach in Erfahrung gebracht und auch ausgewertet bei seinen Vernehmungen, Wulkau sagte, daß es wichtig sei, wenn BND an einem Interesse habe, dann eher in BRD zu gelangen, bei ihm gehe das schlecht, da zu auffällig, weil sein Vater BND-Kontakt, sagte ich solle versuchen irgendwie Kontakt dahin aufzunehmen, falls er nicht vor mir in BRD ist, wäre auch gut für später. Wulkau analysiert und speichert sehr genau EV vom MfS, Strafhöhen, Teilvermögenseinziehungen, Ermittlungs- und Vernehmungsmethoden, fragt SG ganz gezielt aus, liegt Systematik drin, macht sich keine Notizen, hat ausgezeichnetes Gedächtnis und speichert all die Info. Bitte dringend holen / 111

23.05.1979 Treffauswertung IMS »Karen«, 18.5.79 9.30- 10.40 Konspiratives Objekt »Zentrum«, Grätz, Oltn.

IM [»Karen«] beschäftigt sehr stark der Gedanke einer vorzeitigen Entlassung. Durch Frau wird er offensichtlich beeinflußt, in die BRD zu übersiedeln. Er selbst ist diesem Gedanken nicht abgeneigt und würde für das MfS weiter arbeiten. Hervorgehoben werden muß die Initiative des IM zur allseitigen Info. des MfS wobei einige Berichte dem »SV-Milieu« entstammen und übertrieben sind. Für seine ausgezeichnete Arbeit wurde ihm gedankt und eine Prämie in Aussicht gestellt, die er als finanzielle Unterstützung seiner Frau zulassen kommen will.

28.05.1979 Bericht IMS »Karen«, Grätz, Oltn.
Wulkau (102) wollte meine ganzen Personaldaten und Adressen haben, will in BRD dafür sorgen über seinen Vater und Kontakte, daß ich – wie schon erwähnt in TBK-Inf. auf Liste Bundeskanzleramt komme, will Kontakt zu mir herstellen bzw. zu meiner Frau. Wulkaus Vater in WB Kontakt zu Redakteuren und Journ. der »Frankfurter Allgemeine«, Wulkau selbst Absicht gehabt Artikel veröffentlichen zu lassen, wurde bei Haussuchung bei Inhaftierung gefunden, will später aber freischaffend Artikel veröffentlichen, Gegenstand – DDR –, Vater hätte sehr gute »Drähte« zu Bundespresseamt, ferner auch zu Verlag des Springer-Konzern. Wulkau mit mir intern gesprochen, soll viele Inf. sammeln, könnte in BRD wichtig für mich sein, will BND u. andere Dienststellen auf mich aufmerksam machen, daß ich Kontakt zu ihnen herstellen kann, wäre gut für mich, soll Inf. so viel wie möglich speichern, wie er. »Karen«

29.05.1979 Treffbericht IMS »Karen«, Grätz, Oltn.
Berichterstattung des IM [»Karen«] ausgezeichnet, Aufträge werden entsprechend der Instruierung realisiert, darüber hinaus gute Eigeninitiative zur Erarbeitung weiterer Info. Maßn. zur Fam. W. laufen, Überprüfung bis 30.5. Wenn sich Hinweise verdichten, wird op. Bearb. in OPK geprüft.

07.06.1979 Vorschlag zur Umstufung zum IMV, Grätz, Oltn.
Es wird vorgeschlagen, den IMS »Karen«, Reg.-Nr. VI/749/78, zum IMV umzustufen. Dem IM gelang es in kurzer Zeit, eine Vertrauensstellung unter den SG zu erwerben und auch von seiten der SV-Angehörigen als zuverlässig eingeschätzt zu werden. Das Beseitigen des anfangs auf Grund seines Strafmaßes vorhandenen Mißtrauens zeugt von seiner Cleverness. Der K. zeigt sich in der operativen Arbeit äußerst beweglich und gibt qualitativ sehr gute operative Informationen, die auch in der Quantität weit über der

Norm des im SV Üblichen liegen. Zu verbessern gilt es lediglich die Wertung der Informationen durch den IM selbst, da er zu sehr auf operativ weniger relevantes in ausführlicher Form eingeht. Die schriftliche Berichterstattung – unter SV-Bedingungen sehr kompliziert – muß als vorbildlich bezeichnet werden. Herausgestellt werden muß aber auch, daß der IM als vordergründiges Motiv die vorzeitige Haftentlassung anstrebt. Die Notwendigkeit der Umstufung zum IMV ergibt sich aus dem Erfordernis, die politisch-operative Arbeit unter SG weiter zu qualifizieren und vorhandene Hinweise zielgerichtet zu bearbeiten. Weiterhin wird mit diesem zuverlässigen IM eine Forcierung von Maßnahmen zur Zersetzung und Desorientierung unter SG angestrebt.

11.06.1979 Treffauswertung IM »Karen«, Grätz, Oltn., Berthold, Oltn.

Wulkau und Ullmann: beide werden in OPK bearbeitet.

11.06.1979 Bericht IMS »Karen«, Grätz, Oltn.

Wulkau am 28.5.79 über Sprecher seiner Frau meine Adresse und Daten an seine Frau herausgegeben, um auf Liste Bundeskanzleramt setzen zu lassen, seine Frau im Anschluß an Sprecher nach Berlin gefahren, traf sich dort mit Kurier des Vaters von Wulkau, von Berlin zurück nach Magdeburg, Kontakt zu Wulkau gefestigt, besonders Schauermärchen erzählt über meine angebl. »schlechte« Behandlung in U.-Haft MfS. Wulkau genauso Wahler und Wetz äußerst penetrante und gefährliche Diskussionen und Hetzereien. Wulkau pendelte mit Ullmann als er im Arrest war, konspirieren beide sehr stark miteinander. Ullmann und Wulkau gleiche Absichten und Ziele von Feststellung Abwehrtätigkeit des MfS, habe mehrere Gespräche diesbezgl. schon geführt, konnte konsp. Vorhaben belauschen. Bitte dringend holen, noch zahlreiche ausf. Inform. 111, »Karen«

19.06.1979 OSL Reif, Abteilung XX an MfS HVA XV/4/608 Berlin

Im Rahmen einer Überprüfung der Person Rosinger, Hartmut, wurde unserem IMV »Clemens« durch die Person B., Ulrich folgender Sachverhalt bekannt. Rosinger soll sich in seiner politischen Haltung gewandelt haben. Wir bitten Sie festzustellen, ob eine Abschöpfung des B., [Ulrich] zu Rosinger erfolgen kann. Dabei bitten wir um Quellenschutz unseres IMV »Clemens«.

22.06.1979 Treffauswertung IMV »Karen«, 14.6.79 12.30–13.45 Konspiratives Objekt »Zentrum«, Grätz, Oltn.

IM [»Karen«] wie immer aufgeschlossen und freundlich, jedoch ziemlich nervös. Ihn beschäftigt der Gedanke, wann er denn nun tatsächlich mit seiner Entlassung zu rechnen habe, sehr. Immer wieder fragt er den MA ob aus Berlin keine Reaktion kommt, ob sein Urteil nicht herabgesetzt werden könne und dann die Hälfte der Zeit in absehbarer Nähe liege usw. Da keine konkreten Auskünfte erteilt werden können, wird der IMV beruhigt und ihm zugesagt, daß von Seiten der Gen. aus Berlin zu gegebener Zeit eine Reaktion erfolgen werde. Seine Frage könne er beim nächsten Treff, wo der Gen. aus Berlin teilnehmen wird, nochmals anbringen. Damit zeigte er sich zufrieden.

Für seine ausgezeichnete Berichterstattung wurde ihm gedankt und in Aussicht gestellt, seiner Frau, der es finanziell nicht gut geht, seine Prämie zukommen zu lassen. Darüber war er sichtlich erfreut. Insgesamt bezieht der IM eine sehr realistische Position zur Frage der Treue seiner Frau. Er ist sich im Klaren, daß die Ehe von Bestand bleibt – schon im Interesse der Kinder – man habe sich auch so geeinigt, wenn sich seine Frau ab und zu Befriedigung sucht, so habe er Verständnis, die Zeit der Trennung sei lang. Vorgeschlagen wird, den IMV mit 150.- Mark zu prämieren und dieses Geld über die HA XVIII der Ehefrau zukommen zu lassen.

04.07.1979 Bericht IMV »Karen«, Grätz, Oltn.
Wulkau macht lfd. hetzerische Ausführungen über sein in der BRD
erschienenes Buch, Hetze, Verleumdungen übelster Form gegen
DDR, SU, andere soz. Länder, besonders gegen Partei und Staats-
funkt., gegen E. Honecker interpretiert fortlaufend viel ausführlicher als würde das Buch selbst gelesen, weist vor allem auf Besonderheiten usw. hin dadurch kommen viele politische Diskussionen
zustande, Ullmann ist »scheinbar teilnahmslos«, in Wirklichkeit
beobachtet er ganz zielgerichtet und scharf, ist eindeutig abgestimm-
te Angelegenheit und Vorgehen zwischen beiden, ist anscheinend
neue Taktik von Ullmann und Wulkau, gemeinsam kooperiertes
Handeln, erhoffen sich dadurch neue Erkenntnisse für ihre Feindab-
sicht und schöpfen dabei große Mengen Informationen ab, da Wulkau ja ständig Fragen stellt und da besonders Ullmann aufmerksam
registriert. SV-Mstr. »Embrio« sagte auf Volleyballplatz, ohne Stempel des Erziehers vom Dienst geht nicht, er würde genau beobachtet,
wenn 18.00 Uhr Schichtwechsel und andere Schicht kommt, gerade
die kommende Ablösung sei besonders dafür bekannt (Schicht
»Arafat«, »Pfeffernase«, »Kugelkop« die würden sofort nachsehen
ob Spielgenehmigung, eine Schicht würde Neider der anderen sein,
beobachten sich gegenseitig, erzählte dies im VR 102 (Wahler, Wetz,
Wulkau, Ullmann, ich, Nöbel usw. Rest vom Fernsehen war dabei)
gab schönes Bild, daraufhin Diskussionen Wulkau und Ullmann
konspirieren in Briefen nach draussen stimmen beide Briefe ab schreiben lange vor und verändern bzw. verschlüsseln beide dann den
Text. »Karen«

**09.07.1979 Aktenvermerk IMS »Marina«, KD
Bitterfeld, Kölbel, Hptm., Nieder, Ultn.**
Entsprechend der getroffenen Festlegung des Leiters der KD erfolgte am heutigen Tag die Verbindungsaufnahme zum IMS »Marina«. Der IM berichtete, daß er vor Gericht gegen den ehemaligen
Bekannten Wulkau ausgesagt hat, der sich strafbarer Handlungen
gemäß § 106 schuldig gemacht hat. Sie brachte zum Ausdruck, daß

sie diese Verhaltensweisen bzw. Handlungen des Wulkau verurteilt und dazu auch alles vor Gericht ausgesagt hat.

Zur Frage der Verfahrensweise ihrer Bestellung und Vorbereitung gab der IM an, daß sie sich vor der Verhandlung mit dem ehemaligen Mitarbeiter aus Magdeburg an der Schule in Sandersdorf getroffen hat und er hat ihr entsprechende Verhaltensrichtlinien gegeben. Das Gespräch erfolgte am Vormittag und alle Kollegen der Schule hatten Kenntnis, daß ich Verbindung zum MfS habe. Weiterhin wurde der Direktor der POS in Kenntnis gesetzt, daß ich als Zeuge vor Gericht geladen bin. Trotz der erfolgten Dekonspiration des IM durch MA der BV Magdeburg erklärte sie sich bereit, das MfS auch weiterhin zu unterstützen. Aufgrund familiärer Probleme bat der IM um eine größere Pause der Trefftätigkeit. Der IM hat ein Kleinkind und hat einen Krippenplatz in Sandersdorf und daher ist sie terminlich stark gebunden. Sie hofft, daß sich dieses Problem 1980 löst und da ist ein Kontakt mit dem MfS realisierbar.

**01.08.1979 Treffbericht IMV »Karen«,
17.7.79 09.30–11.00 Konspiratives Objekt
»Zentrum«, Grätz, Oltn., Teilnahme Mj.
Siegel, HA VII/8**

IM [»Karen«] wie stets aufgeschlossen, höflich und sehr entgegenkommend. Überwiegender Teil des Treffs wurde durch Major Siegel genutzt, die Motivation des IM zur Zusammenarbeit, pers. Vorstellungen zur Zukunft und die ehelichen Probleme zu klären. IM gab klar zu verstehen, daß er bei einer evtl. Übersiedlung in die BRD »besser wegkommen würde«. In der DDR sei seine Entwicklung abgeschlossen bzw. stark gehemmt (durch die Straftat). Neu beginnen könne er mit der Hilfe umfangreicher Verbindungen und Bekannter in der BRD bzw. WB. Zu dieser Frage bezieht er eine klare Haltung und verbindet sie gleich mit dem Auftrag des MfS, jede Aufgabe zu lösen. »Karen« trat sehr optimistisch auf, daß es ihm in der BRD in kürzester Zeit gelingen würde, operativ sehr int. Verbindungen herzustellen. In diesem Zusammenhang kam von IM wieder die Frage nach dem evtl. Zeitpunkt der Beendigung seiner Haft. Dazu wurde ihm deutlich gemacht, daß dies von vielen Faktoren abhänge, aber das Jahr 1981 zur Debatte stehe. Dies war ein sichtbarer Schock für den IM, der sich innerlich sicher vorgestellt hatte, Anfang 1980 entlassen oder verlegt zu werden. Die Enttäuschung war nicht zu verkennen, wenngleich er sich sofort wieder in der Gewalt hatte.

01.08.1979 Treffbericht IMV »Hans Kramer«, 31.7.79 16.00–17.00 Uhr IMK »Burg«, Groch, Hptm., Dobberphul, Hptm.
Dieser Treff wurde kurzfristig durch den Gen. Hptm. Groch telefonisch vereinbart. Hauptinhalt des Treffs bildete die Übergabe des IMV [»Hans Kramer«] an den Gen. Hptm. Dobberphul. Er äußerte, daß er die Scheidung von seiner Frau wesentlich verkraftet und überstanden hätte. Er ist jetzt wieder zu einer kontinuierlichen inoffiziellen Zusammenarbeit bereit. Der IMV brachte weiterhin zum Ausdruck, daß er an einer beruflichen Veränderung interessiert ist. Er wäre auch mit der Beschaffung einer ihn interessierenden beruflichen Tätigkeit durch das MfS einverstanden.

17.08.1979 Treffbericht IMV »Hans Kramer«, 15.08.79 16.00–19.30 Uhr IMK »Dieter Lange«, Dobberphul, Hptm., Abt. XX/8
Einen Schwerpunkt der Erziehung bei diesem Treff bildete das politische Gespräch. Aus den Äußerungen, bzw. Ausführungen des IMV [»Hans Kramer«] zu politischen und wirtschaftlichen Fragen in der sozialistischen Gesellschaft, insbesondere der DDR, ist erkennbar, daß der IMV durch negative Kräfte leicht beeinflussbar ist. So brachte der IMV u.a. zum Ausdruck, daß er zwar bereit ist, über Personen und Sachverhalte zu berichten, aber andererseits wissen möchte, warum oder wozu diese Informationen benötigt werden. Er will keine Personen belasten, die nach seiner Auffassung berechtigte Kritik an bestimmten gesellschaftlichen Erschei-

nungen üben. Andererseits vertritt er den Standpunkt, daß wirkliche Feinde der DDR und des Sozialismus unschädlich gemacht werden müssen. In seiner Berichterstattung legt der IMV Wert darauf, daß seine Meinungen oder Auffassungen zu bestimmten Personen oder Sachverhalten gehört werden und wir uns mit seinem Gedanken auseinandersetzen. Bei dem IMV hat die Inhaftierung des Peter Wulkau offensichtlich starke psychische Nachwirkungen hinterlassen.

Der IMV erklärte erneut, daß er an einer beruflichen Veränderung interessiert ist. Er denkt an eine Tätigkeit mit oder ohne Studium auf dem Gebiet der Gesellschaftswissenschaften, speziell Geschichte, Philosophie oder in einem Museum. Er bat um Feststellung, ob wir ihm eine derartige Tätigkeit vermitteln bzw. anbieten können.

[Handschrftl. Notiz: An Gen. Dobberphul:] IM beobachten!

28.08.1979 Eröffnungsbericht OPK Wulkau, Peter, Berthold, Oltn., Abt. VII, BVfS Cottbus

Politisch-operative Begründung und Einschätzung des vorhandenen Ausgangsmaterials: Wulkau befindet sich zum Vollzug seiner 4,6 jährigen Freiheitsstrafe, wegen Verbrechen nach § 106 StGB in der StVE Cottbus. Sein Entlassungstermin ist der 07.09.1982.

Wulkau hat einen rechtswidrigen Antrag auf Übersiedlung in die BRD gestellt und bekundet auch in der StVE unnachgiebig an seiner Absicht festzuhalten. Er besitzt eine äußerst negative Einstellung zur DDR, aus der heraus er vielseitige Aktivitäten zum Kampf gegen die DDR entwickelt. So versucht er durch abschöpfende und auswertende Gespräche mit anderen SG, Informationen über die Tätigkeit des MfS in der StVE zu erhalten, mit der Zielstellung, diese interessierten Stellen der BRD zugänglich zu machen. Desweiteren sammelt er alle greifbaren Informationen über Regimeverhältnisse in der StVE, über Personalien und Charakteristiken von Strafgefangenen in der Absicht, diese später zu einem Kampf gegen die DDR zu verwenden. Nach bisher vorliegenden inoffiziellen Informationen prägt er sich diese Informationen in das Gedächtnis ein. Andererseits gibt es Hinweise, daß er bei der Sprecherdurchführung seiner Ehefrau Angaben über Strafgefangene illegal übergab, um diese in die BRD zu seinem Vater übermitteln zu lassen.

Zielstellung der operativen Personenkontrolle: Durch die zielgerichtete Bearbeitung sollen die bisher vorliegenden Verdachtsmomente überprüft und verdichtet werden sowie die objektiven Möglichkeiten der Ehefrau des W. bei der Nachrichtensammlung und -übermittlung als Kurier oder Übermittlerin tätig zu sein, geprüft werden.

14.09.1979 Treffbericht IMV »Karen«, 13.9.79 15.00–15.45 Konspiratives Objekt »Zentrum«, Grätz, Oltn.

IMV [»Karen«] sehr nervös, da Sprecher mit seiner Frau am Montag, 10.9. nicht zustandekam und sie auch auf ein Telegramm noch nicht reagiert hat. Er macht sich gerade große Sorgen, um die Gesundheit seiner Frau. Ihm wurde versprochen, daß der MA bei Ausbleiben einer Nachricht bis 17.9.79 in Berlin Erkundigungen einholt. Über die Ablehnung seines Gnadengesuches war er sehr betrübt und hofft nun auf einen Straferlaß oder Amnestie. Auswirkungen auf seine inoffizielle Arbeit wird dies aber nicht haben – so sein Versprechen.

21.09.1979 Treffbericht IMV »Hans Kramer«, 20.9.79 16.00–18.30 Uhr IMK »Dieter Lange«, Dobberphul, Hptm., Abt. XX/8

Der IMV [»Hans Kramer«] ist der Auffassung Kritik an bestimmten Unzulänglichkeiten müßte erlaubt sein, da eine derartige Kritik nur zur Beseitigung derartiger Unzulänglichkeiten beitragen kann. Dem IMV wurde dargelegt, daß eine sachlich geführte Kritik unter Beachtung von Ort, Zeit und Bedingungen auch als solche anerkannt wird. Dies darf nicht dazu führen, daß Personen durch aktive Handlungen versuchen, die gesellschaftlichen Verhältnisse in der DDR zu verändern (beispielhafte Darstellung an der Person Wulkau).

27.09.1979 Treffbericht IMV »Karen«, 19.9.79 14.00–15.45 Konspiratives Objekt »Zentrum«, Grätz, Oltn.

Treff war geplant, IM [»Karen«] meldete sich krank, hatte dazu vorbereitend sich mehrfach übergeben – Legende glaubhaft – Medizin wurde mitgegeben. Treff wurde absichtlich auf den Geburtstag des IM gelegt. Die Verabreichung von Genußmitteln nahm er dankbar auf. Überwiegender Teil des Treffs wurde in lockerer und entspannter Atmosphäre genutzt, den IM moralisch zu stärken und für seine Arbeit zu danken. Probl. mit Ehefrau hat sich geklärt, sie hatte Grippe.

03.10.1979 Oberst Sischek, stellv. Leiter, Abt. XV, MfS Berlin an BVfS, Abt. XX, Magdeburg

Unsere Kontaktperson berichtete folgendes über den Rosinger, Hartmut [IM »Hans Kramer«]. Beide kennen sich seit ihrer Schulzeit in Magdeburg. Bis vor ca. zwei Jahren verband beide eine enge Freundschaft. Der R. stammt aus kleinbürgerlichen Familienverhältnissen. Daher sei seine vorwiegend idealistische Weltanschauung und sein ausgeprägter Individualismus zu erklären. Im Laufe der Zeit gelang es ihm jedoch, aufgrund intensiver Beschäftigung mit den Werken der Klassiker des M/L eine klare marxistische Haltung einzunehmen. Unsere KP verwies in diesem Zusammenhang darauf, daß sie sich gemeinsam mit R. besonders in der Zeit von 1973–1975 intensiv mit der marxistisch-leninistischen Philosophie und der politischen Ökonomie beschäftigt haben. Im Ergebnis einer umfangreichen brieflichen Korrespondenz sowie zahlreicher Diskussionen gelangte der R. zu Einsichten, die erkennen ließen, daß er eine klare politische Haltung zu unserem Staat einnahm. Seit ca. 1976 setzte jedoch eine für unsere KP unerklärliche Rückentwicklung in der politischen Haltung des R. ein. Ihre enge Freundschaft endete ca. 1976, als sie beide zusammen in der CSSR Urlaub machten. Zu diesem Zeitpunkt wurde deutlich spürbar, daß ihre politischen Auffassungen zu divergieren begannen. Der R. bezog in zunehmendem Maße eine Haltung, in der er nur noch kritisierte und dies in zunehmendem Maße unsachlich und Argumenten gegenüber uneinsichtig. Gegenwärtig besteht zwischen beiden nur noch ein loser Kontakt.

08.10.1979 Treffbericht IMV »Karen«, 6.10.79 15.00-15.30 Konspiratives Objekt »Zentrum«, Grätz

Der IM [»Karen«] selbst ist, nachdem er vom SV und vom MA erfahren hat, evtl. nicht unter den Amnestiebeschluß zu fallen, völlig aufgelöst und war beim Treff den Tränen nah. Er und auch seine Frau (wie aus Briefen ersichtlich) haben sich an den Gedanken geklammt, daß zum 7.10.79 auch für ihn etwas herausspringen würde. Er brachte zu verstehen, daß er doch nun schon 4 Jahre zeige, wer er denn sei, warum werde dies nicht anerkannt. Vom MA wurde versucht ihn zu beruhigen und zugesichert, daß er Mitte des kommenden Jahres sicher entlassen werde (nach Auskunft der HA VII/8). Eine Beruhigung des IM konnte nur teilweise erreicht werden. Auswertung: Alle »Ausweiser« unter Kontrolle halten, was haben diese vor, wenn sie in DDR entlassen werden (vor allem Dangelmaier, Storz, Wulkau)

25.10.1979 IKMR »J.Lachs«, Bericht 12.10.79, mündliche Information 24.10.79, Cottbus, VII/3

SG Wulkau äußerte sich am 12.10.79 gegenüber anderen Strafgefangenen, daß er im Falle einer Wiedereingliederung in die DDR sofort zum Staatsanwalt bzw. zur örtlich zuständigen Dienststelle des MfS gehen wird um dort vorzusprechen »welche Möglichkeiten bestehen, diese Zeit voll abzusitzen, bzw. den Antrag stellen wird, die verbliebene Reststrafe zu verwirklichen.« Wulkau will durch weitere Strafverbüßung aus dem Strafvollzug in die BRD entlassen werden. Wulkau plant an seiner Haustüre bzw. im Hausflur seiner Wohnung ein Schild anzubringen mit der sinngemäßen Aufschrift: »Wer Auskunft über die tatsächlichen politischen u. ökonomischen Verhältnisse der DDR haben will melde sich bei Wulkau.« Er äußerte dazu, daß er hofft daraufhin vom MfS festgenommen zu werden. Er ist der Meinung, daß für derartige Handlungen das Strafmaß nicht über 1 Jahr geht und demzufolge sein Ziel, Übersiedlung in die BRD aus dem Strafvollzug, schnell realisiert werden kann.

18.10.1979 OSL Loeffler, Leiter AbteilungVII, BVfS Cottbus an Leiter KD, BVfS Magdeburg

Strafgefangener Wulkau, Peter wird amnestiert und in Ihren Kreis entlassen. Wir übersenden Ihnen in der Anlage operatives Material, aus dem hervorgeht, daß es sich um eine Person mit operativen Merkmalen handelt, die die Prüfung der im Befehl 14/79, Punkt 5, des Ministers für Staatssicherheit angewiesenen Maßnahmen erforderlich macht.

24.10.1979 Bericht IMV »Hans Kramer«, Dobberphul, Hptm., Abt. XX/8

Mit der Christine stehe ich [IM »Hans Kramer«] nach wie vor in persönlicher Verbindung. Nach Bekanntwerden der Amnestie anläßlich des 30. Jahrestages der DDR herrschte bei der W. [Wulkau] zunächst Ungewißheit über das weitere Schicksal ihres Ehemannes. Sie äußerte die Vermutung und Bedenken dahingehend, daß ihr Ehemann wohl aus der Haft entlassen wird, aber die geplante und gewollte Übersiedlung in die BRD bzw. nach Berlin/West dadurch gefährdet wird. Am 19./20.10.79 traf sich die W. mit der Frau ihres Schwiegervaters in der Hauptstadt der DDR. Bei diesem Gespräch wurde ihr mitgeteilt, daß die Übersiedlung nach Berlin/West durch die Amnestie nicht gefährdet wäre. In Berlin / West wären schon alle Vorbereitungen für die materielle Sicherstellung des Peter Wulkau getroffen worden. Dies bezieht sich vor allem auf die Beschaffung einer Wohnung und deren Einrichtung. Seit diesem Zeitpunkt hat sich die Stimmung der Christine erheblich gebessert. Sie rechnet fest damit, daß diese Angelegenheit im Dezember abgeschlossen ist. Nach erfolgter Übersiedlung des Peter W. will die Christine dann einen Antrag auf Familienzusammenführung stellen.

25.10.1979 Treffbericht IMV »Hans Kamer«, 24.10.79 16.30–19.00 Uhr, IMK »Dieter Lange«, Dobberphul, Hptm., Abt. XX/8

Neben der Berichterstattung zum alten Auftrag, beinhaltete die Instruierung den IMV [»Hans Kramer«] zur Person Peter Wulkau den Hauptinhalt des Treffs. Es ist damit zu rechnen, daß der Wulkau bis Anfang Dezember im Rahmen der Amnestie zum 30. Jahrestag der DDR aus der Haft entlassen wird. Der IMV erklärte nochmals, daß aus dem bisherigen Verhalten der Christine W. und deren Umgangskreis keine Anzeichen dafür erkennbar sind, daß dem IMV mißtraut wird. Der IMV wurde darauf hingewiesen, daß er bei dem geringsten derartigen Anzeichen sofort die Verbindung mit dem op. MA aufzunehmen hat.

Der IMV äußerte erneut, daß er sich evtl. doch beruflich verändern will und fragte nach Möglichkeiten der Unterstützung durch unser Organ. Er wurde beauftragt, beim nächsten Treff konkrete Wünsche oder Interessen mitzuteilen. Versprechungen wurden ihm nicht gemacht.

26.10.1979 Schlußbericht, Wulkau, Peter, SVE Cottbus, Hauptmann des SV Meyer

Der Strafgefangene Wulkau befindet sich seit November 78 in der hiesigen Strafvollzugseinrichtung zum weiteren Vollzug einer Freiheitsstrafe von 4 Jahren und 6 Monaten wegen Verstoß gegen § 106 StGB. Weiterhin ist Aufenthaltsbeschränkung für alle Grenzkreise entlang der Staatsgrenze der DDR zur BRD und Berlin-West ausgesprochen. Seine politische Grundhaltung steht in Opposition zu unserer sozialistischen Staats- und Gesellschaftsordnung. Er vergleicht sich in seiner Haltung und Position mit solchen Verrätern wie Biermann, Kunze u. a. Er hat bereits mehrere Anträge auf Übersiedlung in die BRD gestellt und glaubt, dort anerkannt zu werden und seine egoistischen Ziele verwirklichen zu können. Er lehnt alle Maßnahmen der staatsbürgerlichen Schulung ab und es wurden verstärkt individuelle Gespräche mit ihm geführt. In das Kollektiv seiner Mitgefangenen hat er sich eingefügt, hält sich meistens im Hintergrund und ist bestrebt, nicht aufzufallen. Sein Verhalten gegenüber SV-Angehörigen und den Lenkungskräften des Betriebes versucht er durch übertriebene Höflichkeit und Disziplin entsprechend den bestehende Forderungen einzurichten. In persönlicher und brieflicher Verbindung steht er mit seiner Ehefrau und seinem Vater. Insbesondere die Briefverbindung mit seiner Ehefrau mußte desöfteren beanstandet werden, weil sie versuchen, sich gegenseitig in ihrer negativen Einstellung zu bestärken. Zur produktiven Arbeit wurde er in einen metallverarbeitenden Betrieb innerhalb der Strafvollzugseinrichtung eingesetzt. Seine hier gezeigten Leistungen entsprachen zuerst nicht unseren Forderungen, haben sich dann aber nach mehreren Aussprachen verbessert, so daß er bereits zweimal mit einer Prämie ausgezeichnet werden konnte. Diese Arbeitsleistungen werden von ihm aber nur gebracht, um allen Schwierigkeiten aus dem Wege zu gehen und ständig in den Genuß von zusätzlichen Vergünstigungen zu kommen. Zusammenfassend kann eingeschätzt werden, daß der Strafgefangene Wulkau nicht bereit ist, positive Schlußfolgerungen zu ziehen. Seine strafbare Handlung wird von ihm nicht anerkannt und er lehnt jede Wiedereingliederung ab. Sein ehemaliges Arbeitsrechtsverhältnis ist gekündigt und er äußerte die Absicht, sich selbst eine Arbeit bei der katholischen Kirche zu suchen. Wohnung bei seiner Ehefrau ist vorhanden.

06.11.1979 Belehrung, SVE Cottbus

Am heutigen Tage wurde ich, SG Wulkau, Peter, darüber belehrt, daß ich durch Amnestierung demnächst aus der SVE Cottbus entlassen und mit Hilfe der zuständigen staatlichen Organe in das gesellschaftliche Leben der DDR wieder eingegliedert werde. Wulkau. [Handschriftlicher Vermerk:] Wulkau bestätigte, sich mit dem Gedanken erneuter Straffälligkeit getragen zu haben. Er läßt ihn auch nicht fallen. Vorerst will er den legalen Weg beschreiten. Übte Zurückhaltung in seinen Äußerungen. Es ist einzuschätzen, daß W. seine Absichten streng konspirativ betreiben wird. Mit terroristischen oder anderen Gewalthandlungen ist nicht zu rechnen. Seine Absicht zur Übersiedlung gibt er nicht auf.

07.11.1979 Treffbericht IMV »Karen«, 1.11.79 14.00–15.00 Konspiratives Objekt »Zentrum«, Grätz

Treff wurde kurzfristig festgelegt, da der IM [»Karen«] das Sonderzeichen über Briefkasten gab. Zuführung durch IM »Steffen«. Auf Grund der telef. Information des Gen. Major Siegel der HA VII/8, daß der IM unter die Amnestie falle, wurde ihm dies bei diesem Treff mitgeteilt, um ihn zu stimulieren und aufzumuntern. Der IM nahm diese Nachricht mit großer Freude entgegen, wobei eingeschränkt wurde (vom MA), daß Verbindlichkeiten beim Treff mit dem MA aus Berlin besprochen werden. Vermutlich sei aber der 14.12.79 der letzte Tag seiner Haft. Der IM brachte zum Ausdruck, daß ihm eine Entlassung in die DDR sehr willkommen ist und weitere Schritte dann festzulegen sind. Ihm schwebe evtl. eine Hauptamtliche oder halbhauptamtliche Tätigkeit für das MfS vor in Bereichen, die von unserem Organ zu bestimmen seien.
Neuer Auftrag und Verhaltenslinie: Bericht über Reaktionen der SG zur Amnestie und Bekanntgabe der Entlassung in die DDR (vor allem die SG Wulkau, Wetz, Wahler, u.a. als op. int. bekannt)

09.11.1979 Treffbericht IMV »Karen«,
8.11.79 14.55-16.20, Konspiratives Objekt
»Zentrum«, Grätz, Berthold

Bei diesem Treff mußte dem IM [»Karen«] mitgeteilt werden, daß er vermutlich – entgegen der letzten Mitteilung – doch nicht unter die Amnestie fallen werde. Treffdurchführung wurde beabsichtigt gemeinsam mit Oltn. Berthold durchgeführt, um Sicherheit zu erreichen, daß der IM nicht zu Kurzschlußhandlungen gebracht werde. Die schonend beigebrachte Mitteilung, daß es Schwierigkeiten mit der Entlassung im Rahmen der Amnestie gäbe und voraussichtlich doch der vom Berliner Genossen genannte Termin – Sommer 1980 – ins Auge zu fassen sei, löst beim IM eine starke Reaktion aus (Weinen und völliges Unverständnis des vom MA Mitgeteilten). Dem IM wurde dann Gelegenheit gegeben, sich freizusprechen und seiner Verzweiflung Ausdruck zu verleihen. Er kann nicht begreifen, daß durch das MfS mit seiner Person so gehandelt wird, da ihm vom U.-Organ in die Hand versprochen worden war, daß man ihn »heraushole, sobald es gehe« und wenn zum 30. Jahrestag eine Amnestie käme – so die Worte eines OSL der Untersuchungsabt. Berlin, dann sind Sie (IM) der erste den wir entlassen. An diesen Versprechungen hatte sich der IM ja schon immer aufgerichtet und war der festen Überzeugung, daß dies eingehalten werde. Jetzt ist er maßlos enttäuscht und versteht die Arbeit des MfS nicht mehr. Er zweifelt nicht am Grundgedanken der inoffiziellen Zusammenarbeit, wird auch weiterhin alles in seinen Kräften stehende tun, das Gesamtverhältnis hat aber einen bestimmten »Knacks« erhalten. Der IM klammert sich nun an die Worte des Berliner Gen. (Major Siegel) und setzt seine ganze Hoffnung auf ihn und den Entlassungstermin Juni 80. Zusammengefaßt kann gesagt werden, daß es den MA gelungen ist, dem IM in geduldiger und einfühlsamer Art und Weise diese komplizierte Situation zu überwinden und etwas aufzurichten. Dem IM wurde von den MA in Aussicht gestellt, daß ihm Vergünstigungen in der SVE gewährt werden, wenn die Amnestie vorbei ist und seine Haftzeit noch bis Sommer 1980 gehen sollte.

28.11.1979 Tonbandabschrift Bericht IMV
»Hans Kramer«, Dobberphul, Hptm., Abt. XX/8

Die Christine hat vom Strafvollzug Cottbus schriftlichen Bescheid erhalten, daß der Peter Anfang Dezember 1979 nach Magdeburg entlassen wird. Darüber war sie zunächst sehr enttäuscht, da sie der festen Annahme war, daß Peter nach Westberlin entlassen wird. Sie nahm sofort telefonische Verbindung nach Westberlin zu ihrem Schwiegervater auf und teilte ihm ihre Enttäuschung über die Entlassung des Peter nach Magdeburg mit. Ihr Schwiegervater beruhigte sie. Er teilte ihr mit, daß alles geregelt wäre und Peter auf der Liste stehen würde. Peter müsste nach seiner Entlassung aus der Strafanstalt sofort bei Inneres einen neuen Antrag auf Übersiedlung stellen. Dann würde alles laufen und er könnte gleich mit Familie übersiedeln.

Während der Haft besuchte Christine den Peter etwa alle 2 Monate in Cottbus. Sie führten dann Gespräche über persönliche Probleme, und Peter sprach auch über seine Arbeit in der Haftanstalt, die ihm wohl häufig sehr schwer fiel. Anfangs war er wohl mit 5 oder 6 Personen in einer Zelle, die ebenfalls aus politischen Gründen inhaftiert waren. Mit diesen hätte er auch über politische Fragen gesprochen und hätte sich in dieser Richtung gut verstanden. Aufregung gab es in der Haftanstalt immer dann, wenn ein Transport in die BRD ging. Jeder war gespannt, ob er mit dabei ist. Hierüber sprach er auch mit Christine. Jetzt hat Peter geschrieben, daß es ihm nicht sehr gut gehen würde, da er zu wenig warme Kleidung hätte. Daraufhin schickte ihm Christine ein Paket mit Kleidung. Von ihren Besuchen des Peter in Cottbus fuhr Christine mehrmals gleich nach Berlin, manchmal auch eine Woche später. Sie traf sich dann mit ihrer Stiefschwiegermutter bzw. mit einer männlichen Person. Diese Person muß zu ihren Schwiegereltern direkte Verbindung haben. Darüber habe ich Eberhard [Hinze] schon berichtet. Christine erhielt immer Geld von ihrem Schwiegervater über diese Person. Meines Erachtens muß er daran ganz schön verdient haben. Über Gespräche, die Christine mit ihrem Mann während seiner Haft führte, weiß ich noch, daß diese

Gespräche zumindest während der Untersuchungshaft codiert wurden. Christine oder Peter nannten ein bestimmtes unauffälliges Wort und jeder wußte sofort, was damit gemeint war. Christine erzählte mir aber auch, daß diese Form der Verständigung zuletzt in der Haftanstalt in Cottbus nicht mehr erforderlich war.

29. 11. 1979 Vermerk P.-Akte IMV »Karen«, Berthold, Oltn.

Vor dem Sondersprecher des IMV [»Karen«] wurde mit der Ehefrau durch Oltn. Berthold ein kurzes Gespräch geführt (war mit der HA XVIII abgestimmt und zugesagt). Das Ziel dieses Gespräches war, die Frau des IM auf seine derzeitige Verfassung einzustellen und die Meinung der Frau zu den ganzen Probl. kurz in Erfahrung zu bringen. Sie brachte zum Ausdruck, daß auch sie die Meinung vertritt, daß ihr Mann durch das MfS »verschauckelt« wurde und man sich an die Versprechungen von Berlin nicht mehr erinnere. Sie wollte ihrem Mann Mut zusprechen und auf die im nächsten Jahr bevorstehende Entlassung vorbereiten. Beim MA entstand der Eindruck, daß sie nicht an einem baldigen Erscheinen ihres Mannes interessiert ist, da es offensichtlich persönliche Probl. zu klären gibt. Die Frau des IM hinterläßt einen insgesamt sehr gepflegten und soliden Eindruck, es ist eine attraktive Erscheinung, die offensichtlich nicht in finanziellen Schwierigkeiten steckt. Sie versprach, vom Gespräch mit dem MA ihrem Manne nichts zu sagen.

29. 11. 1979 Treffbericht IMV »Hans Kramer«, 28. 11. 79 16.30–19.00 Uhr IMK »Dieter Lange«, Dobberphul, Hptm., Abt. XX/8

Der Treff fand planmäßig statt. Der IMV [»Hans Kramer«] berichtete zunächst ausführlich über persönliche Probleme, die er gegenwärtig hat. Diese Probleme betreffen ausschließlich seinen Arbeitsbereich und seine berufl. Tätigkeit. Der IMV war der Annahme, daß er evtl. aufgrund seiner Qualifikation und praktischen Erfahrung als Leiter der neuen Werkstatt eingesetzt würde. Dies erfolgte nicht, es wurde eine völlig neue Kollegin mit geringerer Qualifikation und Erfahrung eingesetzt. Durch eine Kollegin wäre ihm bekannt geworden, daß er für eine Leiterfunktion nicht in Frage käme, da der Staatsanwalt die Hand über ihm hätte. Der IMV will wissen, was daran wahr ist, da er sich keiner Schuld bewußt wäre. Er hat sein Arbeitsrechtsverhältnis zum 31. 12. 79 gekündigt. Er möchte gerne eine Tätigkeit im Archivwesen, Bibliothekswesen oder im Verlagswesen aufnehmen, wobei er um Unterstützung bei der Suche einer derartig gelagerten Tätigkeit durch den OM des MfS bat. Der IMV hat mehrere Angebote, eine ihn interessierende Tätigkeit aufzunehmen, was aber mit einem Verzug von Magdeburg verbunden wäre. Im Interesse der weiteren op. Bearbeitung des OV Kreis wäre es zweckmäßig, wenn der IMV in Magdeburg eine berufl. Tätigkeit aufnehmen würde. Ihm wurde deshalb erklärt, daß wir Möglichkeiten der Unterstützung bei der Suche einer neuen Arbeitsstelle prüfen werden. Der IMV berichtete dann auftragsgemäß zu den Personen Christine und Peter W.

Neuer Auftrag und Verhaltenslinie: Der Auftrag zu W. bleibt vollinhaltlich bestehen. Bei der Absprache der Verhaltenslinie nach der Haftentlassung des Peter W. gab der IMV an, daß er sich selbst sicher fühlt. Er gelangte zu der Auffassung, daß der Peter W. ihm nicht mißtraut, da sonst auch schon eine Reaktion seitens der Christine W. erfolgt wäre. Bei den geringsten Anzeichen, daß der Peter W. dem IMV mißtraut oder eine Art Racheabsichten gegen ihn hat, soll der IMV unverzüglich die Verbindung zum OM aufnehmen.

[Handschrftl. Notiz an Gen. Dobberphul:] Kurzfristig prüfen, wo denn IMV in eine interessierende Zielgruppentätigkeit empfohlen werden könnte, ihn weiter an uns binden und Vertrauen festigen.

6. OPK »Kreis II« – erneut unter Verdacht

06.12.1979 Mitteilung über Entlassung Wulkau Peter, StVE Cottbus

Wulkau, Peter, Magdeburg, Pestalozzistr. 8. Entlassung erfolgt auf Grund des Beschlusses des Staatsrates der DDR vom 24.09.79. Entlassung am: 03.12.1979, Grund: Amnestie, nach: Anschrift, wie oben.

11.12.1979 Kontrollprozeß zur amtierten Person Wulkau, Peter, OSL Reif, Leiter Abt. XX an OSL Dallmann, Leiter KD Magdeburg

Am 10.12.1979 wurde die amnestierte Person im VEB Fahlberg-List Abteilung PSM [Pflanzenschutzmittel] beruflich tätig. Zur Gewährleistung der op. Kontrolle im Arbeitsbereich bitten wir um kurzfristige Realisierung folgender Maßnahmen: Über den als Betreuer für Wulkau, Peter eingesetzten Produktionsabschnittsleiter Hofmeier ist eine unmittelbare Kontrolle des W. zu prüfen und zu organisieren sowie ein Informationsfluß bei besonderen Vorkommnissen festzulegen. Die vorhandenen zuverlässigen offiziellen und inoffiziellen Kräfte sind zur umfassenden Kontrolle des W. sowie seiner Aktivitäten im Betrieb zu instruieren und ein Informationsfluß festzulegen.

12.12.1979 Tonbandabschrift, Bericht IMV »Hans Kramer«, Dobberphul, Hptm.

Am 6.12.79 besuchte ich den Peter Wulkau in seiner Wohnung, angetroffen habe ich alle drei, Peter, Christine und das Kind. Wir haben uns erst einmal schön begrüßt, dann gemeinsam in einen Raum gesetzt und versucht uns zu unterhalten. Man merkte zunächst, daß eine Distanz da ist, daß der Peter sehr vorsichtig ist, ziemlich mißtrauisch. Er sagte hinsichtlich seiner Zeit in Cottbus überhaupt nichts, über seine Untersuchungshaft in Magdeburg erst nach konkretem Fragen, weil meine Person da doch eine Rolle mit spielt durch meine Vernehmung und meine Zeugenaussage. Dies waren die konkreten Anlässe, damit wir erst einmal ins Gespräch kamen. Ich habe auch angesprochen, warum Peter mißtrauisch ist und stellte fest, daß dies doch jetzt seine Art ist. Eine Distanziertheit war früher auch schon manchmal vorhanden, ich finde jetzt ist es noch schlimmer geworden. Seine Haltung zu den Ermittlungsorganen sah so aus, meine Meinung zum politischen System ist die und die, die kennt ihr aus meinen mündlichen Äußerungen, aus meinen Anträgen, Ausreiseanträgen, aus meinem Buch und aus anderen schriftlichen Formularen, die während der Hausdurchsuchung hochgezogen wurden. Ihr kennt diese Meinung, ich kann die jetzt hier frei äußern. Ich halte eben von der DDR, von diesem System und den politischen Freiheiten in der DDR nichts, halte mit meiner Meinung nicht hinterm Berg. Bezüglich des Buches bezog er die gleiche Position, dies hätte er eben geschrieben, es wären seine Eindrücke, die er veröffentlichen wollte.

Zu meinen Aussagen während meiner Vernehmung äußerte er, daß ich das nächste Mal keine Bedenken haben brauchte. Er hätte das Buch nur deshalb geschrieben, damit er selbst in einer anderen Welt leben könnte. Zu seinem Prozess machte er einige Angaben, da ich ihn darauf ebenfalls ansprach. Er empfand es als unwürdig, um ihm strafrechtlich überhaupt etwas anlasten zu können, daß aus dem Buch so kommentiert und zitiert wurde, daß eine strafrechtliche Verantwortlichkeit entsprechend § 106, staatsfeindliche Hetzte, heraus kam. Zur Situation des Gesprächsablaufes muß ich aber nochmals einschätzen, daß Peter nicht gleich begann über seine Inhaftierung zu sprechen. Er sprach zunächst über seine derzeitige Lage, wie sie ist, nachdem er nach Magdeburg entlassen wurde. Diese Lage sieht so aus, nach seinen Worten, daß er eben die Auflage bekommen hat von der Abteilung Inneres in seinem Beruf als Chemiefacharbeiter bei Fahlberg-List zu arbeiten, im 3-Schicht-System. Die Tatsache, daß er dies sofort gemacht hat und den Empfehlungen nachgekommen ist, hat er selbst bewertet als eine Vorsichtsmaßnahme mit dem alleinigen Ziel, seine geplante Ausreise auch damit zu fördern und keinen Stein von seiner Seite in den Weg zu legen. Der wichtigste Punkt für ihn ist, wann und wie geht seine Übersiedlung jetzt von statten. Danach richtet er sich in seinem ganzen Benehmen. Er hat am Montag dieser Woche mit der Arbeit begonnen, mit der Nachtschicht. Zum Prozeßablauf selbst, wo wir uns ja wieder gesehen hatten, sprach ich vor allem das Problem angeblicher intimer Beziehungen seiner Frau zu mir an. Dies lies ihn völlig gleichgültig. Zum Problem der ehelichen Beziehungen überhaupt sagte er, daß die Sicherheitsorgane erst mal von der Seite versucht haben, etwas Trennendes einzurühren, in dem zum Ausdruck gebracht wurde, daß seine Frau »fremd« geht. Als sie merkten, daß ihn dies kalt ließ, brachten sie seiner Frau gegenüber zum Ausdruck, daß er verschiedene Frauen- und Mädchenbekanntschaften vor seiner Inhaftierung gehabt hätte. Da aber trotzdem der Zusammenhalt zwischen ihm und seiner Frau blieb, wurde dann damit Schluß gemacht.

Weiterhin führte er nochmals die offizielle Stellungnahme zum Buch an von einem Gutachter, er hat auch den Namen gewußt, der mir jetzt entfallen ist. Das Gutachten endete mit der Aussage, daß dieses Buch von der Wirkung her staatsfeindlich sei und auf jeden Fall die Veröffentlichung zu unterbinden wäre. Er war in diesem Zusammenhang wirklich stolz darauf, daß sich eben einige Leute mit seinem Buch befasst haben. Er hätte gemerkt, daß seine Äußerungen in diesem Buch irgendwie wichtig seien, egal in welcher Richtung, egal in welcher Bedeutung. Auf jeden Fall haben sich mit ihm mehrere Leute beschäftigt, so gesehen ist das, was er äußert, doch von einiger Bedeutung. Während des Prozesses waren noch drei andere Zeugen anwesend. Diese drei Zeugen konnten konkret nichts Belastendes gegen ihn aussagen. Es gab da einen Hans, den er im Weinstudio mehr oder weniger kennen gelernt hat. Dieser Hans kam ab und zu an den Kellnertisch, wo er ab und zu saß und die dort aufgefaßten politischen Bemerkungen versuchte, vor Gericht wiederzugeben. Peter sagte dazu, daß das, was dieser Hans dort aussagte, er selbst schon viel eindeutiger gegenüber den Sicherheitsorganen, den Ermittlungsorganen formulierte, und er darin überhaupt nichts Belastendes sieht. Das ist eigentlich das, was mir auch gefallen hat, denn die Art von Ehrlichkeit – die und die Meinung habe ich zu den und den Punkten, die mir nicht gefallen und deshalb möchte ich nicht hier leben – die und die Erfahrung habe ich hier schon gesammelt in meinem Leben, hier in der DDR und deshalb habe ich mir die und die politische Meinung gebildet, – während meiner Untersuchungshaft formulierte ich deutlich meine Meinung zu den politischen Freiheiten, zu den politischen Verhältnissen, zur Stellung der Regierung gegenüber dem Volke, die sich deutlich von der offiziellen Meinung abhob. Das es zu einer Verurteilung kam, bewertete er mit den politischen Verhältnissen in der DDR. In der DDR wäre es bei der strafrechtlichen Verfolgung nicht wichtig, daß überhaupt Beweise vorhanden sind für eine Tätigkeit gegen den Staat, sondern entscheidend ist die Haltung.

Seine konkrete Zielstellung ist einzig und allein die, die Ausreise in die Bundesrepublik zu verwirklichen. Danach ordnet sich alles unter. Politisch tätig zu werden, hat er sich mir gegenüber nicht geäußert in irgendeiner Art, weder in Zusammenkünften mit ehemaligen Freunden und Bekannten noch in irgendwelchen Aktionen oder Rehabilitierungsmaßnahmen – der arme inhaftierte Peter Wulkau – so in dem Tenor läuft nicht. Dies wäre auch in meinen Augen spleenhaft, was ich ihm gegenüber auch geäußert hätte und meinerseits eine Abneigung dagewesen wäre. Dies wäre eine Sache, die unehrlich ist. Über Verbindungen zum ehemaligen Bekannten- oder Freundeskreis sieht es zur Zeit so aus, daß ich im Prinzip der Erste war, der ihn gesprochen hat, d. h. der Erste aus dem Freundeskreis. Seiner Meinung nach soll das alles nach und nach, wenn überhaupt, kommen. Ich hatte den Eindruck, daß er nicht übermäßig daran interessiert ist, alle Verbindungen gleich wieder neu herzustellen.

Vermutungen über Zusammenhänge seiner Inhaftierung nahm er mir gegenüber eigentlich nicht direkt vor.

Seine Reisepläne stehen in Abhängigkeit von seiner derzeitigen Lage, die so aussieht, daß er nach der Inhaftierung bzw. nach der Entlassung aus Cottbus keinen gültigen Personalausweis hat, sondern nur einen Ersatzausweis mit dem ausdrücklichen Vermerk, sich nicht in Berlin aufzuhalten. Mein Eindruck ist, daß er das höchstwahrscheinlich einhalten wird, da er versucht, seine Ausreise nicht zu gefährden.

Wir waren an diesem Abend etwa zwei Stunden zusammen, natürlich auch bei Getränken wie Wermuth und er mit seiner Spezialmarke Wyski. Wir sind so verblieben, daß ich zu jeder Zeit gerne wieder kommen kann.

Wir sprachen auch noch zum Problem unserer Beziehungen nach seiner Ausreise. Er kam selbst darauf zu sprechen, daß nach dem dritten Strafrechtsänderungsgesetz der briefliche Kontakt zu einem politischen oder ehemaligen politischen Gefangenen in der DDR in die Bundesrepublik strafbar ist. Es wäre für mich nicht günstig, mit ihm in Briefkontakt zu treten. Es würde sich anbieten, mit Christine sich zu schreiben. Weiterhin sprachen wir meine Vorstellungen bezüglich des Lebens in der Bundesrepublik an, ob ich da nicht irgendwelche Ambitionen hätte. Dieses Gespräch fand aber schon auf dem Flur im Rahmen der Verabschiedung statt. Die Anfrage, ob er nicht, wenn sich eine Möglichkeit ergebe, drüben für mich etwas tun könnte oder sollte.

Noch zum Charakter seiner Person. Was ich von ihm kenne, auch teilweise aus Briefen, die er an Christine geschrieben hat, da sieht es eben so aus, daß er vom Stil und von der Art her eine Art journalistischen Stil drauf hat. Man kann annehmen, wenn er die Möglichkeit hat, in dieser Branche zu arbeiten, daß er sie voll ergreift. Ich kann mir nicht vorstellen, daß er mit Organisationen in der Bundesrepublik verkehren wird, die etwa den Charakter der »Gesellschaft für Menschenrechte« haben. Ich selbst werde den Peter in den nächsten Tagen erneut aufsuchen. Hans Kramer
Der IMV berichtete bisher zur Person Wulkau ehrlich. Bei der Auswertung des Berichtes ist zu beachten, daß es sich hinsichtlich getroffener Einschätzungen um die subjektive Meinung des IMV handelt, der den W. offensichtlich nicht erneut belasten will.

**14.12.1979 Treffbericht IMV »Hans Kramer«,
12.12.1979 16.30–20.30 Uhr IMK »Dieter
Lange«, Dobberphul, Hptm., Abt. XX/8**

Der IMV [»Hans Kramer«] war pünktlich und vorbereitet zu dem
planmäßigen Treff erschienen. Zunächst wurde mit dem IMV über
den Stand unserer Bemühungen bei der Beschaffung einer neuen
Arbeitsstelle gesprochen. Ihm wurde erklärt, daß Bemühungen
beim Volksbuchhandel ergebnislos verliefen und eine Aufnahme
einer Tätigkeit in einer Bibliothek eines Betriebes oder einer Institution nicht zweckmäßig wäre, da hier die Verdienstmöglichkei-
ten zu gering sind. Unsererseits werden aber die Bemühungen
weiter fortgesetzt. Der IMV bedankte sich für diese Unterstützung
und teilte mit, daß er selbst, wie bei dem letzten Treff schon angedeutet, Möglichkeiten hat, eine ihn interessierende Tätigkeit aufzunehmen.

Bei der Berichterstattung zur Person des Wulkau im Zusammenhang mit dessen Angebot, den IMV bei einer evtl. beabsichtigten
Übersiedlung in die BRD zu unterstützen, stellte der IMV die Frage, wie er sich dazu verhalten soll. Er wurde zunächst darauf verwiesen, daß eine weitere Verbindung zu W. in unserem Auftrag
nach dessen Übersiedlung in die BRD für den IMV keine strafrechtlichen Sanktionen nach sich zieht. Über weitere gegebenenfalls notwendige oder erforderliche Aktivitäten wird zum gegebenen Zeitpunkt gesprochen. Der IMV brachte sinngemäß zum Ausdruck, daß er einer Übersiedlung in die BRD in unserem Auftrag
zum gegenwärtigen Zeitpunkt zustimmen würde. Er hätte keine
familiären Probleme und zur Zeit kein festes Arbeitsverhältnis.

Für seine inoffizielle Zusammenarbeit sollte dem IMV eine finanzielle Anerkennung übergeben werden. Dies lehnte der IMV ab mit
der Begründung, daß er diese Tätigkeit aus innerer Überzeugung
durchführt und ihm selbst daran gelegen ist, sich mit mir über ihn
interessierende Fragen und Probleme zu unterhalten. Einer Anerkennung in Form eines Präsents würde er zustimmen. Er hätte
schon früher kein gutes Gefühl gehabt, wenn er Geld genommen

hätte. Nach seiner Scheidung interessieren ihn materielle Dinge kaum. Der IMV bat um Verständnis für seinen Standpunkt. Bei dem nächsten Treff wird dem IMV ein Präsent übergeben.

17.12.1979 Tonbandabschrift IMS »Jochen Demian«, Dobberphul, Hptm.

Hartmut Rosinger war vorige Woche, vermutlich Donnerstag, im Magdeburger Antiquariat und sah sich einige Zeit im Geschäft um. Er war mit einem Bekannten da, den ich selber nur vom Sehen flüchtig kenne. Der R. holte ein für ihn zurückgelegtes Buch vom Antiquariat ab. Der R. hat seine Beschäftigung aufgegeben und ist zur Zeit ohne Tätigkeit. Obwohl ich mit ihm in ein Gespräch kommen wollte, stellte ich fest, daß er an diesem Tage nicht recht ansprechbar war. »Jochen Demian«

04.01.1980 Aktenvermerk, Maßnahme zum OV »Kreis«, Groch, Hptm., Abt. XX/4

Nach Absprache mit dem für den VEB »Fahlberg-List« Magdeburg verantwortlichen Mitarbeiter der KD Magdeburg, Gen. Kootz, wurde am 17.12.1979 im Dienstzimmer des Kaderleiters des VEB »Fahlberg-List« mit der Person Hofmeier, Manfred, Schichtleiter bei »Fahlberg-List«, Abteilung PSM-Nord eine Aussprache geführt. Ziel dieser Aussprache bestand darin, die Eignung des H. für einen Kontrollprozeß zur im OV »Kreis« erfaßten Person zu prüfen und ihn dafür zu gewinnen. Die Aussprache hatte folgendes Ergebnis: Hofmeier, M. ist SED-Mitglied und von der Betriebsleitung als Betreuer für die Einarbeitung der im OV »Kreis« erfaßten Person eingesetzt. Hofmeier ist geeignet und bereit, gemeinsam mit dem MfS eine Kontrolle der bearbeiteten Person zu realisieren. Bei ihm liegt das politische Verständnis und die Bereitschaft dazu vor. Er war bereit eine »Schweigeverpflichtung« in schriftlicher Form abzugeben und die Aufträge des MfS zu erfüllen. Mit Gen. Hofmeier wurde ein solcher Ifo.-Fluß organisiert, der eine sofortige Benachrichtigung des MfS bei allen auftretenden Erscheinungen gewährleistet.

Gen. Hofmeier kann telefonisch unter Meldung als »Gartenfreund Groch« erreicht werden als auch zu Hause aufgesucht werden. Dazu informierte Gen. Hofmeier, daß sein Schwager – Richartz – auch beim MfS sei und deshalb auch bei ihm zu Hause Gespräche möglich wären.

Bei Arbeitsaufnahme am 10. 12. 1979 wurde unter Beisein von Gen. Hofmeier durch den Kaderleiter mit der bearbeiteten Person [Peter Wulkau] ein Gespräch geführt. In diesem Gespräch erklärte die bearbeitete Person: daß der Lebensabschnitt (StVA) für ihn beendet ist und er neu anfangen möchte, er habe eine andere politische Auffassung, möchte und wird diese aber trennen von seiner beruflichen Tätigkeit; was er privat mache, soll sich nicht auf den Betrieb oder die Arbeit auswirken; er äußerte seine Bereitschaft, seine Arbeit gut zu erfüllen und fragte, ob er ewig Schichtarbeiter bleiben muß. Gen. Hofmeier schätzte ein, daß er sich schnell in die Arbeit reingefunden hat, gut und zeitlich voll arbeitet. Im Kollektiv kapselt er sich nicht ab, sondern ordnet sich ein. Er wird als intelligent und redegewandt eingeschätzt. Politisch äußerte er sich bisher nicht.

28. 12. 1979 Information zu Wulkau, Peter, Groch, Hptm., Abt. XX/4

Am 21. 12. 79 wurde nach telefon. Meldung seitens der KP »Hofmeier« mit der KP ein Kurztreff in dessen Wohnung durchgeführt. Die KP informierte über folgenden Sachverhalt: Am 17. 12. 79 hatte Wulkau Spätschicht und wurde am Arbeitsplatz von Wittstadt, Klemens – Abtlg. RKM [Röntgenkontrastmittel]besucht. Zum Inhalt der Gespräche konnte nichts erarbeitet werden.

08. 01. 1980 Information an XX/4, operativer Auswerter Baack

Mit Datum vom 8. 1. 80 stellen Peter und Christine Wulkau erneut einen Antrag auf Aberkennung der Staatsbürgerschaft und Übersiedlung in die BRD. Er schreibt sinngemäß, daß er in unserer Gesellschaft nicht leben kann und immer wieder mit den politischen Paragraphen in Konflikt kommen wird. Sie schließt sich den Ausführungen ihres Ehemannes an. Aberkennung und Übersiedlung in die BRD sei für die Familie existenznotwendig geworden.

09.01.1980 Sachstandsbericht zum Anlegen der OPK »Kreis 2«, Groch, Hptm., Ref.leiter XX/4

Das Ziel der OPK-Bearbeitung besteht in der Aufklärung und Einschränkung der weiteren Aktivitäten und Vorhaben des W., Peter zur Erreichung der Übersiedlung in die BRD, zur Durchführung feindlicher Aktionen gegen die DDR, sowie in der vorbeugenden Verhinderung von feindlichen Aktivitäten seitens W., Peter besonders evtl. Demonstrativhandlungen. Bei der Realisierung dieser Zielstellung steht die Organisierung einer umfassenden operativen Kontrolle des W., Peter durch IM und andere operative Kräfte, Mittel und Methoden im Mittelpunkt.

09.01.1980 Tonbandabschrift Bericht IMV »Hans Kramer«, Dobberphul, Hptm.

Als ich Christine und Peter Wulkau am 14.12.79 besuchte war die Stimmung eigentlich recht bedrückend weil sie kurz vorher mitbekommen haben, daß es Schwierigkeiten mit der Ausreise mit Peter geben würde. Es muß sich hierbei aber um mehr oder weniger kleinere Anzeichen gehandelt haben. Sie sind der Meinung, daß die Sicherheitsorgane sie erst einmal beobachten wollen, bevor sich in dieser Richtung etwas Konkretes ergeben würde. Hinsichtlich seiner Kontakte zu ehemaligen Freunden oder Bekannten aus der Zeit seiner Haft hat Peter sich kaum geäußert. Zum Weinstudio »Grün-Rot« äußerte Peter, daß er nicht die Neigung hat, dort hinzugehen, weder zum gemütlichen Weinabend, noch um irgendwelche Leute anzusprechen oder kennen zu lernen.

Seine derzeitige berufl. Tätigkeit gefällt ihm nicht, was ihn auch bedrückt. Er merkt, daß man ihn auf ein Abstellgleis geschoben hat, da er wohl im Freien arbeiten muß an einem Speicher, wo er kaum

Kontakt zu anderen Personen hat. Er hat keinerlei Kommunikationsmöglichkeiten. Da ist er ziemlich deprimiert.

Aktivitäten zur Durchsetzung seiner Ausreise aus der DDR bestehen dahingehend, daß er die Verbindung zu seinem Vater hält und dieser wohl auch Verbindungen zum Rechtsanwaltsbüro Vogel hat. Er wurde darauf verwiesen, daß er geduldig sein und abwarten soll, da seine Sache weiter bearbeitet wird. Er muß nicht damit rechnen, daß er in der DDR bleiben muß. So hat er die Hoffnung, daß sich bald etwas ergeben wird und er aus seinem jetzigen Zustand heraus kommt. Entscheidend für seinen bedrückenden oder deprimierten Eindruck empfinde ich, daß er sich durch die Sicherheitsorgane beobachtet fühlt, d. h., daß er nichts machen kann, ohne gesehen zu werden, ohne zu merken, was er macht oder vor hat. Unter diesem Streß steht er, in dieser Stimmung war er absolut bei meinem letzten Besuch. Ich glaube auch nicht, daß er den MuM gehabt hätte, mit mir nach Berlin zu fahren. Er würde evtl. anders reagieren, wenn er wüßte, daß er bald aus der DDR kommt. Da aber bei ihm die Ungewißheit so groß ist, er sagte selbst, mir kann jeden Tag passieren, daß ich wieder abgeholt werde.

11.01.1980 Treffbericht IMV »Hans Kramer«, 9.1.80 10.00–12.00 Uhr IMK »Dieter Lange«, Dobberphul, Hptm.

Im Berichtszeitraum wurde durch den OM weiter versucht, für den IMV [»Hans Kramer«] eine ihn interessierende Arbeitsstelle zu beschaffen. Der IMV bedankte sich für die Bemühungen des OM, die bei ihm offensichtlich einen sehr positiven Eindruck hinterlassen haben. Er gab an, daß er nun doch, wie bereits bei den vorhergehenden Treffs erwähnt, eine Tätigkeit entsprechend seiner beruflichen Qualifikation in einer kirchlichen Einrichtung im Raum Bad Langensalza aufnehmen wird. Für seine inoffizielle Zusammenarbeit wurde dem IMV ein Präsent im Wert von von 85.- M übergeben. Der IM soll bis zum 12.1.80 wieder die Verbindung zu dem Peter Wulkau aufnehmen, und ein weiteres Zusammentreffen mit dem W.

in dessen Wohnung vereinbaren. Diese Zusammenkunft soll nach Möglichkeit für den 14. 1. 80 (Beachtung Schichtplan des W.) vereinbart werden, um den W. am 14. und 15. 1. 80 (Zeitpunkt Staatsjagd) in seiner Freizeit zu binden. Der IMV nahm den Auftrag an.

18. 01. 1980 Abschrift vom Tonband Quelle IMV »Hans Kramer«, angen.: Dobberphul, Hptm.

Am 11. 1. 80 suchte ich in den Abendstunden die Familie Wulkau in der Wohnung auf. Den Peter traf ich nicht an, ich habe mit der Christine allein gesprochen. Wir sind so verblieben, daß Christine den Peter fragen soll, ob er Lust und Zeit hat, mit mir am 15. 1. 80 Tischtennis spielen zu gehen. Ich bin dann wieder gegangen, bin dann aber am Abend des 14. 1. 80 nochmals zur Familie Wulkau gegangen, da ich gerade unterwegs war. Ich wollte fragen, ob sie mit ins Kino kommen. Der Peter hat aber gerade geschlafen und Christine war weg. Christine habe ich dann im Kino getroffen. Ich habe sie dann gefragt, ob Peter am Dienstag mit mir Tischtennis spielt. Daraus wurde nichts, da Peter im Betrieb Überstunden machen mußte, er daher von der Zeit nicht konnte.

Im Zusammenhang mit dem Besuch der Staatsführung und den Diplomaten hat sich nichts getan. Peter und Christine haben davon Kenntnis gehabt, es war ja Stadtgespräch gewesen. Peter ist nicht einmal auf den Gedanken gekommen, die Situation irgendwie zu nutzen. Bezüglich der Ausreiseproblematik war das letzte Gespräch dahingehend, daß Christine und Peter auf Bescheid von RA Vogel warten, daß sie beide, nachdem Peter aus der Haft entlassen wurde, nochmals bei der Abteilung Inneres in Magdeburg einen Ausreiseantrag gestellt haben. Über diesen Antrag wurde bisher nicht entschieden. Mein Eindruck von Peter ist jetzt der, daß er nicht spontan, sofort seine früheren Freunde wieder aufgesucht hat, sich mit ihnen getroffen oder gesprochen hat und seine Erlebnisse wiedergegeben hat. Diesen Eindruck habe ich nicht, im Gegenteil, zu den Leuten, die er von früher kannte, ist eine Art Distanz da, ein Zurückziehen da. Hans Kramer

18.01.1980 Treffbericht IMV »Hans Kramer«,
18.1.80 10.00–11.30 Uhr, IMK »Dieter Lange«,
Dobberphul, Hptm., Abt. XX/7

Der IMV [»Hans Kramer«] erschien pünktlich zu dem geplanten Treff. Im persönlichen Gespräch teilte der IMV mit, daß er nun mit hoher Wahrscheinlichkeit Anfang Februar 1980 eine berufliche Tätigkeit in einer kirchlichen Einrichtung der Kirchenprovinz Sachsen im Raum Thüringen aufnimmt.

Entsprechende Vorgespräche sind erfolgt. Der IM wartet auf Nachricht, zu welchem Termin er anreisen soll. Der IMV schätzt gegenwärtig ein, daß er zu Beginn seiner neuen Tätigkeit noch häufiger nach Magdeburg kommt und wir weiterhin mit ihm Treffs durchführen können.

23.01.1980 Treffbericht IME »Rudi Kelling«,
28.1.80 16.00–17.30 IMK »Teichmann«,
Predel, Oltn.

Neuer Auftrag und Verhaltenslinie: Engen Kontakt (Besuch) zur Fam. Wulkau herstellen zum richtigen Erkennen ihrer Pläne und Absichten.

26.01.1980 Absprache bei der Abteilung VII
BV Cottbus zur OPK »Kreis II«, Groch, Hptm.,
Abt. XX/4

Am 22.1.80 wurde in der Abt. VII der BV Cottbus mit Gen. Groetz, eine Absprache zur OPK »Kreis II« geführt. Gen. Groetz übergab 2 schriftliche Auszüge aus IM-Berichten und teilte mündlich eine Ifo des IM »Karen« mit: Wulkau hat von Dr. Pritz den Auftrag im StV erhalten, nach seiner Amestie Verbindung zu seiner Mutter und Ehefrau aufzunehmen. (Inhalt des Auftrages nicht bekannt) Bisher ist man im StV (Dr. Pritz u.a.) verwundert darüber, daß Wulkau bis jetzt diesen Auftrag noch nicht realisiert hat. Mit Gen. Graetz wurde der Ifo-Bedarf zu Wulkau abgesprochen. Gen. Graetz wird IM [»Karen«] dazu abschöpfen. Gen. G. informierte, daß die Ehefrau des IM »Karen« für HA XVIII erfaßt ist. Dazu wird ein Einsatz des IM »Karen« und dessen Ehefrau an »Kreis« über eine Legende geprüft.

23.01.1980 Informationsbericht, Groch, Hptm., Abt. XX

Die Christiane Wulkau setzte sich mit einem Herrn Siegmund Löhr in Verbindung. Beide Personen redeten sich mit du an. Die Christiane erkundigte sich, ob der Löhr nicht Lust hätte, mit seiner Familie an einer Familienrüste teilzunehmen. Diese würde im Kloster Drübeck stattfinden und zwar in der Zeit vom 22.02. bis 01.03.1980. Löhr konnte das noch nicht genau sagen. Er will dann erst mal mit seiner Frau sprechen. Die Wulkau warf noch ein, daß sie wahrscheinlich auch mitfährt. Gemeinsam mit dem Peter und der Antje. Nur müsse der Peter die Aufenthaltsgenehmigung bekommen. Dann sprach die Christiane noch einmal darüber, daß sie für Peter den Aufenthalt in Drübeck beantragt hat. Der Löhr warf ein, daß die Christiane seinen Namen als Bürgen angeben soll, daß der Peter hier bleibt. Löhr erzählte dann wieder, daß sie heute morgen gerade Post bekommen haben und zwar »Reiner Musiel« (o.ä.), Die ... Tagebücher und wie es scheint sogar unkontrolliert. Christiane war darüber ganz erstaunt. Sie erkundigte sich, ob es ein Brief gewesen sei. Dies bejahte der Löhr. Im Brief würde mehr durchkommen, vor allem bei Einschreiben. Christiane warf ein, daß bei ihnen alles kontrolliert wird. Da ist immer der Stempel drauf. Das wären so lauter Strichelchen. Das war schon vor Peters Verhaftung einige Zeit so und jetzt wieder. Es sieht so aus, als ob die durch eine Kontrollmaschine laufen. Löhr fragte, ob es nur Sachen sind, die von drüben sind. Als die Christiane das bejahte, erklärte ihr der Löhr, daß dies keine Kontrolle sei. Das ist die automatische Briefsortiermaschine. Er hat das mal wo gelesen. Christiane will da mal aufpassen. Sie setzte noch hinzu, daß sie trotzdem annimmt, daß ihre Post kontrolliert wird. Dann bestellte der Löhr noch Grüße an den Peter und beide verabschiedeten sich.

Löhr fing dann noch einmal davon an, daß der Hartmut gestern bei ihnen war. Er will wissen, ob der die Wulkaus auch mal besucht hat. Christiane erwiderte darauf, daß der sich mit Peter da so etwas (gestritten?) ... Der kommt jedenfalls nicht mehr gern zur »Schildbar« (o. ä.). Sie hatte ihm doch die Stelle da in Bad Tennstedt mit vermittelt. Es handelt sich dabei um eine Arbeitstherapiewerkstatt vom Diakonischen Amt. Da wird der sicher bei ihnen noch mal vorbeikommen. Beide sind der Meinung, daß bei dem etwas nicht so stimmt. Beide beendeten damit ihr Gespräch. Gesprächsende 23. 01. 1980, 08.45 Uhr.

29. 01. 1980 Information »Rudi Kelling«, Predel, Oltn.
Der IM [»Rudi Kelling«] berichtete, daß er Peter W. persönlich noch nicht gesprochen hat, jedoch seine Ehefrau Christine. Sie ist derzeit im Diakonischen Amt tätig. Der IM vereinbarte mit W., Christine, daß sie sich anfang Februar gegenseitig besuchen, damit war sie einverstanden. Sie hoffen darauf, bald in die BRD übersiedeln zu können.

31. 01. 1980 Treffauswertung IMV »Karen«, 24. 1. 80 10.00–11.00 Uhr Konspiratives Objekt »Zentrum«, Grätz, Oltn.
IM [»Karen«] ist optimistisch und zuversichtlich, zählt bereits die Tage bis Juni / Juli 80, mehrfach Nachfrage, ob es denn nun auch so klappen werde. Zu seiner sehr ausführlichen Berichterstattung gab er zum ehem. SG Wulkau noch einen umfassenden Tonbandbericht. Besonderheiten traten beim Treff nicht auf. Materiell abgesichert durch Verabreichung von Kaffee und Kuchen.

15.05.1980 Tonbandabschrift, Bericht IM »Karen«, BV Cottbus VII

Im Strafvollzug hatte Wulkau sich insbesondere mit allen Neuzugängen von Strafgefangenen Informationen beschafft, ganz speziell über die Arbeitsweise der Sicherheitsorgane der DDR. Besonders über Arten der Vernehmungsführung, der Durchführung von Überprüfungen draußen, und da ich zielgerichtet W. über ca. 1 Jahr ganz konkret beobachten konnte, hat er das ganz tiefgründig analysiert, so daß er sich diese ganzen Informationen zu Nutze machen wird und insbesondere er auch daraus Kapital schlagen wird und ein politisches Interesse in der Form hat, daß er das in der BRD unter irgendeinem Synonym oder als anonymer Autor wiedergeben wird, entweder in der Presse oder als Broschüre. Er wußte noch nicht, eventuell auch in einer Romanform. Fakt ist natürlich, daß er so ruhig, wie er sich vielleicht verhält, denn das hat er hier bereits angedeutet, daß er sich äußerst ruhig draußen verhalten wird, in keiner Weise ist. Insbesondere führt es hier im Strafvollzug bei den Strafgefangenen, mit denen er hier Kontakte hatte, zur großen Verwunderung, daß noch kein Kontakt in schriftlicher oder persönlicher Form erfolgte bei den Angehörigen, wo er sich meldete, ausgeschlossen wird allerdings von allen, daß er sich in der BRD bzw. Westberlin befinden könnte, so daß Wulkaus Ruhe nur gespielt und Tarnung sein muß und ist.

Wulkau hatte sich insbesondere persönliche Kontakte hier mit Akademikern und Intelligenzlern geschaffen, wo er also ausreichende Gespräche und Absprachen führte, jedoch wie ich schon erwähnte hat er Informationen von allen anderen Strafgefangenen unabhängig des Intelligenzstandes aufgenommen, wo es ihm insbesondere über die bereits erwähnte Arbeitsweise des MfS ging. Ziel war immer wieder, die Arbeitsweise des MfS und Vernehmungsmethoden und insbesondere über Aufklärungsarbeiten zu erfragen. Dabei interessierten Wulkau auch wenn ihm diese Möglichkeit zu Ohren kam, direkt konkrete Namen, wenn Strafgefangene Namen von Vernehmern bzw. Mitarbeitern des MfS zu Ohren kam. Bei Wulkau kommt hinzu, daß sich Wulkau grundsätzlich hier keine Notizen machte, aber ein unwahrscheinlich gutes Gedächtnis hatte und in seinem Gedächtnis sehr sehr viele Informationen speichern konnte. Dazu habe ich mehrfache Bestätigungen bekommen, wo Wulkau Statistiken, Gespräche und Details über Monate hinweg haargenau wiedergeben konnte.

06.02.1980 OSL Reif, Abt. XX, BVfS an BVfS KD Wernigerode

Inoffiziell wurde bekannt, daß vom 22.02. bis 01.03.1980 im Kloster Drübeck eine Familienrüste der evangelischen Kirche stattfindet. An dieser Rüste beabsichtigt die von unserer Diensteinheit operativ bearbeiteten Personen Wulkau, Peter und dessen Ehefrau Wulkau, Christine und Tochter Antje, geboren 1972, teilzunehmen. Familie W. ist Antragsteller auf Übersiedlung in die BRD. Falls Ihrerseits operative Kontrollmöglichkeiten bestehen, bitten wir diese auf folgende Probleme auszurichten: Weitere Pläne und Absichten der Familie Wulkau in Zusammenhang mit der angestrebten Übersiedlung in die BRD; Verhalten und Umgangskreis während der Zeit der Rüste; intensivere Kontakte zu welchen Personen, Besuche in der Umgebung; Hinweise zu Verbindungen in BRD, eventuell zu feindlichen Stellen und Einrichtungen.

07.02.1980 Bericht IMV »Toni Funke«, angen.: FIM »Fritz Heinze«

Der Wulkau wohnt in der Pestalozzistr. 7 in der 3. Etage. Es handelt sich um eine ausgebaute Mansarden bzw. Bodenwohnung. Er bewohnt die rechts liegende Wohnung. Linksseitig ist ein Hausboden. Die Benutzung ist nicht bekannt. Das [Haus] selbst ist freistehend und kann direkt nicht eingesehen werden, bzw. können die Fenster der Wohnung des W. nicht von gegenüberliegenden Häusern, die sich etwa 200 m entfernt befinden, eingesehen werden. Eine Möglichkeit der direkten Beobachtung der Fenster des Wulkau wäre aus einer Entfernung von ca. 400–500 m aus der Diesterwegstr. möglich. In der Diesterwegstr. Nr. 2 d, in der oberen (5. Etage) wohnt der Angehörige der Kriminalpolizei des VPKA Magdeburg, Komm. Leiter VIII Siegfried Hachmann. Von der Wohnung des Genossen Hachmann wäre die Wohnung des Wulkau einzusehen. In der kommenden Woche erfolgen Absprachen durch den IMV mit dem zuständigen ABV [Abschnittsbevollmächtigter] über in der Wohngegend wohnhafte Freiwillige Melder der DVP [Deutsche Volkspolizei] und andere fortschrittliche Personen.

16.02.1980 Abteilung VII, BVfS Cottbus an Hauptmann Groch, Abt. XX, BVfS Magdeburg
Entgegen der in der Vorabsprache getroffenen Vereinbarung kann unsererseits kein weiterer Einsatz der Quelle [IM »Karen«] erfolgen, da ansonsten die Konspiration gefährdet wäre. Zwischen unserer Quelle und dem W. war vereinbart, daß Kontakte – wenn überhaupt – über die Adresse des Vaters in Westberlin laufen sollten. Damit würde ein Einsatz der Quelle der Hauptabteilung XVIII die Gefahr der Dekonspiration bedeuten, da der W. nicht seine Anschrift preisgab. Diese Fakten wurden erst jetzt, nach intensiver Befragung unserer Quelle bekannt.

13.03.1980 Treffbericht IME »Kelling«, 3.3.80 16.15–17.30 Uhr IMK »Teichmann«, Predel, Oltn.
Der IM [»Rudi Kelling«] war Ende Februar bei der Fam. Wulkau zu Besuch. Der sprach sehr zurückhaltend bezogen auf seine weiteren Pläne und Absichten. Seine Entlassung kam für ihn sehr plötzlich und unerwartet. Jedoch äußerte er sein Bedauern, daß die Amnestie gekommen ist, sonst wäre er bereits in der BRD. Der W. ist an einem weiteren Kontakt interessiert und ist der Auffassung, daß über seine Ehefrau ein evtl. Termin für einen Besuch vereinbart werden kann.

13.03.1980 Tonbandabschrift Bericht IMV
»Hans Kramer«, Dobberphul, Hptm.
In den zurückliegenden Wochen habe ich [IM »Hans Kramer«]
mehrmals die Wulkaus in ihrer Wohnung aufgesucht. Den Peter
habe ich fast nie angetroffen. Ich habe den festen Eindruck, daß der
Peter den Kontakt zu allen Leuten abbricht, die er von früher, aus
Magdeburg kennt. Bisher gingen alle Aktivitäten der Verbindungs-
haltung von mir aus. Dies war vor der Inhaftierung Peters anders.
Zu diesem Zeitpunkt hatte er mich gemeinsam mit Christine, wenn
auch selten, in meiner Wohnung besucht. Nach seiner Haftentlassung geschah dies nicht mehr, und er machte auch in dieser Richtung keinerlei Andeutung. Bezüglich der geplanten Übersiedlung in
die BRD hat sich noch nichts ereignet. Die Absicht der Übersiedlung haben sie nicht aufgegeben. Das gesamte Verhalten des Peter
ist der Erreichung dieser Zielstellung untergeordnet. Er will alles
vermeiden, damit er nicht noch einmal nach Cottbus muß.

15.03.1980 Vermerk P.-Akte IMV »Hans
Kramer«, Dobberphul, Hptm., Abt. XX/7
Bei dem Treff am 13.3.1980 teilte der IMV [»Hans Kramer«] mit,
daß er eine Tätigkeit bei der Evangelischen Kirche, zur Zeit Diako-
nisches Amt Magdeburg, aufgenommen hat. Der IMV wird nur in
größeren Abständen nach Magdeburg kommen. Bezüglich der weiteren inoffiziellen Zusammenarbeit wurde zunächst festgelegt, daß
der IMV den Kontakt zu den Personen Peter und Christine Wulkau
bis zu deren evtl. Übersiedlung in die BRD halten soll unter Berücksichtigung der noch vorhandenen wenigen Möglichkeiten.

15.04.1980 Personenaufklärung Wulkau, Peter
und Christine, IMV »Toni Funke«, entgegen-
genommen: FIM »Fritz Heinze«
Wulkau ist seit seiner Haftentlassung im VEB Fahlberg-List als
Chemiefacharbeiter beschäftigt. Er wird betrieblicherseits als äußerst intelligent eingeschätzt. Seine Arbeit verrichtet er zur Zufrie-

denheit seiner Vorgesetzten. Es gibt keinerlei Klagen über ihn. Er arbeitet im 3 Schichtsystem. Sein monatlicher Verdienst liegt zwischen 700 und 800 Mark. Im Wohngebiet tritt W. kaum in Erscheinung. Im Haus ist er sehr ordentlich und höflich. Er wird als hilfsbereit eingeschätzt. Für die im Hause wohnende Rentnerin Frau Olbert holt er ständig die Kohlen aus dem Keller. Er hat einen Antrag auf rechtswidrige Übersiedlung in die BRD gestellt. Trotz Aussprachen hat er diesen bei der Abteilung Innere Angelegenheiten nicht zurückgezogen. Personen, die direkt gegenüber der Familie wohnhaft sind konnten nicht ermittelt werden, da die Lage des Hauses dies nicht zuläßt.

24.04.1980 Treffbericht IME »Rudi Kelling«, 7.4.80, 16.00–17.45 Uhr IMK »Teichmann«, Predel, Oltn., Groch, Hptm.

Entsprechend des Planes wird mit dem IM [»Rudi Kelling«] ein Gespräch geführt hinsichtlich des Einbeziehens seiner Ehefrau in die Zusammenarbeit. Aus den Äußerungen des IM war erkennbar, daß er kein allzu großes Interesse zeigt, daß seine Ehefrau von einer Zusammenarbeit differenziert Kenntnis erhält. Er zeigte sich zu zaghaft in seinem Bestreben seine Frau positiv zu beeinflußen. Seiner Ansicht nach hat der Besuch des Gen. Groch sie sehr aufgeregt und erst nach gründlicher Durchsprache kam sie zur Überzeugung, daß sie einen Kontakt auf Dauer ablehnen wird. Den Vorwand des Aufsuchens der Ehefrau erkannte sie als nicht reell. Sie war eher der Meinung, daß der Kontakt bewußt gesucht wurde. So die Aussage des IM. In den Gesprächen mit dem IM zeigt sich, daß er keine bewußte Einstellung zu den Problemen des MfS zeigt und kaum selbst Initiative ergreift. Seine polit. Einstellung ist sehr schwankend. Aktuelle polit. Probleme sieht er häufig vom zweifelnden Standpunkt aus und geht an die Diskussion sehr pessimistisch. Es wurde vereinbart, daß der Gen. Groch nochmals ein Gespräch im Beisein der Ehefrau in der Wohnung des IM führt. Dazu wurden dem IM Aufgaben übertragen, in dem er die Frau positiv beeinflussen soll.

29.04.1980 Absprache zum IMV »Hans Kramer«, Dobberphul, Hptm., Reif, OSL, Abt. XX/7

Der IM [»Hans Kramer«] nahm im April 1980 eine Tätigkeit in einem Rehabilitationszentrum in Bad Tennstedt auf. Der IM wird nach dort verziehen. Durch diese berufliche Veränderung kam es seit Februar 1980 zu keiner kontinuierlichen Treffdurchführung mit dem IM. Der IMV wird zum IMS zurück gestuft. Über seine neue Einsatzrichtung bzw. Übergabe an eine andere DE wird nach vollzogenem Umzug entschieden.

14.07.1980 Zwischenbericht OPK »Kreis 2«, Groch, Hptm.

Im Gegensatz zu erwarteten Demonstrativhandlungen verhält sich W. bis zum heutigen Zeitpunkt im Arbeits- und Freizeitbereich sehr zurückhaltend und darauf bedacht, keinen Anstoß zu erregen. IM schätzen dies als ein konsequentes »Vorsichtsverhalten« seitens des W. ein. W. erfüllt alle ihm im Betrieb und durch die Amnestie auferlegten Pflichten, wie Berlin-Sperre, Schichtarbeit, Überstunden. Er vermeidet es, im Betrieb politische Meinungen zu vertreten. In seinem privaten Leben sondierte W. nach der Amnestierung seine Kontakte, war und ist bestrebt keinen größeren Umgangskreis, wie es vor der Inhaftierung der Fall war, zu pflegen.

Entsprechend der Orientierung seines Vaters stellte er mit seiner Familie am 8.1.1980 einen erneuten Antrag auf »Aberkennung der Staatsbürgerschaft der DDR und Übersiedlung in die BRD«. Durch IM konnte erarbeitet werden, daß durch seinen Vater in Berlin West bereits alle Vorbereitungen für die Aufnahme der Familie des W., Peter nach erfolgter Übersiedlung getroffen sind und W. mit einer Übersiedlung noch 1980 rechnet. Eine Erstüberprüfung in der BKG BV Magdeburg ergab, daß bei zentraler Stelle noch keine Hinweise zu einer Übersiedlung des W., Peter im Jahre 1980 vorliegen.

**16.07.1980 Treffbericht IMS »R.Kelling«,
9.7.80 15.00-16.45 Uhr IMK »Regina«, Predel,
Oltn.**

Neuer Auftrag und Verhaltenslinie: Kontaktaufnahme zu Wulkau,
Christiene mit dem Ziel die Fam. Wulkau einzuladen. Zielstellung
dieses Besuches muß sein, herauszuarbeiten welche Absichten der
W. in weiterer Zukunft verfolgt (Arbeitsplatzwechsel o. ä., Übersiedlung)

**18.07.1980 Treffbericht IMS »Rudi Kelling«,
9.7.80, Predel, Oltn.**

Bei diesem Treff wurde die Vereinbarung des MfS mit dem IM
[»Rudi Kelling«] vom IM unterzeichnet. Seine bisherigen Ergebnisse bei der Lösung der in der Vereinbarung fixierten Hauptaufgabe
schätzte der IM so ein: Er arbeitet seit geraumer Zeit in der Abt. III
des Konsistoriums. Auf Grund der umfangreichen anfallenden Aufgaben ist er arbeitsmäßig so ausgelastet, daß er kaum mit anderen
Personen des Konsistoriums zusammenkommt. Es wäre auch unty-
pisch tagsüber mit anderen Angestellten Privatgespräche in den
Zimmern zu führen. Außerdem belastet ihn sein Fernunterricht sehr.
Engere Verbindungen besitzt er zu der Wulkau, Christiene. Der IM
machte den Eindruck, als warte er nur auf die Informationen die er
zufällig erfährt. Ihm wurde aufgezeigt, daß er sich die Informationen
erarbeiten muß, unter der Berücksichtigung, daß er seine Eigeninitiative mehr fordern muß. Ihm wurde unmißverständlich gesagt, daß
dies auch unter Zurückstellung seiner Tätigkeit im Konsistorium geschehen muß. Die Vergütung gegenüber seinem eigentlichen kirchl.
Gehalt und die Arbeitsleistungen dazu stehen in keinem Verhältnis.
Wobei gleichzeitig betont wurde, daß Initiativen von ihm mit einem
vertretbaren Risiko gerechtfertigt sind. Der IM versprach seine In-
formationsgewinnung zu verbessern. Die Gespräche mit dem IM
werden in dieser Form kontinuierlich fortgesetzt.

21.10.1980 Aktenvermerk Wulkau, Peter, Laumann

Am 21.10.80 erschien [Peter Wulkau] auf Vorladung in unserer Sprechstunde. Ihm wurde mitgeteilt, daß sein Ersuchen auf Übersiedlung in die BRD rechtswidrig und endgültig zurückgewiesen ist. W. antwortete, daß er sich mit Rechtsanwalt Dr. Vogel, Berlin, beraten habe und daß er das Recht hat, aus der Staatsbürgerschaft der DDR entlassen zu werden. Der Rat der Stadt, Abt. Innere Angelegenheiten ist dafür zuständig und habe seine Angelegenheit zu bearbeiten. Bei erneuter Verweisung auf die Rechtswidrigkeit seines Ersuchens stand er auf und verließ wortlos das Gesprächszimmer. Sein Verhalten war ruhig.

28.11.1980 Information IMS »Rudi Kelling«, Predel, Hptm.

Die W. [Wulkau] und ihr Ehemann hatten hinsichtlich ihres Antrages auf Übersiedlung eine Aussprache in der Abt. Inneres beim Rat der Stadt. Sie waren dort mit großen Erwartungen hingegangen und waren um so enttäuschter, da sie eine eindeutige Absage erhielten. Über ihre weiteren Pläne und Absichten haben sie sich nicht geäußert. Christine W. sagte jedoch, daß sie an diesem Antrag festhalten werden. Rudi Kelling

02.12.1980 handschriftliche Notiz zu Wulkau, Peter, Laumann

Wulkau: Liste 6/77 ergänzt.

28.02.1981 Hinweis, OSL Reif, Leiter der Abteilung XX

Im op. Schwerpunktmaterial »Boykott« wird nach feindlich-negativen Personen und Personengruppen gefahndet, die anonyme Hetzschriften herstellten und am 18.12.1980 in den Städten Magdeburg, Leipzig, Berlin gleichzeitig im etwaigen Zeitraum von 14.00–22.00 Uhr versandten. Es besteht die Aufgabe, durch den

Einsatz der op. Basis, Aufklärungsmaßnahmen einzuleiten, um nach o. g. Personen / Personengruppen zu fahnden und zu den herausgearbeiteten Personen, Schreibmaschinen- und Ormigmaterial für die Vergleichsarbeit zu beschaffen und der Abteilung XX zu übersenden.

25.02.1981 Aktenvermerk OPK »Kreis II«, Grothe, Uffz.

In Auswertung des Berichtes des Ref. 4 über einen Besuch des W. an der Tagung der Ev. Akademie Kirchenprovinz Sachsen am 31.01.1981 in Halle mit Gen. Hahn wurde eine erneute Aktivität des W. festgestellt. So unterhielt sich W. eine halbe Stunde mit Tschiche, Hans Joachim, Leiter der Ev. Akademie Kp. Sachsen, erf. XX/4, welcher eine negative und ablehnende Haltung zu den gesellschaftlichen Verhältnissen in der DDR hat.

25.02.1981 Aktenvermerk OPK »Kreis II«, Grothe, Uffz.

In Verbindung mit dem operativen Material »Boykott« sowie des Besuch des Wulkau, Peter am 31.01.81 an der Tagung der Ev. Akademie Sachsen-Anhalt in Halle wurde die Absprache mit dem Gen. Reif geführt. In Auswertung des Gesprächs werden folgende Maßnahmen durchgeführt: – Personalien von Leipziger und Berliner Personen, welche Verbindung zu W. haben bzw. hatten an Gen. Groch und Gen. Beuche für die M-Inlandsfahndung übergeben. – Kommt W. mit Schreibmaschinen oder ORMEG-Geräten in Verbindung.

02.03.1981 Aktenvermerk OPK »Kreis II«, Grothe, Uffz.

Absprache mit Gen. Kuz KD Magdeburg über Arbeitsplatzwechsel des Wulkau, Peter im VEB Fahlberg-List. W. [Wulkau] wurde etwa Anfang 1981 von der Abt. PSM-Nord zur Abt. RKM [Röntgenkontrastmittel] umgesetzt. Quellen in der Abt. RKM sind nicht vorhanden. Ob Wulkau mit Schreibmaschinen oder ORMEG-Geräten in Verbindung kommt ist ihm nicht bekannt.

04.03.1981 Lampe, Bezirkskoordinierungs-Gruppe an Leiter Abt. XX
Entsprechend einer Anforderung der ZKG wird gebeten, zu nachfolgend aufgeführten Personen zu prüfen, ob Ausschließungsgründe für eine Übersiedlung in die BRD gemäß Ordnung 118/77 des MdI vorliegen: Wulkau, Peter-Michael, Wulkau, Christine, Wulkau, Antje.

11.03.1981 Reif, OSL, Leiter Abt. XX an BKG
Überprüfung von Ausschließungsgründen: Zum gemäß § 106 bearbeiteten und amnestierten Antragsteller auf Übersiedlung in die BRD, Wulkau, Peter Michael sowie zur Wulkau, Christiane und Wulkau Antje bestehen gemäß der Ordnung Nr. 0118/77 des Ministers des Innern keine Ausschließungsgründe zur Übersiedlung in die BRD.

22.05.1981 Telefonische Absprache, Lange, KD Magdeburg/Auswertung, Grothe, Uffz.
Die Genn. Lange teilte mit, daß die Familie Wulkau, Peter die Genehmigung bekommen hat, einen Antrag auf Übersiedlung in die BRD und Entlassung aus der Staatsbürgerschaft der DDR zu stellen. Am 15.05.81 stellte die o.g. Person nach der Genehmigung diesen Antrag. Die Genn. Lange wird nach der Bekanntgabe des Termins der Übersiedlung in die BRD den Gen. Grothe telefonisch unterrichten.

22.05.1981 Aktenvermerk, Grothe, Uffz., Abt. XX/5
Ermittlung zur konspirativen Hausdurchsuchung bei Wulkau, Peter: Die Ermittlungen wurden zur Tochter am 21.5.1981 Wulkau, Antje, geb. am 16.05.72 in Merseburg über ihren Verbleib in der

Karl-Liebknecht-OS, Annastr. 17 geführt. Die Ermittlungen ergaben, daß die W., Antje bis zum Mittagessen 11.30 im Schulhort
Goethestr., der K.-Liebknecht-OS bleibt und dort auch unterrichtet
wird. Nach dem Unterrichtsschluß oder nach dem Mittagessen verläßt die W., Antje selbständig den Hort. Auskunftspersonen: Gen.
Beckenbach, Rüdiger, Direktor d. K.-Liebknecht-OS; Genn. Heilmann, Barbara, Hortleiterin. Ich schlage vor, die Genn. Heilmann
für die Sicherung über den Verbleib der Wulkau, Antje einzusetzen.

22.05.1981 Aktenvermerk, Grothe, Uffz.
Absprache mit Gen. Kuz, KD Magdeburg: Gen. Kuz teilte mit, daß
der Wulkau, Peter mit Wirkung vom 21.05.81 sein Arbeitsrechtsverhältnis mit dem VEB Fahlberg-List Abt. PSM aufgehoben hat.

**26.05.1981 Aktenvermerk, Holstein, Hptm.,
Abt. XX/5**
Am 25.5.81 wurde mit dem Gen. Major Richter der Abt. VII eine
Absprache über den Stand der Übersiedlung der Familie Wulkau
geführt. Nach Rücksprache beim Rat des Bezirkes Magdeburg wurde bekannt, daß der Übersiedlungsantrag sowie der Antrag zur Entlassung aus der Staatsbürgerschaft der DDR der Familie Wulkau,
Peter vorliegt. Es wurde vereinbart, daß die Unterlagen erst am
27.5.81 nach Berlin weiter geleitet werden. Eine längere Verzögerung war nicht möglich. Eine Bestätigung der Anträge ist zu erwarten, da von den zuständigen Dienststellen u. Organen keine Einwände vorlagen. Eine Stornierung des bestätigten Verfahrens ist
nur über den Minister Gen. Mielke möglich.

**28.05.1981 Aktenvermerk, Holstein, Hptm.,
Abt. XX/5**
Nach Rücksprache mit Gen. Linke und Gen. Hahn der KD Magde-
burg wurde am 28.5.81 in der Zeit von 13.15–13.45 Uhr eine Ab-
sprache mit dem Gen. Laumann des Rat der Stadt Magdeburg zur
Bindung der Familie Wulkau, Peter am 3.6.1981, in der Zeit von

08.00–9.30 Uhr durchgeführt. Der Gen. Laumann erklärte sich bereit am 3.6.81 von 8.00–9.30 Uhr eine Absprache mit der Familie Wulkau im Rat der Stadt Magdeburg durchzuführen. Am 3.6.81, 8.00 Uhr kann beim Gen. Laumann Tel. 568–225 angerufen und nachgefragt werden, ob die Familie Wulkau im Rat der Stadt Mbg. eingetroffen ist. Die Einladung des W. wird durch den Gen. Laumann gefertigt und abgeschickt. Die Familie W. wird mit hoher Wahrscheinlichkeit erscheinen, da sie bereits am 15.5.81 einen Antrag auf Übersiedlung und einen Antrag zur Entlassung aus der Staatsbürgerschaft stellen konnten und auf einen konkreten Ausreisetermin hoffen. Bei unvorhergesehenen Komplikationen sowie nach Beendigung des Gespräches ruft der Gen. Laumann an und teilt uns die Gründe bzw. die Zeit mit.

28.05.1981 Aktenvermerk, Grothe, Uffz., Abt. XX/5
Einleitung von Maßnahmen zur konspirativen Hausdurchsuchung bei »Kreis II«: Der Gen. Major Schenke und Gen. Uffz. Grothe hielten am 28.05.81 eine Absprache mit der Hortleiterin Heilmann, im Schulhort, Goethestr. 44 der Karl-Liebknecht-OS ab. Der Gen. Heilmann wurde dargelegt, daß bei der Wulkau, Antje eine konspirative Kontrolle der Schulmappe durchgeführt werden muß. Die Kontrolle bezieht [sich] auf illegale Schriften. Gen. Heilmann war sofort [bereit] unserem Organ zu unterstützen. Es wurde folgendes festgelegt: Die Durchsuchung der Schulmappe nach dem Wohnungsschlüssel der Wulkaus erfolgt am 02.06.81 in der Zeit von 9.15 bis 9.40. In der Zeit hat die Klasse 2a der Wulkau Antje Sportunterricht. Der Hausmeister des Schulhortes wird in der o.g. Zeit vom Gen. Baumgarten, Direktor der K.-Liebknecht OS zu sich gerufen. Die Erzieher des Schulhortes werden in der o.g. Zeit von der Gen. Heilmann, Barbara durch eine Versammlung gebunden. Es wird folgendermaßen vorgegangen: Am 02.06.81 um 9.15 holt der Gen. Grothe die Gen. Heilmann aus der Versammlung. Die Gen. Heilmann bringt den Gen. Grothe in das Klassenzimmer der 2a und zeigt den Sitzplatz der

Wulkau, Antje. Die Gen. Heilmann geht wieder zur Versammlung ins Zimmer zurück. Die Schulmappe wird nach dem Wohnungsschlüssel untersucht. Wird der Schlüssel gefunden, erfolgt die Übergabe des Schlüssels an den Gen. der Abt. VIII. Danach erfolgt die Rückgabe des Schlüssels an den Gen. Grothe. Der Schlüssel wird wieder an seinen alten Platz gelegt und der Schulhort wird verlassen.

25.06.1981 Tonbandabschrift Bericht IMS »Jochen Demian«, Dobberphul, Hptm.
Der Peter Wulkau war am 22.6.81 im Magdeburger Antiquariat und erzählte dort, daß er am 25.6.1981 in die BRD übersiedelt. Am 24.6.81 war er nochmals im Antiquariat und verkaufte vier alte Bücher, die er nicht mit in die BRD nehmen durfte. Er verhandelte jeweils mit dem Leiter des Antiquariats. Am 23.6.81 sah ich den Wulkau im Weinstudio »Grün-Rot«, wo er mit 7 oder 8 Personen feierte. Es handelte sich dabei u.a. um die Musiker und die Kellner aus dem Weinstudio. »Jochen Demian«

24.06.1981 Aktenvermerk, Grothe, Uffz.
Telefonische Benachrichtigung von der Genn. Lange KD Magdeburg: Die Person Wulkau, Peter, Wulkau, Christine sowie die Tochter Wulkau Antje holen am 25.06.81 ihre Ausreisepapiere für eine legale Übersiedlung in die BRD ab. Ihre Ausreise erfolgt 3–4 Tage nach dem Erhalt der Ausreisepapiere.

26.06.1981 Abteilung XX an Abt. KD XX/5
Überprüfung von Handschriften: Person Wulkau, Peter überprüft zum op. Schwerpunkt »Boykott«. Überprüfungsergebnis: nicht identisch mit der Schrift zum o.g. Material. Schrift wurde nicht eingelegt.

21.07.1981 Abschlußbericht zur OPK
»Kreis II«, Reif, OSL, Leiter Abt. XX/5,
Holstein, Hptm., Referatsleiter, Grothe,
Uffz., Operativer Mitarbeiter

In der OPK konnten keine erneuten feindlichen Handlungen gemäß § 106 StGB sowie Vorbereitungshandlungen des ungesetzlichen Grenzübertritts erbracht werden. Der Verbindungskreis des Wulkau, Peter konnte erarbeitet werden. Nach der legalen Übersiedlung des W. in die BRD sind keine Handlungen gemäß § 213 StGB sowie Demonstrativhandlungen des W. mehr zu erwarten. Es wird vorgeschlagen, die OPK entsprechend der Richtlinie 1/81 im Archiv der Abteilung XII abzulegen und zum Wulkau, Peter eine Reisesperre/Transitsperre sowie eine halbjährliche Transitbeobachtung einzuleiten. Zur Kontrolle der Rückverbindungen und zur Gewährleistung der Reisesperre wird der Wulkau, Peter in einer PKK-West für unsere Diensteinheit erfaßt und die PKK-DDR Erfassung seiner Ehefrau, Wulkau, Christine, in eine PKK-West umgewandelt.

7. Die Anderen

08.08.1980 Aktenvermerk IMB »Karen«

Am 7.8.80 wurde durch die Gen. Siegel und Schulze, HA VII/8, in der StVE Cottbus mit dem IMB »Karen« ein Kontaktgespräch zwecks Übernahme zur HA VII/8 geführt. Durch Einflußnahme der HA VII/8 wird der IM am 20.8.80 vorzeitig aus der Haft entlassen. Der IM ist in der StVE Cottbus als Antragsteller bekannt. Um den IM nicht zu dekonspirieren, bzw. seine operative Perspektive nicht zu gefährden, wurden Möglichkeiten beraten und festgelegt, wie seine Entlassung vorbereitet und durchgeführt wird. Am 5.8.80 erhielt der IM den Beschluß des OG der DDR über seine Begnadigung. Seine Ehefrau, welche am 11.8.80 zum Sprecher kommt, wird von ihm erfahren, daß er in Kürze, wahrscheinlich am 20.8.80 entlassen wird. (Die Ehefrau des IM hat Kenntnis, daß »Karen« für das MfS tätig ist. Sie hat sich ihm gegenüber ebenfalls hinsichtlich ihrer inoffiziellen Tätigkeit für das MfS offenbart.)

22.08.1980 Treffbericht IM »Karen«, Schulze, Hptm.

Am 22.8.80 wurde um 10.00 Uhr der vereinbarte Treff mit dem IM »Karen« in Berlin durchgeführt. Der IM erschien pünktlich am Treffort. Er machte einen sehr deprimierten Eindruck. »Karen« berichtete: am 20.8.80 um 5.05 Uhr ist er aus der StVE Berlin entlassen worden. Als er gegen 5.30 Uhr in seine Wohnung kam befand sich eine ihm nicht bekannte männliche Person bei seiner Frau. Es handelt sich um einen Taxifahrer aus Rostock der mit der Frau des IM schon ca. 3 Jahre ein Verhältnis hat und seit 1 1/2 Jahren bei ihr wohnt. Seit dem »Karen« seine Wohnung betreten hat gibt es durch die Frau inszenierte Auseinandersetzungen. Sie lastet ihm an, daß er sie 4 1/2 Jahre allein gelassen hat, sie schämt sich seiner und will sich mit ihm nicht auf der Straße sehen lassen, usw. Da der IM einen derartigen Empfang in keiner Weise vermutet hatte, brach für ihn eine Welt zusammen. Er weiß nicht, was er weiter machen soll! Unter diesen Umständen sei Ehescheidung unvermeidlich. Dem IM wurde geraten, alle Probleme sich ruhig und in einem gewissen zeitlichen Abstand nochmals zu durchdenken. Er betonte, daß jetzt die Zusammenarbeit mit dem MfS noch die einzige und feste Stütze für ihn bedeutet und er weiterhin zur Erfüllung jedes Auftrages bereit sei. Dem IM wurde angeboten, daß er die ihm bekannten Mitarbeiter jederzeit sprechen könne und wir ihm in dieser Situation nicht sich selbst überlassen. Er nahm das Angebot dankbar an.

08.09.1980 Mitteilung
Am 8.9.80 wurde ich, Marita Kruck, von Herrn Ivo Wagenbach [Taxifahrer] vertraulich informiert, daß die Absicht besteht Republikflucht zu begehen. In seiner Absicht, die DDR illegal zu verlassen, nimmt Herr I. Wagenbach in Kauf von den Sicherheitsorganen der DDR gestellt und gemäß dem Strafgesetzbuch der DDR § 218 verurteilt zu werden, um auf diese Weise in die BRD zu gelangen. Meine diesbezügliche schriftliche Mitteilung dient dem Zweck entsprechend der mir obliegenden Anzeigepflicht zu handeln. Ich informierte am gleichen Tag meinen Ehemann Herrn Detlef Kruck über den Sachverhalt, der mich aufforderte entsprechend der mir auferlegten Gesetzlichkeit zu handeln. Marita Kruck

07.11.1980 Aktenvermerk zu IM »Karen«, Schulze, Hptm.
Gen. Posselt ifo. davon, daß der W. [Wagenbach] als einzige Person zur Frau des IM »Karen« über seine beabsichtigte Straftat (§ 213) gesprochen hat. Den unges. GÜ wollte W. zusammen mit einem Wenke, ebenfalls Taxifahrer über die CSSR versuchen. Beide wurden inhaftiert. Gen. Posselt wird vermerken, daß W. auf keinen Fall in die StVE Cottbus eingeliefert wird.

03.12.1980 Quittung IM »Karen«

Als Anerkennung für meine aktive Unterstützung bei der Verhinderung eines ungesetzlichen Grenzübertritts, welche zur Festnahme der Bürger Wagenbach und Wenke führte, habe ich vom Ministerium für Staatssicherheit 300.- M (dreihundert) erhalten. Detlef Kruck

04.06.1981 Aktenvermerk IMB »Anton«, Wessler, Hptm.

Beim Treff teilte der IM [»Anton«] dem operativen Mitarbeiter im persönlichen Gespräch mit, daß er vom Rat der Stadt Magdeburg Abt. Inneres Ende Mai 1981 die Mitteilung erhielt zur Eheschließung mit einer DDR-Bürgerin. Daraufhin vereinbarte der IM mit dem Standesamt in Magdeburg-Nord einen Termin zur Eheschließung für den 12.6.81. Um die entstehenden Unkosten, wie Einkleidung und Hochzeitsfeier finanzieren zu können, bat der IM den operativen Mitarbeiter um einen finanziellen Kredit in Höhe von 2000.- Mark. Die Rückzahlung will der IM nach Vereinbarung in Raten begleichen. Dem IM wurde dazu mitgeteilt, daß geprüft wird, ob der Kredit von 2000.- Mark möglich ist.

04.06.1981 handschriftliche Notiz Schwarzfeld, Mj.

Von mir wird vorgeschlagen, den IMB mit einer einmaligen Zuwendung von 2000 Mark mit dem Hinweis auf einen Vorschuß auf die zu erwartenden p.-op. Arbeitsergebnisse zu übergeben. Der IM verdient monatlich 750 Mark, die Ehefrau ist halbtags berufstätig und erhält ca. 350 Mark.

04.06.1981 Vorschlag zur Auszeichnung des IMB »Anton«, OSL Hippler, Leiter Abt. II

Anläßlich der Eheschließung des IMB [»Anton«] am 12.6.1981 mit einer DDR-Bürgerin ist vorgesehen, ihm als Geschenk 2.000 Mark zu überreichen. Begründung: Für den IMB bestehen gegenwärtig günstige Möglichkeiten als Mitarbeiter in der Indonesischen

Botschaft in der DDR eingestellt zu werden. Mit der Auszeichnung des IMB anläßlich seiner Eheschließung, worüber er sehr dankbar und verbunden wäre, wird eine noch engere Bindung an das MfS erreicht. Verbunden damit wird der IMB aufgefordert, seine zukünftigen zu lösenden Aufklärungsarbeiten für das MfS in einer noch höheren Qualität zu leisten.

10.06.1981 Quittung IMB »Anton«
Hiermit möchte ich mich recht herzlich bedanken, für die Liebenswürdigkeit und Aufmerksamkeit von d. MfS anläßlich meiner Eheschließung in Form von einem Geldbetrag von 2000.- M (zweitausend Mark) bedanken. Anton

11.08.1981 Beschluß über die Archivierung des IM-Vorganges IMS »Marina«, Nieder
Aufgrund der erfolgten Dekonspiration des IM [»Marina«] wird vorgeschlagen, den IM Vorgang zur Archivierung zu bringen.

25.01.1982 Vermerk, Dobberphul, Hptm., Abt. XX/7
Wie bereits ausführlich dargelegt wurde, wich der IM [»Hans Kramer«] nach der Inhaftierung der im OV Kreis bearbeiteten Person der inoffiziellen Zusammenarbeit aus, bzw. lehnte eine weitere Berichterstattung über Personen und Sachverhalte ab, wenn sich nicht das MfS offenbart, wozu diese Informationen benötigt werden. Eine Berichterstattung über kirchliche Einrichtungen/Personen lehnte er generell ab. Das Versprechen, die Verbindung zum OM aufzunehmen, wenn er sich in seiner neuen Tätigkeit in Bad Tennstedt eingelebt hat, wurde von ihm ebenfalls nicht eingehalten. Aus genannten Gründen wird die inoffizielle Zusammenarbeit mit dem IMS »Hans Kramer« eingestellt und der IM-Vorgang in der Abt. XII gesperrt archiviert.

07.04.1982 Treffauswertung IM »Rudi Kelling«, 25.2.1982, Mj. Groch, Abt. XX/4

Der IM [»Rudi Kelling«] informierte, daß er per 1.5.1982 aus dem Konsistorium ausscheiden wird und in die Pfarrverwalterausbildung einsteigt, die 3 Jahre dauern wird. Zur Realisierung der mit ihm abgeschlossenen arbeitsvertraglichen Regelung wurde der IM befragt, wie er sich seine Arbeitsverpflichtung, die er mit uns eingegangen ist, gedenkt weiter zu erfüllen. Der IM äußerte die Vorstellung und den Wunsch, diese arbeitsvertraglichen Regelungen, die ja sich auf das Konsistorium Magdeburg als Tätigkeitsbereich bezogen, zu beenden, bzw. in einen Art Wartezustand zu setzen, da er einschätzt, daß er in den nächsten Jahren, einschließlich seiner Pfarrarbeiterausbildung kaum operativ perspektivische Maßnahmen und Aufgaben erfüllen könne. Es wird eingeschätzt, daß er mit der Lösung des Arbeitsvertrages eine ausweichende Haltung zu dieser strengen Verpflichtung der Zusammenarbeit mit dem MfS einnehmen will. Zu diskutierten politischen Grundfragen vertritt der IM eine aufgeweichte politische Haltung, die nicht mehr der bei ihm ehemals vorhandenen Klassenposition entspricht. Es wurde so mit ihm vereinbart, daß wir mit der Leitung des Hauses die arbeitsvertragliche Regelung überarbeiten und einen Kompromiß mit ihm schließen, in der Form, daß der Arbeitsvertrag beendet bzw. auf das Stadium gebracht wird, das diese persönlichen Interessen des IM berücksichtigt, nämlich diese 3 Jahre »Wartestand«.

07.07.1982 Vermerk IM »Rudi Kelling«, Predel, Hptm.

Am 7.7.82 wurde mit dem IM [»Rudi Kelling«] ein vorläufig letzter Treff durchgeführt, da der IM darauf beharrte, den Arbeitsvertrag mit dem MfS zu lösen.

21.03.1984 Bericht über Entpflichtung IMB »Karen«, Schulze, Mj.

Am 15.3.1984 wurde der ehemalige IMB »Karen« schriftlich von seiner Zusammenarbeit mit dem MfS entbunden. Beim Treff am 9.2.1984 versicherte K. bei der nächsten Zusammenkunft einige wichtige Informationen zu den Personen Liedke, Beckel und Seubert aus dem KWO sowie über seine ehemalige Frau und sich geben zu wollen. Zu Beginn des Gespräches am 15.3.1984, nachdem K. aufgefordert worden war, seine wichtigen Informationen darzulegen, forderte er provokatorisch-frech, daß ihm zuerst eine verbindliche Auskunft zu seinem Anliegen (Übersiedlungsantrag) gegeben wird. Danach wolle er die avisierten Informationen geben. Ihm wurde kurz klargemacht, daß wir zuerst seine Informationen aufnehmen werden und danach über andere ihn persönlich betreffende Dinge gesprochen wird. Die mündliche Information zu Seubert und Beckel beinhalten keine operativ-relevanten Fakten. Informationen über sich bzw. seine ehemalige Frau hatte er keine. Ihm war nicht mehr erinnerlich, daß er darüber berichten wollte. Ausgehend von seiner Erwartungshaltung für den zweiten Teil des Gespräches zeigte K. wenig Bereitschaft, noch irgendwelche Informationen zu übermitteln. Aus diesem Grund wurde ihm die Entpflichtungserklärung diktiert. Den ersten Punkt schrieb er relativ ruhig, beim zweiten Punkt – Abbruch der Verbindung – zitterte K. so stark, daß er das Schreiben kurzzeitig unterbrechen mußte. Auf die Frage des K., ob alle seine Berichte usw. beim MfS bleiben, wurde ihm sinngemäß geantwortet, daß die Schränke des MfS dicht sind, solange wir das wollen. Es würde ausschließlich an ihm liegen, ob unsere Schränke dicht bleiben.

25.08.1984 Nachtrag Abschlußbericht OV »Bettler«, Schulze, Mj.

Kruck wurde entsprechend einer zentralen Entscheidung aus der Staatsbürgerschaft der DDR entlassen und siedelte am 24. August 1984 nach Westberlin über.

**27.12.1984 Aktenvermerk IMB »Anton«,
Schwarzfeld, Mj., Abt. II**

IM [»Anton«] informierte, daß seine Ehefrau alle Unterlagen zur Einreichung der Scheidung eingereicht hat. Der IM versicherte, daß er weder seiner Ehefrau, den Kindern, anderen Verwandten oder Personen Andeutungen oder Hinweise zukommen ließ, die auf eine Verbindung zum MfS schlußfolgern lassen.

**06.03.1985 Aktenvermerk IMB »Anton«,
5.2.85, Schwarzfeld, Mj., Abt. II**

Vom Bezirksgericht Magdeburg wurde die Ehe des IM [»Anton«] am 1.2.85 geschieden. Im Zusammenhang mit der erfolgten Scheidung erklärte der IM, daß er jetzt mehr Zeit für das MfS hat und sich noch stärker für uns engagieren will.

Nachträgliche Gedankensplitter

1. Frühe Politisierung

Mein Großvater mütterlicherseits war Bäcker- und Konditormeister und besaß ein Mietshaus mit sechs Wohnungen. Nach der Terminologie des damaligen Systems war er ein schwankender Kleinbürger und ein Kapitalist zugleich. Lehrlinge und Gesellen durfte er aus einem Kreis potenzieller Bewerber nicht selbst aussuchen, sie wurden ihm zugewiesen durch die zuständige Behörde. Da die privaten Handwerksbetriebe in Produktionsgenossenschaften überführt werden sollten, bekam er schließlich qualitativ und quantitativ unzureichendes Personal. Ohne die Mitarbeit meiner Mutter, die eigentlich Kosmetikerin war, wäre der Betrieb eingegangen; das Lebenswerk meines Großvaters wäre zerstört worden.

Die Mieter für das Mietshaus wurden ebenfalls zugewiesen durch die kommunale Wohnungsverwaltung. Die Mieten deckten nicht die Unkosten, Mieter waren oft zahlungsunwillig, das Haus zerfiel zusehends.

Im Fach Staatsbürgerkunde lehrte der Lehrer: So sind eben die Kapitalisten, sie stecken das Geld der Mieter in die eigene Tasche und lassen das Haus verfallen; hier hilft nur die Enteignung.

Mein Vater war Mitbegründer der Liberal-Demokratischen Partei Deutschlands (LDPD) und ein relativ hoher Funktionsträger bei der Deutschen Handelszentrale (DHZ). Als im vorgeworfen wurde, er nutze sein Amt, um die Errungenschaften der Planwirtschaft zu sabotieren, zog er es Anfang der fünfziger Jahre vor, nach West-Berlin zu übersiedeln. Sein Chef, Minister Hamann, für den diese Vorwürfe dummes Zeug waren, wurde zu einer mehrjährigen Haftstrafe verurteilt.

Das Ministerium für Staatsicherheit bedrängte meine Mutter mehrfach, nach West-Berlin zu fahren, um ihren Ehemann zur Rückkehr zu bewegen. Mein Vater ginge selbstverständlich straffrei aus, sie würden seine Fähigkeiten brauchen, versicherten sie. Den Einwand meiner Mutter, sie würde diesem Anliegen natürlich nachkommen, aber sie könne schließlich mich, ich war damals acht oder neun Jahre alt, nicht allein lassen.

Also fuhren wir zu viert in einem Wolga zur Berliner Friedrichstrasse, wir verabschiedeten uns von den beiden Stasimitarbeitern und nahmen dann die S-Bahn.

Die Nacht verbrachten wir in einer Pension in der Bundesallee, ich hatte fürchterliche Ohrenschmerzen und wollte unbedingt nach Hause. Um mich ruhigzustellen, wurde ich mit Unmengen von Schokolade und Bananen gefüttert. Am nächsten Morgen, als wir den Berliner Ring verließen und in Richtung Magdeburg fuhren, musste ich plötzlich brechen, meiner Mutter war alles natürlich furchtbar peinlich. Aber das macht doch nichts, sagte Herr Förster, so der Deckname des Fahrers, und er reinigte regungslos die Rückbank.

Als ich später auf meiner Pritsche in der Untersuchungshaftanstalt lag, habe ich mich an dieses Vorkommnis wieder erinnert.

2. Der Jugendfreund

In der DDR gab es kein Grundrecht auf Bildung. Bildung wurde verwaltet und zugeteilt nach politischen Gesichtspunkten. Um das Abitur machen zu können, musste man für würdig befunden werden, das Abitur machen zu dürfen. Man musste eine »entwickelte sozialistische Persönlichkeit« sein oder, wenn man es noch nicht war, sich zumindest gut erkennbar auf dem Weg dorthin befinden. Man konnte sich auch nicht selbst bewerben, sondern man wurde delegiert durch den Lehrkörper der zuständigen Schule. Alles wurde geregelt im »Gesetz über das einheitliche sozialistische Bildungssystem«.

Als Enkel eines Kapitalisten und Sohn eines republikflüchtigen Vaters war ich nicht würdig, das Abitur im Arbeiter-und-Bauern-Staat
machen zu dürfen.

Allerdings hatte meine Mutter einen Jugendfreund, er war Werk-
direktor und Volkskammerabgeordeter, der die Möglichkeit hatte,
mir nach der zehnten Klasse der zehnklassigen allgemeinbildenden
Oberschule in seinem Betrieb eine Lehrstelle als Chemiefacharbeiter mit Abitur anzubieten.

3. Glattes Eis ...

Seit der internationalen Kafka-Konferenz 1963, die Eduard Gold-
stücker zum 80. Geburtstags Kafkas in der Nähe von Prag organisierte, hatte sich die Tschechoslowakei schrittweise geöffnet, mo-
dernisiert und, auch im Westen, viele Hoffnungen geweckt. Es gab
faszinierende Filme, Theaterstücke, philosophische Diskussionen
zwischen Marxisten und Christen; legendär waren die Chansons
von Hana Hegerová und die Aufführungen des Schwarzen Theaters
in Prag.

Also entschloss ich mich, nach dem Abitur Marxismus-Leninismus
zu studieren. Ich wollte Hochschullehrer werden. Jeder Student,
auch wenn er Sinologie oder Musikwissenschaft studierte, war verpflichtet, vor dem Diplom in seinem Hauptfach ein Staatsexamen in
Marxismus-Leninismus abzulegen. Und ich wollte mit dazu beitragen, den Geist eines »demokratischen Sozialismus« in die Hirne
meiner Studenten hineinzutragen.

Nach der gewaltsamen Niederschlagung des Prager Frühlings
durch die Armeen des Warschauer Paktes im August 1968 prägte
Kurt Hager den Begriff des »real existierenden Sozialismus«. Soll
heißen, nur der sozialistische Staatenbund, geschart um die ruhm-
reiche Sowjetunion, sei die Inkarnation des Sozialismus, alles andere sei konterrevolutionär, mindestens revisionistisch.

Die sogenannte Breschnew-Doktrin von der begrenzten Souveränität sozialistischer Staaten führte zu einer gefährlichen Eiszeit zwischen den Blöcken, zu Inhaftierungen im Inland und zu vielen Zerstörungen bürgerlicher Lebensläufe.

Nach meiner folgerichtigen Exmatrikulation im Sinne des Systems durfte ich weder ausreisen noch irgendwo und irgendwie eine andere berufliche Karriere machen.

Praktiziert wurde die zielgerichtete »Organisierung beruflicher Misserfolge« als Mittel der persönlichen »Zersetzung«. Wenn ich nicht verblöden wollte als Weinkellner oder Chemiefacharbeiter, musste ich irgendwas unternehmen: Mein Buch war der letzte Aufschrei in einer für mich ausweglosen Situation.

4. Die Akten

Jede Quelle, das lehren uns spätestens die Aufklärer, muss kritisch hinterfragt werden. Wer schreibt mit welchem Ziel unter welchen Umständen diesen und keinen anderen Text.

Das gilt für den Vernehmungsoffizier, sein »sozialistisches Vernehmerkollektiv«, aber auch für mich oder einen beliebig anderen Beschuldigten.

Die Sprache ist immer Herrschafts- und Apparatsprache. Meine Worte sind darin nicht unbedingt richtig wiedergegeben, ich spreche weniger apparatmäßig; allerdings stimmt in den Verhören die inhaltliche Linie. Deshalb habe ich die Protokolle mit dem formalen Nachsatz unterschrieben.

Warum ich etwas sagte oder nicht sagte, weiß nur ich; ich habe mir immer etwas dabei gedacht. Was ich gedacht habe, kann ich hier nicht erläutern, der Leser selbst ist aufgerufen nachzudenken, Informationen aus anderen Quellen einzubeziehen und selbst zu tragfähigen Schlüssen zu kommen.

Der Sumpf eines Geheimdienstes ist nicht vom Sofa des lesenden Bildungsbürgers trockenzulegen.

5. Der Sündenbock

Das MfS war »Schwert und Schild der Partei«, die Partei war die
SED. Allerdings war diese Partei eine Partei »neuen Typus«; die
Willensbildung erfolgte nicht von unten nach oben, sondern die Be-
schlüsse des Politbüros waren für die unteren Instanzen verbind-
lich. Abweichungen konnten als »Fraktionsbildung« mit hohen
Strafen geahndet werden.

Trotzdem kämpfte die Parteiführung bis zum Ende immer gegen
den »Revisionismus und den Sozialdemokratismus« in den eigenen
Reihen. Mit anderen Worten: die meisten Kritiker am System kamen aus den Reihen der SED, nicht aus den Reihen der Blockparteien. Die Blockparteien, die Minister stellten, die das System frei-
willig an führender Stelle stabilisierten und zu seiner Erstarrung
beitrugen, haben das Kunststück fertiggebracht, sich spätestens
nach ihren Fusionen mit der West-FDP und der West-CDU als Opfer der SED-Diktatur zu verkleiden.

Die Fokussierung auf die IM habe ich nie teilen können; sie ver-
stellt den Blick auf die Kaderleitungen und auf die Kaderpolitik als
das entscheidende Herrschaftsinstrument.

Kaderleitungen waren politische Personalabteilungen, die die Aufgabe hatten, bestimmte Menschen an bestimmte Positionen zu bringen und andere Menschen von diesen Positionen fernzuhalten oder
sie von diesen zu entfernen.

Ohne Mitarbeit bestimmter Lehrer und Erzieher, Journalisten, Ju-
risten, Wissenschaftler, Pfarrer und auch von Abteilungsleitern in
den Behörden, oft im vorauseilenden Gehorsam, hätte das System
keine Chance gehabt, sich so zu entwickeln, wie es sich entwickelt
hatte: ein Staat, ein Land ohne eine funktionierende Zivilgesell-
schaft.

6. Der Blick nach vorn

Der Begriff der inneren Sicherheit wurde in der Bundesrepublik in den sechziger und siebziger Jahren entwickelt, wesentlich im Kampf gegen die RAF. Er ist ein Kompaktbegriff: Er meint Recht und Ordnung, Gefahrenabwehr, Sicherheit und Ordnung.

Andererseits existieren seit dem 18. Jahrhundert Menschen- und Bürgerrechte als Abwehrrechte gegen den Zugriff des Staates auf die Privat- und Intimsphäre.

Die DDR hatte auch einen Begriff der inneren Sicherheit. Jeder Mensch konnte für dieses System ein Straftäter werden, auch dann und vielleicht gerade dann, wenn er einen hohen Orden erhielt. Dieser Orden konnte Taktik sein, um künftige, gegen den Staat gerichtete Aktivitäten besser verbergen zu können. Folglich musste das Überwachungs- und Verfolgungssystem ständig ausgebaut und systematisiert werden.

Für uns heute ergibt sich daraus eine Gestaltungsaufgabe: Wie weit können wir, sollen wir Menschen- und Bürgerrechte abbauen, einschränken, um die innere Sicherheit zu gewährleisten?

Demokratien sind niemals Selbstläufer, sie erfordern immer Zivilcourage als eine Form der wehrhaften Demokratie.

Peter Wulkau

Historische Personen und Hintergründe

Rudolf Bahro (1935-1997), Journalist, Autor und Dissident der DDR

Bahro kritisierte das DDR-System 1977 in seinem Buch »Die Alternative«. Im gleichen Jahr wurde er verhaftet und 1978 wegen angeblicher nachrichtendienstlicher Tätigkeit zu acht Jahren Freiheitsentzug verurteilt. 1979 wurde er in die Bundesrepublik Deutschland entlassen.

Wolf Biermann (geb. 1936) Liedermacher und Lyriker der DDR

Biermann äußerte sich öffentlich kritisch über die DDR. 1976 diente ein erlaubtes Konzert Biermanns in Köln dem Politbüro der SED als Vorwand für die Ausbürgerung Biermanns. Die Ausbürgerung Biermanns war ein einschneidendes und prägendes Erlebnis für die Künstler- und Dissidentenszene der DDR. Hoffnungen auf eine gesellschaftliche Liberalisierung und mehr Meinungsfreiheit wurden damit zerstört. Die Haltung vieler DDR-Kritiker radikalisierte sich nach Biermanns Ausbürgerung.

Heinrich Böll (1917-1985) Schriftsteller der Bundesrepublik

Böll war einer der bedeutendsten deutschen Schriftsteller der Nachkriegszeit. 1972 erhielt er den Nobelpreis für Literatur. »Ansichten eines Clowns« und »Gruppenbild mit Dame« gehören zu seinen Werken. 1974 erschien sein wohl bekanntestes Werk »Die verlorene Ehre der Katharina Blum«. Als Linksintellektueller beschäftigte sich Böll kritisch mit den politischen Problemen Deutschlands und anderer Länder wie Polen oder der Sowjetunion. Sowjetische Dissidenten wie Alexander Solschenizyn waren Gäste in seinem Hause.

**Willy Brandt (1913-1992)
sozialdemokratischer Politiker der
Bundesrepublik**

Brandt war von 1969 bis 1974 Bundeskanzler der Bundesrepublik Deutschland. Seine Amtszeit ist verbunden mit dem Motto »Wir wollen mehr Demokratie wagen« und mit dem Stichwort der »Neuen Ostpolitik«, die den Kalten Krieg unter der Losung »Wandel durch Annäherung« bzw. »Politik der kleinen Schritte« abmildern und die Berliner Mauer durchlässiger machen sollte. Für seine Ostpolitik erhielt Brandt 1971 den Friedensnobelpreis.

**Rudi Dutschke (1940-1979) Wortführer der
westdeutschen Studentenbewegung der 1960er
Jahre**

Dutschke war ein deutscher marxistischer Soziologe und Mitglied des *Sozialistischen Deutschen Studentenbundes* (SDS), für den er zahlreiche Demonstrationen organisierte. 1968 wurde auf Dutschke in West-Berlin ein Attentat verübt. Er erlitt lebensgefährliche Schussverletzungen am Kopf und starb an den Spätfolgen der Verletzung 1979.

**Ernst Fischer (1899-1972) österreichischer
Schriftsteller und Politiker (KPÖ)**

Fischer ging 1934 ins russische Exil, ab 1935 war er dort bei der Komintern, einem internationalen Zusammenschluss kommunistischer Parteien, Vertreter der Kommunistischen Partei Österreichs (KPÖ). 1945 kehrte er nach Österreich zurück und stand als Mitglied des Zentralkomitees der KPÖ an der Parteispitze. 1968, nach den Ereignissen des Prager Frühlings, sagte er sich vom »Panzerkommunismus« los, worauf er 1969 aus der KPÖ ausgeschlossen wurde. Zu seinen Werken gehören: »Was Marx wirklich sagte« (1968) und »Was Lenin wirklich sagte« (1969).

Jürgen Fuchs (1950–1999) Schriftsteller und Dissident der DDR

Fuchs wurde 1975 von seinem Studium der Sozialpsychologie an der Friedrich-Schiller-Universität in Jena aus politischen Gründen exmatrikuliert. Nach Protesten gegen die Ausbürgerung Wolf Biermanns wurde er inhaftiert und nach neun Monaten Untersuchungshaft gezwungen, nach West-Berlin auszureisen. Dort arbeitete er weiter als Schriftsteller. Seine Werke behandeln seine politische Verfolgung: »Gedächtnisprotokolle« (1977); »Das Ende einer Feigheit« (1988); »Magdalena« (1998). Die Zersetzungsmaßnahmen der Staatssicherheit der DDR gingen auch in West-Berlin weiter. Fuchs starb 1999 im Alter von 49 Jahren an den Folgen einer Leukämieerkrankung.

Roger Garaudy (geb. 1913) französischer Schriftsteller, Philosoph und Kommunist

Garaudy, Hochschulprofessor für Kunstgeschichte und Philosophie, war Mitglied des Zentralkomitees der Kommunistischen Partei Frankreichs (KPF) und für diese auch Mitglied der Nationalversammlung. Als Chefideologe seiner Partei entwickelte er reformkommunistische Vorstellungen. Der Einmarsch der Truppen des Warschauer Pakts in die Tschecheslowakei 1968 führte zum Bruch mit der KPF, die ihn 1970 ausschloss. Zu seinen frühen Werken gehören: »Karl Marx« (1964), »Gott ist tot« (1965), »Marxismus im 20. Jahrhundert« (1966) und »Die große Wende des Sozialismus« (1969).

Robert Havemann (1910–1982) Professor für physikalische Chemie und Regimekritiker der DDR

Havemann war bis 1963 Mitglied der Volkskammer der DDR und wurde 1959 mit einem der höchsten Preise der DDR, dem Nationalpreis, ausgezeichnet. Unter dem Decknamen GI »Leitz« berichtete er bis dahin auch der Stasi über Stimmungen im ostdeutschen Wissenschaftsbetrieb und über Kollegen. 1964 hielt Havemann an der Humboldt-Universität eine DDR-kritische Vorlesung, und in der Bundesrepublik erschien ein kritisches Zeitungsinterview mit ihm. Der Professor wurde daraufhin aus der Partei (SED) ausgeschlossen, und sein Lehrauftrag wurde ihm entzogen. Er erhielt ein Berufsverbot und wurde aus der Akademie der Wissenschaften ausgeschlossen. 1976 protestierte er in Form eines Briefes an Erich Honecker gegen die Ausbürgerung von Wolf Biermann. Dieser Brief wurde vom westdeutschen Nachrichtenmagazin »Der Spiegel« veröffentlicht. Darauf hin wurde er unter unbefristeten Hausarrest gestellt. Nach drei Jahren wurde dieser zwar aufgehoben, aber die »Rund-um-die-Uhr«-Überwachung der Stasi dauerte weiter an.

Erich Honecker (1912–1994) Staatsoberhaupt der DDR

Honecker war von 1971 bis 1989 Staatsratsvorsitzender und damit Staatsoberhaupt der DDR.

Sarah Kirsch (geb. 1935) Schriftstellerin der DDR

Kirsch veröffentlichte gemeinsam mit ihrem Mann seit 1960 Lyrik und Prosa in der DDR, die mehrfach hoch ausgezeichnet wurde. 1967 veröffentlichte sie ihren ersten eigenen Gedichtband »Landaufenthalt«. 1973 wurde Kirsch Vorstandsmitglied des Schriftstellerverbandes der DDR. 1974 erschien im Westen Deutschlands ihr Gedichtband »Es war dieser merkwürdige Sommer«. 1976 unterzeichnete sie die Protesterklärung gegen die Ausbürgerung Wolf Biermanns und wurde daraufhin 1977 von der SED und vom Schriftstellerverband ausgeschlossen. Im gleichen Jahr siedelte sie mit ihrem Sohn nach West-Berlin über.

Konferenz über Sicherheit und Zusammenarbeit in Europa, KSZE, Schlussakte von Helsinki

Die Konferenz über Sicherheit und Zusammenarbeit in Europa war eine Reihe von blockübergreifenden Konferenzen der europäischen Staaten zur Zeit des Ost-West-Konflikts. Die erste Konferenz fand 1973 in Helsinki statt und war von einem Tauschgeschäft geprägt: Für den Ostblock brachte sie die Anerkennung der Grenzen der Nachkriegsordnung und einen stärkeren wirtschaftlichen Austausch mit dem Westen. Im Gegenzug machte der Osten Zugeständnisse bei den Menschenrechten, die sie nicht ernst nahmen. Die Schlussakte von Helsinki wurde am 1. August 1975 unterzeichnet. Erst später zeigte sich, dass der sich mit den Menschenrechten befassende Teil (Korb 3) eine gewisse Sprengkraft besaß. Er war Grundlage für die Arbeit vieler osteuropäischer Dissidenten und Menschenrechtsorganisationen, die sich immer wieder auf die Unterzeichnung der Akte von Helsinki und damit die Anerkennung der Menschenrechte beriefen.

Reiner Kunze (geb. 1933) Schriftsteller und DDR-Dissident

1976 wurde Kunzes DDR-kritischer Prosaband »Die wunderbaren Jahre« in der Bundesrepublik Deutschland veröffentlicht. Das Manuskript war heimlich in die Bundesrepublik gebracht worden. Kunze wurde daraufhin aus dem Schriftstellerverband ausgeschlossen, was einem Berufsverbot gleichkam. 1977 stellte Kunze wegen einer drohenden Haftstrafe für sich und seine Frau einen Antrag auf Ausbürgerung aus der DDR. Der Antrag wurde innerhalb von drei Tagen genehmigt, und Kunze siedelte mit seinen Angehörigen in die Bundesrepublik über.

Gerhard Löwenthal (1922–2002) Journalist der Bundesrepublik

Löwenthal leitete und moderierte von 1969 bis 1987 das *ZDF-Magazin*.

Gerulf Pannach (1948–1998) Liedermacher,
Texter und Dissident der DDR
Pannach war Texter der Band Renft. Am bekanntesten wurden seine Lieder »Apfeltraum« und »Als ich wie ein Vogel« war. 1976 unterzeichnete er die Protesterklärung gegen die Ausbürgerung von Wolf Biermann und wurde verhaftet. Nach neun Monaten Untersuchungshaft wurde er gemeinsam mit seinem Freund Jürgen Fuchs gezwungen, nach West-Berlin auszureisen. Pannach starb 1998 im Alter von 49 Jahren an Krebs.

Ulrich Plenzdorf (1934–2007) Schriftsteller,
Drehbuchautor und Dramaturg der DDR
Plenzdorf arbeitete ab 1963 als Drehbuchautor und Dramaturg im DEFA-Studio Babelsberg. Bekannt wurde der DDR-Autor auch in der Bundesrepublik durch seinen gesellschaftskritischen Roman »Die neuen Leiden des jungen W«. Ursprünglich als Bühnenstück geschrieben und 1972 in Halle uraufgeführt, erschien der Roman ein Jahr später und wurde seitdem in mehr als 30 Sprachen übersetzt.

Prager Frühling
Prager Frühling bezeichnet eine Ära in der Tschechoslowakei, in der die tschechoslowakische Kommunistische Partei unter Alexander Dubček ein Liberalisierungs- und Demokratisierungsprogramm durchzusetzen versuchte. Es war der Versuch, einen »Sozialismus mit menschlichem Antlitz« zu schaffen. Eine schnell entstehende kritische Öffentlichkeit unterstützte diese Reformbemühungen. Auch in der DDR wurden dadurch Hoffnungen auf eine mögliche Reformbewegung im eigenen Land beflügelt. In der Nacht zum 21. August 1968 marschierten Truppen des Warschauer Pakts in die Tschechoslowakei ein und schlugen die Bewegung gewaltsam nieder. Der *Prager Frühling* hatte damit sein gewaltsames Ende gefunden, und alle Hoffnungen auf eine Reform des Sozialismus waren zerschlagen.

Alexander Issajewitsch Solschenizyn (1918–2008) russischer Schriftsteller, Dramatiker und Träger des Nobelpreises für Literatur

Solschenizyns Hauptwerk »Der Archipel Gulag« beschreibt, basierend auf seinen eigenen Erfahrungen, die Verbrechen des stalinistischen Regimes bei der Verbannung und systematischen Ermordung von Millionen von Menschen im Gulag. Als Folge der Veröffentlichung dieses Werkes wurde Solschenizyn 1974 aus der Sowjetunion ausgewiesen. Er fand zunächst Aufnahme in der Bundesrepublik Deutschland bei Heinrich Böll, später in Zürich und den USA. 1990 wurde Solschenizyn rehabilitiert, erhielt seine sowjetische Staatsbürgerschaft wieder und kehrte 1994 nach Russland zurück.

Josef Stalin (1878–1953) Diktator der Sowjetunion

1922 wurde Stalin Generalsekretär des Zentralkomitees der Kommunistischen Partei der Sowjetunion (KPdSU), 1941 Vorsitzender des Rates der Volkskommissare (des späteren Ministerrates) und Oberster Befehlshaber der Roten Armee. Er behielt diese Ämter bis zu seinem Tode im Jahre 1953. Stalin errichtete während seiner Regierungszeit eine totalitäre Diktatur, ließ im Rahmen politischer »Säuberungen« vermeintliche und tatsächliche Gegner verhaften, in Schau- und Geheimprozessen zu Zwangsarbeit verurteilen oder hinrichten sowie Millionen weiterer Sowjetbürger und ganze Volksgruppen besetzter Gebiete in Gulag-Strafarbeitslager deportieren. Viele wurden dort ermordet oder kamen durch die unmenschlichen Bedingungen ums Leben.

Hans-Jochen Tschiche (geb. 1929) Pfarrer und DDR-Kritiker

Tschiche war von 1960 bis 1975 Pfarrer in Meßdorf in der DDR. 1968 wandte er sich gegen die Intervention des Warschauer Pakts in der Tschechoslowakei. Ab 1978 wurde er Leiter der Evangelischen

Akademie in Magdeburg. In den 80er Jahren engagierte sich Tschiche in der Friedensbewegung der DDR.

Martin Uhle-Wettler (geb. 1931) Pfarrer in der DDR

Uhle-Wettler war von 1979 bis 1979 Pfarrer in der Evangelischen Studentengemeinde in Magdeburg.

Walter Ulbricht (1893–1973) Staatsoberhaupt der DDR von 1949–1971

Ulbricht wurde 1950 zum Generalsekretär des Zentralkomitees der SED ernannt, 1953 wurde diese Position in Erster Sekretär des Zentralkomitees der SED umbenannt. Nach der Gründung der DDR am 7. Oktober 1949 wurde Ulbricht Vorsitzender des Ministerrats. 1960 wurde er Vorsitzender zweier neugeschaffener Gremien, des Nationalen Verteidigungsrats und des Staatsrats, der das Amt des Präsidenten der DDR ersetzte. Ulbricht war damit Staatsoberhaupt der DDR und blieb dies, bis er 1971 zur Abdankung gezwungen wurde.

Wolfgang Vogel (1925–2008) Rechtsanwalt der DDR

Vogel war ab 1954 als Rechtsanwalt in Ost-Berlin tätig. 1957 wurde er auch an West-Berliner Gerichten zugelassen. 1961 gelang es Vogel, den ersten Agentenhandel des Kalten Krieges zu organisieren. Er wurde auch zum Unterhändler der DDR beim Häftlingsfreikauf. Als Häftlingsfreikauf wurden die illegalen Geschäfte zwischen der DDR und der Bundesrepublik Deutschland bezeichnet, bei denen DDR-Häftlinge gegen eine bestimmte Summe von Devisen freigekauft wurden. Die Gefangenen wurden dabei in die Bundesrepublik ausgebürgert. Der Häftlingsfreikauf begann im Jahr 1962 und hielt bis zum Fall der Mauer an. Vogel war die erste Wahl als Rechtsanwalt der politisch Inhaftierten, die in die BRD entlassen werden wollten.

Christa Wolf (1929–2011) Schriftstellerin der DDR

Wolf war in der DDR eine etablierte und mit vielen Preisen ausgezeichnete Schriftstellerin. Von 1955 bis 1977 war sie Mitglied im Vorstand des Schriftstellerverbands der DDR. Von 1963 bis 1967 war sie Kandidatin des Zentralkomitees der SED. 1968 erschien ihr Roman »Nachdenken über Christa T«. 1974 wurde sie Mitglied der Akademie der Künste der DDR. 1976 wurde sie aufgrund der Mitunterzeichnung des »offenen Briefes gegen die Ausbürgerung Wolf Biermanns« aus dem Vorstand der Berliner Sektion des Schriftstellerverbands der DDR ausgeschlossen und erhielt in einem SED-Parteiverfahren eine strenge Rüge.

Dank

Allen voran gilt mein ganz besonderer Dank Peter Wulkau, der mir gestattet hat, die vielen Notizen und Berichte, die die Stasi über ihn angefertigt und gesammelt hat, in dieser Form zusammenzustellen und damit einen ungewöhnlichen Einblick in sein Leben zu geben. Bedanken möchte ich mich auch ganz herzlich bei Ralf Koss, der dieses Projekt von Anfang an dramaturgisch, aber auch vor allem freundschaftlich begleitet hat.

Mein Dank gilt der Literaturagentur Simon, dort ganz besonders Gila Keplin, die sich sehr engagiert und sehr professionell für das Projekt eingesetzt hat.

Ganz besonderer Dank gilt natürlich dem Droemer Verlag, dort vor allem Stefan Ulrich Meyer, der an dieses ungewöhnliche Projekt geglaubt hat.

Sehr dankbar bin ich den Mitarbeitern der Außenstelle des Bundesbeauftragten der Stasiunterlagen (BStU) in Erfurt, die mir die intensive Beschäftigung mit den Akten ermöglicht haben; dem Leiter Dr. Wolfgang Brunner, vor allem auch Siegfried Gans sowie Matthias Henke und Jörg Pittelkow, die mir nicht nur den Zugang zu den Akten immer sichergestellt haben, sondern auch für Hintergrundgespräche zur Verfügung standen. Auch den Damen im Lesesaal der BStU möchte ich danken; und dann noch der Praktikantin Janine Lühe, die mitverantwortlich für den Titel dieses Buches ist.

Großer Dank gebührt auch Dr. Matthias Wanitschke, Mitarbeiter der Landesbeauftragten der Stasiunterlagen (TLStU) in Erfurt, der mir mit Hintergrundinformationen immer hilfreich zur Seite stand. Besonders danken möchte ich auch Hartmut Rosinger, der mir gestattet hat, seinen »Klarnamen« in diesem Buch zu verwenden.

Quellenverzeichnis

OV »Revisionist«, Band Nr. 1 – 5, Reg.-Nr. XIII 1351/68, A. Op 174/74

OV »Kreis«, Band Nr. 1, Reg.-Nr. VII/1011/77, Beginn 8. 7. 77

OV »Kreis«, Band Nr. 2, Reg.-Nr. VII/1011/77, Beginn 7. 1. 80

X Untersuchungs-Vorgang Peter Wulkau, Band Nr. 1, Reg.-Nr. VII/453/78, Beginn 10. 3. 78

X Untersuchungs-Vorgang Peter Wulkau, Band Nr. 2–5, Reg.-Nr. VII/453/78, Beginn 7. 8. 78

1. Der Staatsanwalt, Strafsache gegen Wulkau, Peter, Band Nr. 6, AU 1852/79

2. Der Staatsanwalt, Strafsache gegen Wulkau, Peter, Band Nr. 7, AU 1852/79

3. Der Staatsanwalt, Strafsache gegen Wulkau, Peter, Band Nr. 8, AU 1852/79

Strafsache gegen Wulkau, Peter, Handakte, Band Nr. 9, AU 1852/79

OPK »Kreis II«, Band Nr. 1, Archiv-Nr. 1091/81, Beginn 15. 1. 80

OPK »Kreis II«, Band Nr. 2, Archiv-Nr. 1091/81, Beginn 13. 1. 81

OPK »Kreis II«, Band Nr. 3, Archiv-Nr. 1091/81, Beginn 6. 5. 81

IM »Hans Kramer«, Teil I, Band 1, Reg.-Nr. VII/141/74, Beginn 13. 2. 74, Archiv-Nr. 221/82

IM »Hans Kramer«, Teil II, Band 1, Beginn 19. 3. 74 Archiv-Nr. 221/82

IM »Hans Kramer«, Teil II, Band 2, Beginn 4. 2. 77 Archiv-Nr. 221/82

IM »Hans Kramer«, Teil II, Band 3, Beginn 7. 8. 78 Archiv-Nr. 221/82

IM »Anton« Teil I, Band Nr. 1–2 & Teil II, Band Nr. 1–2, Reg.-Nr. VII/1544/75, Außenstelle Magdeburg Abt. II, Nr. 65

IM »Marina«, Teil II, Band Nr. 1, Reg.-Nr. VII/702/76, AIM 2891/81

IM »Janette«, Teil I, Reg-Nr. XIII 599/68, Beginn 4. 6. 68, Leipzig A. IM 247/74

IM »Janette«, Teil II, Band Nr. 1, XIII 599/68, Beginn 4. 6. 68, Leipzig A. IM 247/74

IM »Karen«, Teil I, Band Nr. 1–3, Teil II, Band Nr. 1–2, Reg.-Nr. Cottbus/VI/749/78 Archiv-Nr. 12163/84

OV »Bettler«, Band Nr. 1–2, Reg.-Nr. Cottbus/VI/749/78 Archiv-Nr. 12163/84

IM »Simon Lenz«, Teil I, Band Nr. 1, Reg.-Nr. I/731/70, Archiv-Nr. 520/83, Beginn 2. 7. 70

IM »Rudi Kelling«, Teil I, Band Nr. 2, Reg.-Nr. I/731/70, Archiv-Nr. 520/83, Beginn 23. 5. 80

IM »Simon Lenz«, Teil II, Band Nr. 1, Reg.-Nr. I/731/70, Archiv-Nr. 520/83, Beginn 24. 7. 70

IM »Rudi Kelling«, Teil II, Band Nr. 2, Reg.-Nr. II/731/70, Archiv-Nr. 520/83, Beginn 14. 6. 77

IM »Rudi Kelling«, Teil III, Band Nr. 1, Reg.-Nr. I/731/70, Archiv-Nr. 520/83, Beginn 1. 8. 77

IM »Max Winter«, Teil II, Band Nr. 1, Reg.-Nr. VII/1313/79, Archiv-Nr. 146/91, Beginn 30. 12. 80

IM »Max Winter«, Teil II, Band Nr. 2, Reg.-Nr. VII/1313/79, Archiv-Nr. 146/91, Beginn 13. 6. 1984

IM »Max Winter«, Teil II, Band Nr. 4, Reg.-Nr. VII/1313/79, Archiv-Nr. 146/91, Beginn 16. 8. 89

IM »Max Winter«, Teil II, Band Nr. 4, Reg.-Nr. VII/1313/79, Archiv-Nr. 146/91, Beginn 16. 8. 89

IM »Josef Klemenc«, Teil II, Band Nr. 1, Reg.-Nr. VII/909/70, Archiv-Nr. 50/91, Beginn 14. 12. 71

IM »Josef Klemenc«, Teil II, Band Nr. 2, Reg.-Nr. VII/909/70, Archiv-Nr. 50/91, Beginn 24. 4. 78

IM »Klemens«, Teil II, Band Nr. 3, Reg.-Nr. VII/909/70, Archiv-Nr. 50/91, Beginn 8. 11. 79

IM »Klemens«, Teil II, Band Nr. 4, Reg.-Nr. VII/909/70, Archiv-Nr. 50/91, Beginn 18. 7. 80

IM »Klemens«, Teil II, Band Nr. 5, Reg.-Nr. VII/909/70, Archiv-Nr. 50/91, Beginn 06. 1. 82

IM »Klemens«, Teil II, Band Nr. 6, Reg.-Nr. VII/909/70, Archiv-Nr. 50/91, Beginn 16. 4. 84

IM »Klemens«, Teil II, Band Nr. 7, Reg.-Nr. VII/909/70, Archiv-Nr. 50/91, Beginn 26. 04. 88

»Escamillo«, X, Band 1, Reg.-Nr. VII/40/78, Archiv-Nr. 473/79, AU 473/79

Eberhard Hinze, 25. 1. 1947 BStU Magdeburg 2408 KuS

Lewerenz, Horst, Magdeburg 1894 KuS

FEINDBERÜHRUNG ist Heike Bacheliers Dokumentarfilm über die Begegnung Peter Wulkaus mit seinem ehemaligen Freund Hartmut Rosinger, der als IM »Hans Kramer« der Stasi über Peter Wulkau berichtete. Das ZDF kleine Fernsehspiel zeigt die seltene Begegnung von Täter und Opfer als Chance einer ehrlichen Auseinandersetzung mit persönlicher Schuld vor dem Hintergrund eines perfiden Überwachungsstaates. Der Film wurde 2011 als bester TV-Dokumentarfilm mit dem PRIX EUROPA ausgezeichnet.

»Der Inhalt der bis ins letzte schmerzhafte Detail gehenden Aussprache ist ebenso sensationell wie die ruhige einfühlsame Form, in der dies geschehen ist.« *Pit Fiedler, Frankenpost*

»Herausragend. FEINDBERÜHRUNG ist nicht nur ein Ausflug in den Untergrund der DDR, sondern auch eine erstaunlich kluge Reflexion über Loyalität und Freundschaft.« *Rudolf Worschech, epd-film*

»Heike Bachelier schlägt hier, methodisch und inhaltlich, ein neues Kapitel auf.« *Manfred Riepe, Funkkorrespondenz*

DVD zu bestellen unter: www.feindberuehrungfilm.de